슈독

나이키 창업자
필 나이트 자서전

SHOE DOG

슈독

나이키 창업자 필 나이트 자서전

필 나이트 지음 · 안세민 옮김

사회평론

초심자의 마음에는 많은 가능성이 있지만,
숙련자의 마음에는 그 가능성이 아주 적다.

— 스즈키 순류,《선심초심禪心初心》

동틀 녘

나는 세상 그 누구보다 일찍 일어났다. 하늘의 새들과 태양보다 더 일찍 일어났으니까 말이다. 아침으로 커피 한 잔과 토스트 한 조각을 급히 먹어치운 뒤, 간편한 복장을 하고서 초록색 러닝화 끈을 동여맸다. 그런 다음, 뒷문으로 조용히 집을 빠져나왔다.

안개가 자욱한 새벽, 남들보다 일찍 나와 앓는 소리를 하며 다리를 뻗고 기지개를 켜고는 차디찬 길바닥을 향해 무거운 발걸음을 내디뎠다. 왜 항상 시작은 이리도 힘든 걸까?

이런 시간에는 자동차도, 사람도, 생명체의 몸짓도 없다. 세상에 나 혼자만 있을 뿐이다. 오직 길가의 나무만이 나를 지켜보고 있다. 이곳은 오리건이다. 나무는 항상 모든 것을 알고 있는 것 같다. 나무는 항상 우리를 믿어주고 우리를 지지해준다.

나는 나무가 우거진 오리건의 작고 조용한 도시, 포틀랜드에서 태어나 자란 것을 자랑스럽게 생각한다. 물론 아쉬운 점이 없지는 않다. 오리건은 아름다운 곳이지만, 큰 변화가 없는 곳이기도 하다. 옛날부터 오리건은 아주 오래된 오솔길로 유명했다. 오리건으로 오려면 사람들은 새로운 길을 개척해야 했다. 결과적으로 이곳은 아무런 변화 없는 따분한 곳이 됐다.

내가 가장 좋아하는 선생님은 오리건의 오솔길에 관해 자주 말씀하셨다. 그런 말을 할 때 선생님은 늘 잔뜩 화가 난 표정이었다. "이 오솔길은 우리가 태어날 때부터 가진 권리, 기질, 운명, DNA라고 할 수 있지. 겁쟁이들은 올 생각조차 못 했어. 약한 사람들은 도중에 죽었지. 이렇게 해서 살아남은 자들이 바로 우리 오리건 사람들이야."

그렇다. 우리 오리건 사람들은 바로 그런 사람들이다. 우리는 이 오솔길에서 개척자 정신을 발견할 수 있다. 그것은 비관적인 생각을 버리고 미래의 가능성을 바라보는 정신을 말한다. 이런 개척자 정신이 살아 숨 쉬도록 하는 것이 우리 오리건 사람들이 해야 할 일이다.

나는 선생님의 말씀을 듣고는 존경의 눈빛으로 고개를 끄덕였다. 하지만 때로는 수업을 마치고 집으로 가는 길에 "이런, 오리건 도로는 포장도 안 되어 있어"라고 투덜거리곤 했다.

1962년 안개가 자욱하던 그날 새벽은 내게 중요한 의미가 있었다. 나는 7년 만에 집으로 돌아와서 새로운 결심을 한 터였다. 사실, 다시 집에서 지내는 것뿐 아니라 날마다 비를 맞는 것도 생소했다. 낯선 이 방인이 부모님, 쌍둥이 여동생들과 다시 한집에서 지내면서 자기가 어릴 적에 쓰던 침대에서 잠을 자고 있었다. 나는 매일 밤 침대에 누워서 대학 교재, 고등학교 시절에 받았던 트로피와 블루 리본을 바라보며 이런 생각을 했다. "저게 나야? 지금도 내가 저래?"

나는 좀 더 빨리 달렸다. 호흡이 부드러워지고, 차가운 안개 속에 입김이 뿜어져 나왔다. 그때 팔다리와 뼈마디가 풀리고 육체가 스르르 녹아내리기 시작하면서 정신이 맑아지는 놀라운 순간을 처음으로 느졌다. 굳어 있던 몸과 마음이 유연해졌다.

나는 나 자신에게 "좀 더 빨리, 좀 더 빨리"라고 외쳤다.

서류상으로 보면, 나는 오리건대학교를 졸업하고 스탠퍼드대학교에서 경영학 석사학위를 받은 어른이었다. 군대도 1년이나 다녀왔다포트 루이스Fort Lewis와 포트 유스티스Fort Eustis에서 훈련을 받았다. 이력서만 보면 24세의 대단한 학력을 지닌 흠잡을 데 없는 군인 출신이었다. 자신을 어린아이로 여길 필요가 없었다.

하지만 나는 여전히 가냘픈 몸매에 겁이 많은 어린애처럼 느껴졌다.

내가 여전히 경험이 부족한 청년이기 때문인지도 모른다. 당시 나는 어떤 유혹이나 자극에도 관심이 없었다. 담배도 술도 가까이 하지 않았다. 법은 두말할 것도 없고, 사소한 규정조차 어겨본 적이 없었다. 반항의 시대라 일컬어지는 1960년대에, 반항이라고는 전혀 해본 적 없는 청년이었다. 마음대로 놀아보지도 못했고, 돌발적인 행동을 해본 적도 없었다.

여자를 사귄 적도 없었다. 당시 내가 진정으로 고민했던 것들은 따로 있었다.

나는 내가 어떤 사람인지, 어떤 사람이 되고 싶어 하는지 정확하게 말하기가 어려웠다. 나는 내 친구들과 마찬가지로, 성공을 꿈꾸었다. 하지만 그들과 다르게, 나는 성공이 무엇을 의미하는지 알 수 없었다. 돈일까? 어쩌면 그럴 수도 있다. 예쁜 여자를 만나 집을 사고 아이를 갖는 것일까? 물론, 그럴 수도 있다. 행운이 따른다면 말이다. 나는 이런 것들을 추구해야 한다고 배웠고, 나 자신의 일부는 이런 것들을 본능적으로 추구하고 있었다.

그러나 나는 내심 다른 무엇인가를 꿈꾸고 있었다. 나는 우리에게 주어진 시간이 생각보다 짧고, 한정된 시간을 의미 있게 보내야 한다는 사실을 뼈저리게 느꼈다. 그 시간을 목표를 가지고 창의적으로 써야 한다. 무엇보다 남들과는 다르게 써야 한다.

나는 내가 태어난 흔적을 세상에 남기고 싶었다.

승리하고 싶었다.

아니, 남에게 지는 것이 싫었다.

그랬다. 나의 젊은 심장이 고동치고, 나의 싱싱한 폐는 새의 날개처럼 활짝 펼쳐졌다. 나무에는 새순이 싹트듯이 나는 내 눈앞에 펼쳐진 모든 것을 보았다. 다시 말하자면, 내가 무엇을 하고 싶어 하는지 깨달았다. 나는 스포츠와 함께 살아가고 싶었다.

바로 이것이다. 공이 공중에 떠 있을 때, 권투 선수가 종이 울릴 때가 가까워졌음을 느낄 때, 육상 선수가 결승선을 향해 달려갈 때, 관중이 하나 되어 일어날 때, 바로 그런 순간에 행복, 아름다움과 진리가 있다. 승자와 패자가 가려지기 직전의 숨 가쁜 순간에 명료함을 느낄 수 있다. 나는 바로 이런 명료함그것이 무엇을 의미하든이 나의 삶이자 일상이 되기를 원했다.

나는 때때로 소설가, 언론인, 정치가가 되는 꿈을 꾸기도 했다. 그러나 그 무엇보다 항상 위대한 육상 선수가 되고 싶었다. 안타깝게도 운명의 여신은 내가 좋은 육상 선수가 되는 것은 허락했지만, 위대한 육상 선수가 되는 것은 허락지 않았다. 나는 스물네 살 때 이런 운명에 굴복하고 말았다. 오리건대학교에서 뛰어난 육상 선수로 표창을 받기도 했지만, 그것이 전부였다. 1500미터를 6분씩 계속 달릴 때, 혹은 떠오르는 해가 이글거릴 때 자신에게 이런 질문을 던지곤 했다. '운동선수가 되지 않고도 그들과 공감할 수 있는 방법은 없을까? 일 자체를 즐길 수 있는 방법은 없을까? 아니면 일을 너무나도 즐겨서 일 자체가 즐거움이 될 순 없을까?'

당시 세계는 전쟁의 고통에 휩싸여 있었고, 일상은 힘들고 때로는 부당하게 여겨졌다. 이런 때는 기괴하고도 실현 가능성이 별로 없는 꿈을 좇는 것도 좋은 방법이다. 이런 꿈은 오직 한 가지 목표만 추구하던 운동선수 출신에게는 가치 있고 흥미로워 보였다. 싫든 좋든, 인생은 일종의 게임이다. 이런 사실을 부정하는 사람, 게임을 거부하는 사람은 방관자로 남을 뿐이다. 나는 방관자가 되고 싶지 않았다.

이런 사실이 내가 '미친 생각Crazy Idea'을 하게 만들었다. 나는 이런 미친 생각을 다시 한 번 돌아보았다. 어쩌면 이런 미친 생각이 실현될 수도 있지 않을까?

어쩌면…… 말이다.

그렇지 않다! 어쩌면이란 표현은 틀렸다. 나는 내가 누군가를 뒤쫓거나 누군가가 나를 뒤쫓을 때처럼 좀 더 빨리 달려보았다. 이것은 효과가 있을 것이다. 나는 신의 이름으로 이것이 효과를 발휘하도록 할 것이다. 여기 '어쩌면'이라는 말은 들어설 자리가 없다.

갑자기 웃음이 터져 나왔다. 그것도 아주 큰 소리로 말이다. 땀에 흠뻑 젖은 채, 몸을 우아하고도 편안하게 움직이면서 나의 미친 생각이 눈앞에 떠오르는 모습을 보았다. 미친 생각이 더 이상 미친 것처럼 보이지 않았다. 심지어 그것은 어떤 생각처럼 보이지도 않았다. 그것은 어떤 장소, 어떤 사람처럼 보였다. 혹은 나의 일부이기는 하지만, 나하고는 오래전부터 떨어져 존재하는 일종의 생명처럼 여겨졌다. 마치 발견되기를 바라며 지금까지 숨어서 나를 기다렸던 것처럼 말이다. 그것은 엉뚱한 야심처럼 여겨질 수도 있었다. 그러나 그때 나는 그렇게 생각하지 않았다.

어쩌면 내 기억이 잘못됐을 수도 있다. 내 기억이 이런 발견의 기쁨을 느낀 순간을 과장한 것일 수도 있고, 아니면 이런 순간들을 하나로 압축한 것일 수도 있다. 혹은 격렬한 운동 후에 느끼는 황홀감에서 온 환상일 수도 있다. 잘 모르겠다. 그 시절에 관한 기억 중에서 많은 부분이 그날의 숨소리와 차가운 입김처럼 세월과 함께 사라져버렸다. 얼굴, 숫자, 한때는 긴급하고도 돌이킬 수 없는 결정들이 모두 기억 속에서 지워져버렸다.

그러나 변하지 않은 한 가지 진실은 사라지지 않고 남아 있다. 나는 스물네 살 때 '미친 생각'을 했다. 그리고 20대 중반의 젊은이들이 흔히 갖는 실존적 고뇌, 미래에 대한 두려움, 자신에 대한 불신에도 불구하고 세상은 미친 생각을 하는 사람들에 의해 만들어진다고 믿었다. 미친 사람들이 역사를 만들어간다. 내가 가장 좋아하는 것들책, 스포츠, 민주주의, 자유기업은 미친 사람들의 생각과 함께 시작됐다.

내가 좋아하는 달리기만큼이나 미친 짓도 흔치 않다. 달리기는 고통스럽고 위험한 운동이다. 보상이 적을 뿐 아니라 그마저도 확실하게 받는다는 보장이 없다. 트랙이나 도로를 달릴 때 목적지가 정해져 있는 것도 아니다. 그 어떤 것도 이런 노력을 충분히 보상해주지 않는다. 오직 달리는 행위 자체가 목적일 뿐이다. 어느 누구도 결승선을 정해주지 않는다. 당신만이 결승선을 정할 수 있다. 혹시라도 당신이 달리는 행위로 기쁨을 얻더라도, 마음으로만 얻을 뿐이다. 당신은 달리기를 이런 시각에서 바라보면서, 당신 자신을 설득시킬 수 있어야 한다.

달리기에 빠진 사람들은 이런 사실을 잘 안다. 이들은 달리기를 계속하지만, 이것을 왜 하는지는 잘 모른다. 목표를 달성하기 위해, 혹은 격렬한 흥분을 느끼기 위해 달린다고 자신에게 말할 수도 있다. 그러나 사실은 대안, 즉 달리기를 그만두는 것이 끔찍하기 때문에 달리고 있을 뿐이다.

1962년 그날 새벽에 나는 스스로에게 이렇게 선언했다. '세상 사람들이 미쳤다고 말하더라도 신경 쓰지 말자. 멈추지 않고 계속 가자. 그곳에 도달할 때까지는 멈추는 것을 생각하지도 말자. 그리고 그곳이 어디인지에 관해서도 깊이 생각하지 말자. 어떤 일이 닥치더라도 멈추지 말자.'

이 선언은 갑자기 어른이 된 듯한 내가 앞날을 내다보면서 나 자신에게 주는 절박한 충고였다. 어쨌든 나는 이 충고를 받아들이기로 했다. 반세기가 지난 지금, 나는 이것이 최선의 – 어쩌면 유일한 – 충고였음을 믿는다. 나는 누구에게든지 이런 충고를 해주고 싶다.

필 나이트

차례

2부

1부

여기서는 아주 빨리 달려야만 제자리를 유지할 수 있어.
만약 다른 곳에 가려면 여기서보다는
최소한 두 배는 더 빨리 달려야 해.

— 루이스 캐럴, 《거울 나라의 앨리스》

1962년
미친 생각

마침내 용기를 내서 아버지에게 '미친 생각'에 관해 말한 때는 초저녁 무렵이었다. 아버지와 대화를 나누기에는 그 시간대가 가장 좋았다. 그때가 되면 아버지는 식사를 마치고 편안한 자세로 안락의자에 앉아 텔레비전을 보고 계셨다. 지금도 나는 고개를 뒤로 젖히고 눈을 감으면 텔레비전에서 나오던 청중의 웃음소리와 아버지가 좋아하시던 〈왜건 트레인Wagon Train〉서부극 드라마-옮긴이과 〈로하이드 Rawhide〉1860년대 카우보이들의 도전을 그린 드라마-옮긴이의 귀에 거슬리는 주제가가 들리는 듯하다.

아버지가 가장 좋아한 배우는 레드 버튼스였다. 그가 중심이 된 쇼에서는 그가 부르는 "호호 히히 이상한 일이 일어났어요Ho ho, hee hee, strange things are happening"라는 노랫말과 함께 이런저런 에피소드가 시작됐다.

나는 아버지 곁에 앉아서 힘없이 미소를 짓고는 텔레비전 광고가 나올 때까지 기다렸다. 나는 속으로 아버지께 할 말을 부지런히 연습했다. 특히 도입 부분에 신경을 많이 썼다. '아버지, 스탠퍼드 시절에 제가 미친 생각을 했던 걸 아세요?'

기업가 정신에 관한 강좌를 수강할 때였다. 나는 수업 과제로 신발 산업에 관한 보고서를 썼다. 보고서는 지극히 평범한 과제에서 지독한 집착 대상으로 변했다. 나는 육상 선수로서 러닝화에 관심이 많았다. 그리고 경영학을 전공하는 대학원생으로서, 일본 카메라가 독일이 지배하던 시장을 뒤흔든 사실을 알고 있었다. 이를 근거로 나는 보고서를 통해 일본의 러닝화가 시장을 장악할 것이라고 주장했다. 이 생각은 나를 즐겁게 하고 영감을 주는 동시에 나를 사로잡았다. 단순하지만 분명하고, 실현 가능성이 엄청나게 높아 보였다.

나는 오랫동안 보고서에 매달렸다. 도서관에 가서 수입, 수출, 창업에 관한 자료는 보이는 대로 다 읽었다. 강의 규정에 따라 수업 시간에 이 보고서를 발표했는데, 수강생들은 하나같이 따분한 반응을 보였다. 보고서 내용에 대해 어느 누구도 질문하지 않았다. 다만 멍한 눈빛으로 한숨을 깊이 쉬면서 나의 열정에 경의를 표했을 뿐이다.

교수님은 나의 '미친 생각'의 가치를 인정했는지, A학점을 주셨다. 나는 이후로도 그 보고서에 관한 생각을 결코 멈춘 적이 없었다. 스탠퍼드 시절에도, 아침에 달리기를 할 때도, 아버지와 함께 텔레비전을 보던 그때 그 순간에도 나는 일본에 있는 신발 회사를 찾아가서 나의 '미친 생각'을 전하는 순간만을 생각했다. 스탠퍼드에서 나와 함께 수업을 듣던 학생들과는 다르게, 그들은 열광할 것이다. 그들은 따분한 오리건 출신의 가냘프고 겁이 많은 어린아이와 파트너가 되려고 할 것이다.

그때부터 나는 어렴풋이나마 일본에 가려는 계획을 세웠다. 그곳에 가지 않고서 내가 어떻게 이 세상에 흔적을 남길 수 있겠는가? 육상 선수들은 큰 경기에 출전하기 전에 먼저 트랙을 걷고 싶어 한다. 내겐 전 세계로 배낭여행을 떠나는 것이 트랙을 먼저 걸어보는 것과 마찬가지였다. 그 시절에는 죽기 전에 꼭 달성해야 하는 버킷리스트에 관해 말하는 사람이 아무도 없었다. 그러나 나는 배낭여행이 버킷리스트에서 한 자리를 차지해야 한다고 생각했다. 죽기 전에 혹은 바쁜 나날을 보내면서 늙어가기 전에, 세상에서 가장 아름답고 신비로운 곳으로 여행을 가고 싶었다.

그리고 가장 신성한 곳으로도 가고 싶었다. 물론 나는 다른 나라의 음식을 먹고, 다른 나라의 말을 듣고, 다른 나라의 문화를 체험하고 싶었지만, 내가 진정 원한 것은 그들과의 '연결'이었다. 동양의 도道, 그리스의 로고스Logos, 힌두교의 즈냐나Jñāna, 불교의 다르마Dharma를 이해하고 싶었다. 기독교에서는 이를 두고 '성령Spirit'이라고 부른다. 나는 여행 계획을 세우기 전에, 먼저 인류가 시도했던 위대한 탐험을 이해하려고 했다. 그래서 가장 웅장한 사원, 교회, 신전, 가장 신성한 강과 산을 조사했다. 나는 뭐라 할까…… 신의 존재를 느끼고 싶었다.

그때 내가 혼자서 "그렇지, '신'이라는 더 나은 단어가 빠졌구나"라고 되뇌던 기억이 난다.

하지만 먼저 아버지의 허락을 받아야 했다.

게다가 아버지의 돈도 필요했다.

나는 예전에 이미 여행을 하고 싶다는 말을 아버지에게 한 적이 있었다. 그때 아버지는 이를 긍정적으로 생각하시는 것 같았다. 하지만 아버지는 내 말을 모두 잊어버리셨을 게 분명했다. 따라서 아버지를 설득하려면, 거기에다 '미친 생각'에 관한 이야기를 보태야만 했다. 하지만 회사를 설립하기 위해 일본을 방문하겠다는 이야기를 듣는 순간, 아버지께서 황당한 표정을 지으실 건 분명했다.

아버지는 이런 계획을 엄청나게 먼 곳에 다리를 만드는 일처럼 생각하실 게 분명했다.

게다가 이런 다리를 짓는 데는 엄청난 비용이 소요된다. 당시 나한테는 군에서 제대한 뒤 여름 학기 동안에 이런저런 아르바이트를 해서 모아둔 돈이 조금 있었다. 레이싱 타이어와 트윈 캠 엔진이 장착된 나의 1960년식 체리블랙 MG 엘비스 프레슬리가 영화 〈블루 하와이〉에서 몰던 차와 같은 모델를 팔 생각도 하고 있었다. 이렇게 돈을 탈탈 털어봐야 1500달러에 불과해서 내가 계획한 대로 배낭여행을 떠나기에는 턱없이 부족했다. 아버지의 지원이 절실했다. 아버지는 고개를 끄덕이고는 텔레비전에서 눈을 뗀 뒤 나를 한번 힐끔 쳐다보셨다. 그러고는 내가 모든 이야기를 털어놓는 내내 텔레비전을 보고 계셨다.

아버지, 제가 무슨 말씀을 드리고 있는지 아시죠? 저는 세상을 보고 싶어요.

히말라야도 보고 싶고, 피라미드와 사해도 보고 싶어요.

그리고 일본도 둘러보고 싶어요. 저의 '미친 생각', 일본의 러닝화 이야기도 들으셨죠? 저한테는 엄청난 기회가 될 거예요.

나는 장점을 부풀리면서 아버지를 끈질기게 설득했다. 사실 나는 남을 설득하는 데 별로 소질이 없었고 성공할 가능성이 거의 없어 보여서 힘이 많이 들었다. 아버지는 오리건대학교에 이미 수백 달러를 내놓았고, 스탠퍼드대학교에는 수천 달러를 쓰셨다. 아버지는 〈오리건 저널The Oregon Journal〉 발행인이었다. 덕분에 우리 식구들이 포틀랜드의 조용한 교외 지역인 이스트 모어랜드 클레이본 스트리트의 하얀색 저택에 거주하면서 쾌적한 생활을 영위하는 데는 큰 어려움이 없었다. 그렇다고 아버지가 아들의 세계 여행을 선뜻 지원할 만큼 대단한 부자는 아니었다.

내가 이런 계획을 말했을 때는 1962년이었다. 당시 지구는 점점 커지고 있었다. 인류가 작은 캡슐을 타고 지구를 선회할 정도였으니까 말이다. 그렇지만 미국인의 90퍼센트는 아직 비행기를 타본 적이 없었다. 미국의 평범한 사람들은 자기 집에서 160킬로미터 이상 떨어진 곳으로 떠날 생각을 감히 하지 못했다. 아들이 비행기를 타고 세계 여행을 가겠다고 말하면 대부분의 아버지가 당황할 수밖에 없던 시절이었다. 특히 아버지한테는 직장의 전임자가 비행기 사고로 죽은 경험도 있었다.

돈과 안전에 관한 문제를 차치하더라도, 전체적인 계획 자체가 현실성이 없었다. 통계적으로도 신생 기업 27개 중 26개가 망했다. 물론 아버지도 이런 사실을 잘 알고 계셨다. 이처럼 엄청난 위험을 감수하려는 생각 자체가 아버지의 사고방식과는 정면으로 배치됐다. 아버지는 보수적인 미국 성공회 신자였다. 다른 사람에게서 존경받고 싶은 욕구도 대단했다. 아버지에게는 호화 저택, 아름다운 부인, 공손한 자녀들이 있었지만, 아버지가 진정 원하는 것은 주변 친구들과 이웃 사람들이 그런 사실을 알아주는 것이었다. 아버지는 훌륭한 사람으로 인정받고 싶어 하셨다. 또한 주류 사회에서 활발하게 활동하는 것을 기쁘게 생각하셨다. 이런 아버지에게 세계 여행은 비트족이나 힙스터 같은 괴짜들이나 할 짓이었다. 특히 남들에게 존경받는 아버지의 공손한 아들에게는 있을 수 없는 일이었다.

아버지가 다른 사람에게 존경받는 데 집착했던 이유는 자기 내면의 혼란에 대한 두려움 때문이었을 수도 있다. 나는 본능적으로 이런 혼란을 느낀 적이 있다. 아버지의 혼란은 갑자기 실체가 되어 나타나곤 했다. 밤늦게 갑자기 벨 소리가 울려 전화를 받으면, 누군가가 걸쭉한 목소리로 "자네 아버지 모셔 가게"라고 했다.

나는 레인코트를 꺼내 입고그런 날에는 항상 안개비가 내렸다. 차를 몰아 아버지가 계시는 클럽으로 갔다. 나는 그 클럽을 내 침실만큼이나 분명하게 기억한다. 천장까지 닿는 100년도 더 된 참나무 책장과 우아한 의자는 영국 귀족 저택의 응접실 같은 분위기를 자아냈다. 그곳은 세간에서 존경받는 사람들이 모일 만한 장소로 손색없었다.

아버지는 항상 같은 테이블의 같은 의자에 앉아 계셨다. 나는 아버지를 천천히 일으켜 세우며 "아버지, 괜찮으세요?"라고 물었다. 그러면 아버지는 "그럼, 괜찮고말고"라고 대답하셨다. 집으로 오는 길에 우리 부자는 마치 아무 일도 없는 것처럼 행동했다. 아버지는 꼿꼿한 자세로 당당하게 앉아 계셨다. 우리는 주로 스포츠 이야기를 나누었다. 스포츠 이야기를 나누다보면 기분이 전환되어 마음이 가라앉기 때문이었다.

아버지도 스포츠를 좋아하셨다. 예나 지금이나 스포츠는 점잖은 사람들에게 좋은 이야깃거리다.

나는 이런저런 이유로 아버지가 내가 하는 말에 얼굴을 잔뜩 찌푸리고 "벅, '미친 생각'이야. 모조리 헛소리야" 하시면서 금방 반대하실 거라고 생각했다 내 이름은 필이지만, 아버지는 나를 항상 벅이라고 부르셨다. 아버지는 내가 태어나기 전부터 나를 벅이라고 부르셨다. 어머니의 말씀에 따르면, 아버지는 어머니의 배를 두드리면서 "벅, 오늘 어떻게 보냈니?"라고 묻곤 하셨다. 내가 말을 멈추자, 아버지는 안락의자를 앞으로 당기더니 웃는 얼굴로 나를 쳐다보셨다. 아버지는 젊은 시절에 여행을 많이 다녀보지 못한 것을 항상 후회해왔다며, 이번 여행이 자식 교육의 마지막 단계가 될 것이라고 하셨다. 그리고 나서도 많은 말씀을 하셨지만, 주로 '미친 생각'이 아니라 여행에 관한 이야기였다. 하지만 나는 여행 목적에 관한 아버지의 생각을 군이 바꾸려고 하지 않았다. 아버지와 논쟁하려고도 하지 않았다. 어쨌든 아버지가 이번 여행을 허락하고 돈을 주실 것이었기 때문이다.

"좋아, 벅. 그렇게 해."

나는 아버지께 감사드리고는 아버지의 마음이 변하기 전에 얼른 그 방에서 나왔다. 시간이 지난 뒤에야 아버지가 젊은 시절에 여행을 많이 다니지 못한 것이 아들의 여행을 허락한 숨은 이유 어쩌면 진짜 이유라는 생각에 살짝 죄책감이 들기도 했다. 하지만 내 결심은 확고했다. 이번 여행과 '미친 생각'은 내가 아버지와 다른 새로운 사람이 될 수 있는 중요한 계기가 될 것이다. 내가 남들에게서 존경받지는 못하더라도 말이다.

아니, 존경받지 못하는 사람이 아니라 존경받는 데 사로잡히지 않은 사람일 수도 있겠다.

다른 식구들은 내 계획에 시큰둥한 반응을 보였다. 눈치가 빠른 외할머니는 일본이라는 말만 듣고도 화들짝 놀라셨다. "벅, 몇 년 전만 해도 일본 사람들은 우리 미국 사람들을 죽이려고 했어! 진주만 몰라? 일본은 세계를 점령하려고 했단다! 일본 사람들 중에는 아직도 일본이 패전한 사실을 모르는 사람도 있다고 하더라! 그 사람들은 지금도 숨어서 지낸대! 너를 보면 잡아 가둘지도 몰라. 눈알을 도려낼지도 모른다고."

나는 외할머니를 좋아한다. 우리는 외할머니를 '햇필드 할머니'라고 불렀다. 외할머니가 일본을 두려워하는 이유는 충분히 이해할 수 있었다. 일본과 외할머니가 태어난 이후 평생 동안 살아온 오리건의 농촌 마을, 로즈버그는 서로 너무 멀리 떨어져 있었다. 어린 시절, 나는 여름이 되면 햇필드 할머니 댁에서 시간을 보냈다. 매일 밤 우리는 베란다에 앉아서 황소개구리가 우는 소리를 들었다. 라디오에서는 항상 제2차 세계대전 소식이 들려왔다. 그것은 대개 안 좋은 소식이었다.

일본은 2600년 동안 전쟁에서 져본 적이 없는 나라라고 했다. 이번 전쟁에서도 질 것 같지 않았다. 전황은 그다지 좋지 않았다. 미국은 패전을 거듭했다. 1942년 뮤추얼 브로드캐스팅의 가브리엘 히터가 들뜬 목소리로 "청취자 여러분, 안녕하십니까? 오늘밤에는 좋은 소식이 들어왔습니다!"라는 멘트로 저녁 뉴스를 시작했다. 마침내 미국이 중요한 전투에서 승전을 거두었던 것이다. 당시 히터가 아나운서라기엔 지나치게 가벼운 태도를 보인 것을 비난하는 사람도 더러 있었다. 하지만 일본에 대한 미국인들의 반감이 너무나 크다 보니 히터는 졸지에 대중의 영웅이 됐다. 이후로도 그는 "오늘밤에는 좋은 소식이 들어왔습니다Good news tonight!"라는 말로 뉴스를 시작했다.

외할아버지는 베란다에 앉아 주머니칼로 그라벤슈타인 사과를 깎아서 한 조각은 나한테 주시고 다른 한 조각은 자신이 드셨다. 사과 깎는 속도가 눈에 띄게 느려질 때까지 그 일을 계속 반복하셨다. 히터가 진행하는 뉴스 시간이 되면 외할아버지는 항상 "이제 조용히 해"라고 말씀하셨다. 지금도 나는 그때 외할아버지와 함께 사과를 먹던 일, 밤하늘을 쳐다보던 일을 뚜렷이 기억한다.

그러니 외할머니가 일본이라는 말을 듣고 전투기가 하늘을 종횡으로 누비는 모습을 떠올리는 것은 어찌 보면 당연한 일이었다. 다섯 살쯤 비행기를 처음 탔을 때 내가 "아빠, 일본 사람들이 우리 비행기를 쏘지는 않겠죠?"라고 물어본 것과 같은 맥락이라고 할 수 있다.

외할머니가 무시무시한 말씀을 하시면서 적극 만류하셨지만, 나는 "걱정마세요. 괜찮을 거예요"라고 대답했다. 나중에 나는 외할머니께 드릴 선물로 기모노를 사서 돌아왔다.

나보다 네 살이나 어린 쌍둥이 여동생, 진과 조앤은 내가 어디서 무엇을 하든 별 관심이 없어 보였다.

어머니는 아무 말씀도 안 하셨다. 어머니는 말수가 적은 분이셨다. 하지만 이번 경우 어머니의 침묵에는 특별한 의미가 있었다. 무언의 동의라고나 할까? 어쩌면 유별난 아들에 대한 자부심이었는지도 모르겠다.

나는 몇 주에 걸쳐 자료를 읽고 경로를 짜며 여행을 준비했다. 여행 준비에 지칠 때면 내 머리 위를 날아가는 기러기 떼와 함께 달리면서 이런저런 생각을 정리했다. 기러기 떼는 촘촘한 V자 대형을 유지하며 날아간다. 대형 뒤쪽에서 나는 기러기는 역기류를 탄다고 한다. 덕분에 앞쪽에서 나는 기러기에 비해 80퍼센트의 힘만 쓰면 된다. 육상 선수라면 다들 이런 사실을 잘 안다. 선두 주자는 에너지를 가장 많이 소모하고, 가장 많은 위험을 감수한다.

기러기 떼를 보면서 위험을 나눌 여행 파트너가 있는 것도 괜찮겠다는 생각이 들었다. 파트너로는 스탠퍼드에서 알게 된 친구, 카터가 적임이었다. 그는 윌리엄 주얼 칼리지의 농구 선수 출신이지만 운동선수다운 구석은 찾아보기 어려웠다. 그는 두툼한 안경을 끼고 책을 가까이했다. 그와 함께 있으면, 말을 하나 안 하나 편안함을 느낄 수 있었다. 이런 성격은 친구를 사귀는 데 많은 도움이 된다. 여행 파트너로도 최적이었다.

여행 계획을 듣자마자 카터는 내 앞에서 큰소리로 웃었다. 내가 가고 싶어 하는 곳하와이, 도쿄, 홍콩, 랑군, 캘커타, 뭄바이, 사이공, 카트만두, 카이로, 이스탄불, 아테네, 요르단, 예루살렘, 나이로비, 로마, 파리, 빈, 서베를린, 동베를린, 뮌헨, 런던을 나열하자, 놀란 표정을 짓더니 이내 깔깔거리며 웃었다. 나는 몹시 당황해서 눈을 아래로 내리깔고 농담이었다고 얼버무리려고 했다. 그러자 카터는 여전히 웃음을 참지 못하면서 "벅, 그거 진짜 좋은 생각이야"라고 말했다.

나는 카터를 올려다보았다. 나를 비웃는 것이 아니었다. 그는 기뻐 어쩔 줄 몰라서 웃는 것이었다. 그는 "이런 기회를 놓쳐선 안 되지. 그냥 밀어붙이는 거야"라고 말했다.

며칠 뒤 카터는 부모님의 허락을 받았다. 그는 결코 꾸물대는 법이 없었다. 숏 기회가 생기면 반드시 쏴야만 하는 친구였다. 이번 여행을 떠나면서 카터에게서 배울 점이 많을 거라는 생각이 들었다.

우리 두 사람은 청바지와 티셔츠 몇 장, 운동화, 워커, 선글라스, 군복색1960년대에는 카키색을 이렇게 불렀다 여벌 한 벌 등 기본적인 필수품만 챙겨 가기로 약속하고는 여행가방과 배낭을 각각 하나씩 준비했다.

나는 나의 '미친 생각'이 결실을 거둘 경우에 대비해 브룩스 브라더스Brooks Brothers 투 버튼 초록색 정장도 준비했다.

1962년 9월 7일, 카터와 나는 그의 낡아빠진 체비Chevy 승용차에 짐을 싣고 I-5 도로를 엄청 빠른 속도로 달렸다. 오리건의 숲이 우거진 윌래밋 밸리를 지날 때는 우리 두 사람이 나무뿌리를 향해 돌진하는 것처럼 느껴졌다. 우리는 캘리포니아 소나무 산악 지대의 오르막길을 달렸다. 그다음에는 내리막길을 달려서 자정이 훨씬 넘은 시간에 안개가 자욱한 샌프란시스코로 들어섰다. 거기서 우리는 며칠 동안 친구 집 마룻바닥에서 잠을 잤다. 그다음에는 스탠퍼드에 잠시 들러서 카터가 창고에 보관해놓은 물건들을 가지고 나왔다. 마지막으로 주류 판매점에 들렀다가 호놀룰루로 가는 스탠더드 에어라인 할인 티켓을 두 장 샀다. 8달러짜리 편도 티켓이었다.

카터와 내가 하와이 오아후 공항 활주로에 도착하는 데는 몇 분도 채 안 걸린 것처럼 느껴졌다. 우리는 공항을 빠져나와 하늘을 바라보면서 잠시 생각에 잠겼다. 우리가 보는 하늘은 우리 고향의 하늘이 아니었다.

미녀들이 줄을 지어 우리에게 다가왔다. 부드러운 눈동자, 매끈한 피부, 풍만한 엉덩이, 맨발의 미녀들이 풀잎 치마를 나풀거리며 우리 눈앞을 지나갔다. 카터와 나는 서로 마주보면서 싱긋 웃었다.

우리는 택시를 타고 와이키키 해변으로 갔다. 해변과 길 하나를 사이에 둔 모텔을 숙소로 정했다. 우리는 단번에 짐을 옮기고는 수영복으로 갈아입었다. 그리고 바다를 향해 달려갔다.

모래사장에 발을 내딛고는 운동화를 벗어 던졌다. 함성을 지르며 파도를 향해 힘껏 달려갔다. 바닷물에 목이 잠길 때까지 멈추지 않았다. 그다음에는 바닥까지 잠수해 들어갔다가 숨을 헐떡거리며 수면 위로 떠올랐다가 한 번 크게 웃고는 다시 몸을 굴려 물속으로 들어가기를 반복했다. 그러다 결국 비틀거리며 물 밖으로 나와 모래사장에 털썩 주저앉아 날아가는 새와 구름을 바라보고는 빙긋 웃었다. 아마 정신 나간 사람처럼 보였을 것이다. 옆에 앉아 있는 카터 역시 바보처럼 웃고 있었다.

"여기에 계속 머물까? 서둘러서 떠날 필요가 있을까?"

카터는 여전히 웃는 얼굴로 답했다. "다른 계획은 어떡하고? 세계 여행 말이야."

"계획은 언제든 바뀔 수 있어."

"좋은 생각이야, 벽."

우리는 아르바이트를 시작했다. 백과사전을 방문판매하는 일이었다. 그다지 매력적인 일은 아니지만 매일 오후 7시부터 일을 시작한다는 장점이 있었다아침 7시가 아니다. 그래서 서핑을 할 시간이 충분했다.

서핑을 배우는 것은 우리에게 가장 중요한 일과가 되어버렸다. 몇 번 시행착오를 거친 뒤 우리는 보드 위에 똑바로 설 수 있게 되었다. 몇 주 지나자 서핑 실력이 부쩍 늘었다. 이제 누가 봐도 대단한 실력자가 되어 있었다.

수입이 생기자 모텔에서 나와 가구와 침대 두 개가 비치된 아파트를 얻었다. 사실 하나는 진짜 침대였지만, 다른 하나는 벽에 붙여놓았다가 펼치는 일종의 다리미판이었다. 덩치가 큰 카터가 진짜 침대를 쓰고 내가 다리미판을 쓰기로 했다. 그렇게 해도 별 상관없었다. 서핑과 방문판매를 마치면 밤늦게까지 술집에서 술을 마신 뒤 하와이식 화덕 곁에서 잠을 청하기도 했다. 100달러인 월세는 반반씩 나누어내기로 했다.

지금 생각해도 무척 행복한 나날이었다. 한 가지 작은 일을 제외하고는 천국이 따로 없었다. 나는 백과사전을 파는 데 영 소질이 없었다.

아무리 노력해도 백과사전을 팔 수 없었다. 시간이 갈수록 나는 점점 소심해졌다. 이런 모습은 처음 만난 고객을 불편하게 만들었다. 물론 처음 보는 사람에게 상품을 파는 것은 쉽지 않은 일이다. 하와이에서 모기나 원주민처럼 흔히 접할 수 있는 백과사전 영업은 내게 엄청난 시련이었다. 처음 교육받을 때 배웠던 내용여러분은 고객을 상대로 백과사전을 판매하는 것이 아니에요. 여러분은 우리 인류가 축적한 방대한 지식의 개요를 판매하는 겁니다. 인생에 관한 질문에 대답을 전하려는 거지요!을 능숙하고도 힘차게 설명하려고 했지만, 고객들은 아무런 반응도 보이지 않거나 문전박대하기 일쑤였다.

꺼져, 꼬맹아.

소심한 성격 때문인지 백과사전을 파는 일은 점점 더 싫어졌다. 사실 나는 다른 사람에게 거절당하면 쉽게 상처를 입는 편이다. 고등학생 때와 대학 신입생 시절 야구팀에 지원했다가 탈락했을 때도 그랬다. 내 삶의 원대한 계획에서 작은 좌절을 겪은 것에 불과했지만, 그일은 내게 커다란 충격이었다. 그때 나는 이 세상의 모든 사람이 우리를 좋아하거나 인정하는 것은 아니고 때로는 우리가 절실하게 바라는 순간에도 버림받을 수 있다는 사실을 처음 깨달았다.

야구팀에서 탈락한 날을 결코 잊을 수 없다. 나는 잔뜩 낙담한 표정으로 야구방망이를 질질 끌고 집으로 돌아와 방구석에 처박혀서는 슬픔에 잠겨 있었다. 어머니가 침대 곁으로 오셔서 "이제 그만해"라고 말씀하실 때까지 거의 2주 동안 우울하게 보냈다.

어머니는 내게 다른 것을 해보라고 권하셨다. 나는 베개에 얼굴을 묻은 채 "무슨 일을?"이라고 물어보았다. 그러자 어머니는 "달리기를 해보는 것은 어떠니? 벅, 너는 빨리 달릴 수 있잖아"라고 말씀하셨다. 나는 몸을 일으켜 세우면서 "정말? 내가?"라고 되물었다.

그때부터 나는 달리기를 시작했다. 곧 내가 달리기에 소질이 있다는 사실을 깨달았다. 다행히 내가 달리는 것을 말리는 사람은 아무도 없었다.

나는 백과사전 파는 일을 그만두기로 결심했다. 이제 사람들에게 거절당하는 상황을 겪지 않아도 됐다. 나는 다른 일을 찾아보았다. 얼마 지나지 않아 게시판에서 작은 공고문을 발견했다. 채권 영업맨을 모집한다는 공고였다. 채권 영업은 잘할 수 있을 것 같다는 확신이 들었다. 어쨌든 나는 MBA 출신이었다. 그리고 여행길에 나서기 전 딘 위터Dean Witter, 당시 미국의 유명한 금융 회사 면접도 아주 잘 치렀다.

곰곰이 생각해본 뒤 그 일은 두 가지 점에서 해볼 만한 가치가 있다는 결론을 내렸다. 첫째, 일할 곳이 인베스터즈 오버시즈 서비스Investors Overseas Services로, 1960년대 당시 가장 저명한 사업가인 버나드 콘펠드가 이끄는 회사였다. 둘째, 사무실은 아름다운 해변이 내려다보이는 건물 맨 꼭대기 층에 있었다. 거기서 일하면 길이가 6미터에 달하는 창문을 통해 청록색 바다를 바라볼 수 있었다. 이 두 가지 장점은 내 마음을 사로잡기에 충분했다. 나는 면접에서 아주 적극적인 모습을 보였다. 나는 사람들에게 백과사전을 사도록 하는 데에는 실패했지만, 이 회사가 나를 뽑도록 하는 데는 성공했다.

콘펠드의 놀라운 성공과 환상적인 조망 때문인지, 내 업무가 실제로는 공격적인 텔레마케팅이라는 사실을 쉽게 잊어버릴 수 있었다. 콘펠드는 직원들에게 부자가 되라고 주문하는 것으로 유명했다. 그런 분위기 속에서 젊은 직원들은 돈을 많이 벌고 싶다는 욕망을 숨기지 않고 드러냈다. 그들의 행동에는 거리낌이 없었다. 그들은 단골이 될 성실은 고객에게 전화기에 불이 날 정도로 전화를 걸고 때로는 직접 찾아가기도 했다.

나는 말을 잘하는 편이 아니었다. 하지만 내가 판매하는 드레퓌스 펀드에 관해서는 잘 알고 있었다. 게다가 나는 진실을 전하는 방법을 알고 있었다. 사람들은 이 점을 좋아하는 것 같았다. 나는 곧 고객들과 약속을 잡고 펀드를 파는 데 익숙해졌다. 일주일 뒤 나는 판매 수당을 두둑하게 챙겼는데, 그 돈으로 내 몫의 6개월 치 월세를 내고 서핑

보드용 왁스를 샀다. 그러고도 남은 돈으로는 바닷가 주변의 술집에서 술을 퍼마셨다. 관광객들은 대개 모아나Moana, 할레쿨라니Halekulani 같은 고급 리조트에서 시간을 보냈지만, 카터와 나는 바닷가의 싸구려 술집을 좋아했다. 우리는 우쭐한 기분을 느끼면서 해변의 부랑아들과 함께 술을 마셨다. 우리는 이렇게 말했다. "한심한 바보들은 집으로 돌아간다. 찬바람이 불고 비가 오면, 그들은 옷을 껴입고서 몽유병 환자처럼 단조로운 일상 속으로 걸어간다. 그들은 왜 우리처럼 살지 않는가? 왜 현재를 즐기면서 살지 않는가?"

지구 종말론이 퍼지면서 '현재를 즐겨라carpe diem'라는 구호가 한창 인기를 끌고 있었다. 당시 미국과 소련은 핵 교착 상태였다. 소련은 미국의 코앞인 쿠바에 미사일 기지를 배치했고, 미국은 이를 철수할 것을 요구했다. 양측은 이미 최후통첩을 마친 상태였다. 더 이상의 협상은 없었다. 금방이라도 3차 세계대전이 일어날 것만 같았다. 신문들은 앞다퉈 오늘 오후 혹은 늦어도 다음 날에는 하늘에서 미사일이 떨어질 것이라고 보도했다. 화산은 이미 재를 내뿜기 시작했다. 세계는 금방이라도 폼페이가 될 것 같았다. 술집에 모인 사람들은 인류가 사라지는 순간에 떠오를 버섯구름을 감상하기에 가장 좋은 장소가 바로 이 섬일 것이라는 데 의견이 일치했다. *지구 문명이여, 안녕히 가세요.*

하지만 놀랍게도 지구는 목숨을 부지했다. 위기가 종식된 것이다. 공기가 갑자기 바스락거리다가 잔잔해지자, 하늘은 안도의 한숨을 쉬었다. 어느덧 하와이 섬에도 가을이 찾아왔다. 이보다 더 즐거울 수 없는 나날이 계속됐다.

그러다가 불편한 순간이 다가왔다. 어느 날 밤, 나는 술집에서 술을 마시면서 카터에게 이렇게 말했다. "이제 샹그릴라Shangri-La, 지상의 낙원, 제임스 힐턴의 소설《잃어버린 지평선》에 나오는 이상향-옮긴이를 떠나야 될 때가 온 것 같아."

카터를 열심히 설득하지는 않았다. 그저 담담하게 말을 건넸을 뿐이다. 그냥 원래 계획으로 돌아가야 할 때가 됐다는 생각이 들었다. 카터는 얼굴을 찌푸리고 턱을 쓰다듬으면서 이렇게 말했다. "글쎄, 벅, 난 잘 모르겠어."

카터는 만나는 여자가 있었다. 까만 눈동자에 다리가 긴 미모의 하와이 아가씨였는데, 나한테는 그림의 떡 같은 여자였다. 카터는 하와이에 좀 더 머물고 싶어 했다. 이런 카터를 내가 어찌 말릴 수 있겠는가?

카터에게 이해한다고 말했지만, 잔뜩 풀이 죽어버렸다. 나는 술집에서 나와 오랫동안 해변을 걸었다. '다 끝난 일이야. 어쩔 수 없지, 뭐.'

최악의 선택은 짐을 싸서 오리건으로 돌아가는 것이었다. 나 혼자서 세계를 돌아보기는 싫었다. 내면의 목소리는 희미하게 '그냥 집으로 가. 평범한 직업을 구해서 평범한 사람으로 살아'라고 속삭였다.

그런데 또 다른, 희미하지만 단호한 목소리가 들려왔다. '안 돼. 지금 돌아가선 안 돼. 계획했던 대로 밀어붙여. 이대로 멈춰서는 안 돼.'

다음 날 나는 회사에 2주 뒤 그만두겠다고 말했다. 상사 중 한 분이 "벅, 안타깝군. 자네는 영업맨으로 충분히 성공할 것 같은데"라고 말했다. 나는 "제발 안 그랬으면 좋겠네요"라고 중얼거렸다.

그날 오후에 여행사에 가서 1년 안에 어느 항공사를 이용하든 어디든지 갈 수 있는 오픈티켓을 샀다. 이 티켓은 하늘에서의 유레일패스였다. 1962년 추수감사절에 짐을 챙기고 카터와 작별의 인사를 나누었다. 카터는 "벅, 나처럼 사소한 일에 마음을 뺏기지 말아"라고 말했다.

기장이 속사포 같은 일본어로 승객들에게 안내 방송을 쏟아냈다. 갑자기 땀이 나기 시작했다. 창밖의 비행기 날개에 새겨진 강렬한 이미지의 붉은 원을 바라보았다. 외할머니의 말씀이 옳았다. 얼마 전까지만 해도 미국은 일본과 전쟁을 치렀다. 코레히도르 섬Corregidor island, 필리핀의 섬으로 2차 대전의 잔상이 남아 있는 곳이다, 바탄 죽음의 행진Bataan Death March, 2차 대전 초기에 일본군에게 사로잡힌 7만 명의 미국인과 필리핀 전쟁 포로들이 강제적으로 행한 행진-옮긴이, 난징 대학살의 기억이 아직도 생생한데, 벤처 사업을 한답시고 일본에 가겠다고?

정말 '미친 생각'일까? 그게 아니라 그냥 미쳐버린 거 아닌가?

실제로 그렇다 하더라도 의사의 도움을 받기에는 너무 늦었다. 비행기는 이미 활주로를 벗어났다. 하와이 섬의 광활한 옥수수 밭이 내려다보였다. 거대한 화산이 점점 작아질 때까지 아래를 내려다보았다. 이제는 돌아갈 수 없는 길에 접어든 것이다.

추수감사절을 맞아 기내식으로 칠면조 요리와 크랜베리 소스가 나왔다. 일본행 비행기라서 참치 회, 미소국, 따뜻한 사케도 맛볼 수 있었다. 챙겨온 《호밀밭의 파수꾼》과 《벌거벗은 점심》을 몇 번이나 읽었다. 나는 《호밀밭의 파수꾼》의 주인공, 사회에 적응하지 못하는 감수성이 예민한 소년 홀든 콜필드에게 공감했다. 윌리엄 버로스의 《벌거벗은 점심》은 읽기 버거웠다. "고물 장수는 소비자에게 자기 제품을 팔지는 않는다. 그는 자기 제품에 소비자를 판다."

문장이 너무 어려워서 저절로 잠이 왔다. 잠에서 깼을 때 비행기는 급격히 하강하고 있었다. 아래로 내려다보이는 도쿄 거리는 눈부시게 밝았다. 특히 긴자 거리는 크리스마스트리 같았다.

그러나 공항에 내려 호텔로 가는 길에 도쿄의 어두운 면을 볼 수 있었다. 건물에 검고 끈적끈적한 그을음이 달라붙어 있는 모습이 여러 곳에서 보였다. 택시 운전사는 "전쟁 때문입니다. 지금도 많은 빌딩에 폭탄의 흔적이 있어요"라고 말했다.

1944년 여름, 미 공군 B-29 폭격기 편대가 도쿄 상공을 비행하면서 융단 폭격을 가했다. 도쿄에 떨어진 폭탄은 총 340톤에 달했는데, 이 폭탄은 휘발유와 가연성 물질로 가득했다. 세계에서 가장 오래된 도시 중 하나인 도쿄에는 목조 건물이 많았다. 폭탄이 떨어지자 도시 전체는 불바다가 됐다. 화마에 휩쓸려 사망한 사람만 30만 명에 이르렀다. 원자폭탄이 떨어진 히로시마에서 사망한 사람보다 네 배나 더 많았다. 정도가 심각한 부상자만 해도 100만 명이 넘었다. 도시 전체 건물의 80퍼센트가 사라졌다. 갑자기 분위기가 숙연해지면서 운전사와 나는 아무 말도 하지 않았다. 정말이지 무어라 할 말이 없었다.

마침내 운전사는 내가 건넨 메모지에 적혀 있는 주소에 택시를 멈추었다. 아주 우중충한 여관이었다. 아메리칸 익스프레스로 예약했는데, 자세히 확인하지 않은 것이 실수였다. 나는 우묵하게 파인 길을 건너 곧 무너질 것만 같은 건물로 들어갔다.

프런트 데스크에서 나이 든 일본 할머니가 나에게 고개를 숙여 인사했다. 아니, 자세히 보니 고개를 숙인 게 아니었다. 그분은 온갖 풍상을 견뎌낸 나무처럼 지난 세월의 무게에 등이 굽어 있었다. 할머니는

느린 걸음으로 내가 머물 방으로 안내했다. 방은 아주 작아서 물건을 담는 상자처럼 보였다. 방에는 아주 얇은 다다미 매트와 한쪽으로 기울어진 탁자 말고는 아무것도 없었다. 나는 크게 신경 쓰지 않기로 했다. 할머니에게 일본말로 "안녕히 주무세요ぉゃすみなさい"라고 말하면서 고개를 숙였다. 나는 매트를 깔고 금방 잠을 청했다.

다음 날, 방 안으로 밀려드는 햇빛에 잠이 깼다. 나는 엉금엉금 기어서 창가로 갔다. 내가 머무는 곳은 도시 외곽의 공장 지대였다. 주변에 부두와 공장이 모여 있어서 B-29 폭격기의 주요 목표물이 되었을 것이다. 주위를 둘러보니 황량하기 그지없었다. 폭격으로 건물이 주저앉아서, 모든 구역이 평지가 되어 있었다.

다행스럽게도 도쿄에는 아버지의 지인이 몇 분 계셨다. 그중에는 유피아이United Press International, UPI 통신사에서 근무하는 분도 있었다. 나는 택시를 타고 그곳으로 갔다. 그분들은 커피와 아침 식사를 대접하며 가족처럼 대해주셨다. 내가 묵은 여관을 이야기하자 모두들 웃었다. 그러곤 깨끗한 호텔을 예약해주고는 괜찮은 식당 몇 곳도 알려주었다.

당연히 내게 도쿄에 오게 된 이유를 묻는 차례도 있었다. 먼저 세계 여행 계획을 설명하고, 그다음에는 나의 '미친 생각'에 관해 이야기했다. 그분들은 작은 눈을 홉떠 놀라움을 표시하면서 〈임포터Importer〉라는 월간지를 발간하는 미군 출신 두 명을 소개했다. "급하게 마음먹지 말고 우선 그 친구들을 만나보게."

나는 그러겠다고 약속했다. 하지만 먼저 도쿄를 둘러보고 싶었다.

가이드북과 미놀타 카메라를 손에 쥐고 오래된 사원, 신전 등 전쟁

중에도 살아남은 몇 안 되는 주요 건축물들을 찾아보았다. 나는 울타리가 있는 어느 정원의 의자에 앉아 일본의 주요 종교인 불교와 신도神道에 관한 내용을 몇 시간 동안 읽었다. 겐쇼見性 혹은 사토리さとり 개념은 더없이 놀라웠다. 이는 눈이 보이지 않는 순간에 갑자기 다가오는 깨달음을 의미한다. 마치 내가 갖고 있는 미놀타 카메라의 전구가 터지는 것 같았다. 나는 이런 깨달음을 원했다.

그러나 이런 깨달음을 얻기 위해서는 내 사고방식부터 바꿔야 했다. 나는 선형적 사고에 젖어 있었다. 선종禪宗은 선형적 사고를 미혹에 불과하다고 설명한다. 이런 사고방식은 우리를 불행하게 만들 뿐이다. 선종에서는 "현실은 비선형으로 이루어져 있다. 미래도 없고, 과거도 없다. 모든 것이 현재다"라고 말한다.

모든 종교에서 자아는 장애물이나 악마로 여겨진다. 선종에서는 자아가 존재하지 않는다고 선언한다. 자아는 신기루나 악몽에 불과하며, 자아의 존재를 고집스럽게 믿으면 인생을 헛되게 흘려보내게 된다고 가르친다. 자아는 우리가 매일 자신에게 전하는 뻔뻔스러운 거짓말에 불과하다. 행복은 이런 거짓말을 간파하고 폭로하는 데서 시작된다. 13세기 선종 승려, 도겐道元은 "자아를 연구하는 것은 자아를 잊어버리는 것"이라고 말했다. 내면의 목소리와 외면의 목소리는 서로 다르지 않다. 이를 가르는 경계는 존재하지 않는다.

경쟁에 관한 생각도 흥미로웠다. 선종에서는 우리가 자아와 적을 잊어버릴 때 승리를 거둘 수 있다고 주장한다. 자아와 적은 하나의 전체를 구성하는 두 개의 절반에 불과하다. 《선종과 궁도의 예술》에는 이런 내용이 명쾌하게 설명돼 있다. "검도에서 마음이 나와 너의 생각,

적과 적의 칼, 나 자신의 칼과 그 칼을 어떻게 휘두를 것인가에 의해 더 이상 흔들리지 않을 때 완벽의 경지에 도달한다. 모든 것, 자아, 번뜩이는 칼날, 그 칼을 휘두르는 팔은 모두 공空으로 통한다. 거기에는 공에 대한 관념조차 존재하지 않는다."

머리가 빙빙 도는 것 같았다. 나는 잠시 쉬면서 선종과는 관계 없는 장소에 가보기로 했다. 그곳은 일본에서 선종과는 가장 대조되는 곳으로, 오직 자아에만 몰입하는 사람들이 모여 있는 도쿄증권거래소였다. 도쿄증권거래소는 그리스 양식의 대형 기둥으로 장식된 로마네스크 양식의 대리석 건물 안에 있었는데, 캔자스의 조용한 마을에 있는 따분한 은행 건물처럼 보였다. 하지만 안에서는 대소동이 벌어지고 있었다. 수많은 사람이 팔을 흔들거나 머리를 쥐어뜯으면서 소리를 질러댔다. 콘펠드 사무실보다 더하면 더했지 덜하지는 않았다.

나는 그 모습을 유심히 바라보면서, 나 자신에게 이런 질문을 던졌다. '이게 정말 중요한 일인가?' 나도 다른 사람들과 마찬가지로 돈을 중요하게 생각한다. 그러나 내 삶이 돈에만 몰입되는 것은 싫었다.

도쿄증권거래소를 나온 나는 안정이 필요했다. 도쿄 도심에서 조용한 곳으로 알려진, 19세기에 메이지 일왕과 일왕비가 머물던 정원으로 발길을 돌렸다. 일본인들은 이곳이 영적으로 대단한 힘을 지닌 곳이라고 생각한다. 아름다운 도리이鳥居, 신사 입구의 기둥문-옮긴이 곁에서 바람에 흔들거리며 서 있는 은행나무 아래 앉아 나는 경건한 마음으로 생각에 잠겼다. 도리이는 신성한 장소로 가는 문이라 한다. 나는 그 신성함과 평온함에 흠뻑 빠져들었다.

다음 날 아침, 운동화를 신고 세계 최대 규모의 수산 시장인 쓰키지

築地 시장으로 달려갔다. 그곳의 분위기는 도쿄증권거래소와 다를 바 없었다. 다른 점이라면, 주식 대신에 새우가 거래되고 있었다. 나이 많은 어부들이 자기가 잡은 새우를 나무 수레에 가득 싣고서 상인들과 흥정하고 있었다. 그날 밤 버스를 타고 산과 호수가 아름다운 하코네箱根로 향했다. 그곳은 위대한 선종 불교 시인들이 영감을 얻은 곳으로도 유명하다. 석가모니는 "너희들은 너희 스스로 길이 되기 전에는 그 길을 갈 수 없느니라"라고 말했다. 나는 유리처럼 맑은 호수에서 출발해 구름으로 둘러싸인 후지산富士山까지 구불구불하게 이어지는 길 앞에서 경외감에 젖은 채 멍하니 서 있었다. 삼각형 모양의 눈 덮인 후지산의 자태가 고향의 후드산Mount Hood를 꼭 닮았다는 생각이 들었다. 일본인들은 후지산에 오르는 것을 일종의 의식으로 생각하고 신성한 경험으로 여긴다. 나는 후지산을 오르고 싶은 욕망을 억제하기가 어려웠다. 구름 속으로 올라가보고 싶었다. 그러나 참기로 결심했다. 나중에 내가 의식을 치러야 할 때가 오면 반드시 이곳으로 돌아오리라 다짐했다.

다시 도쿄로 돌아와 〈임포터〉로 향했다. 내가 소개받은 두 분은 군인 출신답게 단단한 체격에 건장한 모습을 하고서 아주 바쁘게 움직이고 있었다. 처음에는 내가 불쑥 찾아온 것을 무례하게 여길 뿐만 아니라 무척 귀찮아하는 것처럼 보였다. 하지만 알고 보니 무뚝뚝한 겉모습과는 다르게 따뜻하고 친절한 분들이었다. 그분들은 고국에서 찾아온 손님을 맞이하게 되어 무척 기쁘다고 했다. 우리는 주로 스포츠에 관한 이야기를 나누었다.

"이번에 양키즈가 다시 이길 것 같습니까?"

"윌리 메이스는 아주 대단한 선수죠?"

"맞아요, 역시 윌리예요."

그다음에 자기들의 경험을 들려주었다.

그들은 내가 만난 사람 중 일본을 좋아한 첫 번째 미국인이었는데 미 군정기 일본에 주둔하면서 일본 문화, 음식, 여자에 매료됐다고 했다. 일본을 떠나기 싫었던 그들은 군복무 기간이 끝나자 일본에 남아 수입 상품 관련 잡지사를 차렸다. 하지만 그때는 세상의 그 어느 누구도 일본 상품을 수입하는 데 관심이 없었다. 그래도 그들은 17년 동안 적자를 내지 않고 그럭저럭 잡지사를 꾸려오고 있었다.

나는 그들에게 나의 '미친 생각'에 관해 설명했다. 그들은 관심을 갖고 내 이야기를 들었다. 내 이야기가 끝난 뒤 그들은 커피 물을 올려놓더니 나보고 자리에 앉으라고 했다. 그들은 내가 수입하려는 일본 신발 회사가 어디인지, 그 회사와 선을 놓을 사람이 있는지 물었다. 나는 선을 놓아줄 사람은 없지만 일본 남부에서 가장 큰 도시인 고베에 있는 오니쓰카 타이거라는 실용적인 브랜드를 염두에 두고 있다고 말했다.

그들은 반색했다. "우리도 그 신발을 봤어요."

나는 고베에 가서 그 회사 사람들을 직접 만날 계획이라고 말했다.

그들은 앞다퉈 설명했다. "일본 사람들과 사업하려면 알아야 할 게 몇 가지 있어요. 먼저 그들을 강하게 밀어붙여서는 안 됩니다. 미국식으로 행동해서는 안 된다는 겁니다. 무례하게 굴거나 큰 소리로 말하거나 공격적으로 행동해서는 안 돼요. 일본인들은 하드 셀hard sell, 강요적인 선전 판매법-옮긴이에는 반응을 하지 않습니다. 일본에서 협상은 부드럽고도 끈질기게 진행됩니다. 미국과 러시아가 일왕 히로히토를 달래서 항복을 받아내는 데 얼마나 많은 공을 들였는지 생각해보세요."

다른 사람이 이어 말했다. "자기 나라가 잿더미가 되어 항복할 때 히로히토가 자기 백성들에게 뭐라고 말했는지 아세요? '전황이 일본에 유리하게 전개되고 있지 않다'라고 했습니다. 일본 사람들은 자기 생각을 간접적으로 표현합니다. 그들은 거절도 단호하게 하지 않습니다. 직접 대놓고 '아니요'라고 말하지 않습니다. 또한 '예'라고 말하지도 않습니다. 일본인들은 말을 분명하게 하지 않고 빙빙 돌려서 합니다. 그렇다고 실망하지는 마세요. 자신감에 들떠 있어도 안 됩니다. 그들이 거래하려고 마음먹었는데, 당신은 기회를 날렸다고 생각하고 자리에서 일어날 수도 있습니다. 반대로 그들이 거절하는데 당신은 거래를 성사시켰다고 생각할 수도 있습니다. 아무튼 겉으로 보이는 것만 가지고 쉽게 결론 내려서는 안 됩니다."

그런 말을 들으며 나는 얼굴을 잔뜩 찌푸렸다. 나는 협상에 재주가 없다. 그런데 이제부터 마법의 거울이 가득한 유령의 집에 들어가 협상을 해야 한다. 게다가 그곳에서는 내가 아는 원칙이 적용되지 않는다.

당황스런 개별 지도 시간이 한 시간 동안 이어진 후, 난 악수를 하고 작별을 고했다. 기다릴 수 없다는 느낌이 갑자기 들었다. 그들의 이야기는 신선했지만 이해하기는 어려웠다. 나는 내 작은 트렁크와 백팩에 모든 걸 집어넣고 일을 빨리 추진하고 싶은 마음에 내가 머물고 있는 호텔로 달려갔다. 오니쓰카에 전화해서 약속 시간을 잡았다.

그날 늦은 오후, 나는 남쪽으로 가는 기차에 몸을 실었다.

일본은 사람들이 질서를 잘 지키고 청결한 것으로 유명하다. 일본인의 문학, 철학, 의복, 가정생활은 청결함을 추구한다. 그들은 절약 정신이 몸에 배어 있으며 최소한의 것만 요구한다. '바라지도 말고, 얻으려고 하지도 말고, 붙잡으려고도 하지 마라.' 일본의 위대한 시인들은 사무라이의 칼날 혹은 산속 개울의 돌처럼 번쩍일 때까지 글을 다듬고 또 다듬어서 작품을 발표한다. 티끌이라고는 전혀 찾아볼 수 없다.

그런데 고베로 가는 기차는 왜 그리 지저분했을까?

바닥에는 신문지와 담배꽁초가 여기저기 널브러져 있었다. 의자는 귤껍질과 신문지로 뒤덮여 있었다. 열차 안은 발 디딜 틈조차 없었다.

열차가 시골 풍경을 옆에 두고 천천히 지나갈 때, 나는 창가에 있는 손잡이에 매달려 꼬박 일곱 시간 동안 서 있었다. 창밖으로 보이는 일본 농장은 그 규모가 포틀랜드 일반 가정의 뒷마당 크기만 했다. 이번 여행은 시간이 많이 소요됐다. 하지만 나는 〈임포터〉에서 만난 분들의 이야기를 곱씹느라 전혀 피곤하지 않았다.

고베에 도착한 뒤 허름한 여관에 방을 구했다. 오니쓰카와의 약속은 다음 날 아침에 잡혀 있었다. 일찍 자리에 누웠지만 마음이 들떠 잠을 이룰 수 없었다. 밤새 몸을 뒤척이다가 새벽이 되어 피곤한 몸을 일으키고는 거울 속에 비친 내 얼굴을 바라보았다. 피로에 찌들어서 그런지 무척 수척해 보였다. 면도를 하고 초록색 브룩스 브라더스 양복을 입은 뒤 혼자서 이렇게 말했다.

넌 할 수 있어. 겁먹지 마. 자신감을 가져.

넌 할 수 있어.

약속시간에 늦지 않으려고 서둘러 나섰지만, 내가 도착한 곳은 엉뚱한 장소였다. 내가 간 곳은 오니쓰카 전시장이었다. 약속 장소는 거기서 조금 떨어진 곳에 있는 오니쓰카 공장이었는데 말이다. 급하게 택시를 잡고는 미친 듯이 달려갔지만 결국 약속 시간보다 30분이나 늦게 도착했다. 네 명의 공장 간부진이 로비에서 나를 차분하게 맞이했다. 그들이 고개 숙여 인사하자, 나도 그들과 마찬가지로 고개를 숙여 인사했다. 미야자키 켄이 공장 투어를 시켜주겠다고 했다.

신발 공장에 가본 것은 그때가 처음이었다. 모든 것이 흥미로웠다. 심지어 소리조차 그랬다. 신발 주형이 완성될 때마다 금속제 족형足形이 클링클롱 소리를 내면서 바닥에 떨어졌다. 그런 소리가 몇 초 간격으로 계속 들렸는데, 마치 은방울 소리 같았다. 신발장이의 콘서트라고나 할까. 공장 간부들도 그 소리를 즐기는 것 같았다. 그들은 웃는 표정으로 나를 쳐다봤다.

회계과 사무실을 지날 때였다. 사무실 안에 있는 사람들이 모두 자리에서 일제히 일어나 고개를 숙이고는 미국에서 온 '타이쿤tycoon'에 대한 경의의 뜻을 표현했다. 어느 책에서 실업계의 거물을 의미하는 타이쿤이 '대군大君'을 의미하는 일본어 '다이쿤たいくん'에서 비롯됐다는 이야기를 읽은 적이 있었다. 그들의 경의에 어떤 식으로 감사의 뜻을 표현해야 할지 알 수 없었다. 일본에서 고개를 숙일 것인가, 숙이지 말 것인가는 항상 고민거리였다. 나는 살짝 미소를 띤 얼굴로 고개를 반쯤 숙이고는 가던 길을 계속 갔다.

간부진은 이 공장에서 매달 1만 5천 켤레의 신발을 생산한다고 설명했다. 나는 "대단하네요"라고 말했다. 사실 그때 나는 1만 5천 켤레가 많은 건지 적은 건지 알지 못했다. 그들은 나를 회의실로 데려가 긴 원형 테이블의 상석으로 안내했다. 내가 잠시 머뭇거리자 누군가가 "나이트 씨, 여기에 앉으세요"라고 말했다.

또다시 경의의 뜻을 표현한 것이다. 그들은 자리를 정돈하고, 넥타이를 고쳐 맨 뒤 나를 바라보았다. 운명의 순간이다.

나는 이 순간을 위해 머릿속으로 여러 번 연습했다. 마치 육상 선수가 출발을 알리는 총성이 울리기 오래전부터 연습하는 것처럼 말이다. 그러나 이번 일은 달리기가 아니었다. 인간에게는 인생, 사업, 온갖 종류의 모험을 포함해 모든 것을 달리기에 비유하려는 원초적 욕구가 있다. 그런데 이런 비유가 적절하지 못할 때가 더러 있다. 이런 비유는 어느 정도까지만 맞아떨어진다.

갑자기 머릿속이 텅 빈 것 같아서 잠시 몇 차례 심호흡을 했다. 일의 성패는 내가 일어나서 할 말에 달려 있었다. 만약 머뭇거리거나 실수한다면 백과사전, 뮤추얼 펀드 혹은 별로 관심도 가지 않는 허섭쓰레기 같은 물건을 팔러 돌아다녀야 할지도 모른다. 그러면 부모님을 비롯해 학교와 고향 사람들은 내게 실망할 것이다. 아니, 그 누구보다 나 자신이 실망할 것이다.

나는 그 자리에 모인 사람들의 표정을 살펴보았다. 이 순간을 마음속으로 그릴 때마다 놓친 한 가지 중요한 사항이 있었다. 나는 2차 대전이 이 방에서 벌어질 것을 내다보지 못했다. 확실히 그곳에서는 전쟁이 벌어지고 있었다. 그 자리에서 주고받는 대화 자체가 어찌 보면 작은 전쟁이었다. "청취자 여러분, 안녕하십니까? 오늘 밤에는 좋은 소식이 들어왔습니다!"

그 자리에서 전쟁이 일어나지 않았다고도 볼 수 있다. 일본인들은 조용히 패배를 인정하고 충격을 헤쳐 나와 재건을 이룩하고 전쟁의 상처를 깨끗하게 지우고 있었다. 그 자리에 있던 간부진은 나처럼 젊었다. 전쟁은 그들과 아무런 관련 없는 일이었다.

한편으로는 그들의 부모 세대가 미국인들을 죽이려고 했다.

한편으로는 과거는 과거일 뿐이다.

한편으로는 지난 전쟁의 승리와 패배가 앞으로 있을 거래에 먹구름을 드리우면서 이를 더욱 복잡하게 만들 수도 있다. 이 문제는 세계 시장에서 미래의 승자와 패자가 연루될 때 훨씬 더 복잡해질 수도 있다.

전쟁과 평화에 관한 혼란스러운 감정이 내 마음속에 조용히 자리를 잡았다. 이런 감정에 대해 마음의 준비가 제대로 되어 있지 않아서 그런지 갑자기 어색해졌다. 내 마음속의 현실주의는 이런 혼란을 인정하라고 말했다. 한편으로 내 마음속의 이상주의는 이런 혼란을 무시하라고 말했다. 헛기침을 하고는 발표를 시작했다.

갑자기 미야자키가 끼어들었다. 그런데 "당신은 어느 회사에서 근무하십니까?"

"아, 예. 좋은 질문입니다."

나는 갑자기 당황해서 어쩔 줄 몰랐다. 이런 질문을 받을 거라고는 예상도 못 했다. 세상에서 가장 안전한 곳으로 달려가 숨어버리고 싶었다. 아마 그곳은 부모님이 계신 집일 것이다. 그 집은 지어진 지 수십 년이 됐는데, 집을 지은 사람은 부모님보다 돈이 훨씬 더 많았는지 그 집에는 '하인들의 숙소'가 따로 있었다. 바로 거기에 내 방이 있었다. 나는 방을 야구 카드, 레코드 앨범, 포스터, 책을 포함해 내가 신성하게 여기는 온갖 것들로 가득 채웠다. 한쪽 벽은 육상 선수 시절에 영예의 표시로 받은 블루 리본들로 도배해버렸다. 나는 그것을 매우 자랑스럽게 여겼다. 나는 불쑥 대답했다. "블루 리본입니다. 저는 오리건 주 포틀랜드의 블루 리본 스포츠를 대표합니다."

미야자키는 살짝 웃었다. 다른 중역들도 미소를 지었다. 그 자리에 모인 사람들은 웅성거리기 시작했다. "블루 리본이라고? 블루 리본이라고? 블루 리본이라고?" 중역진은 손깍지를 끼고 나를 다시 조용히 바라보았다. 나는 이야기를 계속 이어갔다. "미국 신발 시장은 거대합니다. 그리고 아직 제대로 개척되지 않았습니다. 오니쓰카가 미국 시장에 진출해 타이거를 미국 운동선수들이 주로 신는 아디다스보다 저렴한 가격으로 판매한다면, 엄청난 수익을 올릴 수 있을 겁니다."

나는 스탠퍼드에서 세미나 시간에 발표했던 내용을 그대로 설명했다. 몇 주에 걸쳐 조사한 제품과 판매량을 그대로 인용했다. 나는 그 자리에 모인 사람들이 감동받고 있다는 착각에 빠져들었다. 중역진은 깊은 인상을 받은 듯한 표정을 지었다. 그러나 발표가 끝났는데도 분위기가 쥐 죽은 듯 고요했다. 갑자기 누군가가 침묵을 깨며 이야기를 시작했다. 다른 사람이 말을 이었다. 모두가 들떠서 큰 소리로 말했지만, 나한테 하는 질문이 아니라 그들끼리 하는 대화였다.

그러고는 모두 자리에서 일어나 한꺼번에 나가버렸다.

이런 모습이 바로 일본 사람들이 나의 '미친 생각'을 거부하는 방식인가? 일제히 일어나서 자리를 떠난다는 것은 무엇을 의미하는 거지? 이것으로 나에 대한 존경의 의식은 중단된 것인가? 나는 그들에게서 거절당한 것인가? 어떡하지? 빨리 이 자리를 떠나야 하나?

당황스러운 몇 분이 지났을 때 그들이 스케치와 샘플 제품들을 가지고 돌아왔다. 미야자키가 그들이 가져온 것들을 내 앞에 펼치는 작업을 도왔다. 그는 "우리는 오랫동안 미국 시장을 염두에 두고 있었습니다"라는 말로 입을 뗐다.

"그랬습니까?"

"우리는 미국에서 이미 레슬링 슈즈를 판매하고 있습니다. 북동부 지역입니다. 그리고 다른 지역에서 다른 제품을 판매하기 위해 여러 번 회의를 열기도 했습니다."

그들은 세 종류의 타이거 모델을 보여주었다. 그들은 훈련 중 신는 트레이닝화를 림버 업Limber Up이라고 불렀다. 나는 "멋지군요"라고 말했다. 높이뛰기 선수가 신는 운동화를 스프링 업Spring Up이라고 불렀다. 나는 "그것도 멋져요"라고 대답했다. 원반던지기 선수가 신는 운동화는 스로 업Throw Up, 던진다는 뜻 외에 토하다, 구역질하다는 뜻으로도 쓰인다-옮긴이이라고 불렀다.

나는 웃지 않으려고 꾹 참았다. '지금 웃어서는 안 돼.'

그들은 미국, 미국 문화, 소비 트렌드, 스포츠 상품점에서 판매하는 신발의 종류에 관해 여러 가지를 물었다. 그리고 미국 신발 시장의 규모가 어느 정도인지, 앞으로 어느 정도가 될지에 관해서도 물었다. 나는 앞으로 10억 달러 규모는 될 것이라고 대답했다. 지금 돌이켜보면, 무슨 근거로 그런 숫자를 말했는지 잘 모르겠다. 그들은 놀란 표정으로 몸을 뒤로 젖히면서 서로 쳐다보았다. 이제는 놀랍게도 그들이 나에게 제품을 팔려고 적극적인 자세를 취했다. "관심이 있으시다면, 블루 리본에서 타이거의 미국 시장 판매를 맡아주면 어떨까요?" 물론 나는 기쁘게 답했다. "네, 그렇게 하겠습니다."

나는 림버 업이 마음에 들었다. "아주 좋은 제품입니다. 이 신발이라면 잘 판매할 수 있을 것 같습니다." 그리고 미국 주소를 적어주고는 50달러짜리 우편환을 보낼 테니 지금 당장 샘플 제품들을 보내줄 것을 요청했다.

그들은 일어나서 고개를 깊이 숙였다. 나도 고개를 깊이 숙였다. 악수를 하고 다시 고개를 숙였다. 그러자 그들도 다시 고개를 숙였다. 우리는 모두 즐겁게 웃었다. 전쟁은 일어나지 않았다. 우리는 동업자가, 형제가 됐다. 회의는 15분이면 끝날 것으로 예상했지만, 두 시간이나 걸렸다.

나는 오니쓰카를 나와서 아버지에게 연락하려고 가장 가까운 아메리칸 익스프레스 사무실로 달려가 아버지에게 편지를 보냈다. "아버지, 급합니다. 지금 당장 고베에 있는 오니쓰카로 50달러를 송금해주세요." 호호 히히 이상한 일이 일어났어요.

나는 여관으로 돌아와서는 다다미 방을 계속 맴돌았다. 앞으로 어떻게 할 것인가? 당장 오리건으로 달려가 샘플 제품들을 받고 새로운 사업을 시작하고 싶었다.

게다가 나는 외로워서 미칠 지경이었다. 내가 아는 모든 것, 모든 사람과 단절되어 있었다. 가끔 〈뉴욕 타임스〉, 〈타임 매거진〉을 볼 때마다 가슴이 뭉클해졌다. 현대판 로빈슨 크루소가 되어 표류하는 기분이었다. 오리건으로 돌아가고 싶었다.

다른 한편으로는 세상에 대한 호기심이 활활 타올랐다. 여전히 새로운 곳을 찾아 탐험하고 싶었다.

결국 호기심이 외로움을 눌렀다.

나는 홍콩으로 가서 혼잡한 거리를 걸었다. 거기서 팔다리가 없는 거지를 보고는 놀라움과 함께 안타까운 마음이 들었다. 어린 손자와 함께 지저분한 몰골로 무릎을 꿇고 앉아서 동냥하는 노인도 있었다. 노인은 아무 말도 하지 않았다. 다만 손자가 계속 울면서 "한 푼만 주세요"라는 말을 반복했다. 할아버지와 손자는 함께 땅을 치면서 울었다. 호주머니 있는 돈을 한 푼도 남김없이 다 주었는데도, 울음은 그치지 않았다.

홍콩 외곽의 빅토리아 피크에 올라가 멀리 중국 땅을 바라보았다. 대학 시절에 공자의 어록을 읽은 적 있다. "산을 움직이려 하는 자는 작은 돌을 들어내는 일로 시작하느니라." 그때 나는 앞으로 이 산을 넘어 신비의 땅으로 갈 수 있는 기회가 결코 오지 않을 것이라고 생각했다. 갑자기 말로 표현하기 힘든 슬픈 감정이 몰려왔다.

그다음에는 필리핀으로 갔다. 그곳은 홍콩과 마찬가지로 혼잡했고, 홍콩보다 훨씬 더 가난했다. 나는 악몽을 꾸는 사람처럼 마닐라 거리를 천천히 걸어갔다. 수많은 사람들이 거리를 오갔다. 교통 정체는 언제 풀릴지 알 수 없었다. 한참 지나 맥아더 장군이 펜트하우스에 기거한 것으로 유명한 호텔에 도착했다. 나는 알렉산더 대왕에서 조지 패튼 장군에 이르기까지 위대한 장군들을 존경한다. 전쟁은 싫어하지만 군인 정신은 사랑한다. 칼은 싫어하지만 무사도 정신은 사랑한다. 모든 장군 중에서 맥아더 장군을 가장 위대하다고 생각했다. 레이밴 선글라스를 끼고 옥수수 속대로 만든 파이프를 입에 문 그는 말과 행동에 거침이 없었다. 뛰어난 전술가이자, 사람들의 마음을 움직일 줄 아는 그는 한때 미국 올림픽위원회 위원장을 맡은 체육인이기도 했다. 이런 분을 내가 어찌 존경하지 않을 수 있겠는가?

물론, 그에게도 결점이 없지는 않다. 그 역시 알고 있었다. 그는 "당신은 규정을 깬 사람으로 기억되어야 한다"는 말을 남기기도 했다. 나는 그가 머물렀다는 방에서 하룻밤 보내고 싶었지만, 그럴 형편이 못됐다. 언젠가 다시 한번 이 호텔에 오리라!

그다음에는 방콕에 갔다. 장대를 엮어 만든 배를 타고 탁한 늪지대를 지나 야외 시장으로 갔다. 그곳은 히에로니무스 보스의 그림을 태국식으로 묘사해놓은 것 같았다. 나는 예전에 먹어본 적 없고 앞으로도 먹어볼 일이 없는 온갖 종류의 조류 요리, 과일, 야채를 먹었다. 지나가는 인력거, 스쿠터, 툭툭Tuk Tuk, 방콕의 소형 3륜 택시-옮긴이, 코끼리를 재빨리 피해가면서 왓 프라깨우에 도착했다. 그 사원은 태국인들이 가장 신성시하는 600년이 된 거대한 에메랄드 불상이 모셔져 있는 곳으로 유명하다. 나는 평온한 얼굴의 불상을 보면서 이런 질문을 던졌다. "내가 왜 여기에 있을까요? 이곳에 무엇 하러 왔을까요?"

대답을 기다렸다.

아무런 답이 없었다.

침묵이 대답인지도 모른다.

그다음에는 베트남으로 갔다. 미군들로 북적거리는 거리에는 전운이 감돌았다. 모두 곧 전쟁이 일어날 것이라고 생각했다. 그것도 아주 추악한 전쟁이……. 어느 미군 장교가 "우리는 그 마을을 구하기 위해 그곳을 파괴해야 했다"라고 말했듯, 루이스 캐럴의 소설에나 나올 법한 전쟁이었다.

1962년 크리스마스를 며칠 앞두고는 인도 캘커타로 갔다. 거기서 크기가 관만 한 방을 얻었다. 침대도 의자도 없이 그물침대 하나가 대소변을 받는 구멍 위에 대롱대롱 매달려 있었다. 몇 시간이 지나자, 갑자기 몸이 아팠다. 아마도 공기 중 바이러스에 감염됐거나 식중독에 걸린 것 같았다. 몸이 낫지 않을 것 같다는 생각이 들었다. 꼭 죽을 것만 같았다.

나는 몸을 억지로 일으켜서 그물침대에서 빠져나왔다. 다음 날이 되어서야 간신히 수천 명의 순례자, 수십 마리의 신성한 원숭이들과 함께 바라나시 사원의 가파른 계단을 비틀거리며 내려올 수 있었다. 행렬은 사람들로 들끓는 갠지스 강으로 향했다. 강물이 허리쯤 차오르자 신기루 같은 것이 보였다. 장례식이라고? 그럴 리가 있나? 강물 속에서 그럴 순 없지. 그런데 실제로 몇 곳에서 장례식을 치르고 있었다. 장례식에 참석한 사람들이 관을 어깨에 둘러메고 물속을 헤치며 걷는 모습이 보였다. 그들은 거기서 화장火葬을 했다. 거기서 10여 미터 떨어진 곳에서는 다른 사람이 조용히 목욕을 하고 있었다. 심지어 그 물로 목을 축이는 사람도 있었다.

《우파니샤드》고대 인도의 철학서-옮긴이에는 이런 구절이 나온다. "암흑에서 광명으로 나를 인도하소서." 그래서 나는 암흑에서 벗어나려고 했다. 카트만두로 날아가 만년설로 뒤덮인 히말라야 산을 올랐다. 내려오는 길에는 사람들이 북적이는 초크도시 내에서 두 도로가 만나는 시장 거리-옮긴이에 들러 설익은 버펄로 고기 한 접시를 순식간에 먹어치웠다. 초크에서 만난 티베트인들은 빨간 털실과 초록 플란넬로 만든 부츠를 신고 있었다. 나무로 된 발가락 부분을 유심히 살펴보니 위로 굽어 있어서, 그것을 신으면 썰매를 타고 달리는 기분이 들 것 같았다. 어느새 나는 사람들의 신발을 관찰하고 있었다.

그러고는 인도의 뭄바이로 갔다. 새해 전날 밤, 거리를 배회하며 보냈는데, 지나가는 소들, 특히 뿔이 긴 암소들을 요리조리 피하느라 몹시 피곤했다. 소음, 냄새, 형형색색의 불빛 때문인지 심한 두통이 몰려왔다. 다음에는 케냐로 가서 깊숙한 밀림 지대로 가기 위해 오랜 시간 버스를 탔다. 몸집이 엄청나게 큰 타조가 버스를 앞지르려고 했다. 핏불 테리어만 한 황새가 창밖에서 날아올랐다. 운전사가 마사이 전사들을 태우기 위해 차를 멈출 때마다 아프리카 원숭이, 비비 한두 마리가 버스에 올라타려고 했다. 운전사와 마사이 전사들은 마체테날이 넓고 무거운 벌채용 칼로 무기로도 쓰인다-옮긴이로 이들을 쫓아버렸다. 버스에서 쫓겨날 때 비비들은 자존심이 상한 표정으로 자기 어깨를 죽 훑어보았다. 미안한 생각이 들었다. 만약 내가 비비라면 어땠을까?

다음에는 이집트 카이로, 기자 고원으로 갔다. 대스핑크스 아래 사막의 유목민과 실크를 걸친 낙타가 함께 서 있었다. 우리는 모두 눈을 가늘게 뜨고 대스핑크스의 영원히 뜬 눈을 쳐다보았다. 태양은 머리 위에서 강렬하게 내리쬐고 있었다. 이 태양은 피라미드 건설에 동원된 수천 명의 사람들과 그 후에 이곳을 찾은 수백만 명의 사람들의 머리 위에도 강렬하게 내리쬐었을 것이다. 지금 그들을 기억하는 사람은 아무도 없다. 성경은 "모든 것이 헛되도다"라고 했다. 불교는 "모든 것이 현재로다"라고 했다. 사막은 "모든 것이 먼지로다"라고 했다.

그다음에는 예루살렘으로 갔다. 그곳에는 아브라함이 아들 이삭을 제물로 바쳤고 마호메트가 승천했다고 전해지는 바위의 돔이 있다. 코란에 따르면, 이 바위는 마호메트를 따라가기를 원했으나, 마호메트가 이를 밟고 올라섰다고 한다. 그 바위에는 마호메트의 발자국이 지금도 여전히 남아 있다. 마호메트는 맨발로 올라섰을까? 아니면 신발을 신고 올라섰을까? 점심때 어두컴컴한 식당에서 거무스름한 일꾼들에게 둘러싸여 지독하게도 맛없는 음식을 먹었다. 모두 지칠 대로 지쳐 보였다. 그들은 마치 좀비처럼 멍한 표정으로 음식을 천천히 씹었다. 인간은 왜 이처럼 힘들게 일해야 하는가? *"들판의 백합을 보라. 그들은 수고도 아니하고 길쌈도 아니하느니라."* 그럼에도 1세기 유대인 율법학자, 엘레아자르 벤 아자리아는 우리가 하는 일은 우리에게서 가장 신성한 부분이라고 했다. *"모두가 자기 솜씨를 자랑한다. 하나님도 자신이 하는 일을 말한다. 하물며 인간이면 오죽하랴?"*

이스탄불에서는 터키 커피에 취해 보스포루스 해협 주변의 꼬불꼬불한 거리에서 길을 잃어버리기도 했다. 이슬람교 사원의 눈부신 첨탑들을 둘러보고 오스만 제국의 황제가 기거하던 톱카프 궁전의 황금 미로를 살펴봤다. 이곳에는 마호메트가 사용했다는 칼이 보관되어 있었다. 13세기 페르시아 시인 루미는 이렇게 읊었다. *"밤에 잠들지 마라. 네가 잠들 때에, 네가 가장 원하는 것이 올 것이다. 곧 태양이 너를 따뜻하게 하여, 네가 경이로움을 볼 것이다."*

그다음에는 로마로 갔다. 작은 트라토리아trattoria, 간단한 음식을 제공하는 이탈리아 식당-옮긴이에서 파스타 요리를 엄청나게 많이 먹고, 예쁜 여자들을 바라보고, 예전에 내가 본 적이 있는 신발들을 관찰하면서 며칠을 조용히 보냈다로마제국 시대에 로마인들은 오른쪽 신발을 먼저 신어야 행운이 깃든다고 믿었다. 사람들이 붐빌 것으로 예상하고는 새벽 일찍 숙소에서 나와 유적지 맨 앞에 줄을 서려고 했다. 그런데 줄이 없었다. 로마에 갑자기 사상 유례가 없는 한파가 들이닥쳤기 때문이었다. 풀이 무성한 네로 황제의 침실 유적, 찬란했던 콜로세움의 잔해, 바티칸 궁전의 거대한 홀과 룸도 둘러보았다. 나는 이 모든 유적지를 독차지했다.

시스티나 예배당에서도 그랬다. 나는 미켈란젤로의 천장화 아래 홀로 서서, 심한 자기 불신에 빠져들었다. 가이드북을 읽어보니 미켈란젤로는 명작을 그리는 동안 빈곤에 시달렸다고 한다. 그의 등과 목에 통증이 심했고, 그의 머리와 눈으로 물감이 쉬지 않고 떨어졌다. 그는 주변 사람들에게 그림 그리는 일을 그만두고 싶어 미치겠다고 말했다. 미켈란젤로조차 자기 일을 사랑하지 않았다면, 우리 같은 평범한 사람은 어떤 희망을 품고 살아야 할까?

피렌체에서는 이 도시에서 추방당한 인간 혐오주의자, 단테를 생각하면서 며칠을 보냈다. 단테의 인간 혐오주의는 선천적인 것인가, 아니면 후천적인 것인가? 그것은 추방과 그에 따른 분노의 원인인가, 아니면 결과인가?

미켈란젤로의 '다비드상' 앞에서는 그의 분노한 눈빛에 충격을 받았다. 골리앗은 결코 다윗을 이길 수 없었을 것이다.

다빈치와 교감하기 위해 기차를 타고 밀라노로 갔다. 그가 직접 작성한 아름다운 노트를 보고는 다빈치만의 독특한 집착에 경이로움을 느꼈다. 특히 그는 인간의 발에 집착했다. 그는 인간의 발을 공학의 걸작품이며, 예술 작품이라고 했다.

내 어찌 이에 반론을 제기하겠는가?

밀라노에서의 마지막 날 밤, 라 스칼라La Scala에서 오페라를 감상했다. 이날 나는 브룩스 브라더스 양복을 꺼내 입고 턱시도를 갖춰 입은 이탈리아 남성과 보석으로 장식한 드레스를 입은 이탈리아 여성 사이를 당당하게 걸어갔다. 관객 모두가 《투란도트Turandot》를 넋을 잃고 감상했다. 칼라프가 〈네순 도르마Nessun dorma〉를 부르자지거라, 별들이여, 동틀 녘엔 내가 승리하리니, 내가 승리하리니, 내가 승리하리니!, 두 눈에 눈물이 고이기 시작했다. 오페라가 대단원의 막을 내리자, 나는 벌떡 일어나서 "브라비시모Bravissimo"를 외쳤다.

그다음에는 베니스로 가서, 며칠 동안 마르코 폴로의 발자취를 따라 거닐며 노곤한 때를 보냈다. 그러다 로버트 브라우닝영국 출생의 시인-옮긴이이 살던 저택 앞에 이르렀다. 그때 그곳에서 얼마나 오랫동안 서 있었는지는 기억나지 않는다. "소박한 아름다움을 얻고 그밖에 다른 것을 얻지 못한다면, 당신은 신이 창조하신 거의 최상의 것을 얻은 것이다."

이제 시간이 얼마 남지 않았다. 오리건의 고향집이 나를 부르고 있었다. 서둘러서 파리로 갔다. 판테온 지하 묘지로 내려가 루소의 목관과 볼테르의 석상에 살며시 손을 얹어보았다. "진실을 사랑하라. 그러나 허물을 용서하라." 내가 예약한 호텔은 아주 지저분했다. 창밖에는 겨울비가 억수처럼 내렸다. 노트르담 대성당에서 기도를 하고 루브르 박물관에서는 길을 잃어버리기도 했다. 셰익스피어 앤드 컴퍼니 Shakespeare and Company 서점에 들러 책을 몇 권 사고는 제임스 조이스, 스콧 피츠제럴드가 잠시 쉬던 곳에 서보았다. 그러고는 센강을 따라 천천히 걸어갔다. 헤밍웨이와 도스 패소스가 서로 신약성서를 큰 소리로 읽어주던 카페에 들러 카푸치노 한 잔을 마셨다. 마지막 날에는 샹

젤리제 거리에서 패튼 장군을 생각하며 파리의 해방자들이 힘차게 걷던 길을 따라 걸었다. "사람들에게 일을 어떻게 해야 하는지가 아니라 어떤 일을 해야 하는지 가르쳐주라. 그리고 그들이 이루어낸 결과로 당신을 놀라게 하라."

다른 장군들과 다르게, 패튼 장군은 신발에 관심이 많았다. "단화를 신은 군인은 그저 군일일 뿐이다. 군인은 장화를 신을 때 전사가 된다."

그다음에는 뮌헨으로 갔다. 히틀러가 천장에 총을 쏴 폭동을 일으킨 곳으로 유명한 뷔르거브로이켈러에 들러 맥주 한 잔을 시원하게 들이 켰다. 다하우Dachau, 나치스의 강제수용소가 있던 곳-옮긴이도 방문하고 싶었다. 하지만 길을 물을 때마다 사람들이 눈길을 돌리고 모르는 척했다. 베를린으로 가서는 체크포인트 찰리Checkpoint Charlie, 통일 이전의 동서 베를린 경계에 있는 외국인 통행이 가능한 유일한 검문소-옮긴이에서 방문 목적을 설명했다. 두꺼운 외투를 입은 넓적한 얼굴의 소련 경비원들은 여권을 살펴보고는 내 등을 가볍게 두드리며 사업 때문에 공산 진영인 동베를린에 가는 건지 물었다. 나는 "그렇지는 않습니다"라고 대답했다. 그들이 어찌어찌하여 내가 스탠퍼드 출신이라는 사실을 알아냈을 때 나는 잔뜩 겁을 먹었다. 내가 베를린에 도착하기 얼마 전, 스탠퍼드 학생 두 명이 한 10대 소년을 폭스바겐에 태우고 몰래 서독으로 데려오려고 했기 때문이다. 그 학생들은 아직도 석방되지 않은 상태였다.

하지만 경비원들은 손을 흔들며 통과시켜 주었다. 나는 이곳저곳을 걷다가 마르크스-엥겔스 광장Marx-Engels-Platz 모퉁이에 도착했다. 주변을 둘러보았지만, 눈에 띄는 것은 아무것도 없었다. 사람도, 가게도, 나무도 보이지 않았다. 아시아 국가에서 봤던 빈곤이 생각났다. 여기에는 또 다른 종류의 빈곤이 있었다. 그것은 인위적인 빈곤, 예방할 수 있는 빈곤이었다. 멀리서 어린아이들이 뛰어노는 모습이 보였다. 그쪽으로 가서 아이들이 노는 장면을 카메라에 담았다. 여덟 살 정도 돼 보였는데, 둘은 남자아이이고, 하나는 여자아이었다. 빨간 털모자를 쓰고 분홍색 외투를 입은 여자아이가 나를 보자마자 빙그레 웃었다. 그 여자아이를 잊을 수 있을까? 아니면 그 아이가 신은 신발을 잊을 수 있을까? 그 신발은 판지로 만든 것이었다.

그다음에는 빈으로 갔다. 커피향이 가득한 빈의 사거리에는 스탈린, 트로츠키, 티토, 히틀러, 융, 프로이트가 살았다. 그들 모두가 역사적으로 중요한 순간에 김이 자욱한 카페에 앉아서 이 세상을 어떻게 구할 것인지 또는 끝낼 것인지 고민했다. 모차르트가 걸었다는 자갈길을 걷다가 내가 본 것 중에서 가장 아름다운 돌다리를 따라 운치가 가득한 다뉴브강을 건넜다. 그러고는 베토벤이 자신에게 청각 장애가 온 사실을 처음 알게 된 곳으로 유명한 성 슈테판 성당의 우뚝 솟은 뾰족탑 앞에 섰다. 베토벤은 탑을 올려다보고 종탑 주변을 나는 새들을 보았을 것이다. 그러나 슬프게도 종소리는 듣지 못했을 것이다.

드디어 런던으로 갔다. 나는 서둘러서 버킹엄 궁전, 스피커스 코너, 해러즈 백화점에 들렀다. 하원의사당 건물에서는 좀 더 오랜 시간 머물기로 결심했다. 나는 눈을 감고서 위대한 처칠에 대해 생각했다. "여러분은 이런 질문을 할 것입니다, 우리의 목표는 무엇인가? 나는 한마디로 대답할 수 있습니다. 그것은 승리입니다. 승리. 우리는 어떤 대가를 지불하더라도, 어떤 폭력을 무릅쓰더라도 승리해야 합니다. 승리 없이는 우리의 생존도 없을 것이기 때문입니다." 나는 셰익스피어

생가를 꼭 둘러보고 싶어서 스트랫퍼드행 버스를 타려고 했다엘리자베스 여왕 시대의 여자들은 신발 끝에다 붉은 실크 장미를 꽂았다고 한다. 하지만 시간이 너무 늦어 탈 수 없었다.

런던에서의 마지막 날 밤, 일지를 쓰면서 이번 여행을 되돌아보았다. 무엇이 이번 여행의 하이라이트가 될 것인가?

그리스였다. 무조건 그리스여야 했다.

오리건을 떠날 때, 나는 두 가지 이유로 몹시 흥분했었다.

나는 일본 사람들 앞에서 나의 '미친 생각'을 발표하고 싶었다.

그리고 아테네의 아크로폴리스를 내 두 눈으로 직접 보고 싶었다.

히스로 공항에서 그리스행 비행기를 타기도 전에, 내 마음은 이미 아크로폴리스에 가 있었다. 그곳의 눈부신 기둥, 위대한 예술품을 통해 신성한 전율을 느끼는 순간을 상상해보았다. 이런 전율은 강렬한 인상이 되어 내게 다가올 것이다.

이는 나의 상상에 불과했을까? 마침내 나는 서양 문명의 발상지 앞에 섰다. 나는 그곳이 단순히 낯익은 곳이기를 바랐다. 그러나 그렇지 않았다. 아니, 예전에 와본 적 있다는 생각마저 들었다.

빛바랜 계단을 오르면서 또 다른 생각도 들었다. 이곳은 바로 모든 것의 출발점이다.

왼쪽에는 파르테논 신전이 있었다. 플라톤은 파르테논 신전이 건설된 시기에 살았다. 그리고 오른쪽에는 아테나 니케의 신전이 있었다. 지금부터 25세기 전, 이 신전에는 승리nike를 전해주는 아테나 여신을 묘사한 아름다운 프리즈 장식이 있었다.

승리는 아테나 여신의 수많은 축복 중 하나이다. 아테나 여신은 또한 거래의 해결사도 축복했다. 《오레스테이아Oresteia》아이스킬로스의 3부작 비극-옮긴이에서 그녀는 "나는 칭송한다. 설득의 눈빛을"이라고 말했다. 어떤 의미로 그녀는 협상자들의 수호신이라 할 수 있다.

이처럼 대단한 장소에서 뿜어 나오는 기를 흡수하면서 얼마나 거기에 서 있었는지 모르겠다. 한 시간이었나? 세 시간이었나? 그날 이후 얼마나 지나서 니케의 신전을 무대로 전사가 왕에게 새로운 신발을 선물하는 장면이 나오는 아리스토파네스의 연극을 알게 됐는지 모르겠다. 내가 언제부터 이 연극이 내 성과 같은 '나이츠Knights'라고 불렸다는 사실을 알게 됐는지도 모르겠다. 다만 나는 발걸음을 돌리면서 대리석으로 된, 아테나 니케 신전의 정면을 보고 떠난 것을 기억한다. 그리스 장인들은 그곳을 아름다운 조각상으로 장식했는데, 거기에는 그 이유를 알 수 없지만 자세를 낮추고 신발 끈을 푸는 니케 여신도 있었다.

1963년 2월 24일. 이날은 나의 25번째 생일이었다. 나는 클레이본 스트리트를 따라 집으로 가고 있었다. 머리는 어깨에 닿을 정도로 길었고, 턱수염은 8센티미터나 자라 있었다. 어머니는 나를 보고는 울음을 터뜨리셨다. 여동생들은 나를 몰라보는 듯, 아니, 내가 집을 떠나고 없다는 사실조차 몰랐다는 듯 눈을 깜박였다. 서로 껴안고 소리를 지르고 큰소리로 웃었다. 어머니는 나를 자리에 앉힌 뒤 커피 한 잔을 따라주셨다. 어머니는 내가 어떻게 지냈는지 몹시 궁금해하셨다. 하지만 나는 몹시 지쳐 있었다. 여행 가방과 배낭을 거실에 두고 내 방으로 갔다. 나는 흐릿한 눈으로 블루 리본들을 바라보았다. 당신은 어느 회사에서 근무하십니까?

그러다가 침대 위에서 몸을 잔뜩 웅크렸다. 라 스칼라의 막처럼 잠이 쏟아졌다.

한 시간 뒤, 밖에서 어머니가 부르는 소리에 잠을 깼다. "벅, 저녁 먹어야지."

아버지는 일을 마치고 곧장 집에 오셨다. 주방으로 들어가자, 아버지는 나를 와락 껴안으셨다. 아버지는 자세한 이야기를 듣고 싶어 하셨다. 그리고 나도 자세히 말씀드리고 싶었다.

그런데 우선 한 가지 확인할 것이 있었다.

"아버지, 신발 왔어요?"

1963년

성공할 수 있을까?

아버지는 이웃사람들을 초대해 '벅의 슬라이드'를 보여주고 싶어 하셨다. 나는 아버지 말씀을 충실히 따라 환등기 앞에 서서 어둠을 즐기며 무심하게 전진 버튼을 눌렀다. 그리고 슬라이드에 나오는 피라미드, 아테나 니케의 신전에 대해 설명했다. 하지만 내 마음은 거기에 없었다. 내 마음은 오직 신발에 가 있었다.

오니쓰카 중역진을 설득한 지혹은 내가 설득했다고 생각한 지 4개월이 지났지만, 신발은 아직도 도착하지 않았다. 나는 황급히 편지를 써 보냈다. "안녕하세요. 지난 가을의 미팅과 관련해서 이렇게 글을 보냅니다. 샘플 제품이 아직 도착하지 않아서 확인차 연락드립니다." 나는 며칠 동안 쉬면서, 잠도 자고 빨래도 하고 오랜만에 친구들도 만났다.

오니쓰카는 곧 "며칠만 더 지나면 샘플 제품이 도착할 것"이라는 내용의 답신을 보내왔다.

나는 이 편지를 아버지께 보여드렸다. 아버지는 그것을 보시더니 얼굴을 찡그렸다가 낄낄 웃으시면서, "이런, '며칠만 더'라고? 벅, 그 50달러는 이미 없어진 지 오래다"라고 말씀하셨다.

나는 샘플 제품이 도착할 때까지—아니, 그것과는 무관하게, 당장 돈을 벌어야 했다. 나는 여행을 떠나기 전에 딘 위터 면접을 치른 적이 있었다. 그 기회를 다시 한 번 잡을 수도 있었다. 나는 텔레비전을 보고 있는 아버지 옆에서 앞으로의 계획을 이야기했다. 아버지는 의자를 앞으로 당기시고는 내가 먼저 자신의 오랜 친구이자 퍼시픽 파워 앤드 라이트Pacific Power & Light의 CEO 돈 프리스비를 만나서 의논하는 것이 좋겠다고 말씀하셨다.

나는 돈 프리스비를 잘 알았다. 대학 시절, 그의 회사에서 하계 인턴십을 한 적도 있었다. 나는 그분을 존경한다. 그리고 그분이 하버드 경영대학원을 나오신 것도 존경한다. 출신 학교 문제가 나오면, 나는 조금 세속적인 인간이 된다. 또한 나는 그분이 고속으로 뉴욕증권거래소 상장 기업의 CEO 자리에 오른 사실도 대단하게 여겼다.

1963년 어느 봄날, 프리스비는 갑자기 찾아온 나를 따뜻하게 맞이했다. 양손을 부여잡으며 악수를 하고는 사무실로 안내해서 자기 책상 건너편 의자에 앉도록 했다. 그리고 등받이가 높은 고급 가죽 의자에 앉아서 눈썹을 치켜올리고는 "그래, 앞으로 무엇을 할 생각인가?"라고 물었다.

"솔직하게 말씀드려서, 저는 제가 무슨 일을 해야 할지 잘 모르겠습니다."

나는 속삭이듯 덧붙였다. "제 인생에서요."

나는 딘 위터에서 일할 생각도 있고, 전기 회사나 대기업에서 일할 생각도 있다고 했다. 사무실 창문에서 비쳐 들어오는 햇빛이 그분의 무테안경에 반사돼 두 눈을 비추었다. 갠지스 강을 비추는 햇빛 같았다.

"필, 모두 바람직하지 않은 생각이야."

"네?"

"자네가 그런 일을 해서는 안 되네."

"아, 네."

"사람들은 사는 동안 직업을 최소한 세 번은 바꾼다네. 자네가 지금 투자회사에 들어가면, 언젠가는 그곳을 떠나게 될 거야. 그러면 그다음 직업에서는 완전히 새로 시작해야 하네. 대기업에 가도 마찬가지야. 자네는 아직 젊어. 우선, 공인회계사CPA 자격을 따놓게. 지금 가지고 있는 MBA 학위와 함께 CPA라는 무기까지 장착하면 연봉 협상에서 유리한 고지를 점령할 수 있을 거네. 그러면 직업을 바꿀 때, 적어도 연봉이 줄지는 않겠지. 후퇴하지는 않을 거라는 말이네."

상당히 현실적인 조언이었다. 확실히 나는 후퇴하는 것이 싫었다.

그러나 나는 회계학을 전공하지 않았다. CPA 시험을 볼 자격을 얻으려면 9학점을 더 따야 했다. 그래서 나는 포틀랜드주립대학교에서 회계학 과목 세 개를 등록했다. 아버지는 "학교를 더 다닌다고?"라고 못마땅한 듯이 말씀하셨다.

게다가 내가 다니려는 학교는 스탠퍼드나 오리건이 아니고, 규모가 작은 포틀랜드주립대학교였다.

우리 집안에는 출신 학교를 중요하게 생각하는 속물이 나 말고도 또 있었다.

나는 9학점을 따고 나서 라이브랜드 로스 브로스 앤드 몽고메리 Lybrand, Ross Bros. & Montgomery, LBRM 회계법인에서 일을 시작했다. 이 회사는 미국 8대 회계법인 중 하나이지만, 포틀랜드 지사는 규모가 작았다. 파트너 회계사 한 명과 신참 회계사 세 명만 일하고 있었다. 나는 규모가 작은 게 오히려 장점이라고 생각했다. 서로 친밀하게 지낼 수 있고, 일을 배우는 데도 도움이 될 것으로 보였기 때문이다.

처음에는 그랬다. 내가 처음 맡은 고객은 비버튼에 있는 레저스 파인 푸드Reser's Fine Foods라는 회사였다. 나는 일을 혼자 처리하면서, 나보다 세 살 많은 이 회사의 CEO 앨 레저와 함께 귀중한 시간을 보냈다. 그에게서 많은 것을 배웠고, 그가 소지한 책을 차분히 읽어볼 시간을 가질 수 있었다. 그러나 곧 그런 시간을 충분히 갖기에는 일이 너무 많아졌다. 대형 회계법인에 속한 작은 지사들이 갖는 공통적인 문제는 바로 일이 많다는 것이다. 잔업이 산더미처럼 몰려올 때면, 정신을 차릴 수 없었다. 11월부터 4월까지 한창 바쁠 때는 쉴 틈이 없었다. 하루에 12시간, 일주일에 6일을 일해야 했다. 그러면 일을 배울 시간이 거의 없게 마련이었다.

게다가 우리는 분 단위 혹은 초 단위로 감시당했다. 그해 11월에 케네디 대통령이 암살당했을 때, 나는 하루 동안 휴가를 내려고 했다. 온 국민과 함께 텔레비전 앞에 앉아 애도하고 싶었다. 그러나 지사장은 이를 허락하지 않았다. 일이 먼저고 그다음이 애도라고 했다. *"들판의 백합을 보라. 그들은 수고도 아니하고 길쌈도 아니하느니라."*

하지만 나는 두 가지 점에서 위안을 얻었다. 첫째는 돈이었다. 나는 매달 500달러를 벌었다. 그래서 새 차를 살 수 있었다. 또다시 MG 자동차를 타고 싶지 않아서, 플리머스 밸리언트를 샀다. 믿음직하면서도 발랄한 자동차였다. 그리고 색상도 괜찮았다. 영업사원은 '시폼 그린 seafoam green, 바다 거품색'이라고 했지만, 내 친구들은 '보미트 그린vomit green, 구토물 같은 푸른색'이라고 놀렸다. 내가 보기엔 새로 주조된 지폐 색깔 같았다.

또 다른 위안은 점심시간이었다. 나는 매일 정오가 되면 길을 따라 여행사까지 걸어갔다. 그러고는 창구에 걸어놓은 포스터 앞에서 월터 미티터무니없는 공상을 하는 사람. 지극히 평범하게 살면서 자신의 삶에 흥분과 모험이 가득하다고 상상한다-옮긴이처럼 서 있었다. 스위스, 타히티, 모스크바, 발리. 나는 공원 벤치에 앉아 땅콩버터를 바른 젤리 샌드위치를 먹으면서 홍보책자를 넘겨보았다. 나는 지나가는 비둘기에게 물어봤다. "지금부터 불과 1년 전에, 내가 와이키키 해변에서 파도를 탔다는 사실을 너는 믿니? 이른 아침에 히말라야에서 하이킹을 하고는 버펄로 고기를 먹었다는 사실을 너는 믿을 수 있겠니?"

그때가 내 인생에서 최고의 순간이지 않을까?

세계 여행을 떠났던 그때가 바로 내 인생의 절정이지 않을까?

비둘기들은 왓 프라깨우의 불상보다 더 반응이 없었다.

나는 이렇게 1963년을 보냈다. 비둘기에게 이런저런 질문을 하고, 밸리언트를 닦고, 카터에게 이런 편지를 적어서 보냈다.

"카터에게, 지금도 샹그릴라에 있니? 나는 지금 회계사가 되어서 아주 골치 아픈 일을 하고 있어. 미칠 것만 같아."

1964년
자동차에서 신발을 팔다

크리스마스가 지났을 무렵, 우편물을 찾아가라는 통지가 왔다. 1964년 첫 주, 차를 몰고 해변에 있는 창고로 갔다. 날짜는 정확하게 기억나지 않지만, 이른 아침이었다. 나는 창고 직원이 문을 열기도 전에 그곳에 도착했다.

내가 통지서를 건네자, 직원이 창고에 들어가서는 일본 글씨가 찍힌 대형 박스를 가지고 나왔다.

나는 전속력으로 집으로 돌아왔다. 그리고 서둘러 지하실로 내려가 박스를 열어보았다. 그 속에는 신발 열두 켤레가 들어 있었다. 아이보리 화이트에 푸른 줄무늬가 새겨져 있는 운동화였다. 너무나도 아름다웠다. 아니, 아름다움 그 이상이었다. 피렌체나 파리에서도 이보다 더 아름다운 신발은 보지 못했다. 이 신발을 대리석 받침대에 올려놓거나 금테를 두른 유리 상자 속에 넣어두고 싶었다. 마치 작가가 새 수첩을 다루거나 야구 선수가 새 배트 세트를 다루듯이 신발을 전등에다 비춰 보기도 하고, 신성한 물건처럼 껴안아보기도 했다.

나는 두 켤레를 오리건대학교 시절 나의 육상 코치인 빌 바우어만 코치에게 보냈다.

바우어만 코치는 내가 사람들이 신고 다니는 신발에 처음으로 관심을 갖도록 해주신 분이다. 그래서 나는 주저하지 않고 일본에서 보내온 신발을 보냈다. 바우어만은 천재적인 코치이자 동기 부여의 대가로, 젊은 선수들을 가르치는 데 타고난 지도자였다. 그는 무엇보다 젊은 선수들의 기록을 향상시키는 결정적인 도구는 신발이라고 믿었다. 그는 사람들이 신발을 어떻게 신는지에 완전히 몰입해 있었다.

나는 오리건대학교에서 4년 동안 육상 선수로 뛰었는데, 당시 바우어만 코치는 라커룸에 들어와 선수들이 신는 신발을 몰래 가져가기로 유명했다. 그는 며칠 동안 선수들의 신발을 뜯어서 개조하고는 다시 꿰매서 제자리에 가져다 놓았다. 우리는 바우어만 코치가 개조한 신발을 신고 더 빨리 질주할 때도 있었지만, 발에서 피가 날 때도 있었다. 바우어만 코치는 결과에는 상관없이, 신발 개조를 멈추지 않았다. 그는 신발의 발등 부분을 떠받치고 중창midsole, 신발 바닥을 더 두껍게 하기 위해 안창과 겉창 사이에 삽입한 창-옮긴이에는 쿠션을 대고 앞발에는 더 많은 공간을 제공하기 위한 새로운 방법을 찾으려고 했다. 그는 선수들의 신발을 좀 더 날렵하고 푹신하고 가볍게 만들 방법을 찾기 위해 고심했다. 특히 신발을 가볍게 하는 데 많은 노력을 기울였다. 그는 1500미터를 달릴 때 신발이 28그램만 가벼워져도 25킬로그램의 충격 완화 효과가 있을 것이라고 했다. 농담이 아니었다. 그의 계산은 정확했다.

보통 선수가 183센티미터의 보폭으로 달린다면, 1500미터를 달릴 때 880스텝을 밟게 된다. 각 스텝에서 28그램을 덜어내면, 정확하게 25킬로그램이 나온다. 바우어만 코치는 신발이 가벼워야 달리는 사람의 부담이 줄어들고, 이를 통해 더 많은 에너지를 발산해 속력을 높일 수 있을 거라고 주장했다. 그리고 당연한 말이지만 속력이 승리를 보장한다. 그는 남한테 지는 것을 싫어했다 — 나는 이런 점을 바우어만 코치에게서 배웠다. 따라서 신발의 경량화輕量化는 그가 평생을 걸고 추구하는 목표가 됐다.

바우어만 코치는 경량화를 위해서는 무엇이든 했다. 신발을 가볍게 하는 것이라면 동물, 식물, 광물을 포함해 어떤 재료도 문제 삼지 않았다. 때로는 캥거루 가죽, 대구 껍질도 사용했다. 당신이 대구로 만든 신발을 신고서 세계에서 가장 빨리 달리는 선수와 경쟁해보지 않았다면, 세상을 살아왔다고 생각지 말라.

우리 육상 팀에는 바우어만 코치의 실험용 모르모트로 쓰이는 선수가 4~5명이 있었다. 바우어만 코치는 이들 중 나를 가장 좋아했다. 그는 내 발 모양과 보폭에 관심이 많았다. 무엇보다 나는 기록이 나쁘더라도 팀에 미치는 영향이 크지 않았다. 나는 그다지 뛰어난 선수가 아니어서 바우어만 코치로선 내 기록이 저조하더라도 하등의 지장이 없었다. 그는 나보다 재능이 뛰어난 선수에게는 위험한 도박을 하지 않았다.

그런 이유로, 나는 1학년부터 3학년까지 바우어만 코치가 개조한 신발을 신고 셀 수 없이 달렸다. 4학년이 되자 바우어만 코치는 내가 신을 신발을 처음부터 완전히 새롭게 만들려고 했다.

일본에서 1년이 넘게 걸려서 나를 찾아온 새롭고도 신기한 타이거 운동화가 바우어만 코치의 호기심을 자극한 것은 지극히 당연한 일이었다. 물론 타이거 운동화는 바우어만 코치가 대구 껍질로 만든 신발만큼 가볍지는 않았다. 그러나 타이거는 잠재력을 지녔다. 일본인들은 타이거를 끊임없이 개선할 것이다. 게다가 가격도 비싸지 않다. 나는 이런 장점이 선천적으로 절약 정신이 투철한 바우어만 코치의 마음에 들 것이라고 믿었다.

타이거라는 브랜드 이름조차 바우어만 코치의 마음을 사로잡을 것 같았다. 그는 제자들을 '오리건의 남자들'이라고 불렀다. 때로는 제자들에게 '타이거호랑이'가 될 것을 주문했다. 지금도 나는 바우어만 코치가 라커룸에 들어와 시합을 앞둔 선수들에게 "전쟁터에 가서는 타이거가 돼라"고 독려하던 모습을 뚜렷이 기억한다그는 타이거의 모습을 보여주지 못하는 선수는 '햄버거'라고 불렀다. 가끔 선수들이 시합 전에 제공되는 식사가 빈약하다고 불평하면 "타이거는 굶어야 최고의 사냥꾼으로 변신해"라고 불호령을 내리기도 했다.

일이 잘 풀리면 바우어만 코치가 자기가 키우는 타이거를 위해 타이거 운동화를 몇 켤레 주문할지 모른다.

아니, 바우어만 코치가 타이거를 주문하든 그렇지 않든, 그의 관심을 끄는 것만으로도 충분했다. 그것만으로도 내가 곧 차리게 될 회사에 도움이 될 것 같았다.

돌이켜보면, 그 시절에 내가 한 모든 행동은 바로 바우어만 코치를 기쁘게 하고 싶은 간절한 마음에서 비롯됐다. 나는 아버지를 제외하고 그 어느 누구보다도 바우어만 코치에게서 칭찬의 말을 듣고 싶어 했다. 그리고 아버지를 제외하고는 칭찬의 말을 하는 데 바우어만 코치보다 인색한 사람은 없었다. 절약 정신은 바우어만 코치의 모든 부분을 지배했다. 그는 신중하게 행동했고, 칭찬의 말을 마치 다이아몬드 원석처럼 입에다 쌓아두었다.

경주에서 이겼을 때 바우어만 코치에게 "잘했어"라는 소리를 듣는 일은 아주 드물었다. 바우어만 코치는 '1500미터 4분 벽'을 깬 선수에게나 그런 칭찬을 해줬다. 바우어만 코치는 대개 아무 말도 하지 않았다. 그는 너저분한 트위드tweed, 간간이 다른 색깔의 올이 섞여 있는 두꺼운 모직 천-옮긴이 블레이저와 스웨터 조끼를 걸치고 찌그러진 야구 모자를 눌러쓴 채 스트링 타이string tie, 가늘고 짧은 넥타이-옮긴이를 바람에 나부끼면서 선수 눈앞에서 고개를 한 번 끄덕일 뿐이었다. 그것도 빤히 노려보면서 말이다. 그의 차가운 눈동자는 아무것도 놓치지 않았고, 아무것도 주지 않았다. 모두가 바우어만 코치의 위풍당당한 모습, 복고풍 스포츠형 헤어스타일, 엄격한 자세, 평평한 턱에 관해 말한다. 그러나 나를 사로잡은 것은 그의 순수한 남보라색 눈동자였다.

그의 눈동자는 첫날부터 나를 사로잡았다. 나는 1955년 8월 오리건 대학교에 입학한 날부터 바우어만 코치를 존경했다. 그분을 두려워하기도 했다. 이런 존경과 두려움의 감정은 이후에도 사라지지 않고 계속 남았다. 나는 그분에 대한 존경심을 결코 버린 적이 없다. 그리고 그분에 대한 두려움을 떨쳐버리는 방법을 결코 찾지 못했다. 때로는 두려움이 줄어든 적도 있고, 때로는 두려움이 커진 적도 있다. 때로는 두려움이 내가 신은 신발에까지 미친 적도 있다. 그 신발은 그분이 맨손으로 손수 수선해준 것이었다. 이런 존경심과 두려움은 아버지와 나

사이에서 작용하는 이원적인 감정과도 비슷했다. 바우어만 코치와 아버지 두 분 모두 무뚝뚝하고, 남에게 지는 것을 싫어하고, 헤아릴 수 없는 성격의 소유자다 사이에 단순한 우연의 일치가 있다면, 두 분 모두 이름이 빌이라는 사실이었다.

두 분에게는 완연한 차이점도 있었다. 푸줏간 주인의 아들로 태어난 아버지는 항상 남들의 존경을 받고 싶어 하셨다. 반면에 오리건 주지사의 아들로 태어난 바우어만 코치는 그런 존경 따위에는 관심이 없었다. 그는 오리건 길Oregon Trail, 19세기 중엽의 미국 미주리 주에서 오리건 주에 이르는 3200킬로미터의 개척로-옮긴이을 걸어온 전설적인 개척자의 손자이기도 했다. 개척자들이 길을 멈추었을 때, 오리건 동부의 작은 마을이 보였다. 그들은 이 마을을 '파슬Fossil'이라고 불렀다. 바우어만은 어린 시절을 그곳에서 보냈고, 결국 그곳으로 돌아갔다. 그의 마음 한 부분은 항상 파슬에 있었다. 그의 시대에 뒤떨어진 면모도 바로 여기서 비롯됐다는 생각이 들어서 우습기도 했다. 단단한 몸매, 갈색 피부, 고풍스러운 외모는 선사시대 남성상을 대변했다. 게다가 그의 기개와 순수성, 황소 같은 고집은 린든 존슨 대통령 시절의 미국인에게는 보기 드문 요소였다. 오늘날에는 이런 사람은 거의 찾아보기 힘들다.

또한 바우어만 코치는 전쟁 영웅이었다. 그는 이탈리아 알프스에 주둔한 제10산악사단 소령으로 복무하면서 수많은 전투에 참전했다그의 풍모는 적에게 두려움을 주기에 충분했다. 내가 기억하기로는 바우어만 코치에게 실제로 사람을 죽인 적이 있는지 물어본 사람은 없었다. 우리가 전쟁과 제10 산악사단이 바우어만 코치의 정신세계에 미친 영향을 과소평가할 때면 그는 항상 제10산악사단을 의미하는 로마숫자 X를 새겨놓은 낡아빠진 가죽 서류가방을 보여주었다.

바우어만 코치는 미국에서 가장 유명한 육상 코치였지만, 정작 본인은 자신을 육상 코치로 생각하지 않았다. 오히려 남들이 자신을 코치라고 부르는 것을 싫어했다. 그의 출신 배경이나 기질을 감안하면, 그가 육상을 목적을 달성하기 위한 수단으로 생각하는 것도 당연했다. 그는 자신을 '경쟁적 반응을 가르치는 교수'로 생각했다. 그가 하는 일은 선수들의 경쟁심을 자극해 오리건을 뛰어넘는 세계적인 선수로 성장시키는 것이었다.

이처럼 숭고한 사명감에도 불구하고 혹은 이런 사명감 때문에 오리건의 육상 시설은 누추하기 그지없었다. 눅눅한 목재 벽과 라커룸은 수십 년 동안 페인트칠을 하지 않은 상태였다. 라커룸에는 문이 따로 없었고, 오직 널빤지로 선수들이 비품을 두는 공간을 구분해놓았다. 선수들은 녹이 잔뜩 슨 못에 옷을 걸어두었다. 우리는 때로 양말도 신지 않고 달렸다. 하지만 어느 누구도 불평하지 않았다. 우리는 바우어만 코치를 장군처럼 숭배했고, 그의 지시에 신속하고도 맹목적으로 복종했다. 우리에게 바우어만 코치는 스톱워치를 가진 패튼 장군이었다.

다시 말하자면, 이럴 때 그는 신이 아닌 사람이었다.

바우어만 코치는 고대의 모든 신들과 마찬가지로, 산꼭대기에서 살았다. 그의 위풍당당하고 길쭉한 단층집은 오리건 캠퍼스가 내려다보이는 산꼭대기에 있었다. 그는 선수들이 자신의 올림포스 산에서 잠시 휴식이라도 취하면, 신처럼 보복을 가해왔다. 동료 선수 하나가 나에게 바우어만 코치의 이런 기질을 뼈저리게 느낄 만한 에피소드를 들려주었다.

감히 '바우어만 산Bowerman Mountain'의 평화를 깨는 트럭 운전사가 있었다. 그는 운전을 거칠게 하는 편이어서 지나갈 때마다 바우어만 코치 집의 우편함을 쳤다. 바우어만 코치는 주먹을 한방 날릴 듯한 표정으로 트럭 운전사에게 엄청나게 화를 냈다. 하지만 트럭 운전사는 운전 습관을 고치려고 하지 않았다. 그래서 바우어만 코치는 우편함에 폭발물을 설치해놓았다. 다음 날 트럭 운전사가 우편함을 치자 꽝 하고 폭탄 터지는 소리가 났다. 연기가 걷히자, 트럭 운전사의 눈에 박살 난 트럭이 들어왔다. 타이어가 너덜너덜해져 있었다. 트럭 운전사는 다시는 그 우편함을 건드리지 않았다.

선수들은 이런 바우어만 코치에게 밉보이지 않으려고 노력했다. 특히 나처럼 포틀랜드 교외에서 자란 몸이 호리호리한 중거리 선수는 더욱 그랬다. 나는 바우어만 코치에게 항상 조심스럽게 이야기했다. 그런데도 그는 나에게 자주 화를 냈다. 비록 내가 기억하기로 그가 나한테 진정으로 화를 낸 것은 단 한 번뿐이기는 하지만 말이다.

2학년 때였다. 나는 힘든 일정 때문에 몹시 지쳐 있었다. 오전에는 수업을 듣고, 오후에는 연습을 하고, 밤새도록 숙제를 해야 했다. 어느 날 독감에 걸린 것 같아서 바우어만 코치 사무실에 들러 오후 연습에 참여할 수 없을 것 같다고 했다.

"뭐라고? 자네 팀 코치가 누구지?"

"바우어만 코치님이십니다."

"그래, 팀 코치로서 말하겠는데, 지금 당장 운동장으로 가게. 바로 오늘이 타임 트라이얼time trial, 개인 기록을 측정하는 연습 경주-옮긴이을 하기로 한 날 아닌가?"

눈물이 날 것만 같았다. 그러나 이를 악물고, 모든 감정을 달리기에 쏟아부었다. 그날 나는 개인적으로 그해 최고 기록을 세웠다. 트랙을 빠져나오면서 나는 바우어만 코치를 노려봤다. '이제 됐냐? 나쁜 자식.' 바우어만 코치는 스톱워치를 확인한 뒤, 나를 바라보고는 고개를 끄덕였다. 그는 나를 시험했다. 나를 신발처럼 해체하고는 개조했다. 그리고 나는 견뎌냈다. 이후 나는 그가 말하는 진정한 '오리건의 남자'가 됐다. 그날부터 나는 타이거가 됐다.

바우어만 코치에게선 금세 연락이 왔다. 그는 다음 주에 열리는 오리건 실내 육상대회 때 포틀랜드에 올 계획이라며, 오리건대학교 팀이 머물기로 되어 있는 코즈모폴리턴 호텔에서 점심 식사를 함께하자고 했다.

1964년 1월 25일, 종업원의 안내를 받는 나는 상당히 긴장하고 있었다. 바우어만 코치가 햄버거를 고르자, 내가 쉰 목소리로 "두 개 주세요"라고 주문했던 기억이 난다.

우리는 잠깐 서로 안부를 물었다. 나는 바우어만 코치에게 세계 여행을 다녀온 것을 이야기했다. 고베, 요르단, 니케의 신전을 비롯해 이런저런 이야기를 했는데, 바우어만 코치는 특히 내가 이탈리아를 다녀온 것에 관심이 많았다. 그는 그곳에서 사선死線을 수없이 넘나들었지만, 그래도 좋은 추억을 갖고 있는 듯했다.

그는 드디어 나를 만난 목적에 관해 이야기했다. "자네가 보내준 일본 신발은 아주 좋아. 나도 자네 사업에 동참하고 싶네."

나는 바우어만 코치를 한참 쳐다봤다. 내 사업에 동참하고 싶다고? 그의 말을 이해하는 데 시간이 조금 걸렸다. 그는 단순히 자기 팀 선수들을 위해 타이거 운동화 몇 켤레를 주문하는 게 아니라, 내 동업자가 되기를 원했다. 신께서 회오리바람을 일으키면서 내 동업자가 되기를 요청했다. 이보다 더 놀라운 일이 있을까? 나는 말을 더듬으며 "네, 좋습니다"라고 대답했다.

나는 손을 내밀었다. 하지만 곧 손을 뺐다. "어떤 파트너십을 생각하십니까?"

나는 감히 신과 협상을 시도했다. 하지만 내가 먼저 조건을 제안할 용기까지는 없었다. 바우어만 코치도 마찬가지였다. 그는 생각에 잠기더니, "반반씩 하지"라고 대답했다. "자네가 반을 투자해야 하네."

"네, 알겠습니다."

"1차로 1000달러를 투자하지. 그러면 내가 500달러, 자네가 500달러를 내야 하네."

"네, 그렇게 하겠습니다."

여종업원이 햄버거 두 개에 대한 계산서를 가져왔을 때도 우리는 반반씩 냈다.

그다음 날 혹은 최소한 며칠이나 몇 주 뒤에 1차로 500달러씩 투자한 것으로 기억한다. 그런데 모든 문서는 내가 기억하는 것과는 다르게 기록되어 있었다. 공문, 일지, 다이어리마다 이보다 훨씬 뒤에 투자가 이루어진 것으로 나와 있다. 내가 그런 식으로 기억하는 데는 그만한 이유가 있다. 그날 레스토랑을 떠날 때 바우어만 코치가 야구 모자를 눌러쓰고 스트링 타이를 바로잡으면서 이렇게 말했다. "내가 선임한 존 자쿠아 변호사를 만나도록 하지. 그가 우리 약속을 문서로 만드는 일을 도와줄 거네."

이후로 어떤 일이 됐든, 모든 미팅은 그런 식으로 진행됐다.

해가 질 무렵에 나는 바우어만 코치의 돌로 만든 요새 같은 집 앞에 차를 세웠다. 그리고 늘 그랬듯 놀라움을 느꼈다. 그곳은 사람들이 찾지 않는 외딴 곳이었다. 코부르크 로드를 따라 가다 매켄지 드라이브에 도착하면 꼬불꼬불한 비포장도로가 나온다. 이 길을 따라 숲이 가득한 언덕으로 몇 킬로미터를 올라가면 장미 덤불, 홀로 서 있는 나무들과 함께 공터가 나온다. 바로 그곳에 작지만 탄탄하게 지은 집이 주인의 무표정한 얼굴처럼 서 있다. 바우어만 코치는 이 집을 혼자서 맨손으로 지었다. 나는 밸리언트를 주차하고는 바우어만 코치 혼자서 이처럼 힘든 일을 도대체 어떻게 해냈을까 궁금해했다. "산을 움직이려 하는 자는 작은 돌을 들어내는 일로 시작하느니라."

나무로 만든 포치porch, 건물 면에서 튀어나와 있으며 입구를 보호하는 역할을 한다-옮긴이가 집 주변을 넓게 에워싸고 있었는데, 여기에는 캠핑용 의자가 몇 개 놓여 있었다. 이 또한 바우어만 코치가 직접 만들었다. 거기에 앉으면 매켄지강 주변의 멋진 경치를 감상할 수 있었다. 그곳에 한참 있다 보면 바우어만 코치가 강의 양쪽 기슭에다 매켄지강을 가져다 놓을 수도 있을 거라는 생각이 들었다.

바우어만 코치는 포치에 서 있었다. 그는 눈을 가늘게 뜨고 나를 보더니 계단을 내려와 내 차를 향해 걸어왔다. 그가 다가오면서 이런저런 잡담을 했는데 무슨 말을 했는지 지금은 기억나지 않는다. 나는 차문을 닫고는 자쿠아 변호사의 집으로 차를 몰았다.

자쿠아 변호사는 바우어만 코치의 변호사일 뿐만 아니라 아주 친한 친구였다. 그는 바우어만 코치의 바로 이웃에 살고 있었다. 그는 바우어만 코치가 사는 산기슭과 매켄지강 주변 저지대에 6제곱킬로미터에 달하는 땅을 보유하고 있었다.

자쿠아 변호사 집으로 가면서, 그와의 만남이 과연 나에게 유익할지 생각해보았다. 바우어만 코치와는 잘 지낼 수 있었다. 그것은 확실하다. 그리고 계약 당사자는 우리 두 사람이다. 변호사들은 일을 엉망으로 만들어놓기 일쑤다. 변호사들은 일을 망쳐놓는 데 전문가들이다. 그리고 아주 친한 친구이자 변호사라고?

바우어만 코치는 내 마음을 편하게 해주려는 생각 따위는 전혀 하지 않았다. 그저 꼿꼿하게 앉아서 경치를 바라보고만 있었다.

오랫동안 침묵이 흐르는 가운데 나는 계속 눈앞을 주시하면서 바우어만 코치의 괴팍한 성격과 여기서 비롯된 모든 행동을 곱씹어보았다. 그는 항상 자신의 주장과 반대로 행동했다. 정말이지 항상 그랬다. 예를 들어, 바우어만 코치는 미국 대학에서 처음으로 휴식을 강조한 육상 코치다. 그는 연습만큼이나 회복을 중요하게 생각했다. 그러나 선수들을 훈련시킬 때 그는 호되게 몰아붙이기로 유명했다. 1500미터 경주에서 바우어만 코치의 전략은 단순했다. 처음 두 바퀴는 빨리 달린다. 세 번째 바퀴는 최선을 다해서 달린다. 네 번째 바퀴는 스피드를 세 배로 올린다. 이런 전략은 실천 불가능하다는 점에서 선종 불교와 성질이 비슷한 면이 있다. 그런데 우습게도 이 전략은 효과가 있었다. 그는 1500미터 4분 벽을 깬 선수를 그 어느 지도자보다 많이 육성했다. 그러나 나는 1500미터 4분 벽을 깨지 못했다. 그리고 지금은 마지막 바퀴에서 다시 한 번 힘이 부치지 않을까 싶다.

자쿠아 변호사는 현관에서 우리를 맞이했다. 나는 육상 경기 대회에서 그를 한두 번 본 적 있었다. 그의 인상은 그리 좋지 않았다. 안경을 쓰고 이제 막 중년에 접어든 그는 내가 생각하는 변호사의 모습이 아니었다. 그는 균형 잡힌 몸매에 아주 건장한 남자였다. 나중에 알게 된 사실이지만, 고등학교 시절에 러닝백으로 이름을 날리던 미식축구 선수였고, 포모나 칼리지에서는 최고의 100미터 주자이기도 했다. 그는 운동선수처럼 힘을 실어 악수를 하고는 내 팔을 거머쥐고 거실로 안내했다. "어서 오게, 카우보이. 오늘 자네 신발을 신었지만, 온통 소똥이 묻었어!"라고 말했다.

그날은 오리건의 전형적인 1월 날씨였다. 비가 보슬보슬 오고, 으스스했다. 우리는 벽난로 주변에 모여 앉았는데, 내가 본 벽난로 중에서 제일 큰 것이었다. 말코손바닥사슴도 너끈히 구울 수 있을 정도였다. 이글거리는 불꽃은 소화전만큼이나 두꺼운 통나무를 잡아먹을 듯 태우고 있었다. 자쿠아 변호사의 부인이 쟁반을 들고 들어왔다. 거기에는 핫초코 세 잔이 놓여 있었다. 그녀는 나에게 생크림이나 마시멜로를 좋아하는지 물었다. 나는 평소보다 두 옥타브나 높은 목소리로 "아뇨"라고 대답했다. 부인은 갸우뚱하더니 측은한 표정으로 나를 쳐다보았다. '이봐, 젊은이. 저 사람들이 자네를 잡아먹을지도 몰라.'

자쿠아 변호사는 핫초코를 한 모금 마시더니, 입술에 묻은 크림을 닦아냈다. 그러고는 오리건 육상과 바우어만 코치에 관해 이야기를 꺼냈다. 그는 지저분한 청바지에 구겨진 플란넬 셔츠를 입고 있었다. 그가 변호사 같지 않다는 생각을 멈출 수 없었다.

자쿠아 변호사는 바우어만 코치가 어떤 아이디어를 두고 이처럼 흥분한 모습을 본 적이 없다고 말했다. 그 말을 들으니 기분이 좋아졌다.

자쿠아 변호사는 이렇게 말했다. "바우어만 코치에게 50 대 50은 그다지 매력적인 조건이 아닐 것 같네. 그는 경영에 직접 뛰어드는 것을 원하지 않아. 그리고 나중에 경영권을 놓고 자네와 사이가 틀어지기를 원하지도 않고. 51 대 49가 어떤가? 그렇게 하면 자네가 경영권을 갖게 되지."

바우어만 코치는 나에게 유리한 쪽으로 결정을 한 것이다. 이런 결정은 그 자리에 모인 사람들 모두를 위한 것이기도 했다. 나는 그를 믿었다.

나는 "좋습니다. 그게…… 전부인가요?"라고 말했다.

바우어만 코치는 고개를 끄덕이며, "동의하는 건가?"라고 물었다. 나는 "네, 동의합니다"라고 대답했다. 우리는 서류에 서명하고, 악수를 나눴다. 이로써 나는 전지전능한 바우어만 코치와 법적으로 구속력 있는 동업자 관계를 맺었다. 자쿠아 변호사 부인은 나에게 핫초코를 더 마실 것인지 물어봤다. 나는 "네, 감사합니다. 그리고 마시멜로도 좀 주시겠습니까?"라고 말했다.

그날 늦게 오니쓰카에 내가 미국 서부에서 타이거 신발을 독점 판매할 수 있는지 문의하는 공문을 보냈다. 그리고 타이거 300켤레를 가능한 한 빨리 보내줄 것을 요청했다. 한 켤레에 3달러 33센트로 잡으면, 300켤레는 대략 1000달러였다. 바우어만 코치가 투자했지만, 내 수중에 있는 자금을 합치더라도 1000달러가 되지 않았다. 나는 다시 한 번 아버지에게 손을 내밀었다. 그런데 이번에 아버지는 주저하셨다. 아버지는 내가 사업을 시작하는 것을 반대하지는 않았지만, 내가 해마다 손을 벌리는 것은 바라지 않으셨다. 뿐만 아니라 신발 사업은 쓸데없는 짓이라고 생각하셨다. 아버지는 집집마다 돌아다니면서 신발이나 팔라고 나를 오리건대학교와 스탠퍼드대학교에 보낸 게 아니었다. 아버지는 신발을 팔려고 돌아다니는 것을 "바보 같은 짓"이라고 규정했다. 아버지는 "벅, 도대체 언제부터 이 따위 신발을 팔러 다니려는 생각을 했니?"라고 물어보셨다.

나는 잠깐 멈칫하다가 "잘 모르겠어요"라고 대답했다.

그러고는 어머니를 쳐다보았다. 어머니는 여느 때와 마찬가지로 아무 말씀이 없으셨다. 그냥 곱게 웃기만 하셨다. 나는 어머니에게서 솔직하면서도 수줍어하는 성격을 물려받았다. 나는 어머니의 그런 표정까지도 물려받고 싶었다.

어머니를 처음 보았을 때 아버지는 어머니가 마네킹인 줄 알았다고 말씀하셨다. 아버지는 로즈버그에 단 하나 있는 백화점 주변을 걷다가 야회복을 입고 창가에 서 있는 여자 마네킹을 보았다. 그녀가 사람이라는 사실을 깨닫자마자 집에 와서 누이에게 그 아름다운 여성의 이름을 알아보라고 간청했다. 고모는 간신히 그녀의 이름을 알아냈다. 로타 햇필드였다.

8개월 뒤 아버지는 그녀의 이름을 로타 나이트로 바꾸어놓았다.

지독한 가난에서 벗어나기 위해 변호사가 되려고 결심했을 때 아버지는 스물여덟 살이었다. 이제 막 스물두 살이 된 어머니는 그런 아버지보다 훨씬 더 가난한 집에서 태어났다외할아버지는 기차 승무원이셨다. 가난은 아버지와 어머니가 지닌 몇 안 되는 공통점 중 하나였다.

여러 모로 볼 때 두 분은 '반대끼리는 서로 끌린다'는 속설을 입증하는 대표적인 사례였다. 어머니는 키가 큰 미인으로 야외 활동을 좋아하고, 잃어버린 마음의 평화를 되찾을 장소를 찾아 헤맸다. 아버지는 키가 작고 두꺼운 무테안경을 낀 사람들이 대개 그렇듯, 자신의 과거를 극복하고 존경받는 사람이 되고 싶어 했다. 그러다 보니 학업 성적과 일에서 다른 사람에게 지는 것을 싫어했다. 로스쿨 2년차 때는 C학점을 하나 받은 것을 가지고 두고두고 불평했다. 아버지는 담당 교수가 아버지의 정치적인 견해 때문에 불이익을 주었다고 생각하셨다.

이처럼 상반된 성격 때문에 두 분은 다툴 때 서로 공통적으로 추구하는 가치에 의존하려고 했다. 그것은 바로 가정이 우선이라는 믿음이었다. 이런 믿음이 효과를 발휘하지 못할 때 우리 가족은 힘든 시간을 보내야 했다. 아버지는 술에 의존했고, 어머니는 보석에 의존했다.

그러나 겉모습만 보고 어머니를 판단해서는 안 된다. 사람들은 어머니가 온순한 성격이기 때문에 그냥 조용히 있는 것이라고 쉽게 생각한다. 하지만 때로 어머니는 놀라운 방식으로 전혀 그렇지 않은 모습을 보이셨다. 예를 들어, 아버지가 혈압이 높으니 소금 섭취량을 줄이라는 의사의 경고를 들은 척도 하지 않자, 어머니는 집에 있는 모든 소금 용기에 분유를 넣으셨다. 언젠가는 어머니가 조용히 하라고 말씀하셨는데도 여동생들과 내가 점심으로 무엇을 먹을 것인가를 두고 말다툼을 벌였던 적이 있었다. 그러자 어머니는 갑자기 비명을 지르면서 계란 샐러드 샌드위치를 벽에다 던지고는 집을 나가버리셨다. 나는 멀리 보이는 나무들 사이로 어머니의 치맛자락이 서서히 사라지는 동안, 벽에서 계란 샐러드가 뚝뚝 떨어지던 장면을 결코 잊을 수 없다.

수시로 했던 화재 대피 훈련만큼 어머니의 성격을 제대로 보여주는 사례는 없을 것이다. 어린 시절, 어머니는 불이 나서 이웃집 사람들이 모두 죽은 사건을 목격했다. 그 기억 때문인지 어머니는 수시로 내 침대 기둥에 줄을 묶고 2층 창문을 통해 내려오는 훈련을 시키셨다. 그때마다 어머니는 내가 줄을 타고 내려오는 시간을 재셨다. 이런 모습을 보며 이웃사람들은 무슨 생각을 했을까? 살다보면 위급한 순간이 올 수도 있다. 어머니는 우리가 항상 그런 순간에 대비해야 한다고 생각하셨다.

그리고 또 하나. 어머니는 분명히 나를 소중하게 여기셨다.

내가 열두 살 때 일이다. 길 건너편에 사는, 내 가장 친한 친구인 재키 에머리 바로 옆집으로 레스 스티어즈라는 아이가 이사 왔다. 스티어즈의 아버지는 재키의 집 뒤뜰에 높이뛰기 기구를 설치하고는 높이뛰기를 가르쳐주었다. 재키와 나는 치열하게 경쟁했다. 우리 모두 137 센티미터를 넘었다. 스티어즈의 아버지는 "아마 너희 둘 중 한 사람이 세계신기록을 깰 거야"라고 칭찬해주셨다당시 세계신기록은 211센티미터였다. 그 기록을 스티어즈 아버지가 보유하고 있다는 사실은 나중에야 알게 됐다.

그런데 난데없이 어머니가 나타나셨다평상복 바지에 여름 블라우스를 입고 계셨다. 나는 속으로 '우와, 큰일났다'라고 생각했다. 어머니는 우리가 높이뛰기를 하는 모습을 유심히 보더니 스티어즈의 아버지에게 "막대기를 좀 더 위로 올려놓으세요"라고 말했다.

그러곤 신발을 벗고 발가락을 출발점에 대더니 맹렬히 돌진해 152 센티미터를 가뿐히 뛰어넘었다.

내가 어머니를 그때보다 더 사랑한 적이 있나 모르겠다.

그때 나는 어머니가 너무나도 멋져 보였다. 어머니는 숨은 육상 팬이셨다.

대학교 2학년 때였다. 발바닥에 사마귀가 났는데, 상당히 고통스러웠다. 족병 전문의는 나에게 수술을 권했다. 그러면 한 시즌을 통째로 날려버려야 했다. 어머니는 단호하게 "그렇게는 못 해요"라고 반박했다. 그러고는 당장 약국에 가서 사마귀 치료약 한 병을 사 오셨다. 어머니는 내 발에 매일 약을 발라주셨다. 그러곤 2주에 한 번씩 고기 써는 나이프로 사마귀를 조금씩 벗겨냈다. 결국 사마귀는 완전히 사라졌다. 그해 봄, 나는 내 생애에서 가장 좋은 기록을 세웠다.

이런 기억들 때문에 아버지가 내가 하려는 일을 "바보 같은 짓"이라고 규정하셨을 때, 어머니가 보여준 행동에 그다지 놀라지 않았다. 어머니는 태연하게 지갑을 열더니 7달러를 꺼내며 "림버 업 한 켤레 살게"라고 말씀하셨다. 그것도 아버지의 귀에 들릴 만큼 큰 소리로 말이다.

아버지를 넌지시 비꼬려고 그러셨던 것일까? 하나밖에 없는 아들에 대한 신뢰를 보여주기 위해서였을까? 아니면 육상에 대한 사랑 때문이었을까? 잘 모르겠다. 이유가 무엇이든 간에 그것은 중요하지 않았다. 나는 어머니가 사이즈 6짜리 일본제 운동화를 신고 난로 혹은 부엌 싱크대 앞에 서 계시던 모습, 저녁을 준비하거나 설거지를 하던 모습을 영원히 잊을 수 없을 것이다.

어머니와 다투기 싫으셨는지 아버지는 내게 1000달러를 빌려주셨다. 이번에는 신발이 금방 도착했다.

1964년 4월, 나는 트럭을 한 대 빌려서 세관 창고로 달려갔다. 세관

직원은 대형 박스 열 개를 넘겨주었다. 나는 서둘러 집으로 돌아와 지하실에서 박스를 열어보았다. 박스마다 타이거 운동화 30켤레가 각각 셀로판지에 포장되어 들어 있었다예나 지금이나 신발 박스는 가격이 비싸다. 몇 분 뒤 지하실은 신발로 가득 찼다. 나는 그 신발들을 넋을 잃고 바라보았다. 신발을 샅샅이 들여다보고, 흥에 겨워 신발 위에서 몸을 데굴데굴 굴리기도 했다. 그러고는 어머니가 빨래를 할 수 있도록 세탁기나 건조기와는 최대한 멀리 떨어진 장소인 보일러 주변과 탁구대 아래 신발을 가지런히 쌓아놓았다. 조심스레 한 켤레를 신어보았다. 그리고 원을 그리며 지하실 주변을 달렸다. 너무도 즐거운 마음에 하늘을 향해 뛰어오르기도 했다.

그로부터 며칠 뒤, 간절히 원하던 미국 서부 지역에서 오니쓰카 신발의 독점 판매를 승인한다는 공문이 왔다.

아버지의 강한 반감을 뒤로 하고 어머니의 전폭적인 지지에 힘입어 나는 회계법인에 사표를 냈다. 그해 봄 내내 밸리언트 트렁크에 신발을 싣고 팔러 다녔다.

판매 전략은 간단했다. 그리고 상당히 효과가 있었다. 나는 몇몇 스포츠용품점에서 거절당하고는"이봐, 세상에 흔해빠진 게 운동화야!", 북서태평양 연안을 누비고 다니면서 육상 대회가 열리는 경기장은 모조리 찾아다니기로 결심했다. 나는 경기가 시작되기 전에 코치, 선수, 팬 들과 이야기를 나누고 내가 가져온 신발을 보여주었다. 그들의 반응은 거의 똑같았다. 나는 주문서를 작성하느라 정신이 없을 지경이었다.

포틀랜드로 차를 몰면서 림버 업이 날개 돋친 듯 팔리는 이유를 곰곰이 생각해보았다. 나는 백과사전을 제대로 팔지 못했다. 게다가 그 일을 싫어했다. 그나마 뮤추얼펀드는 좀 더 많이 팔았지만, 마음속으로는 그 일도 싫었다. 그런데 신발을 파는 일은 왜 좋아하는 것일까? 그 일은 단순히 제품을 파는 것이 아니기 때문이었다. 나에게는 달리기에 대한 믿음이 있었다. 나는 사람들이 매일 밖에 나가 몇 킬로미터씩 달리면, 세상은 더 좋은 곳이 될 것이라고 믿었다. 그리고 내가 파는 신발이 달리기에 더없이 좋은 신발이라고 믿었다. 사람들은 내 말을 듣고 나의 믿음에 공감했다.

믿음, 무엇보다도 믿음이 중요했다.

때로는 타이거가 몹시 갖고 싶어서 나에게 편지를 쓰고, 전화를 하는 사람도 있었다. 그들은 타이거에 대한 소문을 듣고 꼭 한 켤레 갖고 싶다면서, 물건을 받을 때 운송인에게 대금을 지불하는 조건으로 신발을 보내줄 수 있는지 물었다. 나는 예상치도 않게 우편 주문 사업을 시작하게 됐다.

때로는 집까지 찾아오는 고객도 있었다. 어느 날 밤 초인종이 울리자, 아버지는 투덜거리며 텔레비전 소리를 줄이고 안락의자에서 일어나 도대체 어떤 사람이 와 있는지 확인하러 현관으로 가셨다. 문 밖에는 깡말랐지만 다리 근육은 이상하리만큼 발달한 소년이 무언가 찔리는 듯한 눈빛을 하고 초조하게 서 있었다. 마치 싸구려 물건을 외상으로 사려는 표정처럼 보였다. 소년은 "여기 벅이라는 분 계세요?"라고 말했다. 아버지는 부엌에서 '하인들의 숙소'에 있는 내 방까지 돌아다니면서 나를 찾으셨다. 나는 소년을 집으로 안내하고는 소파에 앉으라고 권했다. 그러고는 소년 앞에 무릎을 꿇고 앉아 발 치수를 쟀다. 아

버지는 호주머니에 손을 넣은 채, 잔뜩 의심스러운 표정으로 거래 과
정을 꼼꼼히 지켜보셨다.

집으로 오는 사람들은 주로 입소문을 듣고 나를 찾았다. 예를 들면,
친구의 친구를 통해서였다. 내가 처음 만든 광고지를 보고 나를 찾아
온 사람도 있었다. 내가 디자인하고 지역 인쇄소에서 찍어낸 인쇄물이
었다. 광고지 맨 위에는 큰 글씨로 "아주 좋은 소식을 가지고 왔습니
다! 유럽이 지배하던 운동화 시장에 일본이 도전장을 던졌습니다!"라
고 적혀 있었다. 그리고 중간에는 이런 내용이 나온다. "나날이 발전
하는 일본의 신생 기업이 자국의 저임금 노동자들을 활용해 품질 좋은
운동화를 6달러 95센트라는 아주 싼 가격으로 시장에 내놓았습니다."
맨 아래에는 내 주소와 전화번호가 적혀 있었다. 나는 이 광고지를 포
틀랜드 전역에 뿌렸다.

1964년 7월 4일, 나는 오니쓰카가 보낸 타이거 300켤레를 모두 팔
아치우고 900켤레를 추가 주문하기로 했다. 이를 위해 3000달러가 더
필요했는데, 이 돈을 충당하려면 아버지가 빌려준 얼마 남지 않은 현
금뿐만 아니라 아버지의 인내심까지도 거덜 낼 지경이었다. 이제 아버
지는 더 이상 나에게 현금을 지원하지 않겠다고 선언했다. 하지만 내
가 오리건 퍼스트 내셔널 뱅크the First National Bank of Oregon에 대출 신
청을 할 때 마지못해 보증을 서주기는 하셨다. 은행은 아버지의 평판
만 보고 대출을 승인해주었다. 아버지가 늘 자랑스럽게 내세우던 사회
적 지위가 빛을 발한 순간이었다. 그런 지위는 적어도 나한테는 대출
금이 되어 다가왔다.

나한테는 존경할 만한 동업자와 탄탄한 은행과 함께 날개 돋친 듯 팔리는 제품이 있었다. 사업은 날로 발전했다.

실제로 운동화는 아주 잘 팔려서 영업사원을 고용해야 했다. 캘리포니아에서 2명 정도 말이다.

그런데 어떻게 캘리포니아까지 신발을 가져갈 것인가가 문제였다. 나는 항공 요금을 감당할 형편이 안 됐다. 그렇다고 직접 운전해서 가자니 시간이 많이 걸렸다. 그래서 나는 2주에 한 번씩 주말마다 원통형 군용 배낭에 운동화를 잔뜩 넣고서 빳빳하게 다림질한 군복 차림으로 지역 공군 기지로 갔다. 헌병들은 군복을 보고는 손짓으로 샌프란시스코나 로스앤젤레스를 향해 가는 군용 수송기에 짐을 싣도록 안내해주었다. 그들은 나에게 아무것도 묻지 않았다. 로스앤젤레스에서는 스탠퍼드에서 사귄 친구, 척 케일의 집에서 묵으면서 지출을 크게 줄일 수 있었다. 그는 아주 좋은 친구였다. 내가 기업가 정신에 관한 세미나에서 운동화에 대한 보고서를 발표할 때 강의실까지 찾아와 격려해준 이도 케일이었다.

로스앤젤레스에서 주말을 보내는 동안, 악서덴틀 칼리지에서 열리는 육상 경기장에 갔다. 나는 여느 때와 마찬가지로 운동장 잔디밭에서 운동화를 선전하고 있었다. 그런데 갑자기 어떤 사람이 나를 향해 어슬렁거리며 다가와서 손을 내밀었다. 반짝이는 눈동자가 돋보이는 잘생긴 얼굴의 청년이었다. 정말 잘생긴 얼굴이었다. 차분한 귀공자의 표정인데도 눈가에 어딘지 모르게 슬픔이 배어 있었다. 그런데 어디서 많이 본 듯한 생각이 들었다. "필?" "네?" "나, 제프 존슨이야."

그러고 보니 존슨이었다. 스탠퍼드 시절에 알고 지내던 친구였다.

그는 장래가 촉망되는 1500미터 육상 선수였다. 우리는 1500미터 경기에서 몇 번 경쟁한 적이 있었다. 케일과 함께 연습하고 나서 식사를 하며 어울리기도 했다. "제프, 그동안 어떻게 지냈어?" "졸업한 뒤 인류학을 공부했어." 존슨은 사회복지사가 될 계획이라고 했다. 나는 눈살을 찌푸리면서 "무슨 소리야? 농담하지 마"라고 말했다. 존슨에게 사회복지사라는 직업은 어울리지 않았다. 나는 그가 마약 중독자와 상담하는 모습, 고아들에게 일자리를 얻어주는 모습을 상상할 수 없었다. 인류학자의 모습도 마찬가지였다. 그가 뉴기니에서 식인종과 이야기를 나누는 모습 혹은 칫솔을 가지고 아나사지족의 거주지를 닦는 모습, 도자기 조각을 찾기 위해 염소 똥을 체로 쳐내는 모습도 상상할 수 없었다.

그도 이런 일들이 지겹다고 했다. 그는 주말마다 자신의 열정을 좇아 아디다스 운동화를 팔러 다닌다고 했다. 나는 "안 돼, 아디다스는 안 돼"라며 손사래를 쳤다. 그러곤 "난 지금 여기 있는 일본 운동화를 팔고 있어. 나하고 같이 일하지 않을래?"라고 물었다.

나는 존슨에게 타이거 운동화를 내밀었다. 그리고 일본에 가서 오니쓰카를 방문한 이야기를 해주었다. 존슨은 타이거 운동화를 구부려보고, 밑창을 자세히 살펴봤다. 그러고는 만족스러운 듯 "아주 좋은데"라고 말했다. 그는 관심은 많지만 곧 결혼하기 때문에 새로운 일에 뛰어들기는 힘들 것 같다며 내 제안을 거절했다.

누군가에게 거절당한 것은 몇 달 만이었지만, 나는 마음에 두지 않았다.

너무나도 행복한 나날이었다. 게다가 내겐 여자 친구까지 생겼다. 하지만 신발을 팔러 다니느라 그녀와 함께 많은 시간을 보낼 수 없었다. 그 어느 때보다도 행복했지만, 이런 행복이 위험을 낳을 수도 있었다. 행복에 빠져들다 보면 감각이 둔해질 수도 있기 때문이다. 그때 나는 내게 끔찍한 편지가 올 것이라고는 전혀 생각지도 못했다.

그 편지는 롱아일랜드의 밸리 스트림 혹은 마사페쿠아 혹은 맨해싯 같은 작은 읍의 듣도 보도 못한 시골 마을의 고등학교 레슬링 코치에게서 왔다. 나는 그 내용을 이해하려고 편지를 두 번이나 읽어야 했다. 그 코치는 자신이 방금 일본에서 돌아왔다며, 일본에서 오니쓰카 중역진을 만났는데 자신이 미국 독점판매권을 부여받았다고 주장했다. 그는 내가 타이거 운동화를 판매하고 있다는 이야기를 들었는데, 이는 자신의 권리를 침해하는 행위라며 당장 중단할 것을 요청했다.

심장이 미칠 듯이 뛰었다. 나는 당장 사촌, 도그 하우저에게 전화했다. 그는 스탠퍼드 로스쿨을 졸업하고, 포틀랜드의 유력 로펌에서 근무하고 있었다. 나는 하우저에게 편지를 보여주고, 그 편지를 쓴 자에게 그런 요청을 당장 철회할 것을 요구하고 싶다고 말했다. 하우저가 물었다. "정확하게 무슨 말을 해야 하지?" 나는 "블루 리본의 영업을 방해하면 법적으로 강력한 보복이 뒤따를 거라고 경고하고 싶어"라고 말했다.

내 '사업'을 시작한 지 고작 2개월 만에 법적 분쟁에 휘말린 것이다. 내가 마냥 행복에 겨워 지낸 것에 대한 인과응보였을까?

나는 서둘러서 오니쓰카 측에 편지를 보냈다. "안녕하세요, 오늘 아침 저는 뉴욕 주 맨해싯에 사는 어떤 사람에게서 편지를 받고는 깊은 고민에 *빠져들었습니다*.”

　나는 답장을 기다렸다.

　계속 기다렸다.

　그리고 다시 편지를 썼다.

　나니모*なにも*.

　아무런 대답도 없었다.

　한편, 하우저는 문제의 맨해싯 남자가 대단히 유명한 사람이라는 것을 알아냈다. 그는 고등학교 레슬링 코치가 되기 전에 말보로 담배 광고 모델이었다. 나는 속으로 '멋있게 생겼겠군'이라고 생각했다. 이제부터 나는 그 가공의 카우보이와 쓸데없는 소모전을 벌여야 했다.

　나는 크게 낙담해 불쑥불쑥 화를 내서 주변 사람들을 불편하게 만들었다. 여자 친구는 그런 나를 참아내지 못하고 떠나버렸다. 가족들과 함께 모여서 저녁 식사를 할 때면 어머니는 고기 찜 요리를 내 접시 주변에 가져다 놓으며 내 기색을 살피셨다. 아버지와 함께 앉아서 침울한 표정으로 텔레비전을 볼 때면 아버지는 “벅, 안 좋은 일 있니? 누구랑 다투기라도 한 거야? 기운 내”라고 말씀하셨다.

　그러나 기운을 낼 수 없었다. 나는 밤마다 오니쓰카와의 미팅에 대해 곰곰이 생각했다. 그 회사 중역진은 나를 깍듯이 대접했다. 그들은 나에게 고개 숙여 인사했고, 나도 그렇게 했다. 나는 그들에게 마음을 열었고, 솔직하게 행동했다. 물론 엄밀히 말하자면, 그때 내가 '블루 리본'이라는 기업을 설립한 상태는 아니었다. 그러나 이를 두고 그들이 시시콜콜 따질 일은 아니었다. 이제 나는 기업을 설립했고, 이 기업은 단독으로 타이거 운동화를 미국 서부 지역에 들여왔다. 그리고 오니쓰카에서 기회를 준다면, 열 배는 더 많이 판매할 자신이 있었다. 그런데 나와의 관계를 끊으려고 한다고? 말을 탄 말보로 광고 모델 때문에 나를 버리려고 한다고? "담배의 진정한 맛의 고향, 말보로 컨트리로 오라."

여름이 지났지만, 오니쓰카에서는 아무런 연락도 없었다. 신발 사업을 포기해야 할지도 모르겠다는 생각이 들었다. 노동절Labor Day, 9월의 첫째 월요일-옮긴이, 심경의 변화가 왔다. 도저히 포기할 수 없었다. 포기할 수 없다는 것은 일본으로 날아가야 한다는 것을 의미했다. 오니쓰카와 담판을 지어야 했다.

내 생각을 아버지께 말씀드렸다. 아버지는 그때도 여전히 내가 '바보 같은 사업'을 하는 것을 마음에 들어 하지 않으셨다. 그러나 아버지가 진정으로 마음에 들지 않아 하는 것은 누군가가 자기 아들을 홀대하는 것이었다. 아버지는 얼굴을 잔뜩 찌푸리고는 "벅, 네가 일본에 한번 가봐야 할 것 같다"라고 말씀하셨다.

나는 어머니께도 내 생각을 말씀드렸다. 그랬더니 어머니는 "반드시 일본으로 가야겠구나"라고 말씀하셨다.

어머니는 차를 몰고 공항까지 나를 배웅해주셨다.

50년이라는 세월이 지났지만, 지금도 나는 그때 그 차 안에서의 시간을 뚜렷이 기억한다. 습기가 전혀 없는 아주 맑은 날씨였다. 기온은 섭씨 27도가 못 됐다. 어머니와 나는 아무런 말도 없이 햇빛 쨍쨍한 창밖을 조용히 바라보기만 했다. 예전에 어머니가 나를 육상 경기장에 데려다주실 때도 이런 침묵이 흐르곤 했다. 사실 대화를 나누기에는 내가 상당히 불안한 상태였다. 어머니는 나를 어느 누구보다 잘 이해 하셨고, 내가 불안해할 때는 더욱 나를 배려해주셨다.

공항이 가까워지자 어머니는 침묵을 깨고 "그 사람들을 만날 때는 평소의 네 모습을 유지해야 한다"라고만 말씀하셨다.

나는 창밖을 내다보았다. 내 모습을 유지하라고? 그게 나한테 최선 의 방법인가? 13세기 선종 승려, 도겐은 "자아를 연구하는 것은 자아 를 잊어버리는 것"이라고 말했다.

내 모습을 훑어보았다. 평소의 내 모습이 아니었다. 나는 새로 산 짙 은 회색 양복을 입고 작은 여행 가방을 들고 있었다. 호주머니 속에는 얼마 전에 구입한 책, 《일본인과 사업하는 방법》이 있었다. 어디서 어 떻게 그 책에 관해 들었는지는 머리를 아무리 쥐어짜도 기억나지 않 는다. 그때 나는 검은 중절모를 쓰고 있었다. 이번 출장을 위해 특별히 구입한 것인데, 그 모자를 쓰면 나이 들어 보일 것 같다는 생각에서였 다. 그런데 그 모자를 쓴 나는 정신 나간 사람처럼 보이기만 했다. 그 때 나는 완전히 미친 사람, 쉽게 말해 르네 마그리트의 그림에 나오는 빅토리아 시대의 정신병원에서 탈출한 사람처럼 보였다.

비행기 안에서 나는 《일본인과 사업하는 방법》을 읽으면서 시간을 보냈다. 눈이 피곤해지면 책을 덮고 창밖을 내다봤다. 그러다가 이런 저런 생각을 하면서 다짐했다. 우선 내가 상처 받았다는 것과 그들의 처사가 부당하다는 생각을 드러내지 않아야 한다. 그것은 내가 감정에 치우쳐서 이성적인 판단을 하지 못하는 사람으로 보이게 할 것이다. 감정에 치우치면 망한다. 냉정해져야 한다.

오리건대학교 육상 선수 시절을 떠올려보았다. 나는 나보다 훨씬 더 잘 달리고, 신체적으로도 훨씬 더 뛰어난 선수들과 경쟁했다. 그들은 앞으로 올림픽에 출전할 선수들이었다. 그런데도 나는 그런 불행한 현실을 잊으려고 노력했다. 사람들은 반사적으로 경쟁은 항상 좋은 것이고, 항상 최선의 결과를 내놓아야 한다고 생각한다. 그러나 이는 경쟁을 잊어버릴 수 있는 사람에게만 가능한 이야기다. 경쟁의 기술은 망각의 기술이다. 나는 이런 사실을 육상 경기를 통해 배웠다. 나는 나 자신에게 그때의 교훈을 상기시켰다. 우리는 자신의 한계를 잊어야 한다. 우리는 자신이 품었던 의혹을 떨쳐버려야 한다. 우리는 자신의 고통과 과거를 잊어야 한다. 우리는 '한 발짝도 못 뛰겠어'라는 내면의 외침, 애원을 무시해야 한다. 이런 것들을 잊어버리거나 떨쳐버리거나 무시하지 못하면, 우리는 세상과 타협해야 한다. 육상 경기 도중에 내 마음이 원하는 것과 내 몸이 원하는 것이 서로 일치하지 않을 때 나는 내 몸에 이런 말을 하곤 했다. '그래, 너 참 좋은 의견을 내놓았구나. 하지만 그래도 계속 달려보자.'

과거에 나는 이런 내면의 외침과 수없이 많이 타협했지만, 이제는 타협의 기술이 손쉽게 잡히지 않았다. 연습이 부족해서 기량이 떨어진 것은 아닌지 걱정됐다. 비행기가 하네다 공항에 착륙할 때쯤, 나는 실패하지 않으려면 옛날의 기술을 빨리 회복해야 한다고 다짐했다.

실패는 생각조차 하기 싫었다.

1964년 도쿄 올림픽이 곧 일본에서 열릴 예정이었다. 나는 고베의 새로 지은 호텔에 적당한 가격의 방을 잡았다. 고베 도심에 위치한 뉴 포트 호텔이었다. 거기에는 시애틀 스페이스 니들Space Needle의 맨 꼭대기 층처럼 회전식 레스토랑이 있었다. 미국 북서부의 분위기가 느껴져서 그런지 마음이 한결 차분해졌다. 짐을 풀기 전에 오니쓰카에 전화해 메시지를 남겨놓았다. "지금 일본에 도착했습니다. 한번 찾아뵙고 싶습니다."

그러고는 침대 끝에 앉아서 계속 전화를 쳐다봤다.

한참 뒤, 드디어 전화벨 소리가 울렸다. 새침한 목소리의 비서가 내가 연락을 취한 미야자키는 이제 그곳에서 근무하지 않는다고 말했다. 나쁜 소식이었다. 게다가 미야자키의 후임인 모리모토는 내가 본사를 방문하는 것을 원치 않았다. 훨씬 더 나쁜 소식이었다. 대신 비서는 모리모토가 다음 날 오전에 내가 머무는 호텔의 회전식 레스토랑에 차를 마시러 올 예정이라고 했다.

일찍 잠자리에 들었지만, 밤새 잠을 설쳤다. 자동차 추격전을 하는 꿈도 꾸고, 교도소에 수감되는 꿈도 꾸고, 누군가와 결투를 하는 꿈도 꾸었다. 큰 대회에 나가거나 데이트를 하거나 시험을 치르기 전날 밤에는 항상 이런 꿈을 꿨다. 새벽에 일어나 아침 식사로 계란 프라이를 얹은 밥, 생선구이와 함께 녹차 한 잔을 마셨다. 그러고는 《일본인과 사업하는 방법》에 나오는 중요한 구절들을 다시 한 번 확인했다. 면도를 하다가 한두 군데 상처가 나서 피를 멈추게 하느라고 애를 먹었다. 내 모습은 틀림없이 가관이었을 것이다. 마지막으로 정장을 입고 엘리베이터를 향해 어기적거리며 걸어갔다. 맨 꼭대기 층으로 가려고 버튼을 누를 때, 내 손은 백지장처럼 하얗게 질려 있었다.

모리모토는 정각에 도착했다. 그는 나하고 비슷한 연배였지만, 나보다 훨씬 더 성숙하고 자신감 있어 보였다. 그는 주름진 스포츠 코트를 입고 있었는데, 얼굴도 약간 주름져 있었다. 우리는 창가의 테이블에 앉았다. 웨이터가 주문을 받으러 오기도 전에, 나는 먼저 말을 꺼냈다. 말하지 않으려고 다짐했던 내용까지 모두 토해냈다. 나는 내 영역을 침범하려는 말보로 광고 모델 때문에 엄청난 스트레스를 받았고, 작년에 오니쓰카 중역진과의 만남을 통해 신뢰 관계가 형성된 것으로 믿었고, 미야자키가 보낸 미국 서부 13개 주에 대한 독점판매권을 인정하는 공문으로 이런 믿음을 다시 한 번 확인할 수 있었다고 말했다. 따라서 이런 일을 겪게 되어 당혹스럽기 그지없다며, 신의에 입각해 올바른 결정을 해주기를 기대한다는 말도 했다. 모리모토는 상당히 불편해하는 것 같았다. 나는 길게 한숨을 쉬고는 더 이상 다그치지 않았다. 그러고는 이야기를 다른 방향으로 돌려서 지금 미국에서 타이거 판매가 호조를 보이고 있다고 했다. 그러다가 무심코 태평양 건너 일본에까지 명성이 알려진 전설적인 코치, 빌 바우어만이 내 동업자라는 사실도 말했다. 앞으로 기회가 주어진다면 내가 오니쓰카를 위해 할 수 있는 모든 것을 보여주고 싶다는 말로 이야기를 마무리했다.

모리모토는 차를 한 모금 마셨다. 내 이야기가 길어지자 그는 찻잔을 내려놓고는 창밖을 내다보았다. 우리는 고베의 상공을 서서히 회전하고 있었다. 잠시 뒤, 모리모토는 말했다. "다시 연락드리겠습니다."

나는 그날 밤 또다시 뒤척이며 한숨도 자지 못했다. 날이 서서히 밝아올 때쯤 침대에서 일어나 창가로 가서 고베의 진한 자줏빛 바다에서 흔들거리는 배를 바라보았다. 고베의 풍경은 너무나도 아름다웠다. 하지만 안타깝게도 나는 그 아름다움을 만끽할 수 없었다. 실패한 자에게 세상은 아름답게 다가오지 않는다. 그리고 나는 엄청난 실패를 눈앞에 두고 있었다.

나는 모리모토가 오니쓰카는 말보로 맨과 함께 갈 것이고, 이에 대해 유감스럽게 생각하지만 어쨌든 이번 일은 개인적인 일이 아니라 사업상의 일이라며 선을 그을 것이라고 예상했다.

오전 9시, 전화벨이 울렸다. 모리모토였다. "오니쓰카 회장님이 뵙자고 하십니다."

나는 정장을 입은 뒤 택시를 타고 오니쓰카 본사로 갔다. 모리모토는 예전에 와본 듯한 회의실에서 나를 테이블 가운데 자리로 안내했다. 이번에는 상석이 아니라 가운데 자리였다. 예전처럼 경의를 표하지는 않겠다는 의미였다. 그는 내 맞은편에 앉았다. 오니쓰카 중역진이 천천히 자리에 앉으며 나를 바라보았다. 사람들이 다 모이자 모리모토는 나를 보며 고개를 끄덕이고는 "자, 이제 시작하시죠"라고 말했다.

나는 또다시 정신없이 퍼붓기 시작했다. 그 내용은 전날 아침 모리모토에게 했던 말 그대로였다. 내 목소리가 최고조에 이르고 발언이 끝나갈 때쯤 그 자리에 있던 사람들 모두가 고개를 돌리더니 문 쪽을 쳐다보았다. 나 역시 하던 말을 멈추고 고개를 돌렸다. 갑자기 분위기가 가라앉았다. 이 회사의 설립자, 오니쓰카 회장이 등장한 것이다.

그는 감청색 이탈리아 정장을 입고 있었으며, 검은 머리카락이 보풀 투성이 카펫처럼 두꺼웠다. 그가 등장하자 회의실 안에는 긴장감이 맴돌았다. 하지만 그는 이런 사실을 알아채지 못하는 듯했다. 자신이 가진 대단한 권력과 부에도 불구하고, 그의 말과 행동은 상당히 공손했다. 그는 잠시 머뭇거리다가 발을 끌며 회의실로 들어왔다. 나는 그에게서 보스 중의 보스, 신발업계의 쇼군 같은 분위기를 전혀 느낄 수 없었다. 그는 테이블 주변을 천천히 돌면서, 한 사람 한 사람과 짧게 눈인사를 나누었다. 내 차례가 되자 나한테는 고개를 숙이고 악수를 청했다. 그가 테이블 상석에 앉자, 모리모토가 내가 그 자리에 있는 이유를 설명하려고 했다. 오니쓰카 회장은 한 손을 들고는 말을 가로막았다.

오니쓰카 회장은 혼자서 오랫동안 열변을 토했다. 그는 얼마 전에 경이로운 미래에 대한 전망을 보았다고 말했다. 그는 "세상 사람들 모두가 항상 운동화를 신는 날이 올 것입니다"라고 말했다. 그는 잠시 말을 멈추고는 그 자리에 모인 사람들을 한 사람씩 바라보며 자기 말에 공감하는지 확인했다. 내 차례가 되자 그는 미소를 지었다. 나도 함께 미소를 지었다. 그는 눈을 두 번 깜박이고는 "당신을 보면 내 젊은 시절 모습이 떠올라요"라고 부드럽게 말했다. 그는 내 눈을 똑바로 쳐다봤다. 1초나 지났을까? 아니면 2초가 지났을까? 그는 모리모토에게 눈길을 돌리고 "서부 13개 주라고 말했나?"라고 물었다. 모리모토는 "네, 그렇습니다"라고 대답했다. 오니쓰카 회장은 두 눈을 지그시 감더니 고개를 숙이고는 잠시 생각에 잠겼다가 다시 고개를 들고는 나를 바라보았다. "좋습니다. 서부 쪽은 당신이 맡으세요."

오니쓰카 회장은 레슬링 슈즈는 말보로 맨이 미국 전역을 대상으로 계속 판매권을 갖겠지만, 운동화는 동부 지역만 맡을 거라고 말했다.

말보로 맨에게는 회장 본인이 직접 이번 결정을 알리겠다고 했다.

오니쓰카 회장이 일어나자, 모두들 일어났다. 그는 나와 인사를 나누고 그 자리를 떠났다.

회의실에 있는 사람들은 모두 숨을 크게 내쉬었다. 모리모토가 말했다. "이제, 결정 났습니다. 1년 만에 말입니다." 바로 그 무렵에 오니쓰카에서도 이 문제가 재검토되고 있었던 것이다.

나는 모리모토에게 감사의 뜻을 표했다. 그리고 오니쓰카가 나에게 보여준 믿음에 반드시 보답하겠다고 말했다. 나는 테이블을 돌면서 모든 사람과 악수하고 고개 숙여 인사했다. 그리고 모리모토의 손을 잡고 힘차게 흔들었다. 나는 비서의 안내를 받아 옆방으로 가서 계약서에 서명했다. 자그마치 3500달러어치에 달하는 타이거 주문서를 첨부해서 말이다.

나는 내가 머무는 호텔까지 쉬지 않고 달렸다. 도중에 깡충거리기도 하고 무용수처럼 공중으로 뛰어오르기도 했다. 그러다가 난간 앞에 서서 바다를 바라보았다. 바다가 그렇게 아름다울 수 없었다. 배들이 상쾌한 바람을 맞아 미끄러지듯이 나아가고 있었다. 배를 타고 내해를 건너가고 싶었다. 한 시간 정도 지났을 때, 나는 바람에 머릿결을 휘날리며 뱃머리에 서 있었다. 배가 저녁놀을 향해 서서히 다가갈 때, 내 마음은 날아갈 듯이 기뻤다.

다음 날, 나는 도쿄로 가는 기차를 탔다. 드디어 구름 속으로 올라갈 때가 온 것이다.

모든 여행안내서는 밤에 후지산을 오를 것을 권했다. 후지산을 오르는 즐거움은 정상에서 떠오르는 해를 보는 게 절정이라고 했다. 나는 땅거미가 질 무렵, 후지산 기슭에 도착했다. 낮에는 후텁지근했는데, 공기가 점점 차가워지고 있었다. 버뮤다 반바지와 티셔츠를 입고 타이거 운동화를 신은 것이 후회됐다. 고무를 입힌 코트를 입고 산을 내려오는 사람을 보고는 그 사람에게 다가가서 코트를 3달러에 사고 싶다고 제안했다. 그는 나를 한 번 쳐다보고 자기가 입은 코트를 한 번 쳐다보더니 고개를 끄덕였다.

나는 일본에서는 거래를 하는 족족 성공했다!

밤이 되자 수백 명의 일본인과 외국 관광객이 줄을 지어 후지산을 올라가기 시작했다. 모두가 종이 달린 나무 지팡이를 들고 있었다. 영국에서 온 어느 노부부에게 그 지팡이에 관해 물었더니, 여성이 "악령을 쫓아낸대요"라고 알려주었다.

"이 산에 악령이 있다고요?"

"그런가 봐요."

나는 당장 지팡이를 샀다.

사람들이 노점에 모여 짚신을 사는 모습이 눈에 띄었다. 영국 부인은 후지산이 활화산이라 화산재와 그을음이 신발을 엉망으로 만든다고 설명해주었다. 그래서 등산객들이 1회용 짚신을 신는다는 것이었다.

나는 짚신도 샀다.

처음에는 아무런 준비가 되어 있지 않았지만, 이제는 모든 것을 제대로 갖추고 드디어 출발했다.

후지산에서 내려오는 길은 많지만 올라가는 길은 하나뿐이다. 여기에도 인생의 교훈이 있었다. 올라가는 길을 따라 설치된 표지판에는 정상까지 아홉 개의 휴게소가 있으며, 각각의 휴게소에서 음식과 쉼터를 제공한다는 내용이 여러 나라 언어로 적혀 있었다. 두 시간도 채 안 되어, 나는 3번 휴게소를 여러 번 통과했다. 일본인들은 수를 세는 방 식이 서양인들과는 다른가? 불안감이 엄습했다. 서부의 13개 주가 실 제로는 세 개를 의미하는 것은 아닌지 갑자기 궁금해졌다.

간신히 7번 휴게소에 도착해 일본 맥주 한 캔과 컵라면 한 개를 샀 다. 소박한 저녁 식사를 하면서 또 다른 커플과 대화를 나누었다. 미국 인이었는데, 나보다 어려 보였다. 학생인 것 같았다. 남자는 약간 우스 꽝스럽기는 했지만, 부유한 사립학교 학생 스타일을 하고 있었다. 그 는 골프 바지와 테니스 셔츠를 입고 천으로 된 허리띠를 매고 있었다. 마치 부활절 달걀의 화려한 색상을 옷에다 연출한 것 같은 모습이었 다. 여자는 순수한 비트족이었다. 찢어진 청바지에 색 바랜 티셔츠를 입고 자유분방한 헤어스타일을 연출했다. 눈과 눈 사이가 넓고, 눈동 자는 에스프레소 커피처럼 검은 갈색이었다.

두 사람은 모두 산을 오르느라 땀을 많이 흘리고 있었다. 그들은 내 게 땀을 별로 흘리지 않는다고 했다. 나는 어깨를 으쓱하면서 오리건 대학교 육상 선수 출신이라고 했다. 그러자 남자가 얼굴을 찌푸리며 "800미터 선수라고요?"라고 되물었다. 하지만 여자는 "와, 대단하네 요"라며 감탄했다. 우리는 맥주를 마신 뒤 함께 산을 올랐다.

그녀의 이름은 새러였다. 그녀는 말 목장으로 유명한 메릴랜드 출신 이라고 했다. 나는 속으로 부자들이 많은 곳이라고 생각했다. 새러는 어릴 때부터 승마를 배웠고 지금도 말안장에서 많은 시간을 보낸다고 했다. 그녀는 자기가 좋아하는 말에 관해 많은 이야기를 했다. 그녀는 말들을 아주 가까운 친구처럼 생각하는 것 같았다.

나는 새러의 집안에 관해 물었다. 새러는 "아버지가 캔디바 회사를 경영하세요"라고 말했다. 그 이야기를 듣는데 웃음이 나왔다. 나는 시합에 출전하기 전 새러 집안에서 판매하는 캔디바를 즐겨 먹었다. 새러는 회사를 차린 사람이 자신의 할아버지라고 했다. 그러면서 부랴부랴 자기는 돈에 관심이 없다는 말을 덧붙였다.

나는 새러의 남자 친구가 또다시 얼굴을 찡그리는 모습을 보았다.

새러는 여자 대학인 코네티컷 칼리지에서 철학을 공부하고 있었다. 새러는 "뭐 그렇게 좋은 학교는 아니에요"라고 쑥스럽게 말했다. 언니가 4학년에 재학 중인 스미스 칼리지에 가고 싶었지만, 입학을 거절당했다고 했다.

나는 웃으며 말했다. "거절당한 충격에서 아직 헤어나지 못하고 있는 것처럼 보이네요."

"근처에도 못 갔어요."

"거절하는 것도 쉽지 않아요."

"누가 아니래요."

새러의 목소리는 독특했다. 어떤 단어는 특히 이상하게 발음해서 그 것이 메릴랜드 억양인지, 언어 장애 때문인지 알 수 없었다. 이유야 어찌됐든 그런 발음이 나에게는 사랑스럽게 느껴졌다.

새러는 내가 무슨 일로 일본에 왔는지 물었다. 나는 내가 경영하는 신발 회사를 살리기 위해 왔다고 했다. 새러는 놀란 얼굴로 말했다. "회사를 경영한다고요?" 그녀는 자기 집안 사람, 회사 설립자, 제조업계의 우두머리를 떠올리고 있는 것 같았다.

"네, 제 회사요."

"그래서 회사를 살리셨어요?"

"네, 그런 셈이죠."

"미국 남자들은 모두 경영학을 공부하려고 해요. 그래서 은행원이 되려고 하죠. 모두 똑같은 일을 해요. 생각만 해도 아주 지겨워요."

나도 맞장구쳤다. "지겨운 건 딱 질색입니다."

"아하, 그래서 당신은 반항을 꿈꾸는 거군요."

나는 가던 길을 멈추고, 지팡이를 땅에 꽂았다. 내가 반항을 꿈꾼다고? 내 표정은 따뜻해졌다.

정상이 가까워질수록 길은 점점 좁아졌다. 나는 히말라야에서 걷던 오솔길이 생각난다고 했다. 새러와 그녀의 남자 친구는 나를 뚫어지게 바라보면서 "히말라야라고요?"라고 소리쳤다. 새러는 정말 깊은 인상을 받은 듯했다. 그리고 남자 친구는 정말 조바심을 냈다. 정상이 서서히 눈에 들어오자, 길이 점점 험준해졌다. 새러가 내 손을 잡더니 말했다. "일본에는 이런 속담이 있어요." 그러자 남자 친구가 어깨너머로 우리와 주변에 있는 모든 사람을 보며 말했다. "후지산에 한 번도 오르지 않는 자는 바보요, 두 번 오르는 자도 바보다."

어느 누구도 웃지 않았다. 나는 그의 말보다 그의 부활절 달걀 같은 차림새가 더 웃겼다.

정상에 이르자 커다란 도리이가 보였다. 우리는 그 옆에 앉아서 해가 떠오르기를 기다렸다. 하늘이 이상해졌다. 아주 어둡지도 않고, 아주 밝지도 않았다. 해가 지평선 위로 서서히 모습을 드러냈다. 나는 새러와 그녀의 남자 친구에게 일본인들은 도리이를 이승과 저승 사이에 있는 신성한 경계로 생각한다고 설명했다. "우리는 세속에서 신성한 곳으로 건너갈 때마다 도리이를 보게 될 겁니다." 새러는 흥미로워했다. 나는 그녀에게 선종의 대가들은 산이 흐른다고 믿는다고 말했다. 다만 우리 인간의 유한한 감각으로는 이런 흐름을 제대로 인식할 수 없을 뿐이다. 그런데 바로 그 순간, 후지산이 흐르고 있는 것처럼, 그래서 우리가 이승 건너편의 파도를 탄 것처럼 느껴졌다.

올라가는 길과 달리 내려오는 길은 힘이 들지도, 시간도 많이 걸리지도 않았다. 산 아래에서 나는 새러와 부활절 달걀에게 고개 숙여 작별 인사를 했다. 그런데 새러가 "이제 어디로 가세요?"라고 물었다. 나는 오늘밤은 하코네 여관에서 머물 생각이라고 말했다. 그러자 그녀가 "그럼 저도 같이 갈게요"라고 말했다.

나는 잠시 멈칫하고서 남자 친구의 반응을 살폈다. 그는 여전히 얼굴을 찡그리고 있었다. 드디어 나는 그가 새러의 남자 친구가 아니라는 사실을 깨달았다. 부활절 달걀이여, 즐거운 시간을 보내기를.

우리는 하코네 여관에서 이틀을 보냈다. 많은 이야기를 나누고 웃다 보니 사랑의 감정이 싹텄다. 이 순간이 지나가지 않았으면. 그러나 어느 순간이든 지나가게 마련이다. 나는 도쿄에 가서 집으로 가는 비행기를 타야 했다. 새러는 일본에서 아직 둘러보지 못한 곳으로 갈 예정이었다. 우리는 다시 만날 약속은 하지 않았다. 새러는 자유분방한 여자였다. 그녀에게 계획 따위는 아무런 의미도 없었다. 새러는 "안녕히 가세요"라고 말했다. 나는 "하지메마시테始めまして, 만나서 즐거웠습니다"라고 답했다.

비행기에 오르기 몇 시간 전, 아메리칸 익스프레스 사무실에 들렀다. 언젠가는 새러가 제과 회사 집안에서 보낸 돈을 받기 위해 그곳에 올 것이 분명했다. 나는 새러에게 "대서양 연안으로 가려면, 포틀랜드를 지나야 하는데 중간에 내릴 생각은 없으세요?"라는 메모를 남겼다.

집에 돌아온 나는 오랜만에 가족들과 함께 저녁 식사를 하면서, 좋은 소식을 전했다. 나에게 여자 친구가 생겼다는 소식이었다.

그러고는 또 다른 좋은 소식을 전했다. 나는 기어이 회사를 살리고 말았다.

쌍둥이 여동생들이 말똥말똥한 눈으로 나를 쳐다봤다. 여동생들은 매일 전화기 옆에 쪼그리고 앉아서 전화벨이 울리자마자 달려들었다. 나는 여동생들에게 "그 여자 이름은 새러야. 전화가 오면 제발 친절하게 받아줘"라고 말했다.

몇 주 뒤, 일을 마치고 집에 왔는데, 새러가 어머니, 여동생들과 함께 거실에 앉아 있었다. 새러는 "많이 놀랐죠?"라고 물었다. 그녀는 내가 남긴 메모를 보고 나를 다시 만나기로 마음먹었다고 했다. 공항에서 내리자마자 전화를 했는데, 전화를 받은 여동생 조앤은 여동생이 있어야만 하는 이유를 몸소 보여주었다. 조앤은 즉시 차를 몰고 공항으로 달려가 새러를 집으로 데리고 왔다.

나는 활짝 웃으며 어색하게 새러를 껴안았다. 옆에서 어머니와 여동생들이 지켜보고 있었다. 나는 "같이 산책이나 할까요?"라고 물었다.

나는 '하인들의 숙소'에서 그녀가 입을 만한 재킷을 꺼내 건넸다. 그리고 우리는 보슬비를 맞으면서 근처 숲속의 공원으로 걸어갔다. 새러는 멀리 있는 후드산을 보며, 후지산과 꼭 닮았다고 했다. 우리는 후드 산을 바라보면서 일본에서의 추억을 떠올렸다.

나는 새러에게 어디에서 머물 것인지 물어봤다. 그녀는 "멍청하기는"이라고 말했다. 새러가 두 번째로 내가 있는 공간으로 다가오기로 결심한 순간이었다.

새러는 손님방에서 2주일 동안 가족처럼 지냈다. 나는 그녀가 언젠가 우리 가족이 될지도 모른다는 생각이 들었다. 새러가 별로 매력적이지 않은 나이트 집안에 매력을 느끼는 것은 뜻밖이었다. 잔뜩 경계하는 여동생들, 수줍어하는 어머니, 권위적인 아버지를 생각하면 식구 중 누구 한 사람도 그녀와 어울리지 않았다. 특히, 아버지가 문제였다. 새러의 존재 자체가 아버지의 가슴속에 맺힌 응어리를 건드리는 것 같았다. 새러의 자신만만한 모습은 잘나가는 제과 회사 집안이라는 쟁쟁한 가문에 대한 자부심에서 비롯됐을 것이다. 그녀에게는 숨길 수 없는 자신감이 있었다. 그렇게 자신만만한 사람은 평생 한두 번 만나기도 쉽지 않다.

확실히 새러는 내가 만난 사람들 중에서 베이브 페일리미국 사교계의 명사이자 패션 아이콘-옮긴이와 헤르만 헤세를 아무렇지도 않게 입 밖에 낼 수 있는 유일한 사람이었다. 새러는 두 사람 모두에게 찬사를 보냈지만, 특히 헤세를 동경했다. 그녀는 언젠가 헤세에 관한 책을 쓰고 싶다고 했다. 어느 날 저녁 식사 자리에서 "헤세가 했던 말이 생각나네요. 행복이란 무엇이 아니라 어떻게에 있다"라고 애교 있는 목소리로 말한 적도 있다. 그때 나이트 집안 사람들은 고기를 썹으면서 우유를 홀짝홀짝 마시고 있었다. 아버지만 침묵을 깨고는 "아주 재미있네요"

라고 말씀하셨다.

나는 새러를 세계를 무대로 활동하는 블루 리본의 본사, 즉, 지하실로 안내하고는 회사가 돌아가는 모습을 보여주었다. 나는 새러에게 림버 업을 한 켤레 선물했다. 그녀는 나와 함께 바닷가로 드라이브를 갈 때면 그것을 신었다. 우리는 험버그산에도 올라갔다. 부채 모양의 해안 지대에서 게 잡이도 하고, 숲속에서 월귤나무 열매도 땄다. 키가 24미터에 달하는 가문비나무 아래 서서 월귤나무 열매를 사이에 두고 키스도 했다.

새러가 메릴랜드로 돌아갈 시간이 가까워지자, 깊은 상실감이 몰려왔다. 새러가 떠난 뒤 나는 이틀에 한 번씩 편지를 썼다. 태어나서 처음 써보는 연애편지였다. "사랑하는 새러에게, 그날 당신과 함께 도리이 곁에 앉아 있던 순간이 생각납니다."

새러는 항상 금방 답장을 보냈다. 그녀는 편지에 영원히 사랑한다고 썼다.

1964년 크리스마스 때쯤, 새러가 돌아왔다. 이번에는 내가 공항으로 마중 나갔다. 집으로 오는 길에, 새러는 비행기를 타기 전에 가족들과 심한 말다툼을 했다고 했다. 그녀의 부모님은 내가 그녀와 사귀는 것을 반대했다. 새러의 부모님은 나를 인정하지 않았다. 새러가 말했다. "아버지가 막 소리를 지르셨어."

"뭐라고 말씀하시면서?"

새러는 아버지 목소리를 흉내내 말했다. "너, 후지산 녀석을 당장 그만 만나. 그 녀석은 사업만 생각할 놈이야!"

몸이 움츠러드는 것 같았다. 나는 두 가지 점에서 상황이 안 좋게 돌아가고 있다고 생각했다. 하지만 후지산 등정이 그중 하나라는 사실은 알아차리지 못했다. 후지산을 오른 게 왜 잘못된 일이지?

"그럼 집은 어떻게 빠져나왔어?"

"오늘 아침 일찍, 오빠가 몰래 공항까지 태워줬지."

나는 새러가 나를 정말 좋아하는지, 아니면 반항의 기회로 생각하는 건지 궁금했다.

낮에는 블루 리본 일 때문에 바빠서 새러는 주로 어머니와 있었다. 밤이 되면 우리는 시내에서 저녁을 먹고 술도 마셨다. 주말에는 후드산에서 스키를 탔다. 새러가 집으로 돌아갈 때가 되자, 나는 다시 울적해졌다. 또 편지를 보냈다. *"사랑하는 새러에게, 보고 싶어. 사랑해."*

새러는 곧 답장을 보냈다. 그녀도 나를 무척 보고 싶어 했다. 그녀도 나를 무척 사랑한다고 했다.

겨울비가 내릴 때쯤, 새러의 편지에는 조금 차가운 기운이 스며 있었다. 그녀의 열정이 식은 듯했다. 아니, 내가 그렇게 생각한 건지도 모른다. 나는 '나만의 상상일 수도 있어'라고 생각했다. 그러나 나는 확인하고 싶었다. 나는 새러에게 전화를 했다.

나만의 상상이 아니었다. 새러는 나와의 관계를 많이 고민했는데, 우리 두 사람이 서로 잘 어울리는지 헷갈린다고 했다. 새러는 내가 자기와 어울릴 만큼 지적이고 세련된 사람인지 확신이 서지 않는다고 했다. 그녀는 내가 항의하고 협상하기도 전에, 전화를 끊어버렸다.

나는 새러에게 다시 한번 생각해주기를 애원하는 장문의 편지를 타이프라이터로 쳐서 그녀에게 보냈다.

새러는 곧 답장을 보내왔는데, 도저히 아닌 것 같다고 했다.

오니쓰카에서 또다시 신발을 보내왔다. 하지만 일이 손에 잡히지 않았다. 몇 주를 지하실, '하인들의 숙소'에서 멍하니 보냈다. 하루 종일 침대에 누운 채 내가 받은 블루 리본들을 쳐다보았다.

가족들에게 아무 말도 하지 않았지만, 모두가 알고 있었다. 가족들은 자세한 내용을 묻지도 않았고, 알려고 하지도 않았다.

그러나 여동생 진은 그렇지 않았다. 어느 날 내가 외출했을 때, 진은 내 책상을 뒤져 새러에게서 온 편지를 찾아냈다. 내가 집에 돌아와 지하실로 내려가자, 진이 나를 찾아왔다. 진은 내 옆에 조심스럽게 앉아서 새러의 편지를 모두 읽었다고 했다. 물론 마지막 이별의 편지까지도 읽었다고 했다. 내가 눈길을 돌리자, 진이 말했다. "오빠가 행복하려면 그 여자와 헤어지는 게 나을 거야."

갑자기 눈물이 났다. 나는 고마운 마음에 고개를 끄덕였다. 나는 무슨 말을 해야 할지 몰라서 진에게 블루 리본에서 아르바이트할 생각이 있는지 물어봤다. 일이 많이 밀려서 누군가의 도움이 필요했다. 나는 쉰 목소리로 물었다. "너는 우편물에 관심이 많으니까 비서 일이 맞을 거야. 시간당 1달러 50센트 어때?"

진은 깔깔거리며 웃었다.

이렇게 해서 여동생 진이 블루 리본의 첫 번째 직원이 됐다.

1965년

자기자본 딜레마

1965년 초, 제프 존슨에게서 편지가 왔다. 악서덴틀 칼리지에서 우연히 만난 뒤 존슨에게 선물로 타이거 한 켤레를 보냈는데 이제야 그것을 신고 달려봤다는 내용이었다. 그는 신발이 대단히 마음에 든다고 했다. 그리고 다른 사람들도 타이거를 마음에 들어 한다고 했다. 사람들은 그에게 잠깐 서보라고 하면서 신발을 유심히 관찰하고는 어디서 그처럼 멋진 신발을 샀는지 물어본다고 했다.

나를 만난 이후 존슨은 결혼을 했다. 그리고 곧 아이가 태어날 예정이었다. 그는 사회복지사로 일하면서 얻는 수입 외에 부수입을 올릴 만한 일을 찾고 있었다. 존슨의 눈에는 타이거가 아디다스보다 장점이 더 많아 보였다. 나는 존슨에게 답장을 보내며 러닝화 한 켤레당 1달러 75센트, 스파이크 한 켤레당 2달러를 받는 영업사원직을 제의했다. 당시 나는 비상근 영업사원을 모집하고 있었다. 이 금액은 기준으로 자리 잡았다.

존슨은 곧 나의 제의를 수락하는 편지를 보냈다.

존슨의 편지는 계속 이어졌다. 아니, 폭주했다. 분량으로도 그랬고, 수적으로도 그랬다. 처음에는 두 쪽이었지만, 나중에는 네 쪽, 여덟 쪽이 됐다. 처음에는 사나흘에 한 번씩 편지가 왔다. 하지만 그 간격이 점점 줄어들어 우편함에서 그가 보낸 편지가 거의 매일 폭포수처럼 떨어졌다. 당연히 편지마다 발신인 주소가 같았다. 'P.O. Box 492, Seal Beach, CA 90740'. 나는 도대체 내가 이런 사람을 왜 고용했는지 알 수 없었다.

물론 존슨의 열정은 높이 평가했다. 그리고 그의 열정을 흠잡을 생각은 추호도 없었다. 하지만 나는 그가 일에 금방 싫증을 내는 것은 아닌지 걱정됐다. 20번째 편지인가 25번째 편지를 받고서, 존슨에게 어딘가 불안한 구석이 있는 것은 아닌지도 걱정됐다. 나는 존슨이 모든 일들을 그처럼 숨 가쁘게 처리하는 이유가 궁금했다. 존슨이 나에게 급하게 보고하거나 물어볼 만한 일들이 바닥나는 것은 아닌지도 걱정됐다. 또한 그에게 우표가 동난 것은 아닌지도 걱정됐다.

존슨을 생각할 때마다, 그가 편지를 써서 그것을 봉투에 집어넣는 모습이 떠올랐다. 그는 그 주에 타이거를 몇 켤레 팔았는지 보고했다. 그날 타이거를 몇 켤레 팔았는지도 보고했다. 고등학교 육상 대회에서 누가 타이거를 신었으며, 그들이 몇 등 했는지도 보고했다. 자신의 담당 구역을 캘리포니아를 넘어 애리조나나, 가능하다면 뉴멕시코까지 확대했으면 좋겠다고 말했다. 블루 리본이 로스앤젤레스에서 소매점을 열었으면 한다고 건의했다. 자기가 달리기 잡지에 광고를 게재할까 생각하고 있는데, 내 생각은 어떤지 물었다. 자기가 달리기 잡지에 광고를 게재했는데, 반응이 좋았다고 보고했다. 지난번 보낸 편지에 답장하지 않은 이유를 물었다. 자기를 격려해달라고 요구했다. 지난번에 격려해달라는 호소에도 내가 아무런 반응을 하지 않은 것을 두고 불평했다.

나는 나 자신이 편지를 성실하게 쓰는 사람이라고 생각했다 세계 여행을 떠난 동안에도 집에 편지와 엽서를 엄청나게 많이 보냈다. 새러에게도 편지를 자주 보냈다. 처음에는 존슨의 편지에 충실히 답장하려고 했다. 그런데 존슨의 편지는 한 통을 읽기도 전에 항상 또 다른 편지가 나를 기다리고 있었다. 그가 보내는 편지의 양 자체가 나를 질리게 만들었다. 자기를 격려해달라고 했지만, 왠지 모르게 그렇게 하고 싶지 않았다. 매일 밤 나는 지하 사무실에 있는 검정색 로열 타이프라이터 앞에 앉아서 롤러에 종이를 돌돌 감아 넣고는 "친애하는 제프에게"라고 쳤다. 그러곤 곧 종이를 뽑아버렸다. 나는 존슨이 보낸 50가지 질문에 대해 무엇부터 대답해야 할지 알 수 없었다. 그래서 자리에서 일어나 다른 일을 처리했다. 그러면 그다음 날 존슨에게서 편지가 하나 더 왔다. 아니 두 통이 더 있을 때도 있었다. 곧 세 통이 쌓였다. 나는 곧 작가에게나 찾아오는 극심한 슬럼프에 빠져들었다.

나는 진에게 존슨 파일을 처리해줄 것을 부탁했다. 진은 "좋아"라고 대답했다.

그러나 한 달도 채 지나기 전에 진은 몹시 화난 표정으로 파일을 내밀고는 "이 월급으로는 이 일을 할 수 없어"라고 말했다.

언제부터인가 나는 존슨이 보낸 편지를 처음부터 끝까지 읽지 않았다. 하지만 그의 편지를 대충 읽기만 해도 그가 주중에는 파트타임, 주말에는 풀타임으로 타이거를 팔고 있으며, 로스앤젤레스에서 사회복지사 일을 계속하기로 결심했다는 것을 알 수 있었다. 나는 존슨이 도대체 어떤 사람인지 헤아릴 수 없었다. 다만 존슨이 사교적인 사람으로는 여겨지지 않았다. 사실 그가 조금은 염세적인 사람으로 느껴졌다. 바로 그 점이 내가 그를 좋게 생각하는 이유 중 하나였다.

1965년 4월, 존슨이 사회복지사 일을 그만두었다는 소식을 전했다. 존슨은 그 일을 싫어하면서도 참고 지냈는데, 샌 퍼낸도 밸리의 어느 여자로 인해 그의 인내심이 결국 한계에 이르렀다고 했다. 그 여자가 자살하겠다고 엄포를 놓아서 존슨은 면담 날짜를 잡았다. 면담 당일, 그는 그 여자가 그날 정말 자살할 것인지 알아보기 위해 먼저 전화를 했다. 그 여자가 사는 곳까지 운전해서 가는 시간과 연료비를 낭비하고 싶지 않아서였다. 그런데 그 여자와 존슨의 상관은 존슨의 이런 태도를 아주 안 좋게 봤다. 그들은 이런 태도가 사회복지사 업무에 관심이 없다는 증거라고 간주했다. 존슨도 이를 굳이 부정하지 않았다. 존슨은 실제로 사회복지사 일에 관심이 없었다. 편지로 그는 자기도 자신의 미래에 대해 누구보다도 잘 안다고 말했다. 사회복지사는 존슨에게 맞지 않았다. 그는 사람들의 문제를 해결하기 위해 이 세상에 태어난 사람이 아니었다. 그가 관심이 있는 건 사람들의 발이었다.

존슨은 육상 선수가 되는 것은 신의 선택을 받은 것이며, 달리기는 올바른 정신을 바탕으로 제대로 된 자세로 달리는 신비로운 운동이라고 생각했다. 다시 말하자면, 달리기는 명상 혹은 기도 같다고 했다.

그는 달리기 선수가 열반에 이르도록 돕는 것이 자신의 소명이라고 생각했다. 나 역시 인생의 많은 부분을 달리기 선수와 함께했지만, 이처럼 순수한 이상주의자는 존슨을 제외하고는 만나보지 못했다. 내가 육상계의 신으로 여기는 바우어만 코치조차 달리기라는 스포츠에 대해 존슨만큼 경건하게 생각하지는 않았다.

1965년에만 하더라도 달리기는 스포츠로 여겨지지도 않았다. 달리기는 인기 종목이 아니라 그저 그런 종목이었다. 그때는 운동장이 아닌 곳에서 5000미터를 달리는 것은 미친 사람이 미친 에너지를 발산하는 짓으로 여겨졌다. 당시 사람들은 즐거움을 얻기 위한 달리기, 운동을 하기 위한 달리기, 엔도르핀을 분비하기 위한 달리기, 건강하고 오래 살기 위한 달리기는 생각지도 못했다.

때로는 달리기 선수를 흉내 내기 위해 운동장 밖에서 달리는 사람도 있었다. 그러면 운전자들은 속도를 줄이고 경적을 울리며, "말이나 타세요"라고 외치고는 맥주나 청량음료를 던지기도 했다. 실제로 존슨은 펩시콜라를 여러 번 뒤집어썼다고 했다. 그는 이 모든 것을 바꾸고 싶어 했다. 그는 세상에서 억압받는 달리기 선수들을 위로하고 그들에게 빛을 내리고 공동체 속에서 그들을 다정하게 끌어안고 싶었다. 존슨은 또 다른 의미의 사회복지사였던 셈이다. 다만 그는 달리기 선수하고만 관계를 맺고 싶어 했다.

무엇보다도 존슨은 이 일을 통해 생활을 꾸려가고 싶어 했지만, 1965년에 이는 거의 불가능한 일이었다. 하지만 존슨은 나를 통해, 블루 리본을 통해 구원의 길을 찾았다고 믿었다.

나는 존슨이 이런 생각에서 벗어나도록 최선을 다했다. 기회만 있으면 나와 회사를 향한 존슨의 열정을 식히려고 했다. 존슨이 보내는 편지에 답장하지 않았을 뿐만 아니라, 전화도 하지 않았고, 방문이나 초대도 하지 않았다. 하지만 내가 속여서는 안 되는 진실만큼은 분명하게 전달했다. "우리 회사가 빠르게 성장하고 있지만, 지금 블루 리본은 퍼스트 내셔널 뱅크에서 대출받은 1만 1천 달러를 상환해야 해. 회사의 현금흐름은 마이너스야."

하지만 존슨은 끊임없이 자기가 블루 리본에서 정규직으로 일할 수 있는지 묻는 편지를 보냈다. "나는 타이거를 통해 성공할 수 있기를 바라. 타이거를 통해 소매점을 운영하는 것뿐만 아니라 달리기, 학업 같은 다른 일을 할 수 있는 기회도 있을 거야."

나는 그에게 블루 리본은 타이타닉처럼 침몰하고 있다고 말했다. 그런데도 그는 계속 1등석을 요구했다.

나는 포기할 수밖에 없었다. '아 그래, 어쩔 수 없지. 우리 배가 침몰하면, 같이 망해서 서로 위로해야지.'

1965년 늦은 여름, 존슨의 요청을 받아들여 그를 블루 리본의 첫 번째 정규직원으로 채용하기로 했다. 우리는 편지로 연봉을 협상했다. 그는 사회복지사로 일하면서 한 달에 460달러를 받았지만, 400달러로도 생활할 수 있다고 했다. 나는 마지못해 합의했다. 그의 요구가 지나치다는 생각이 들었지만, 존슨은 생각이 많고 변덕스러운 사람이고 블루 리본은 자리가 잡히지 않은 회사였다. 어떤 이유로든 나는 존슨이 블루 리본에 오래 머물지는 않을 것이라고 판단했다.

회계사인 나는 항상 이런 위험을 인식했지만, 기업가인 나는 가능성만 봤다. 나는 이 두 가지를 절충하면서 블루 리본을 계속 꾸려갔다.

이후, 존슨에 대해서는 전혀 생각할 겨를이 없었다. 그때 블루 리본은 더 큰 문제에 부딪혔기 때문이다. 내가 거래하는 은행은 나 때문에 골치를 앓고 있었다.

나는 첫해에 매출 8000달러를 기록한 뒤 이윤은 250달러에 불과했다. 두 번째 해에는 1만 6천 달러가 될 것으로 예상했다. 은행 측은 이를 아주 걱정스러운 추세라고 단정했다.

나는 은행 담당 직원에서 물었다. "매출이 100퍼센트 상승하는데, 걱정스럽다니요?"

은행 직원은 "자기자본에 비해 매출이 너무 빨리 증가하고 있어요"라고 대답했다. "작은 회사가 어떻게 그렇게 빨리 성장할 수 있어요? 작은 회사가 빨리 성장하려면 자기자본을 확충해야 해요. 이는 회사 규모와는 상관없이 항상 적용되는 원칙이에요. 재무 여건을 고려하지 않은 성장은 위험합니다."

"생명체는 성장하게 되어 있어요. 기업도 성장하게 되어 있고요. 생명체나 기업이나 성장하지 못하면 죽게 마련입니다."

"우리는 그렇게 보지 않아요."

"당신 말은 육상 선수에게 너무 빨리 달린다고 야단치는 것과 같아요."

"이건 달리기하고는 달라요."

나는 "당신은 세상 모든 것이 다르게만 보이세요?"라고 말하고 싶었지만, 꾹 참았다.

나는 매출이 증가하면 수익이 증가하고, 궁극적으로는 회사가 발전한다고 철석같이 믿었다. 그러나 그 시절 은행은 지금의 투자 은행과는 달랐다. 그들의 근시안적 사고는 기업의 현금 잔고에만 집중됐다. 그들은 현금 잔고 수준을 벗어나는 성장을 허용하지 않았다.

나는 은행 직원에게 신발 사업에 대해 몇 번이고 되풀이해 설명했다. 나는 블루 리본이 지속적으로 성장하지 못하면, 블루 리본이 서부 지역에서 타이거 운동화를 판매하기 위한 최적의 기업이라는 점에 대해 오니쓰카를 설득할 수 없다고 말했다. 그러면 오니쓰카는 나 대신에 또 다른 말보로 맨을 찾을 것이다. 그러면 시장점유율이 가장 높은 아디다스와의 경쟁은 아예 해보지도 못하고 끝날 것이다.

은행 직원은 꿈쩍도 하지 않았다. 그는 아테나 여신과는 다르게 설득의 눈빛을 칭송하지 않았다. 그는 "당신은 천천히 가야 합니다. 그런 속도로 성장하기에는 자기자본이 충분하지 않습니다"라는 말만 되풀이했다.

자기자본. 나는 이 단어를 혐오하게 됐다. 은행 직원은 이 단어를 내 머릿속에서 잊히지 않는 멜로디가 될 때까지 계속 되풀이했다. 자기자본. 나는 아침에 양치질을 하면서도 이 단어를 들었다. 자기자본. 나는 밤에 베개를 치면서도 이 단어를 들었다. 자기자본. 이것은 실질적인 단어가 아니라 관료주의에 입각한 헛소리이고, 나한테 없는 현금을 완곡하게 표현한 단어이기 때문에 이것을 입에 담는 것조차 싫어졌다. 이것은 내가 사업에 직접 재투자하기 위한, 묶여 있지 않은 돈이라고 했다. 이게 말이나 되는 소리인가?

현금을 가지고 아무것도 하지 않고 그냥 놔두는 것은 나한테는 말도 안 되는 소리였다. 물론 보수적이고 신중하게 경영하라는 주문이라는 것은 잘 알았다. 그러나 보수적이고 신중한 기업가들은 길거리에 널려 있다. 나는 액셀러레이터를 세게 밟고 싶었다.

어쨌든 은행 직원을 만날 때마다 나는 잠자코 그가 하는 말을 묵묵히 듣기만 했다. 그러고는 내 생각대로 사업을 꾸려갔다. 나는 오니쓰카에 타이거 운동화를 예전보다 두 배로 늘려 주문했다. 그러고는 해맑은 표정으로 은행을 찾아가서 신용장 발급을 요청했다. 은행 직원은 매번 충격받은 얼굴로 "얼마가 필요하다고요?"라고 되물었다. 나는 은행 직원의 그런 모습에 나 역시 충격 받은 척하면서 "제 생각에 은행은 지혜롭게 판단할 필요가 있습니다"라고 말했다. 나는 은행 직원을 구슬리기도 하고, 굽실거리기도 하고, 협상하기도 해서 결국 대출 승인을 받아냈다.

나는 신발을 팔아 대출금을 모두 갚고는 처음부터 그 짓을 되풀이했다. 오니쓰카에는 예전보다 두 배만큼 주문하고, 은행에는 가장 좋은 정장을 입고 해맑은 표정을 짓고서 찾아갔다.

그 은행 직원의 이름은 해리 화이트였다. 믹서에서 자갈이 굴러가는 듯한 목소리를 내는 옆집 아저씨 같은 50대 남자였다. 그는 은행에서 일하는 것을 좋아하지 않는 것 같았다. 특히 나 같은 사람은 맡고 싶지 않은 것 같았다. 하지만 그는 자기 의지와는 상관없이 나를 맡을 수밖에 없었다. 원래는 켄 커리가 내 담당이었다. 아버지가 더 이상의 보증 서기를 거부하자, 커리는 아버지에게 전화해 "빌, 우리끼리 하는 얘긴데 말입니다. 아드님의 회사가 망하면, 당신이 책임지게 되어 있습니다. 알고 계시죠?"라고 말했다.

아버지는 "아니, 무슨 말씀이세요? 말도 안 됩니다"라고 말씀하셨다.

커리는 아버지와 아들 간의 내전에 말려들기 싫어서 나를 화이트에게 넘겨버렸다.

화이트는 퍼스트 내셔널 부장이었지만, 이런 직책은 큰 의미가 없었다. 그에게는 실질적인 권한이 없었다. 그의 상관인 밥 윌리스는 직원들을 달달 볶기로 악명이 높았다. 윌리스는 화이트를 감시하고 사소한 일에도 책임을 물었다. 그를 피곤하게 하고, 결과적으로 나를 피곤하게 했던 사람은 바로 윌리스였다. 자기자본을 맹목적으로 숭배하고 성장을 무시하는 사람도 바로 윌리스였다.

떡 벌어진 어깨에 싸움 깨나 할 것 같은 얼굴에다 수염이 오후 5시의 닉슨 대통령처럼 듬성듬성 자라 있는 윌리스는 나보다 열 살은 많아 보였다. 그런데도 그는 자신을 은행의 천재 소년으로 생각했다. 그는 차기 은행장을 꿈꿨다. 신용 위험도가 높은 대출은 은행장으로 가는 길에 가로놓인 주요 장애물이었다. 그는 누구에게든 대출을 제공하는 것을 꺼렸다. 특히 현금 잔고가 항상 0을 맴도는 나에게는 더욱 그랬다. 그는 나를 언제 닥칠지 모르는 재앙으로 간주했다. 비수기에 매출이 떨어지면 내 사업은 망할 것이고, 은행 로비에는 팔리지 않은 신발이 가득 쌓일 것이다. 그리고 은행장 자리는 허망한 꿈이 되어 사라질 것이다. 윌리스는 후지산 정상에서의 새러처럼 나를 반항아로 보았다. 다만, 그는 이를 칭찬의 의미로 생각하지 않았다. 결과적으로 보면 새러도 칭찬의 뜻으로 생각하지 않은 셈이다.

물론, 윌리스가 자기 생각을 나에게 매번 직접적으로 전달한 것은 아니다. 주로 중간에 있는 사람, 즉 화이트를 통해 전달했다. 화이트는 나와 블루 리본을 믿었다. 그렇지만 매번 슬픈 표정으로 고개를 가로저으며 결정하는 것도 월리스, 수표에 서명하는 것도 월리스라고 했다. 그러고는 월리스는 필 나이트의 팬이 아니라고 했다. 나는 화이트가 사용한 '팬'이라는 단어가 적절한 표현이고, 깊은 감동과 희망을 주는 표현이라고 생각했다. 키가 크고 마른 체형인 그는 운동선수 출신으로 스포츠 이야기를 좋아했다. 당연히 우리 둘은 서로 통하는 데가 있었다. 반면에, 월리스는 야구장이나 축구장에 한 번도 가보지 않은 사람 같았다. 혹시 신발이나 스포츠용품을 압류하러 간다면 모를까.

월리스는 블루 리본에 대한 대출을 다른 곳으로 떠넘길 수만 있다면, 쌍수를 들고 아주 기뻐했을 것이다. 그러나 1965년에는 그럴 만한 곳이 없었다. 그때 오리건에서는 퍼스트 내셔널이 내가 대출을 받을 수 있는 유일한 곳이었다. 월리스도 이런 사실을 알고 있었다. 당시 오리건은 지금보다 경제 규모가 작아서 은행이 퍼스트 내셔널과 유에스 뱅크 두 곳만 있었다. 유에스 뱅크는 이미 대출을 거절했다. 퍼스트 내셔널마저 거절하면 나는 끝장이었다오늘날에는 자기가 살고 있는 주가 아닌 다른 주의 은행과 거래하더라도 아무런 문제가 없다. 당시 은행 규정은 지금보다 훨씬 더 까다로웠다.

또한 벤처캐피털 같은 수단도 없어서 야심찬 젊은 기업가가 의지할 수 있는 곳이 많지 않았다. 은행에서 자리를 차지하고 있는 사람들은 대개 위험을 싫어하고 창의성이라고는 눈곱만큼도 없었다. 다시 말하자면, 그들은 보수적인 은행업자들이었다. 물론 월리스도 예외가 아니었다.

설상가상으로 오니쓰카는 항상 늦게 신발을 보내왔다. 이는 판매할 시간이 부족해서 결과적으로 대출금을 상환할 돈을 마련할 시간이 항상 부족하다는 것을 의미했다. 개선을 요구했지만, 오니쓰카는 아무런 대답도 없었다. 때로는 대답을 하더라도 내가 처한 상황을 충분히 이해하지 못하는 것 같았다. 나는 미친 듯이 전보를 쳐서 최근에 발송한 제품이 어디쯤 도착했는지 문의했지만, 그들의 반응은 미쳐버릴 정도로 둔감했다. *"문의하신 제품은 며칠만 더 기다리면 도착할 것입니다."* 마치 119에 전화를 걸고는 상대방의 하품 소리를 듣는 것 같았다.

나는 이 모든 문제점과 블루 리본의 불투명한 미래를 감안하면 회사가 망할 경우에 대비해 안정적인 직업을 갖는 것이 좋겠다는 결론을 내렸다. 존슨이 블루 리본에 헌신하겠다고 생각했을 무렵, 나는 새로운 분야에 진출했다.

그때까지 나는 CPA시험에서 네 개 부문에 합격했다. 시험 결과와 이력서를 몇몇 회계법인에 보내고 서너 군데에서 면접을 치른 뒤, 프라이스 워터하우스Price Waterhouse에서 일하기로 했다. 좋든 싫든 간에, 나는 공식적으로 자격증을 가진 회계사가 됐다. 그해 세금 신고서에 내 직업은 자영업자 혹은 기업가가 아니었다. 세무서는 나를 '회계사' 필립 나이트로 간주했다.

나는 이런 변화에 개의치 않았다. 월급의 상당 부분을 신생 기업 블루 리본에 투자해 소중한 자기자본을 확충하고 기업의 현금 잔고를 증가시켰다. 프라이스 워터하우스 포틀랜드 지사는 내가 회계사로 처음 일한 라이브랜드와 다르게 규모가 어느 정도 있었다. 회계사도 네 명에 불과한 라이브랜드와는 다르게 30여 명이나 됐다. 나한테 바람직한 환경이었다.

거기서 하는 일도 나한테 잘 맞았다. 프라이스 워터하우스의 거래처에는 내가 관심을 가질 만한 신생 기업과 이미 자리를 잡은 기업이 섞여 있어 고객층이 다양했다. 고객 기업들은 목재, 물, 전력, 식품 등을 포함해 온갖 종류의 제품을 판매했다. 나는 회계 장부를 통해 고객 기업들의 내부를 자세히 들여다보면서, 그들이 어떻게 살아남았는지 혹은 어떻게 사라졌는지 공부했다. 그리고 어떻게 제품을 팔았는지, 어떻게 어려움에 처했는지, 어떻게 어려움에서 빠져나왔는지도 배웠다. 나는 무엇이 기업을 움직이게 하는지, 무엇이 기업을 망하게 하는지 자세히 기록했다.

그러면서 자기자본 부족이 기업이 망하는 주요 요인이라는 사실을 확인하고 또 확인했다.

회계사들은 대체로 팀 단위로 일했다. A팀의 팀장은 델버트 헤이즈였는데, 그는 프라이스 워터하우스에서 가장 뛰어난 회계사였을 뿐만 아니라 단연코 가장 다채로운 성격의 소유자였다. 신장 188센티미터, 체중 136킬로그램의 거대한 몸뚱이를 값싼 폴리에스테르 양복에 소시지처럼 채워 넣고 다녔던 그는 재능, 위트, 열정이그리고 식욕까지도 대단한 인물이었다. 그에게는 스프레드시트를 검토하면서 대형 샌드위치와 보드카 한 병을 단숨에 처리하는 것보다 더 즐거운 일이 없었다. 그리고 그는 대단한 애연가였다. 비가 오나 눈이 오나 늘 담배를 입에 물고 있었다. 아마 하루에 적어도 두 갑은 피워 없앴을 것이다.

나는 숫자에 밝은 다른 회계사들을 많이 봤지만, 헤이즈의 숫자 감각은 정말 탁월했다. 그는 길게 나열된 평범해 보이는 숫자들 속에서 가공되지 않은 아름다움의 원석을 식별해냈다. 그는 시인이 구름을 바라보거나 지질학자들이 암석을 바라보는 것처럼 숫자를 바라봤다. 그는 숫자를 통해 랩소디rhapsody, 진리를 이끌어냈다.

불가사의한 예측도 했다. 헤이즈는 미래를 예측하는 데 숫자를 사용했다.

나는 헤이즈가 불가능하리라고 생각했던 것을 해내는 모습을 거의 매일같이 보았다. 그는 회계를 예술로 승화시켰다. 덕분에 나와 다른 회계사까지도 예술가가 된 기분이었다. 나로선 생각지도 못했던 놀랍고도 고상한 발상이었다.

물론 숫자가 아름답다는 사실은 나도 알고 있었다. 숫자가 암호를 나타내고 숫자의 배열 뒤에는 우아한 플라톤 철학이 숨어 있다는 사실은 회계학 시간에 어느 정도는 배웠다. 육상을 하면서도 그랬다. 트랙을 달리면 숫자를 열렬히 존경하게 된다. 왜냐하면 당신이 기록한 숫자가 당신의 모든 것을 말해주기 때문이다. 기록이 저조한 데는 부상, 피로, 실연 같은 여러 가지 이유가 있다. 그러나 어느 누구도 이런 것에 관심을 갖지 않는다. 사람들은 결국 당신이 기록한 숫자만을 기억한다. 나는 이런 현실 속에서 살았다. 예술가 헤이즈는 내가 이런 현실을 깨닫도록 했다.

안타깝게도 나는 헤이즈가 비극적인 예술가, 반 고흐처럼 자아를 파괴하는 예술가가 되지 않을까 두려웠다. 그는 회사에서 단정하지 못한 옷차림, 축 처진 자세, 좋지 않은 행동으로 점수를 많이 까먹고 있었다. 또한 고소 공포증, 뱀 공포증, 벌레 공포증, 폐쇄 공포증 등 온갖 종류의 공포증을 다 가지고 있었다. 그러다 보니 상관이나 동료들을 당황스럽게 하는 일이 잦았다.

그중에서 다이어트에 대한 공포증이 가장 심각했다. 프라이스 워터하우스는 이런저런 단점에도 헤이즈를 파트너 회계사로 승진시키는 것을 고려했다. 그러나 회사는 그의 체중을 관대히 봐줄 수 없었다. 파트너 회계사가 136킬로그램에 달하는 체구를 가진 것을 너그럽게 봐주기는 어려웠다. 헤이즈가 그처럼 많이 먹게 된 것은 회사의 이런 평가 때문일 가능성도 컸다. 이유야 어찌 됐든, 헤이즈는 확실히 많이 먹었다.

헤이즈는 음식을 많이 먹었을 뿐만 아니라 술도 많이 마셨다. 그러면서 말도 많이 했다. 그는 술을 혼자서 마시려고 하지 않았다. 퇴근 시간이 되면 헤이즈는 후배 회계사 모두에게 함께 술을 마시자고 권하곤 했다.

그는 술을 마시면서 쉬지 않고 지껄였다. 후배 회계사들은 그를 엉클 리머스농장에서 일하는 늙은 흑인으로 아이들에게 동물 이야기를 들려준다―옮긴이라고 불렀다. 하지만 나는 그렇게 부르지 않았다. 나는 헤이즈의 명연설을 가볍게 생각한 적이 한 번도 없다. 그의 이야기에는 사업에 관한 소중한 지혜무엇이 회사를 성공하게 만드는가, 회사 장부에서 정말 중요한 것은 무엇인가가 들어 있었다. 나는 매일 밤 헤이즈가 자주 가는 포틀랜드의 싸구려 술집에서 그와 함께 술잔을 주고받으며 보냈다. 아침이 되면 캘커타의 그물침대에 누워 있을 때보다 더 아픈 몸을 이끌고 일어나야만 했다. 이 모든 것이 내가 프라이스 워터하우스에 쓸모 있는 사람이 되기 위한 자기 수양 과정이었다.

헤이즈 군단의 보병이 아닐 때는 예비군 훈련을 받아야 했다이 훈련은 제대하고 7년 동안 받아야 했다. 이 훈련은 매주 화요일 밤 7시부터 10시까지 진행됐는데, 이 시간만큼은 내가 하던 업무에서 벗어나 나는 나이트 중위가 되었다. 우리 부대는 항만 노동자들로 구성되어 있었는데 우리는 내가 오니쓰카가 보낸 제품을 가져오는 곳에서 축구장 몇 개를 사이에 두고 떨어져 있는 창고 지역에 자주 배치됐다. 우리는 밤마다 배에 물건을 싣거나 내리는 일과 지프와 트럭을 점검하고 보수하는 일을 했다. 그리고 PT 체조, 팔굽혀펴기, 턱걸이, 윗몸 일으키기, 달리기도 했다. 어느 날 나는 중대원들을 이끌고 6.5킬로미터 달리기를 했다. 그때 나는 헤이즈와의 잦은 술자리 때문에 남아도는 열량을 발산할 필요가 있었다. 그래서 처음부터 빠른 속도로 달리면서, 그 속도를 꾸준히 높여갔다. 내가 앞으로 힘차게 달려가자, 중대원들은 점점 멀어졌다. 어떤 중대원이 숨을 헐떡거리면서 다른 중대원에게 "나이트 중위가 보조를 맞출 때 아주 가까이에서 들었어. 난 그처럼 숨을 깊이 들이쉬는 사람은 본 적이 없어"라고 말했다.

1965년에 내가 승리감에 도취된 것은 그때뿐일 것이다.

때로는 화요일 밤 예비군 훈련이 교실에서 진행되는 경우도 있었다. 강사들은 주로 군사 전략에 관해 이야기했는데, 나한테는 흥미진진한 강의였다. 그들은 주로 과거의 유명한 전투를 분석하는 것으로 강의를 시작했다. 그러다 주제에서 벗어나 베트남전쟁으로 옮겨가기 일쑤였다. 베트남전쟁은 점점 가열되고 있었다. 미국은 거대한 자석에 빨려들기라도 하듯이, 그 전쟁에 빠져들었다. 어떤 강사는 우리에게 자기 주변을 정리하고, 부인이나 애인에게 작별의 인사를 하라고까지 말했다. 우리는 곧 시궁창으로 빠져들 것처럼 보였다.

나는 베트남전쟁이 싫었다. 단순히 이 전쟁이 잘못된 것이라는 생각 때문만은 아니었다. 이 전쟁은 어리석고 소모적이었다. 나는 어리석은 것을 싫어했고, 낭비하는 것도 싫어했다. 무엇보다도 이 전쟁은 내가 거래하는 은행의 원칙을 다른 전쟁보다 더 많이 따르는 전쟁이었다. '승리를 위해 싸우지 말고 패배를 피하기 위해 싸우라.' 이것은 지는 전략임에 틀림없었다.

다른 중대원들도 똑같은 생각이었다. 결국 우리는 훈련을 마친 뒤 줄을 지어 가까운 술집을 향하지 않을 수 없었다.

예비군 훈련과 헤이즈와의 술자리 사이에서 내 몸속의 간은 성할 날이 없었다.

가끔 헤이즈가 고객사를 방문할 때면, 나는 그와 동행하곤 했다. 그는 후배 회계사들 중에서 나를 가장 좋아했는데 사무실 밖에서는 더 그랬다.

나도 헤이즈를 많이 좋아했다. 하지만 그가 사무실 밖에서 나하고 정말 스스럼없이 지내려고 하자 조금 두렵기도 했다. 늘 그랬듯이, 그는 옆에 있는 사람이 자신처럼 행동하기를 바랐다. 단지 술을 마시는 것만으로는 충분하지 않았다. 헤이즈만큼 마셔야 했다. 그는 대변과 차변을 계산할 때처럼 술잔을 주의 깊게 셌다. 그는 팀워크를 신봉한다고 말했다. 헤이즈 팀의 구성원이라면, 그가 권하는 술은 반드시 마셔야 했다.

벌써 50년이 지났지만, 헤이즈와 함께 와 청 이그조틱 메탈스Wah Chung Exotic Metals 일을 처리하려고 오리건 주 올버니를 돌아다니던 때를 회상하면 금방이라도 아랫배에 삼겹살이 잡힐 것 같다. 우리는 낮에는 숫자를 다루다가 매일 밤 8시가 되면 길모퉁이에 있는 작은 술집에서 가게 문이 닫힐 때까지 술을 마셨다. 왈라 왈라Walla Walla에서 버즈 아이Birds Eye 일을 처리하고는 시티 클럽City Club에서 마무리 한 잔을 하면서 보내던 순간도 어렴풋이 기억난다. 당시 왈라 왈라는 금주법이 실시되던 지역이었지만, 술집들은 '클럽'이라는 상호로 법을 빠져나갔다. 시티 클럽의 회비는 1달러였다. 내가 엉뚱한 행동을 해서 우리 두 사람이 제명당할 때까지 헤이즈는 정회원이었다. 내가 무슨 행동을 했는지는 기억나지 않는다. 아마도 끔찍한 행동을 한 게 틀림없다. 그때 나는 몸을 제대로 가누지 못할 지경이었다. 내 혈액의 절반은 술이었을 것이다.

헤이즈의 차 안에서 토악질한 것은 희미하게 기억난다. 헤이즈가 부드러운 목소리로 시원하게 게워내라고 말하던 것도 어렴풋이 기억난다. 확실하게 기억나는 것은 내가 분명히 잘못했는데도 헤이즈가 내 편이 되어 얼굴을 붉히고 화를 내면서 시티 클럽 회원을 탈퇴하던 모습이다. 헤이즈가 그처럼 맹목적으로 내 편이 되어주는 모습을 보면서, 그를 좋아하지 않을 수 없었다. 나는 헤이즈가 숫자에 담긴 깊은 의미를 설명하는 모습을 보면서 그를 존경하게 됐다. 그러나 헤이즈가 나를 그처럼 특별히 대해주는 모습을 보곤 그를 좋아하게 됐다.

나는 헤이즈와 함께 출장 가서 밤늦도록 술을 마시면서 블루 리본에 관해 이야기했다. 그는 블루 리본에서 성공의 가능성을 보았다. 하지만 실패의 가능성도 보았다. "숫자는 거짓말을 하지 않아. 경제가 안 좋은데 회사를 차린다고? 그것도 신발 회사를? 게다가 현금 잔액은 거의 제로 수준이고?" 그러고는 자신의 거대한 곱슬머리를 가로저었다. 그러나 헤이즈는 나한테는 상당한 유리한 조건이 한 가지 있다고 했다. 바로 내가 육상계의 전설, 바우어만 코치와 동업자 관계라는 것이다. 이는 숫자로 설명할 수 없는 자산이었다.

나의 자산은 그 가치가 날로 높아지고 있었다. 바우어만 코치는 1964년 올림픽에 참가하기 위해 자신이 지도하는 선수들을 이끌고 일본에 가 있었다당시 바우어만 코치가 지도한 선수들 중 빌 델린저와 해리 제롬이 메달을 땄다. 바우어만 코치는 올림픽 경기가 끝나자 모자를 바꿔 쓰고는 블루 리본의 사절이 됐다. 그는 부인과 함께 오니쓰카를 방문해 그곳 사람들과 즐거운 시간을 가졌다예전에 바우어만 코치와 코치의 부인은 크리스마스 경비를 모으던 계좌에서 500달러를 떼어 블루 리본에 투자하기로 의견을 모았다.

두 분은 VIP 대우를 받으면서 공장을 둘러보았다. 모리모토의 소개로 오니쓰카 회장을 만나기도 했다. 이 두 나이 든 거물들은 친밀하게 우의를 다졌다. 두 사람은 신발에 평생을 걸었고, 동시대에 전쟁을 경험했다. 두 사람은 지금도 여전히 일상생활을 전쟁처럼 생각했다. 오니쓰카 회장에게는 패배한 자의 집요함이 있었다. 바우어만 코치는 특히 이 점에 주목했다. 오니쓰카 회장은 바우어만 코치에게 전쟁의 폐허 속에서 신발 회사를 설립한 이야기를 해주었다. 일본의 대도시에서 여전히 미군이 떨어뜨린 폭탄에서 폭약 연기가 피어오를 때, 오니쓰카 회장은 농구화를 만들기 위해 절간의 초로 뜨거운 왁스를 만들고 이것을 자신의 발에 부어 오니쓰카의 첫 번째 족형을 만들었다. 이렇게 제작된 농구화는 팔리지 않았지만, 그는 포기하지 않았다. 러닝화로 방향을 바꾼 뒤 타이거는 신발의 역사를 만들어갔다. 1964년 올림픽 경기에서 일본 육상 선수들은 모두 타이거를 신고 있었다.

오니쓰카 회장은 바우어만 코치에게 타이거의 독특한 밑창에 대한 영감은 스시를 먹을 때 떠올랐다고 했다. 그는 큼지막한 나무 접시와 문어 다리를 보고는 이와 비슷하게 생긴 빨판을 육상 선수가 신는 신발의 밑창에 적용하면 어떨까 생각했다. 바우어만 코치는 그의 이야기를 깊이 새겨들었다. 그때 그는 영감은 흔해빠진 것에서 올 수도 있다는 사실을 배웠다. 영감은 우리가 먹는 것에서도 올 수 있고, 집 주변에 놓여 있는 것에서도 올 수 있다.

오리건으로 돌아온 바우어만 코치는 새로운 친구, 오니쓰카 회장과 오니쓰카 공장의 생산팀과 즐거운 마음으로 편지를 주고받았다. 그는 오니쓰카 제품에 대한 여러 아이디어와 수정안을 보냈다. 바우어만 코치는 사람들의 피부 속은 같지만 발 모양은 같지 않다고 생각했다. 미국인들은 일본인들과 신체적으로 달랐다. 미국인들은 키가 크고 체중이 많이 나갔다. 따라서 미국인들은 일본인들과 다른 신발을 신어야 했다. 바우어만 코치는 타이거를 열 켤레도 넘게 뜯어보고는 이것을 미국 고객들의 요구에 맞게 제작하는 방법을 찾으려고 했다. 그는 이를 위해 엄청난 양의 노트를 작성했다. 그리고 이 모든 것을 일본에 아낌없이 넘겨주었다.

유감스럽게도, 바우어만 코치는 나와 마찬가지로 자신이 오니쓰카와 아무리 좋은 관계를 가졌더라도 일단 태평양을 건너 미국으로 오고 나면 상황이 달라진다는 사실을 곧 체험하게 됐다. 바우어만 코치가 편지를 보내도 오니쓰카는 답장이 없었다. 혹시 답장을 하더라도, 모호하거나 무뚝뚝하게 거절하는 내용이었다. 때로는 오니쓰카가 내가 존슨을 대우하는 방식으로 바우어만 코치를 대우하는 것 같아서 섭섭한 마음이 들기도 했다.

그러나 바우어만 코치는 나와 달랐다. 그는 거절을 마음 깊이 담지 않았다. 그는 답장이 없더라도 계속 편지를 보냈다. 더 많은 단어에 밑줄을 긋고, 느낌표를 더 많이 달아서 말이다. 이럴 때 바우어만 코치는 꼭 존슨 같았다.

바우어만 코치는 신발 개조 실험을 결코 중단하지 않았다. 그는 계속해서 타이거를 뜯어보고, 자기 육상 팀의 젊은 선수들을 실험용 쥐처럼 이용했다. 1965년 가을 육상 대회가 열리는 동안, 바우어만 코치는 자기 선수들이 참가하는 모든 경기를 두 가지 관점에서 바라보았다. 하나는 선수들의 성적이고, 다른 하나는 선수들이 신은 신발의 성능이었다. 바우어만 코치는 발의 아치를 받쳐주는 방법, 경주로에 밑창을 밀착시키는 방법, 발가락을 적절히 끼우는 방법, 발등을 굽히는 방법을 메모했다. 그러고는 자신이 발견한 내용을 메모 노트와 함께 일본으로 보냈다.

결국 그의 노력은 빛을 보았다. 오니쓰카는 바우어만 코치의 연구를 반영해 미국인의 체형에 맞는 시제품을 만들었다. 시제품을 보면, 신발 깔창은 더욱 부드러워졌고 아치를 더 많이 받쳐주고 아킬레스건의 긴장을 줄이기 위한 힐 웨지heel wedge가 있었다. 바우어만 코치는 시제품을 받고서는 미친 듯이 들떴다. 그는 시제품을 더 많이 보내달라고 요청했다. 그러고는 자기가 가르치는 선수들에게 그 실험용 신발을 주었다. 선수들은 그것을 신고 경쟁에서 승리하기 위해 힘차게 달렸다.

바우어만 코치는 항상 가장 나은 방법으로 작은 성공을 이루어냈다. 그 무렵 그는 선수들의 에너지와 지구력을 증진하는 스포츠 특효약도 실험하고 있었다. 내가 오리건대학교 육상 선수로 활동할 때, 그는 운동선수들은 염분과 전해질을 끊임없이 보충해야 한다고 강조했다. 그는 선수들에게 자신이 발명한 약, 바나나로 만든 찐득찐득한 덩어리, 레모네이드, 홍차, 벌꿀과 함께 이름을 알 수 없는 몇 가지 성분을 복용하도록 지시했다. 그는 신발을 가지고 이런저런 실험을 하면서도 스포츠 음료 제조법도 연구했다. 이 음료는 맛이 없었지만, 효과는 좋았다. 바우어만 코치는 게토레이도 만들려고 한 것이다.

바우어만 코치는 시간이 날 때마다 헤이워드 필드를 찾아 그곳 표면을 만지작거렸다. 헤이워드는 물기가 많은 성지였다. 그러나 바우어만 코치는 이런 여건 때문에 선수들의 기록이 저조해서는 안 된다고 믿었다. 비가 올 때마다 유진의 날씨는 늘 그랬다 헤이워드 트랙은 베네치아 운하를 방불케 했다. 그는 고무처럼 탄력 있는 재료를 사용하면 운동장을 말리고 청소하기가 쉬울 것이고, 선수들의 발에 가해지는 부담이 덜할 것이라고 생각했다. 그는 콘크리트 믹서를 구입해 폐타이어와 갖가지 화학제품으로 채워 넣었다. 그러고는 딱 맞는 점도와 질감을 찾기 위해 몇 시간에 걸쳐 시행착오를 반복했다. 그는 이 마녀의 비약秘藥에서 나오는 연기를 마셔서 몸이 상한 적이 한두 번 아니었다. 집요한 완벽주의 때문에 항상 극심한 두통에 시달렸고 시력이 감퇴됐으며 걸음걸이까지 절뚝거리게 되었다.

나는 얼마 지나지 않아 바우어만 코치가 폴리우레탄까지도 발명하려고 했다는 사실을 알게 됐다.

언젠가 나는 바우어만 코치에게 하루 24시간 동안에 어떻게 이처럼 많은 일을 할 수 있는지 물어봤다. 선수들을 지도하고, 선수들이 출전하는 경기장에 가고, 실험을 하고, 가족을 부양하는 등 그는 몸이 열 개라도 모자랄 것처럼 보였다. 바우어만 코치는 작게 투덜거렸다. '아무 일도 아닌 것을 가지고'라고 말하는 것 같았다. 그러고는 작은 목소리로 덧붙였다. "책도 쓰고 있는걸."

나는 깜짝 놀라서 "책이라고요?"라고 말했다.

"조깅에 관한 책이야." 역시 퉁명스러운 목소리였다.

바우어만 코치는 올림픽에 참가하는 엘리트 선수만 스포츠맨인 것은 아니라는 생각을 늘 가슴에 품고 있었다. "우리 모두가 스포츠맨이지. 우리에게 신체가 있는 한, 우리는 스포츠맨이야." 그는 이런 생각을 많은 독자에게 전하기로 결심했다. 나는 "재미있겠는데요"라고 대답했다. 하지만 나의 늙으신 코치 선생님은 엷은 독자층을 겨냥하고 계셨다. 세상에 어느 누가 조깅에 관한 책을 읽으려고 하겠는가?

1966년

말보로 맨과 벌인 전쟁

오니쓰카와의 계약 기간이 끝날 때가 가까워졌다. 나는 계약 갱신을 원하는 내용의 편지를 기대하면서 날마다 우편물을 확인했다. 오니쓰카가 갱신을 원하지 않더라도 어쩔 수 없었다. 그저 이런 사실을 알게 된 것만으로도 다행이었다. 물론 나는 여전히 새러의 편지도 기다리고 있었다. 그녀가 마음을 돌리기를 기대하면서 말이다. 그리고 늘 그랬듯, 은행에서 내 사업을 더 이상 환영할 수 없다는 내용의 편지를 보내올 것에 대비해 마음의 준비를 단단히 해두고 있었다.

그러나 날마다 우편함에 있는 편지는 존슨이 보낸 것뿐이었다. 존슨은 바우어만 코치와 마찬가지로 도대체 잠을 자지 않는 것 같았다. 존슨이 끊임없이 편지를 보내는 이유를 달리 설명할 수 없었다. 대부분의 편지에 관심을 가질 만한 내용이 없었다. 존슨이 보낸 편지는 별 쓸모도 없는 업무 관련 정보와 부수적인 여담, 썰렁한 농담으로 가득 채워져 있었다.

때로는 손으로 그린 삽화도 있었다.

때로는 뮤지컬에 나오는 가사도 있었다.

때로는 시도 있었다.

어니언스킨지onionskin, 반투명한 광택 있는 필기 용지―옮긴이에 수동식 타이프라이터로 글씨를 마치 점자처럼 격렬하게 찍어댄 이 편지는 몇 가지 스토리를 담고 있었다. 아니, '우화'라는 표현이 더 적절할 것이다. 존슨은 어떻게 그 사람에게 타이거를 팔았는가? 앞으로 그 사람은 X 켤레를 더 주문할 것 같다. 따라서 존슨의 계획은……. 존슨은 모 고등학교의 감독을 쫓아다니며 타이거 여섯 켤레를 팔려고 했다. 그런데 결국 열세 켤레나 팔았다.

때로는 존슨은 가장 최근에 게재한 광고나 롱 디스턴스 로그Long Distance Log, 장거리 주자들의 클럽, 혹은 〈트랙 앤드 필드 뉴스Track & Field News〉에 게재할 생각인 광고에 관해 아주 짜증날 정도로 자세히 설명했다. 광고에 들어갈 타이거 운동화 사진을 보여주기도 했다. 그는 집에 간이 사진관을 만들었다. 그리고 신발이 매혹적으로 보이도록 검정 스웨터를 배경으로 소파 위에 얹어놓고 사진을 찍었다. 사진이 약간 신발 포르노처럼 보였지만, 상관하지 않았다. 나는 다만 달리기에 심취한 사람들만 보는 잡지에 광고를 내려는 이유를 도대체 알 수 없었다. 아니, 광고를 하려는 생각 자체를 이해할 수 없었다. 더 이상 말하지 않겠다. 그런데 존슨은 광고에 관심이 많았고, 맹세코 광고가 효과 있을 것이라고 믿었다. 좋다. 뭐, 그런 존슨을 막을 마음은 조금도 없었다.

존슨의 편지는 내가 그의 편지에 답장을 보내지 않는 것에 대한 빈정거림 혹은 솔직한 푸념으로 끝을 맺었다. 그는 예전에 보낸 편지를 가지고도 물고 늘어졌다. 그다음에는 추신이 나왔다. 때로는 추신들이 탑을 쌓을 만큼 많이 나오기도 했다. 그러곤 마지막으로 격려의 말을 호소했다. 물론 나는 그런 말을 해주지 않았다. 내겐 그런 말을 해줄 만한 시간이 없었다. 뿐만 아니라 그런 말은 내 체질에도 맞지 않았다.

이제 와서 돌이켜보면 그때 그렇게 행동한 게 나의 진정한 모습인지, 내가 바우어만 코치와 아버지를 따르려고 했던 것인지 잘 모르겠다. 과연 내가 두 분들의 과묵한 자세를 모방하려고 한 걸까? 과연 나는 내가 존경하는 사람들을 모방하면서 살아온 걸까? 당시 나는 처칠, 케네디, 톨스토이의 전기와 장군, 사무라이, 쇼군에 관한 이야기를 닥치는 대로 읽었다. 나는 극단적인 상황에서 발휘되는 리더십에 매료됐다. 전쟁은 가장 극단적인 상황이다. 사업은 전쟁이나 마찬가지다. 누군가가 사업은 총탄 없는 전쟁이라고 했다. 나는 그 말에 공감한다.

예로부터 인간은 헤밍웨이의 기본 덕목, 즉 압력에 굴하지 않는 우아함을 갖춘 전사의 등장을 기다렸다헤밍웨이는《파리는 날마다 축제》를 나폴레옹이 좋아했던 지휘관인 네이 원수의 동상을 바라보면서 썼다고 했다. 영웅은 말을 많이 하지 않았다. 그들은 입이 싼 사람이 아니다. 그들은 다른 사람의 섬세한 점까지 관리하지 않았다. "사람들에게 일을 어떻게 해야 하는지가 아니라 어떤 일을 해야 하는지를 가르쳐주라. 그리고 그들이 이루어낸 결과로 당신을 놀라게 하라." 나는 존슨에게 답장을 하지 않았다. 이것저것 요구하며 그를 괴롭히지도 않았다. 나는 그에게 어떤 일을 해야 하는지 말하고, 그가 나를 놀라게 하기를 기대했다.

과묵하게 있으면서 말이다.

존슨에게도 장점이 있었다. 존슨은 더 많은 대화를 원했지만, 대화가 부족하다고 해서 낙담하지는 않았다. 오히려 대화가 부족했기 때문에 동기를 부여받았다. 그는 자신은 지나칠 정도로 꼼꼼하고, 나는 그렇지 않다는 것을 알고 있었다. 그리고 주변 사람나, 내 여동생, 존슨과 나의 친구들들에게 불평을 많이 했지만, 나의 관리 스타일이 자신을 자유롭게 해준다는 것도 알았다. 나는 존슨이 하고 싶은 대로 하도록 내버려두었고, 존슨은 무한한 창의성과 에너지로 보답했다. 그는 일주일에 7일 일하며 블루 리본을 선전하고 타이거를 판매했다. 제품이 잘 팔리지 않는 날에는 꼼꼼히 고객 데이터 파일을 작성했다.

존슨은 고객의 신상 정보, 신발 사이즈, 선호하는 신발에 관한 내용을 담은 고객 카드를 작성했다. 그는 이렇게 만든 데이터 파일을 가지고 모든 고객과 수시로 연락을 주고받았다. 고객들은 자신이 특별한 대우를 받고 있다고 생각했다. 존슨은 고객들에게 크리스마스 카드, 생일 카드도 보냈다. 고객들이 큰 대회 혹은 마라톤 경기를 마치고 나면, 축하와 격려의 말을 전했다. 나는 존슨에게서 편지를 받을 때마다 그것은 존슨이 그날 보낸 수십 통의 편지 중 하나에 불과하다는 사실을 잘 알고 있었다. 존슨은 고등학교 육상 스타에서 주말에 조깅을 즐기는 80대 노인에 이르기까지 각계각층의 수많은 고객과 편지를 주고받았다. 그들은 존슨에게서 꼬리에 꼬리를 물고 들어오는 편지를 받으면서 나와 똑같은 생각을 했을 것이다. '도대체 이 사람은 이럴 시간이 어디서 나지?'

그러나 많은 고객이 나와는 다르게 존슨의 편지를 기다렸고, 답장을 보냈다. 그들은 존슨에게 자신의 삶, 고통, 부상에 관해서 이야기했다. 이런 소식을 들을 때마다 존슨은 깊은 위로의 뜻을 전하고 어려움을 함께 나누려고 했다. 특히 부상에 대해서는 더욱 그랬다. 1960년대에는 육상 선수 혹은 운동선수의 부상에 관해 아는 사람이 많지 않았다. 그래서 존슨의 편지에는 다른 곳에서 찾기 힘든 소중한 정보가 많았다. 나는 부상에 대한 법적 책임 문제로 잠깐 걱정하기도 했다. 또한 언젠가 버스를 빌려 부상을 당한 사람들을 싣고서 병원에 갈 계획이라는 편지를 받게 되지 않을까도 걱정했다.

고객들 중에는 타이거에 대한 의견을 말해주는 사람도 있었다. 존슨은 고객들의 피드백을 모아 새로운 디자인을 고안했다. 예를 들어, 타이거 운동화의 쿠션이 얇다고 불평하는 고객이 있었다. 그는 보스턴 마라톤에 참가할 계획인데, 타이거를 신으면 완주할 수 있을 것 같지 않다고 말했다. 그래서 존슨은 구두 수선공을 찾아 샤워용 슬리퍼의 고무창을 타이거 운동화에 대달라고 했다. 결과는 대성공이었다. 존슨이 임시방편으로 만든 운동화에는 바닥 전체에 최신식 중창 쿠션이 장착됐다 오늘날 이것은 육상 선수들이 신는 트레이닝화의 표준이 됐다. 존슨이 임시로 만든 밑창은 대단히 역동적이고 부드럽고 기발해서 존슨의 고객은 보스턴 마라톤에서 자신의 최고 기록을 달성했다. 존슨은 나에게 이런 성과를 전하고 오니쓰카에 알려야 한다고 주장했다. 몇 주 전 바우어만 코치도 나에게 자신이 작성한 노트를 전해줄 것을 부탁한 터였다. 나는 '맙소사! 미친 천재가 한 번에 한 사람씩 나타나고 있군!'이라고 생각했다.

가끔은 존슨의 편지 친구가 점점 많아지는 게 걱정되기도 했다. 블루 리본은 미국 서부 13개 주에서만 영업하게 되어 있는데 단 한 사람의 정규직원, 존슨은 이런 제한을 무시하고 있었다. 존슨의 고객은 말보로 맨의 중심지인 이스턴 시보드Eastern Seaboard, 미국 동부 대서양 연안-옮긴이 전역을 포함해 37개 주에 퍼져 있었다. 말보로 맨이 자기 구역에서 영업 활동을 하지 않았기 때문에 존슨이 그곳을 침범했더라도 피해가 가지는 않았을 것이다. 그러나 나는 잠자는 사자를 건드리기 싫었다.

그렇다고 해서 존슨에게 내가 우려하는 것을 말할 생각은 전혀 없었다. 나는 여느 때와 마찬가지로 존슨에게 아무 말도 하지 않았다.

그해 여름이 시작되었을 때, 나는 부모님 집의 지하실을 블루 리본의 본사로 이용하기에는 공간이 충분하지 않다는 결론을 내렸다. '하인들의 숙소'도 내가 생활하기에는 비좁았다. 나는 시내에 새로 지은 깔끔한 고층 건물의 방 한 칸짜리 아파트를 월세로 얻었다. 월세는 200달러로 상당히 비쌌지만, 어쩔 수 없었다. 테이블, 의자, 킹사이즈 침대, 소파 같은 가구를 매월 사용료를 내고 대여받아 멋지게 배치했다. 가구가 충분한 것 같지는 않았지만, 나의 진정한 가구는 신발이었기 때문에 아무런 문제가 되지 않았다. 태어나서 처음으로 얻은 독신자용 아파트는 바닥부터 천장까지 신발로 가득 채워졌다.

존슨에게 새 주소를 알려주지 않을까 생각해보았지만, 알려주기로 했다.

새 우편함에는 곧 편지가 넘쳐나기 시작했다. 발신인 주소 P.O. Box 492, Seal Beach, CA 90740.

물론 나는 어떤 편지에도 답장을 보내지 않았다.

당시 존슨이 보낸 편지 중 내가 무시하지 않은 편지가 딱 두 통이 있다. 첫 번째 편지에는 존슨도 이사를 갔다는 내용이 적혀 있었다. 그는 아내와 이혼 절차를 밟고 있었다. 그는 이혼한 뒤에도 계속 실 비치에 살 계획이며 작은 아파트를 얻을 거라고 했다.

며칠 뒤, 그는 편지로 교통사고를 당했다는 소식을 알려왔다.

사고는 이른 아침에 샌버너디노 북부 어딘가에서 일어났다. 존슨은 도로 경주가 열리는 곳으로 가던 길이었다. 물론 거기서 달리기를 하면서 타이거를 판매할 생각이었다. 잠깐 졸음운전을 했는데, 깨어나보니 자기 몸과 1956년형 폭스바겐 버그가 뒤집힌 채 공중을 날아가고 있었다. 차가 중앙분리대를 치고 구르다가 제방 아래로 떨어지기 직전에 존슨은 차에서 튕겨 나왔다. 존슨은 공중제비를 하다가 바닥에 떨어져 하늘을 바라보았다. 쇄골, 발, 두개골이 심하게 다친 상태였다.

존슨의 말에 의하면 두개골이 드러날 정도였다고 했다.

안타깝게도 얼마 전에 이혼한 상태라서 존슨이 건강을 회복할 때까지 그를 돌봐줄 사람이 아무도 없었다.

이 불쌍한 청년은 세상에서 가장 슬픈 컨트리 노래의 주인공이 되었다.

이런 재난에도 불구하고, 존슨은 실의에 빠지지 않고 밝게 지냈다. 그는 자기가 맡은 일을 즐거운 마음으로 잘 처리하고 있다는 내용의 편지를 계속 보내 나를 안심시켰다. 그는 새로 이사한 아파트 주변을 느릿느릿 돌아다니면서 주문을 받고 제품을 배송하고 고객들과도 계속 편지를 주고받았다. 그는 편지 심부름을 해주는 친구가 있어서 P.O. Box 492는 여전히 잘 굴러가고 있으니 걱정하지 말라고 했다. 그러나 별거 수당, 자녀 양육비뿐 아니라 막대한 치료비를 감당해야 하기 때문에, 블루 리본의 장기적인 전망이 궁금하다고 했다. 나라고 해서 블루 리본의 미래를 어떻게 알겠는가?

나는 거짓말을 하지 않았다. 정말 그랬다. 어쩌면 동정심 때문에, 혹은 깁스를 한 채 혼자 외롭게 남아 자신과 회사를 살리기 위해 죽을힘을 다하고 있는 존슨 때문에, 낙관적인 말을 했는지도 모르겠다. 나는 앞으로 몇 년 지나면 블루 리본이 어느 정도 자리 잡은 스포츠용품 회사가 되어 있을 것이라고 말했다. 서부 지역에 영업소를 몇 개 설치할 것이다. 그리고 언젠가 일본에도 사무소를 개설할 것이다. 나는 존슨에게 보내는 편지에서 "당치 않아 보이기도 하지만, 목표로 설정할 만한 가치는 있어 보여"라고 적었다.

마지막 문장은 완전히 옳은 말이었다. 그것은 목표로 설정할 만한 가치가 있었다. 블루 리본이 파산하면, 나도 파산해 한 푼도 없는 거지가 될 것이다. 그러나 나는 다음 사업에 써먹을 아주 소중한 지혜를 얻을 것이다. 지혜는 무형의 자산이지만, 그래도 사업에 따르는 위험을 정당화시켜 줄 수 있는 자산이다. 블루 리본에서 얻은 경험은 앞으로 인생의 또 다른 위험결혼, 라스베이거스에서의 도박, 악어 레슬링 등에서 보다 더 확실한 결과를 얻는 데 도움이 될 것이다. 다만, 바라는 게 있다면 내가 만약 실패할 운명이라면 가급적 빨리 실패하는 것이었다. 그래야만 어렵게 얻은 교훈을 써먹을 만한 충분한 시간을 가질 수 있을 테니까. 나는 목표를 두고 많은 생각을 하고 싶지 않았다. 그러나 이번 목표는 그것이 '실패할 거라면 빨리 하자'는 마음속의 구호가 될 때까지 계속 내 머릿속을 맴돌았다.

편지를 마무리하면서, 존슨에게 1966년 6월 말까지 타이거를 3250 켤레 팔면(나의 계산상, 거의 불가능한 숫자였다), 그토록 집요하게 졸라대던 타이거 소매점을 열어주겠다고 적었다. 맨 밑에는 추신까지 적었다. 나는 그가 이 추신을 달콤한 캔디를 먹듯이 허겁지겁 읽어댈 것임을 알고 있었다. "신발을 빠른 시일 내에 많이 팔면, 소득세 문제로 세무사를 만나야 할 거야."

존슨은 내가 세금과 관련해 조언한 것을 가지고 비꼬듯이 감사의 말을 전하며 반격을 가해왔다. "총소득이 1209달러이고, 총지출이 1245 달러이기 때문에 세금 신고를 하지 않을 것"이라고 했다. 그는 몸도 마음도 상했다며, 자기는 완전히 빈털터리라고 했다. 그러고는 편지를 끝마치면서 "격려가 되는 소식을 전해주길 바라네"라고 적었다.

하지만 나는 답장을 하지 않았다.

존슨은 그럭저럭 목표량을 달성했다. 6월 말까지 타이거 운동화 3250켤레를 판 것이다. 그리고 건강도 많이 좋아졌다. 그는 이제 나한테 약속에 대한 책임을 지라고 큰소리쳤다. 노동절이 다가올 무렵, 존슨은 샌타모니카의 피코 대로 3107번지에 작은 가게를 빌려서 블루리본의 첫 번째 소매점을 열었다.

존슨은 이 가게를 육상 선수들의 성역으로 바꾸어놓았다. 그는 중고 가게에서 안락의자를 구입해 육상 선수들이 들러 편안하게 이야기를 나눌 수 있는 멋진 공간을 창조했다. 선반을 만들고 거기에다 육상 선수들이 반드시 읽어야만 하는 책들을 꽂아놓았다. 그 책들은 대부분 초판으로, 자기 서재에서 가져온 것들이었다. 그는 가게 벽을 타이거를 신은 선수들의 사진들로 도배해버렸고, 프런트에는 타이거 운동화를 새겨놓은 티셔츠를 비치하고는 친한 고객들에게 나눠주었다. 또한 검정 래커 칠을 한 벽에 타이거 운동화를 진열하고는 줄을 세워놓은 촛불로 은은하게 비추었다유행의 첨단을 걷는 모습이었다. 육상 선수들에게는 이처럼 멋진 성역, 단지 신발을 파는 것만이 아니라 그들과 그들이 신은 신발을 칭송하는 장소가 세상 그 어디에도 없었을 것이다. 육상 선수들의 컬트 교주가 되기로 큰 뜻을 품은 존슨이 드디어 자기 교회를 갖게 된 셈이다. 예배는 월요일부터 토요일, 아침 9시부터 오후 6시까지 열렸다.

존슨이 가게를 열었다는 소식을 처음 편지로 전했을 때, 나는 아시아 국가에서 봤던 사원이나 신전을 떠올리고는 존슨의 가게가 그곳에 어떻게 필적할 것인지 몹시 궁금했다. 그러나 거기까지 찾아갈 시간이 없었다. 프라이스 워터하우스에서 일을 끝내고 헤이즈와 술을 마시고, 주말에는 블루 리본과 관련된 일들을 처리하고, 매달 14시간씩 예비군 훈련을 받아야 했다. 나는 체력이 바닥난 상태였다.

바로 그때 존슨이 아주 중요한 편지를 보냈다. 나는 어쩔 수 없이 당장 비행기에 몸을 싣고 존슨에게 날아가야 했다.

존슨의 고객이자 편지 친구들은 이제 수백 명에 이르렀다. 그들 중에는 롱아일랜드의 고등학생도 있었는데, 이 학생이 존슨에게 보내는 편지에서 본의 아니게 우리가 걱정할 만한 소식을 알려왔다. 이 학생은 최근에 자기 팀의 트랙 코치가 새로운 경로로 타이거를 구입했다는 소식을 전했다. 밸리 스트림 혹은 마사페쿠아 혹은 맨해싯의 레슬링 코치에게서 말이다.

말보로 맨이 돌아온 것이다. 그는 〈트랙 앤드 필드〉에 광고까지 실었다. 존슨이 말보로 맨의 구역에서 밀렵할 때, 말보로 맨은 우리가 밀렵한 것을 밀렵하고 있었던 것이다. 그동안 존슨은 엄청난 고객 기반을 다져왔다. 그는 집요하고도 공격적인 마케팅을 바탕으로 타이거를 널리 알려왔다. 그런데 말보로 맨이 덤벼들어 한꺼번에 낚아채려 한다고?

전화로 이야기할 수도 있었는데 내가 왜 로스앤젤레스행 비행기에 급히 몸을 실었는지는 지금도 잘 모르겠다. 어쩌면 존슨의 고객처럼, 공동체 의식이 발동했는지도 모르겠다. 비록 두 사람만의 공동체이지만 말이다.

우리는 오랜만에 만나자마자 지쳐 쓰러질 때까지 바닷가를 달렸다. 그다음에는 피자를 한 판 사서 존슨의 아파트로 갔다. 그 아파트는 이혼한 남자가 혼자 살기에 안성맞춤이었다. 작고 어둡고 물건이 별로 없어서, 내가 세계 여행을 떠났을 때 머물던, 불필요한 구석이 전혀 없는 호스텔처럼 보였다.

물론 존슨만의 분위기를 보여주는 측면도 있었다. 도처에 신발이 놓여 있었다. 존슨은 기본적으로 신발 속에서 살고 있었다. 구석구석 신발이 놓여 있고, 방바닥에는 발디딜 틈이 없을 정도로 신발들이 널려 있었다. 여기저기 해체된 신발도 많이 보였다. 신발이 없는 자리에는 그가 손수 만든 책꽂이가 있고, 책이 빽빽하게 꽂혀 있었다. 콘크리트 블록 바닥 위의 널빤지에도 책들이 널려 있었다. 존슨은 내용이 가벼운 책들은 읽지 않았다. 존슨이 소장한 책들은 철학, 종교, 사회학, 인류학과 관련된 두꺼운 서적과 고전문학 작품들이었다. 나도 책읽기를 좋아하지만, 존슨은 책읽기에 관한 한 나보다 한 단계 위에 있었다.

가장 인상에 남는 것은 집 전체를 뒤덮는 으스스한 보라색 불빛이었다. 그 빛의 출처는 283리터짜리 바닷물 수조였다. 존슨은 소파에 놓인 물건들을 한쪽으로 치우더니 나보고 앉으라고 했다. 그러고는 수조를 어루만지면서 그것에 관해 설명했다. 이혼한 지 얼마 안 된 남자들은 술집을 배회하지만, 존슨은 밤마다 실 비치 부둣가에서 희귀한 물고기를 낚으며 시간을 보냈다. 그는 '슬럽 건slurp gun'이라는 장비를 가지고 물고기를 낚았는데, 그것을 내 눈앞에 대고 실제로 흔들어 보였다. 슬럽 건은 세상에 처음 나온 진공청소기처럼 보였다. 나는 작동법을 물었다. 존슨은 "노즐 부분을 수심이 얕은 물에 대고 물고기를 플라스틱 튜브로 빨아들이는 거야. 그러면 여기 보이는 작은 방으로 가게 되지. 그다음에는 그놈을 양동이에 던져 넣고 질질 끌면서 집으로 오면 돼"라고 설명했다.

존슨은 해마, 벵에돔을 비롯해 자신이 모아놓은 다양한 해양 생물들을 자랑스럽게 보여주었다. 그는 자기가 아주 소중하게 여기는 새끼 문어를 가리키며 '스트레치Stretch'라고 이름을 지었다고 했다. 그러고는 "저놈 지금 나한테 밥 달라고 저러는 거야"라고 말했다.

존슨은 종이 부대를 가져오더니 살아 있는 게를 끄집어냈다. 그러고는 "자, 스트레치!"라고 말하면서 게를 수조 위에서 매달아 늘어뜨렸다. 새끼 문어는 전혀 움직이지 않았다. 게는 다리를 꿈틀거리면서 모래를 뿌려놓은 수조 바닥으로 내려갔다. 스트레치는 여전히 움직이지 않았다. 나는 "혹시 죽은 거 아냐?"라고 물었다. 존슨은 "이제 보라고"라고 말했다.

당황한 게는 숨을 곳을 찾아 좌우로 춤을 췄다. 그러나 숨을 곳이라고는 전혀 없었다. 그리고 스트레치는 그런 사실을 잘 알고 있었다. 몇 분 지나자 스트레치의 몸에서 무엇인가가 서서히 모습을 드러냈다. 그것은 촉각 혹은 촉수였다. 스트레치는 그것을 게를 향해 펼치더니 껍질을 가볍게 두드렸다. 존슨은 스트레치의 아버지라도 된 것처럼 의기양양하게 웃으면서 "이봐, 스트레치가 게에게 독을 주입하고 있어"라고 설명했다. 우리는 게가 춤을 천천히 멈추고 전혀 움직이지 않자 스트레치가 게 주변에 있던 촉각인지 촉수를 점잖게 접고는 큰 바위 아래 모래에 파놓은 자기만의 동굴 속으로 게를 집어넣는 모습을 지켜보았다.

이 장면은 우울한 인형극 혹은 가부키かぶき, 일본의 전통 가무극-옮긴이 같았다. 어리석은 희생자와 작은 크라켄kraken, 전설상의 바다 괴물-옮긴이이 주인공으로 등장했다. 이것은 바로 우리의 딜레마를 암시하는 것 아닌가? 어떤 생명체가 다른 생명체에게 먹히는 과정 말이다. 이것은 이빨과 발톱이 피로 물든 자연을 상징한다. 그 장면이 블루 리본과 말보로 맨의 관계를 말해준다는 느낌을 지울 수 없었다.

그날 밤 우리는 존슨의 식탁에 앉아서 롱아일랜드의 고등학생이 보낸 편지를 검토했다. 먼저 존슨이 큰 소리로 읽고 내가 작은 소리로 읽었다. 그다음에는 우리가 무엇을 해야 할 것인지 의논했다.

"일본으로 가보는 게 어때?" 존슨이 말했다.

"뭐라고?"

"일본으로 가서 우리가 지금까지 해온 일을 말하는 거야. 그리고 우리의 권리를 요구하는 거지. 이번에 말보로 맨을 아주 날려버리자고. 말보로 맨이 타이거를 본격적으로 팔기 시작하면, 그 친구를 그만두게 할 방법이 없을 거야. 지금 확실하게 선을 그어두지 않으면, 다음 기회는 없을 거야."

나는 "일본에 갔다 온 지 얼마 되지 않았는데"라고 말했다. 그리고 다시 갈 돈도 없었다.

나는 블루 리본에서 번 돈 전부를 회사에 재투자했다. 월리스에게 또다시 대출을 요청하는 것은 불가능했다. 생각만 해도 끔찍했다. 시간도 없었다. 프라이스 워터하우스는 1년에 2주 휴가를 준다. 그리고 나처럼 2주 동안 예비군 훈련을 받는 사람에게는 1년에 1주 휴가를 준다. 나는 1주 휴가를 이미 써먹었다.

나는 존슨에게 말했다. "소용없는 일이야. 말보로 맨은 우리보다 먼저 오니쓰카와 관계를 맺었어."

존슨은 전혀 흔들리지 않고 나를 괴롭히는 데 썼던 타이프라이터를 꺼내더니 내가 오니쓰카 간부들 앞에서 발표해야 할 자료를 작성하기 시작했다. 스트레치가 게를 먹는 동안, 우리는 피자와 맥주를 먹고 마셔가며 밤늦도록 작전을 구상했다.

다음 날 오후 오리건으로 돌아와 프라이스 워터하우스에 출근해 사무장을 만났다. "2주 동안 휴가를 써야겠어요. 지금 당장요."

그는 서류를 살펴보다가 고개를 들고는 나를 쏘아보았다. 해고될지도 모른다는 생각이 들었다. 그런데 그는 목청을 가다듬더니 이상한 말을 중얼거렸다. 무슨 말인지 알아들을 수 없을 정도였다. 아마도 사무장은 내가 제대로 된 이유도 대지 않으면서 강력하게 휴가를 요구하는 모습을 보고는 내가 누군가를 임신시켰다고 생각하는 것 같았다.

나는 한 발짝 뒤로 물러서서 항의하려다가 입을 다물었다. '시간을 주기만 한다면, 그냥 자기 마음대로 생각하도록 내버려두자.'

사무장은 얼마 남지 않은 머리카락을 손으로 쓸어 넘기면서 한숨을 쉬고는 이렇게 말했다. "가시게. 행운을 비네. 모든 일이 잘 해결되길 바라네."

나는 신용카드로 비행기 표를 샀다. 항공 요금을 1년 안에 납부하는 조건이었다. 지난번 일본을 방문했을 때와는 다르게, 이번에는 먼저 전보를 쳤다. 나는 곧 일본에 갈 계획이고, 미팅을 원한다고 적었다.

오니쓰카는 그렇게 알고 준비하겠다는 답신을 보냈다.

그러나 그들은 모리모토가 나를 안내하지는 않을 것이라고 알려왔다. 오니쓰카는 수출과장을 새로 발령했다.

그의 이름은 기타미였다.

'기시간きしかん.' 데자뷰deja vu에 해당하는 일본어다. 나는 또다시 일본행 비행기를 탔다. 또다시 《일본인과 사업하는 방법》을 보면서 밑줄

을 쳐가며 외웠다. 또다시 고베로 가는 기차를 탔다. 또다시 뉴포트 호텔에서 체크인을 하고 내 방으로 들어갔다.

나는 결전을 앞두고, 택시를 타고 오니쓰카로 갔다. 지난번 회의실로 안내할 줄 알았는데, 예상이 빗나갔다. 그들은 내가 지난번에 다녀간 이후 건물 일부를 리모델링했다. 회의실은 완전히 새로워졌다. 더 깔끔해졌고 더 커졌을 뿐만 아니라 의자도 직물 시트 의자에서 가죽 시트 의자로 바뀌었다. 테이블도 훨씬 더 길어졌다. 예전보다 훨씬 더 멋있었지만, 친숙한 느낌은 들지 않았다. 나는 혼란스럽기도 하고, 분위기에 압도당하기도 했다. 오리건 주에서 열리는 육상 대회를 준비하다가 마지막 순간에 그 대회가 로스앤젤레스 메모리얼 경기장에서 치러진다는 소식을 들은 기분이었다.

어떤 사람이 회의실로 걸어와서는 손을 내밀었다. 기타미였다. 그의 검정색 구두는 반짝반짝 빛이 났고, 머릿결은 더 빛이 났다. 빳빳한 검은 머리카락을 뒤로 빗어 넘겼는데, 머리카락 한 올 흐트러져 있지 않았다. 확실히 그는 눈을 감고 아무 옷이나 집어 입은 듯한 모리모토와는 대비됐다. 나는 기타미의 외모에 기가 꺾였다. 그는 따뜻하게 미소를 지으면서 자리에 편하게 앉으라고 했다. 그러고는 나에게 방문한 이유를 물었다. 그제야 나는 자신만만해 보이는 겉모습과 달리, 그가 회사에서 확실하게 자리를 잡지 못했다는 것을 알았다. 그는 새로운 일을 맡았고 아직 많은 자산을 갖고 있지 않았다. 내 머릿속에 갑자기 자기자본이라는 단어가 떠올랐다.

또한 내가 기타미에게 중요한 사람이라는 확신이 들었다. 나는 큰 고객이 아니지만, 그렇다고 해서 작은 고객도 아니었다. 위치는 정말 중요하다. 다시 말하자면, 나는 미국에서 신발을 팔고 있었다. 미국 시장은 오니쓰카의 미래에 상당히 중요한 곳이다. 아마도 기타미는 지금 당장은 나를 잃고 싶지 않을 터이다. 그는 오니쓰카가 말보로 맨에게 옮겨갈 때까지는 나를 붙잡으려고 할 것이다. 지금 당장은 내가 자산이고, 신용이었다. 이 말은 내가 처음 생각했던 것보다 더 나은 카드를 쥐고 있다는 의미다.

기타미는 모리모토보다 영어를 잘했지만, 일본인 특유의 억양이 많이 남아 있었다. 나는 비행기 여행, 날씨, 타이거 판매에 관해 이런저런 이야기를 나누며 분위기에 적응했다. 그러는 동안에 다른 중역진이 들어와 각자 자리에 앉았다. 드디어 기타미도 의자에 등을 기대고 앉았다. 그가 말했다. "자, 앉으세요."

"오니쓰카 회장님은요?"

"오니쓰카 회장님은 오늘 참석하지 않으십니다."

이런 빌어먹을. 나는 오니쓰카 회장이 바우어만 코치뿐 아니라 나한테도 호의를 베풀어주기를 잔뜩 기대하고 있었다. 기대는 빗나갔다. 결국 동지도 없이 나 혼자서 익숙하지 않은 회의실에 갇히게 됐다. 나는 정신없이 발표를 하기 시작했다.

나는 기타미와 중역진에게 블루 리본은 지금까지 괄목할 만한 발전을 이루어냈다고 했다. 우리는 탄탄한 고객 기반을 구축해 주문량을 모두 팔아 치웠으며, 앞으로도 견실한 성장을 이어갈 것이라고도 했다. 우리는 1966년에 4만 4천 달러어치를 팔았고, 1967년에는 8만 4천 달러어치를 팔 것으로 전망했다. 샌타모니카에서 소매점을 열었고, 앞으로의 발전을 위해 다른 지역에서 소매점을 열 계획이라고 덧붙였다. 이 모든 설명을 마친 뒤 나는 몸을 앞으로 내밀면서 말했다. "우리는 타이거 운동화를 미국 전역에서 독점판매하기를 간절히 바랍니다. 그렇게 하는 것이 오니쓰카에도 좋을 것으로 생각합니다."

말보로 맨에 대해서는 일절 언급하지 않았다.

나는 사람들의 표정을 살펴보았다. 모두가 딱딱한 표정을 하고 있었다. 특히 기타미가 가장 그랬다. 그는 아주 간단명료하게 그렇게는 할 수 없다고 말했다. 오니쓰카는 우리보다 규모가 크고 탄탄한 판매업자를 원했다. 그래야만 오니쓰카가 원하는 양을 소화할 수 있을 것이라고 설명했다. 오니쓰카를 안심시키려면 동부 지역에 사무소가 있어야 했다.

나는 잔뜩 흥분해서 더듬거리며 말했다. "저, 저희 블루 리본도 동부 지역에 사무소가 있습니다."

기타미는 놀란 표정을 지었다. "아, 그래요?"

"네, 그렇습니다. 우리는 동부, 서부에 사무소가 있고, 곧 중서부에도 사무소를 열 계획입니다. 분명히 말씀드리지만, 우리는 미국 전역을 대상으로 판매할 역량이 됩니다." 나는 말을 마치며 주변을 둘러보았다. 사람들의 표정이 조금은 환해졌다.

"네, 알겠습니다. 우리가 몰랐던 내용이네요."

기타미는 오니쓰카가 나의 제안을 신중하게 검토할 것이라고 말했다. 우리는 서로 인사를 나누고 회의를 마쳤다.

나는 호텔까지 걸어갔다. 고베에서 맞은 두 번째 밤을 방 안을 왔다갔다 하면서 보냈다. 다음 날 아침 일찍, 오니쓰카에서 다시 만나자는 연락이 왔다. 기타미는 나에게 미국 전역에 대한 독점판매권을 부여했다.

계약 기간은 3년이었다.

계약서와 5000켤레에 대한 주문서에 사인할 때, 나는 최대한 태연하게 보이려고 했다. 5000켤레를 주문하려면 2만 달러가 필요하지만, 내 수중에는 그 돈이 없었다. 기타미는 동부 지역 사무소로 5000켤레를 보내겠다고 했는데, 그 사무소도 없기는 마찬가지였다.

나는 기타미에게 동부 지역의 정확한 주소를 전보로 알려주겠다고 약속했다.

미국으로 돌아오는 비행기에서 태평양 위에 떠 있는 구름을 바라보며 후지산 정상에 올랐던 때를 회상했다. 새러가 내가 이렇게 대단한 일을 해낸 모습을 본다면 어떻게 생각할까? 말보로 맨은 오니쓰카에서 비보를 듣고 어떻게 생각할까?

나는 《일본인과 사업하는 방법》을 눈에 띄지 않는 곳에 잘 두었다. 내 수하물은 각종 기념품으로 가득했다. 어머니, 여동생, 햇필드 할머니에게 줄 기모노가 있었고, 내 책상 위에 걸어둘 작은 사무라이 검도 있었다. 하지만 뭐니 뭐니 해도 일제 소형 텔레비전이 최고였다. 나는 살짝 웃으면서, 이 모든 게 전리품이라고 생각했다. 그러나 태평양 한복판을 지날 때쯤, 승리에 따르는 부담감이 나를 내리누르기 시작했다. 그처럼 엄청난 금액을 빌려달라고 하면 윌리스는 어떤 표정을 지을까? 윌리스가 거부하면 그다음에는 어떻게 해야 할까?

그가 승인하더라도 동부 지역에 사무소를 어떻게 열어야 할까? 주문한 신발이 도착하기 전에 사무소를 열어야 한다. 누가 사무소를 꾸려 나가지?

붉게 타오르는 곡선 모양의 지평선을 바라보았다. 지구상에는 에너지가 넘치고 무턱대고 미친 듯이 열심히 일하는 떠돌이가 한 사람 있다. 바로 그가 신발이 도착하기 전에 동부로 달려가야 한다.

나는 스트레치가 과연 대서양 바닷물을 좋아할지 궁금했다.

1967년
신발에 미친 괴짜들

나는 동부 지역 사무소 문제를 깔끔하게 처리하지 못했다.

존슨이 어떤 반응을 보일지 대충 짐작이 갔다. 그래서 두려웠다. 나는 존슨에게는 전체적인 내용을 전하지 않고, 뒤로 미루기만 했다. 그냥 오니쓰카와의 미팅은 잘 끝났고, 미국 전역에 대한 독점판매권을 얻어냈다는 내용만 간단하게 전했다. 그 정도로 해두기로 했다. 나는 동부로 보낼 다른 사람을 찾을 수 있을 것이라는 희망을 품었다. 그렇지 않으면, 월리스가 계획 전체를 날려버릴 것이다.

그리고 실제로 다른 사람을 찾았다. 그런데 장거리 주자 출신이었던 그 사람은 동부로 가기로 했다가 불과 며칠 뒤에 마음을 바꾸었다. 나는 좌절과 혼란 속에서 시간을 보내다가, 샌타모니카 가게의 존슨을 대체할 인물을 찾는 게 훨씬 더 쉽겠다는 결론을 내렸다. 로스앤젤레스에서 고등학교 육상 코치로 일하는 존 보크에게 의향을 물었다. 그는 내 친구의 친구인데, 이 기회를 놓치지 않으려고 했다. 보크는 의욕에 불타올랐다. 그가 의욕에 불타 있는 것을 어떻게 알았느냐고? 그다음 날, 보크는 존슨의 가게에 가서 자기가 그 가게를 새로 맡기로 되어 있다고 했다. 당연히 존슨은 깜짝 놀랐다. "뭐라고요? 당신이 새로 맡는다고요?"

"당신은 동부로 갈 거라면서요. 제가 이 가게를 새로 맡기로 했어요."

존슨은 전화를 걸러 가면서 계속 확인했다. "내가 언제, 어디로 간다고요?"

나는 존슨과의 전화통화도 깔끔하게 마무리하지 못했다. 나는 존슨에게 "아하, 내가 방금 전화하려고 했어. 참 미안하게 됐어"라고 말했다. 내가 일을 미숙하게 처리해 그런 소식을 그런 식으로 전하게 되어 미안하다고 했다. 그리고 오니쓰카에 우리가 이미 동부 지역에 사무소를 개설한 것처럼 거짓말을 할 수밖에 없었다고 설명했다. 그러다 보니 일이 이처럼 꼬이게 됐다는 말도 덧붙였다. 신발은 곧 뉴욕 항에 도착할 것이고, 존슨이 아니면 사무실을 설립하고 신발을 판매하는 일을 맡아서 해줄 사람이 아무도 없다고도 했다. 블루 리본의 운명은 존슨의 어깨에 달려 있다고도 했다.

처음에 존슨은 깜짝 놀랐다. 그다음에는 화를 냈다. 그다음에는 충격을 받았다. 감정이 이렇게 변하는 데 1분도 채 걸리지 않았다. 나는 당장 비행기를 타고 존슨의 가게로 날아갔다.

존슨은 동부 지역에서 살고 싶지 않다고 말했다. 그는 캘리포니아를 사랑했다. 그는 캘리포니아를 떠나서 살아본 적이 없었다. 캘리포니아에서는 1년 내내 달리기를 할 수 있다. 그리고 내가 아는 한, 존슨은 달리기를 하지 않고는 살아갈 수 없는 사람이다. 이런 사람이 찬바람이 쌩쌩 부는 동부에서 어떻게 살아갈 수 있겠는가? 존슨의 이야기는 쉬지 않고 계속됐다.

그런데 존슨이 갑자기 태도를 바꾸었다. 존슨의 성역이라 할 수 있는 가게 한가운데에서 존슨은 들릴락 말락 한 목소리로 지금 블루 리본은 운명의 갈림길에 놓여 있다며, 자신은 블루 리본에 재정적으로나 정신적으로 많은 것을 투자했다고 말했다. 동부 지역 사무소를 설치하고 꾸려나갈 사람이 자기 말고 아무도 없다는 점도 인정했다. 그는 두서없이 장황하게 중얼거렸지만, 그 내용을 알아듣기에 어려움이 없었다. 그는 샌타모니카 가게는 실질적으로 자리를 잡았고 하루 정도만 투자하면 후임자에게 일을 넘겨줄 수 있으며, 자기는 이미 가게를 열어본 경험이 있기 때문에 그 일을 다시 신속하게 할 수 있고, 우리는 곧 도착하는 신발을 받아서 신학기에 몰려올 주문에 신속하게 응해야 한다고 했다. 그러고는 눈길을 돌려 벽 혹은 신발 혹은 그레이트 스피릿Great Spirit, 아메리칸 인디언 부족의 주신主神─옮긴이에 대고 자기가 지금 당장 가게 문을 닫고 내가 요구하는 일을 해야 할지 물었다. 그러고는 무릎을 꿇더니 누구라도 자기가 '재능이 없는 놈'그는 정확한 단어를 찾으려고 한참 생각했다이라는 사실을 알 수 있는데도, 이처럼 빌어먹을 기회를 주신 것에 대해 감사의 기도를 드렸다.

나는 '그렇지 않아. 너는 '재능이 없는 놈'이 아니야. 자기 자신을 그런 식으로 학대하지 마'라고 말할 수도 있었다. 그러나 나는 그렇게 하지 않았다. 그저 잠자코 기다렸다.

기다리고 또 기다렸다.

드디어 존슨이 말했다. "좋아. 가겠어."

"정말? 너무너무 고마워."

"그런데 어디야?"

"어디라니?"

"나보고 가라고 했잖아?"

"항구가 있는 동부 지역이라면 어디든지 괜찮아. 메인 주의 포틀랜드에는 가지 말고."

"왜?"

"서로 다른 두 개의 포틀랜드에 사무소를 둔 회사? 아마 일본 사람들이 아주 헷갈려 할 거야."

좀 더 의논한 결과, 우리는 뉴욕과 보스턴이 가장 적합하다는 데 의견을 모았다. 특히 보스턴이 좋을 것 같았다. 우리 두 사람 중 누군가가 "보스턴에서 주문이 많이 들어와"라고 말했다.

존슨은 단호히 말했다. "좋아, 보스턴으로 가지."

나는 존슨에게 보스턴의 단풍 사진이 크게 실려 있는 여행 팸플릿을 여러 장 내밀었다. 속이 보이는 행동이었지만, 그만큼 절실했다. 존슨은 무슨 생각으로 팸플릿을 가져왔는지 물어봤다. 나는 존슨이 올바른 결정을 할 것으로 믿었다고 했다. 존슨은 큰소리로 웃었다.

넓은 아량으로 그런 결정을 해준 존슨이 무척 고마웠다. 존슨이 더욱 좋아졌다. 아마도 그의 헌신적인 애정 때문이었을 것이다. 이제까지 내가 존슨을 무성의하게 대한 게 후회됐다. 답장 없는 수많은 편지들. 누가 봐도 존슨은 신뢰할 만한 팀플레이어였다.

그런데, 그런 존슨이 며칠 후 갑자기 그만두겠다고 협박했다.

물론 편지를 통해서였다. "나는 지금까지 우리가 거둔 성공에 많은 기여를 했다고 생각해. 또한 앞으로 우리가 적어도 2년 동안에 이루어 낼 성공에도 많은 역할을 할 것으로 생각해." 그는 나에게 두 가지 최후통첩을 전했다.

1. 존슨은 블루 리본의 정식 동업자가 된다.
2. 월급을 600달러로 인상한다. 여기에 타이거 판매량이 6000켤레가 넘는 부분에 대해 발생하는 이익의 3분의1을 지급한다.

존슨은 이 두 가지 요구 사항이 받아들여지지 않으면 회사를 그만 두겠다고 했다.

나는 바우어만 코치에게 전화해서 첫 번째 정규직원의 반란 소식을 알렸다. 바우어만 코치는 조용히 들으며 상황을 여러 가지 측면에서 면밀히 검토하더니 "그 녀석, 잘라버려"라고 말했다.

나는 존슨을 잘라버리는 것이 과연 최선의 전략인지 확신이 서지 않았다. 회사 지분을 주는 식으로 존슨을 달래볼까 생각했다. 이에 대해 좀 더 면밀하게 따져봤지만, 답이 나오지 않았다. 바우어만 코치나 나나 각자 지분에서 일정 부분을 떼어놓고 싶지가 않았다. 존슨의 최후통첩은 내가 받아들이고 싶더라도 재고할 수 없는 주장이었다.

당장 팰로앨토로 날아가 자기 아버지 집에서 연좌농성을 벌이고 있는 존슨을 만났다. 존슨은 우리 두 사람의 대화에 아버지, 오언이 참여하기를 원한다고 말했다. 미팅은 오언의 사무실에서 가졌다. 처음에는 아버지와 아들의 너무나도 닮은 외모에 놀라 멍하니 서 있었다. 두 사람은 외모와 목소리뿐 아니라 여러 가지 습관까지 닮아 있었다. 그러나 닮은 점은 그게 전부였다. 오언은 처음부터 소리를 크게 지르며 공격적으로 나왔다. 그가 이번 반란의 배후 조종자라는 사실을 어렵지 않게 알 수 있었다.

오언은 영업사원이었다. 그는 딕터폰Dictaphone, 구술을 녹음하고 재생하는 속기용 기계-옮긴이 같은 음성 기록 장치를 판매했는데, 자기 분야에서 크게 성공한 사람이었다. 대부분의 영업사원들과 마찬가지로, 그는 인생을 긴 협상 과정이라고 생각했다. 그리고 그는 이런 과정을 즐겼다. 다시 말하자면, 나하고는 정반대의 사람이었다. '자, 이제 시작이다.' 협상의 달인과 길고도 힘든 전투가 시작됐다. 이 전투는 과연 어떻게 끝날 것인가?

영업사원들이 대개 그렇듯이, 그는 중요한 사항을 다루기 전에, 먼저 다른 이야기를 하고 싶다고 했다. 그는 회계사인 나를 보니 최근에 자기가 만난 회계사가 생각난다고 했다. 그 회계사는 토플리스 댄서를 고객으로 둔 적 있었다. 처음부터 나는 이 이야기가 댄서의 실리콘 삽입물에 세금 공제가 가능한가를 두고 맴돌 것을 알았다. 웃자고 하는 이야기라서 예의상 웃어주었다. 나는 그가 웃음을 멈추고 첫 번째 수를 둘 때까지 기다렸다.

그는 자기 아들이 블루 리본을 위해 한 모든 일을 나열하는 것으로 이야기를 시작했다. 그는 블루 리본이 지금의 위치에 오른 데는 자기 아들의 공이 컸다고 주장했다. 나는 고개를 끄덕이고는 이야기를 계속하게 내버려두었다. 한쪽에 떨어져 가만히 앉아 있는 존슨과는 눈을 마주치지 않으려고 했다. 이 모든 것이 두 부자가 사전에 만들어놓은 각본에 따라 움직이는 것은 아닌지 의심됐다. 지난번 일본 출장을 가기 전에 나하고 존슨이 그랬던 것처럼 말이다. 오언이 이야기를 마무리하면서, 지금까지의 공헌도를 볼 때 자기 아들은 블루 리본의 정식 파트너가 되어야 한다고 주장했다. 나는 목청을 가다듬고 존슨은 블루 리본에 없어서는 안 되는 꼭 필요한 존재이며, 존슨이 블루 리본에 중요하고도 가치 있는 일을 해왔음을 인정했다. 그때부터 내 말이 점점 빨라지기 시작했다. "사실 블루 리본의 매출액은 4만 달러인데, 부채는 이보다 많습니다. 그래서 지금은 나누어줄 것이 없습니다. 지금 우리는 있지도 않은 파이를 어떻게 나눌 것인가를 두고 싸우고 있는 겁니다."

또한 바우어만 코치가 블루 리본의 지분을 양도할 생각이 전혀 없기 때문에, 나도 내 지분을 양도할 수 없다고 했다. 내가 지분을 양도하면, 나 자신이 만들어낸 것에 대한 지배력을 넘겨주는 결과가 된다. 이것은 있을 수 없는 일이다.

나는 대안으로 존슨의 월급을 50달러 인상하겠다고 제안했다.

오언은 그간의 수많은 협상을 통해 갈고닦은 험악하고도 강렬한 눈빛으로 나를 노려보았다. 그런 눈빛을 하면 수많은 딕터폰들이 알아서 문을 나섰을 것이다. 그는 내가 월급을 더 많이 인상해주기를 바랐다. 그러나 이번만큼은 굽힐 수 없었다. 줄 수 있는 것이 없었기 때문이다. "그래도 싫으면 그만두세요." 포카드four of a kind, 같은 숫자 네 개를 말하는데, 포카드 패는 상대방이 추측하기가 아주 힘들다-옮긴이였다. 그는 나를 제압하기 어려웠을 것이다.

오언은 자기 아들에게로 눈길을 돌렸다. 사실 그나 나나 결국에는 존슨이 이 문제를 해결할 사람이라는 것을 처음부터 알고 있었다. 존슨의 얼굴에선 두 가지 상반된 요구가 그의 마음을 얻기 위해 싸우고 있는 모습이 보였다. 존슨은 내 제안을 받아들이고 싶지 않았다. 그러나 포기하고 싶지도 않았다. 그는 블루 리본을 사랑했다. 그는 블루 리본이 필요했다. 그는 블루 리본만큼 자기한테 잘 맞는 곳은 이 세상 어디에도 없다고 생각했다. 그에게 블루 리본은 우리 세대의 젊은이들이 주로 선택해야 했던 고달픈 회사 생활의 유일한 대안이었다. 그는 내가 답장하지 않는 것을 가지고 수만 번은 불평을 늘어놓았다. 하지만 그런 자유방임형 경영 스타일이 오늘날의 존슨을 만들었다. 이런 자유를 누릴 만한 곳을 찾기는 불가능에 가까웠다. 그는 몇 초 동안 고민하더니 나에게 손을 내밀고 악수를 청했다. "좋아. 그렇게 하겠어."

우리는 10킬로미터 달리기와 함께 협정에 서명했다. 내가 기억하기로 그날 달리기의 승자는 바로 나였다.

동부 지역에 존슨을 배치하고, 보크가 존슨의 가게를 인수하면서, 블루 리본에는 직원들이 넘쳐나게 됐다. 바로 그때 바우어만 코치에게서 전화가 왔다. 직원을 한 사람 더 고용하라는 것이었다. 제프 홀리스터라는 친구였는데, 바우어만 코치가 가르친 선수 출신이었다.

나는 어느 햄버거 가게에서 홀리스터를 만났다. 어쨌든 서로 이야기가 잘됐다. 내가 점심 밥값을 내려고 지갑을 열다가 돈이 없어 당황해하자, 홀리스터가 기꺼이 자기가 내겠다고 했다. 그를 뽑지 않을 수 없었다. 나는 그를 블루 리본의 세 번째 정규직원으로 뽑고는 캘리포니아 전역에서 타이거를 판매하도록 했다.

얼마 지나지 않아, 바우어만 코치가 또 전화를 해서 다른 사람을 고용하라고 부탁했다. 불과 몇 개월 만에 직원을 네 배로 늘리라고? 코치님은 나를 제너럴 모터스 회장쯤으로 생각하고 계시는 건가? 내가 주저하는데, 바우어만 코치가 지원자의 이름을 알려주었다.

"밥 우델."

물론 나는 그 이름을 알고 있었다. 아니, 오리건 사람은 모두 그 이름을 알고 있었다. 우델은 1965년도 바우어만 코치의 제자들 중 가장 뛰어난 선수였다. 그냥 스타 선수 정도가 아니라 의지가 굳세고 감동을 주는 선수였다. 오리건대학교가 전국 대회 3년 연속 우승을 노릴 때, 멀리뛰기 종목에서 혜성처럼 등장한 우델은 의기양양하던 UCLA 선수를 상대로 통쾌한 승리를 거두었다. 나도 그 자리에 있었다. 나는 우델의 경기 모습을 보면서, 깊은 인상을 받았다.

그다음 날 텔레비전에서는 오리건 어머니날 기념식장에 있었던 사고 소식을 전했다. 우델은 친구 20여 명과 함께 오리건대학교 캠퍼스를 감아 도는 밀레이스 하천에 가라앉은 무대차를 끌어올리고 있었다. 그들이 그것을 뒤집으려고 하는데, 누군가가 발을 헛디뎠다. 그러자 다른 누군가가 균형을 잃었고, 또 다른 누군가가 손을 놓쳤다. 사람들은 비명을 지르며 모두 도망쳤다. 이때 무대차가 넘어지면서 우델을 덮쳤고, 우델은 요추를 크게 다쳤다. 우델이 다시 걸을 수 있을 가능성은 거의 없었다.

바우어만 코치는 우델의 치료비를 모금하기 위해 밤 시간에 헤이워드 필드에서 육상 대회를 열었다. 그리고 우델의 일자리를 알아보고 있었다. "지금 그 불쌍한 친구가 부모님 집에서 휠체어에 앉아 벽만 쳐다보고 있네." 우델은 바우어만 코치에게 육상부의 보조 코치로 일할 수 있는지 조심스럽게 물었다고 했다. 바우어만 코치는 고개를 저었다. "벽, 그건 아니라고 생각해. 하지만 그 친구는 블루 리본을 위해서는 무언가를 할 수 있을 것 같아."

나는 당장 우델에게 전화했다. 사고 소식을 들었다며 너무 안됐다는 말을 할 뻔했지만, 하려던 말을 급히 멈췄다. 그런 말을 하는 게 적절한지 확신이 서지 않았다. 마음속으로 몇 가지 말을 준비했지만, 하나같이 적절하지 않은 것 같았다. 도저히 무슨 말을 해야 할지 알 수 없었던 것은 그때가 처음이었다. 입을 떼지 못한 채 몇 시간은 지난 것 같았다. 어느 날 갑자기 걸을 수 없게 된 육상 스타에게 뭐라고 할 수 있겠는가? 나는 일에 관련된 말만 해야겠다고 생각했다. 나는 우델에게 바우어만 코치가 그를 추천하면서 블루 리본에 그가 일할 만한 자리가 있는지 물었다고 했다. 그러고는 같이 점심 식사를 하자고 권했다. 그는 흔쾌히 그러자고 했다.

우리는 다음 날 포틀랜드 북쪽 교외 지역에 위치한 비버튼의 샌드위치 가게에서 만났다. 우델은 그곳까지 직접 운전해서 왔다. 그는 벌써 장애인용 자동차, 머큐리 쿠거를 조작하는 데 익숙해져 있었다. 사실, 우델이 먼저 와서 기다렸고, 내가 15분 정도 늦게 도착했다.

휠체어가 아니었으면, 우델을 알아보지 못했을 것이다. 그를 텔레비전에서 여러 번 봤지만 실제로는 단 한 번 봤을 뿐이다. 커다란 시련을 겪고 나서 그는 엄청나게 말라버렸다. 그는 체중이 27킬로그램이나 빠졌다고 했다. 날렵했던 모습은 이제 눈에 띄지 않았다. 그러나 새

까맣고 촘촘한 곱슬머리는 지금도 여전했다. 그는 내가 그리스의 어느 시골 마을에서 봤던 헤르메스Hermes, 그리스 신화 속 신들의 전령이자 수호신으로 유명하다-옮긴이의 반신상처럼 보였다. 그의 검은 눈동자는 강인함과 명민함을 잃지 않았지만, 슬픔이 묻어 있었다. 존슨과 닮은 점이 많았다. 어쨌든 그는 내 마음을 사로잡았다. 나는 친밀감을 느꼈다. 약속에 늦어서 미안했다.

점심 식사는 면접 심사를 위한 자리였으니 형식을 갖춰야 했다. 우리는 이런 사실을 잘 알고 있었다. 그러나 '오리건의 남자들'은 자신들만의 방식이 있다. 우리 두 사람은 바우어만 코치의 문하생이라는 사실을 차치하더라도 무엇보다 서로 죽이 잘 맞았다. 우리는 바우어만 코치 이야기를 하면서 많이 웃었다. 바우어만 코치가 제자들을 강인하게 키운다면서 고문하던 다양한 방법을 추억하면서 말이다. 바우어만 코치가 난로에 시뻘겋게 달군 열쇠를 사우나에서 벌거벗은 채 앉아 있던 제자들의 몸에 눌러대던 일이 떠올랐다. 우리 모두가 그런 고문의 피해자였다. 우델에 대해 전혀 몰랐더라도 같이 일하고 싶은 생각이 금방 들었을 것이다. 그를 만나서 기뻤다. 그는 나하고 잘 맞는 사람이었다. 블루 리본이 앞으로 어떻게 될 것인가에 대해서는 확신이 서지 않았다. 그러나 블루 리본이 어찌 되든 간에, 나는 우델이라는 사람을 놓치고 싶지 않았다.

나는 우델에게 오리건대학교 유진 캠퍼스에서 조금 떨어진 곳에 블루 리본의 두 번째 소매점을 설치하고 이를 맡아줄 것을 제의했다. 월급은 400달러를 제시했다. 그는 협상도 하지 않고 고맙게 받아들였다. 그가 4000달러를 요구했더라도 들어줄 방법을 찾으려고 했을 것이다.

내가 "그럼, 합의된 겁니까?"라고 묻자, 그는 "네"라고 대답하고는 나에게 악수를 청했다. 그는 여전히 운동선수답게 손힘이 강했다.

여종업원이 계산서를 내밀었고, 나는 우델에게 기꺼이 내가 사겠다고 했다. 그런데 지갑에 돈이 없었다. 나는 블루 리본의 네 번째 정규 직원에게 돈을 빌릴 수 있는지 물어봤다. 월급날까지 봐달라고 했다.

내게 새로운 직원을 보내지 않을 때 바우어만 코치는 최근 실험 결과를 보냈다. 1966년에 그는 스프링 업의 중창은 여전히 단단한데 바닥창이 버터처럼 녹아들어가는 것에 주목했다. 그래서 오니쓰카에 스프링 업의 중창을 림버 업의 바닥창과 함께 녹여서 장거리 선수용 트레이닝화를 만들 것을 제안했다. 1967년에 오니쓰카는 우리에게 신제품을 보냈는데, 품질이 놀라울 정도로 뛰어났다. 신발은 풍부한 쿠션에 매끈한 라인을 뽐내며, 밝은 미래를 예고했다.

오니쓰카는 우리에게 이 신발의 상표명에 대해 좋은 아이디어가 있으면 말해달라고 했다. 바우어만 코치는 1968년에 멕시코시티에서 열리는 올림픽을 축원하는 의미에서 '아즈텍Aztec'을 제안했다. 나도 마음에 들었고, 오니쓰카에서도 흔쾌히 받아들였다. 아즈텍은 바로 이렇게 탄생했다.

그런데 아디다스가 소송을 제기하겠다고 위협했다. 아디다스는 멕시코시티 올림픽을 겨냥해 트랙 스파이크의 일종인 '아즈테카 골드Azteca Gold'라는 신제품을 이미 출시한 터였다. 이에 대해서는 아무도 들어본 적이 없었다. 하지만 이런 사실이 아디다스가 소란 피우는 것을 막지는 못했다.

나는 사태의 심각성을 깨닫고는 차를 몰고 바우어만 코치에게 가서 상황을 충분히 설명했다. 우리는 넓은 포치에 앉아 말없이 강을 내려 다보았다. 그날따라 강물은 은빛 구두끈처럼 반짝였다. 바우어만 코치 는 야구 모자를 벗더니 다시 썼다. 그러고는 얼굴을 문지르며 물었다. "아즈텍을 정복한 그 사람 이름이 뭐라고 했지?" "코르테즈Cortez라고 하던데요." 그러자 바우어만 코치는 투덜거리듯 말했다. "좋아, 이번 제품은 코르테즈라고 하지."

나는 아디다스에 대해 병적인 반감을 가져왔다. 아니, 어쩌면 그 반 감이 건강에 도움이 될 수도 있다. 독일 회사 하나가 세계 신발 시장을 수십 년에 걸쳐 지배해왔다. 그들은 확고한 지배력을 바탕으로 오만한 태도를 보였다. 물론 그들이 오만하지 않았는지도 모른다. 동기 부여 를 위해 내가 그들을 악한으로 규정한 것인지도 모른다. 어찌됐든 나 는 그들을 경멸했다. 나는 날마다 그들을 올려다보고 그들이 멀리 앞 서가는 모습을 봐야 하는 것이 싫었다. 나는 그렇게 하는 것이 나의 운 명이라고는 생각하고 싶지 않았다.

이런 상황은 짐 그렐리라는 친구를 생각나게 했다. 고등학교 시절, 그렐리그렐라 혹은 때로는 고릴라라고도 발음했다는 오리건에서 가장 빠른 육상 선수였다. 나는 두 번째로 빠른 선수였다. 다시 말해, 나는 4년 동안 그의 등만 쳐다봤다. 그와 나는 함께 오리건대학교에 들어갔는 데, 거기서도 그의 독재는 계속됐다. 대학교를 졸업하면서 나는 다시 는 그의 등을 쳐다보지 않게 되기를 소망했다. 몇 년 뒤 그렐리가 모스 크바의 레닌 경기장에서 1500미터 우승을 차지했을 때, 나는 군복을 입고 포트 루이스의 휴게실 의자에 앉아 있었다. 나는 두 주먹을 움켜쥐고 텔레비전을 바라보면서 오리건 출신의 내 친구를 무척 자랑스럽게 생각했다. 그러나 그렐리가 나를 제압했던 기억에 조금은 의기소침해졌다. 지금 내게 아디다스는 제2의 그렐리였다. 그들의 뒤를 쫓아가야 하는 처지에서 그들이 나에게 법적 제재를 가하려고 하는 것이 나를 끝없이 짜증나게 했다. 하지만 이런 상황은 나에게 동기를 부여하기도 했다. 그것도 아주 강하게.

나는 나보다 훨씬 강한 상대를 따라잡기 위한 비현실적인 노력을 하던 중에, 다시 한번 바우어만 코치를 만났다. 그는 내가 승리할 수 있도록 최선의 가르침을 주었다. 나는 바우어먼 코치가 오리건대학교의 영원한 라이벌, 오리건주립대학교와의 경기를 앞두고 격려 연설을 하던 모습을 자주 떠올렸다. 바우어만 코치의 영웅적인 연설 중 오리건주립대학교가 그저 우리의 경쟁 상대 중 하나에 불과한 것만은 아니라고 했던 말이 생각났다. 그는 이렇게 말했다. "서던캘리포니아 대학교와 캘리포니아대학교를 이기는 것도 중요하다. 하지만 오리건주립대학교를 이기는 것은 잠시 멈췄다가 특별하다." 거의 60년이 지났지만, 바우어만 코치의 단어, 어조를 떠올리면 지금도 온몸에 전율이 인다. 어느 누구도 그의 승부사 기질을 따라갈 수 없을 것이다. 그는 잠재의식 속에 있는 것을 이탤릭체를 써서 말하는 법을 알고 있었다. 그는 맨살에다 뜨거운 열쇠를 갖다 대듯, 느낌표를 슬며시 끼워넣는 법도 알고 있었다.

영감을 얻고 싶을 때 나는 바우어만 코치를 처음 만났던 때를 떠올리곤 한다. 바우어만 코치는 라커룸을 돌아다니면서 새 운동화를 나누어주고 있었다. 바우어만 코치가 다가오는데도, 나는 내가 그의 팀 구성원이라는 사실 자체가 실감나지 않았다. 나는 신입생이었고, 실력이 입증되지 않았을 뿐 아니라, 성장 중이었다. 그는 내게 새 운동화를 내밀면서 "나이트"라고 말했다. 그게 전부였다. 이름을 제외하고는 한마디도 덧붙이지 않았다. 나는 운동화를 내려다보았다. 노란 줄무늬가 새겨진, 오리건대학교를 상징하는 초록색 운동화였다. 내가 본 운동화 중에서 가장 멋있었다. 나는 그것을 품에 안고 집으로 가져와 내 방 책장 맨 위 칸에 고이 모셔놓고는 거위목 모양의 스탠드로 은은하게 비추었다.

물론 그 신발은 아디다스 제품이었다.

1967년이 끝날 무렵, 바우어만 코치는 나뿐 아니라 많은 사람에게 영감을 주었다. 예전에 바우어만 코치가 말한, 조깅에 관한 엉뚱한 책이 서점에 나온 것이다. 《조깅Jogging》은 100쪽 정도의 얇은 책자였지만, 국민 전체가 소파에 축 늘어져서 지내는 미국에 들어본 적 없는 신체 운동에 관한 복음을 전파했다. 선풍적인 인기를 끌면서 100만 부나 팔린 이 책은 미국 전역에서 조깅 열풍을 일으켰다. 더불어 미국인들에게 달리기의 의미를 완전히 바꾸어놓았다. 바우어만 코치와 이 책 덕분에 달리기는 더 이상 별난 사람이 하는 운동으로 여겨지지 않았다. 달리기는 더 이상 컬트가 아니고, 쿨한 놀이가 됐다.

나는 바우어만 코치가 베스트셀러 작가가 된 게 무척 기뻤다. 그것이 블루 리본에도 좋은 일이 될 것이라고 생각했다. 《조깅》이 널리 알려지면 우리 제품의 매출도 당연히 신장되겠지! 그런 생각을 하며 조용히 앉아 《조깅》을 읽었는데, 가슴이 철렁 내려앉으며 속이 뒤틀렸다. 바우어만 코치는 적절한 조깅 장비에 관해 설명하면서 타당하기는 하나 나로선 당황스럽기 그지없는 조언을 했다. 그는 정강이 외골종 shin splint, 특히 트랙 경기 선수들에게 많은 정강이 염증 — 옮긴이에 관해 설명하면서, 적절한 신발을 신는 게 중요하지만 어느 신발이든 신어도 괜찮다고 했다. *"정원 일을 할 때 신는 신발 혹은 가사 일을 할 때 신는 신발도 괜찮습니다."*

이게 무슨 말인가?

운동복에 관해서도 적절한 복장은 기분을 북돋우는 데 도움이 되지만, 굳이 브랜드에 구애받을 필요는 없다고?

아마도 바우어만 코치는 전문적인 운동선수가 아닌 격식을 차리지 않는 일반 사람들에게 건네는 조언으로 이 말을 했을 것이다. 하지만 도대체 무엇 때문에 그런 말을 활자에 담았을까? 그것도 블루 리본이 브랜드를 구축하기 위해 밤낮을 가리지 않고 노력하고 있는 때 말이다. 이 말이 블루 리본과 나에 대한 바우어만 코치의 속마음을 보여주는 것은 아닌가? 어떤 신발이라도 괜찮다고? 그 말이 사실이라면 우리는 무엇 때문에 타이거를 팔려고 그처럼 사방으로 뛰어다니고 있는 걸까? 우리가 바보, 멍청이인 건가?

나는 아디다스를 뒤쫓고 있었지만, 어떤 면에서는 여전히 바우어만 코치를 뒤쫓고 있었다. 그의 인정을 받기 위해서 말이다. 그리고 늘 그랬듯, 1967년 역시 둘 중 하나도 따라잡기 어려울 것 같았다.

바우어만 코치의 코르테즈 덕분에, 우리는 목표 매출 8만 4천 달러를 달성하면서 1967년 한 해를 정신없이 마무리했다. 나는 퍼스트 내셔널에 가는 날을 즐거운 마음으로 기다렸다. 월리스는 마침내 나를 더 이상 윽박지르지 않고 돈주머니를 풀었다. 그는 이제 성장의 가치를 인정하는 듯했다.

그사이에 내 아파트로는 블루 리본을 감당할 수 없을 정도가 됐다. 블루 리본이 내 아파트를 접수했다는 표현이 정확할 것이다. 당시 내 아파트는 존슨의 독신자용 아파트처럼 보였다. 보라색 불빛과 새끼 문어만 있으면 그곳과 아주 똑같을 것 같았다. 적당한 사무 공간을 확보해야 했다. 더 이상 미룰 수 없었다. 그래서 포틀랜드의 동부 지역에서 큰 사무실을 얻었다.

사무실은 변변치 않았다. 낡고 평범한 사무실로, 천장과 창문이 높았다. 유리창은 몇 군데 깨져 있고, 창문은 열린 채 꼼짝하지 않았다. 이는 기온이 항상 섭씨 10도인 상태에서 바람이 많이 부는 차가운 곳에서 일해야 한다는 것을 의미했다. 사무실 오른쪽 바로 옆에는 핑크 버킷이라는 시끌벅적한 술집이 있었다. 매일 오후 정각 4시 주크박스가 작동했다. 벽이 얇아서 모든 소리가 고스란히 통과했다. 음반을 내리는 소리가 들리고, 곧 시끄러운 음악이 귀를 진동했다.

사람들이 성냥을 켜고 담뱃불을 붙이는 소리, 술잔 부딪히는 소리, 건배를 외치는 소리까지도 들렸다.

하지만 월세가 저렴했다. 한 달에 고작 50달러였다.

사무실을 보기 위해 우델과 함께 다녔는데, 우델은 그곳이 끌린다고 했다. 우델을 유진 소매점에서 새로운 사무실로 전출시켰기 때문에 무엇보다 그의 마음에 들어야 했다. 우델은 유진 소매점에서 대단한 능력을 발휘했다. 그는 에너지가 넘쳤을 뿐만 아니라 일을 기획하는 데 특별한 재능을 보였다. 나는 내가 '본사'라고 부르는 곳에서 그를 더 유용하게 쓰고 싶었다. 그는 이런 기대에 보답이라도 하듯, 첫날부터 꼼짝하지 않는 창문에 대한 해결책을 가지고 왔다. 육상 경기용 투창을 가져와 창문 걸쇠에 걸고는 그것을 밀어서 창문을 닫은 것이다.

우리는 깨진 유리창을 보수할 재정적 여력이 없었다. 그래서 아주 추운 날에는 스웨터를 입기로 했다.

사무실 앞쪽의 소매점 공간과 뒤쪽의 창고 공간을 구분하기 위해 사무실 중앙에 합판으로 벽을 쳐놓았다. 나는 이런 일에 능숙하지 않았다. 그러다 보니 바닥이 심하게 뒤틀렸고, 벽도 똑바르지 않았다. 3미터 정도 물러나서 보니 벽이 물결치는 것처럼 보였다. 우델과 나는 이것을 대단한 멋을 부린 인테리어로 보기로 했다.

우리는 중고 사무용품 가게에서 낡아빠진 책상 세 개를 샀다. 하나는 내가, 다른 하나는 우델이, 나머지 하나는 다음에 우리 사무실에서 일하게 될 멍청한 친구가 쓸 것이다. 나는 존슨이 샌타모니카 가게에서 발휘했던 아이디어를 빌려서 코르크판을 벽에 걸고 거기에 타이거 모델 사진을 압정으로 고정시켰다. 한쪽 구석에는 고객이 앉아서 신발을 신어볼 수 있도록 작은 공간을 마련했다.

어느 날, 오후 6시 5분 전에 한 고등학생이 사무실로 찾아와 아주 조심스럽게 운동화를 좀 보고 싶다고 했다. 우델과 나는 서로 쳐다보다가 시계를 한번 봤다. 우리는 녹초가 된 상태였지만, 한 켤레라도 더 팔고 싶었다. 우리는 그 학생에게 발등, 보폭, 생활 습관에 관해 묻고는 이것저것 적합한 운동화를 꺼내 신어보라고 했다. 그 학생은 운동화마다 발을 넣고 끈을 맨 뒤 방 안을 걸어다녀보곤 잘 안 맞는 것 같다며 망설였다. 7시쯤 학생은 집에 가서 생각해보겠다고 말했다. 학생이 나간 뒤 우델과 나는 산더미처럼 쌓인 빈 박스와 여기저기 흩어진 운동화에 둘러싸여 털썩 주저앉아 서로를 쳐다보았다. 이렇게 살려고 신발 회사를 차린 걸까?

아파트에 있는 재고를 새 사무실로 조금씩 옮기면서 아파트에서 나와 사무실에서 살아야겠다는 생각이 들었다. 그럭저럭 살 수 있을 것 같았다. 프라이스 워터하우스에서 퇴근하고 블루 리본에서 지내면, 혹은 그 반대로 블루 리본에서 퇴근하고 프라이스 워터하우스에서 지내면 아파트 월세를 절약할 수 있었다. 샤워는 체육관에서 해결할 수 있었다.

그러나 한편으로는 그렇게 사는 건 미친 짓이라는 생각이 들었다.

그때 존슨에게서 자기가 새 사무실에서 먹고산다는 편지를 받았다.

그는 블루 리본의 동부 지역 사무소를 보스턴 주변의 조그만 교외 지역, 웰즐리에서 차렸다고 했다. 편지에는 존슨이 직접 그린 지도와 사무실 스케치를 포함해 내가 알려고도 하지 않은 웰즐리의 역사, 지형, 기후에 관한 자세한 정보가 적혀 있었다. 그는 자기가 웰즐리를 선택하게 된 과정도 설명했다.

존슨은 처음에 뉴욕 주 롱아일랜드를 후보지로 정했다. 롱아일랜드에 도착하자마자 그는 예전에 말보로 맨이 비밀리에 움직이고 있다는 첩보를 전해준 고등학생을 만났다. 그 학생은 직접 차를 몰고 롱아일랜드 지역을 안내해주었는데, 존슨은 그 지역을 충분히 살펴보고는 적합한 곳이 아니라는 결론을 내렸다. 그는 그 학생과 헤어진 뒤 I-95도로를 타고 북쪽으로 가던 도중에 웰즐리를 알게 됐다. 웰즐리가 그에게 손짓했던 것이다. 존슨은 고풍스러운 시골길을 달려가는 사람들을 보았다. 대다수가 여자였고, 그중 대다수가 알리 맥그로를 닮았다. 존슨은 알리 맥그로의 팬이었다. 알리 맥그로는 웰즐리 칼리지 출신이라고 했다.

그때 보스턴 마라톤 코스가 바로 웰즐리 중심가를 관통한다는 사실이 떠올랐다. 이제 거기서 신발을 파는 일만 남았다.

존슨은 고객 카드를 넘기면서 이 지역에 사는 고객의 주소를 찾았다. 그 고객도 역시 고등학교 육상 스타였다. 존슨은 차를 몰고 예고도 없이 그 학생의 집으로 가서 문을 두드렸다. 그 학생은 집에 없었지만, 부모님이 존슨을 따뜻하게 맞이하고는 집으로 안내해 기다리라고 했다. 그 학생은 자기에게 신발을 팔았던 사람이 자기 집 식탁에서 가족들과 함께 식사하는 모습을 봤다. 다음 날, 존슨은 그 가족들과 함께 조깅을 하고 나서는 그 학생에게서 이 지역의 육상 코치, 잠재 고객, 연줄이 되어줄 만한 사람들의 명단과 함께 존슨이 사무소를 차릴 만한 장소의 리스트까지도 받았다. 그리고 며칠 뒤 존슨은 장례식장 뒤의 작은 집을 찾아가 월세 계약을 했다. 존슨은 그곳을 자기가 거주하는 집으로도 사용했다. 월세가 200달러인데, 나하고 반반씩 부담하기를 원했다.

추신에서 가구 구입비는 내가 부담해야 한다고 했다.

나는 이번에도 답장을 하지 않았다.

1968년
나의 파트너, 파크스 나이트

나는 일주일에 6일은 프라이스 워터하우스에 출근하고 이른 아침, 늦은 밤, 주말, 휴가는 블루 리본에서 일했다. 친구도 만나지 않고, 운동도 하지 않고, 사교 활동도 전혀 하지 않았다 나는 이런 생활에 전적으로 만족했다. 확실히 내 삶은 균형이 잡혀 있지 않았다. 그러나 전혀 개의치 않았다. 나는 훨씬 더 심한 불균형을 원했다. 내가 원한 것은 새로운 종류의 불균형이었는지도 모른다.

나는 다른 일을 하지 않고 오직 블루 리본에만 몰두하고 싶었다.

나는 한꺼번에 여러 가지 일을 처리할 수 있는 사람이 결코 아니다. 그리고 프라이스 워터하우스에 출근해야 할 이유를 찾을 수 없었다. 블루 리본에만 있고 싶었다. 정말 중요한 한 가지 일에만 계속 집중하고 싶었다. 내 삶이 온통 일뿐이고 휴식이 없을지라도. 나는 일이 휴식이 되기를 원했다. 프라이스 워터하우스를 그만두고 싶었다. 그곳을 싫어해서가 아니었다. 단지 그곳이 내가 있을 만한 곳이 아니기 때문이었다.

나도 다른 모든 사람이 원하는 것을 원했다. 바로 어느 일정한 곳에서 상근하는 인생 말이다.

하지만 그것은 불가능한 희망이었다. 블루 리본으로는 생계를 해결할 수 없었다. 비록 블루 리본의 매출이 5년 연속 두 배씩 증가했지만, 설립자에게 월급을 줄 형편은 아니었다. 나는 타협점을 찾아 생계를 해결할 수 있으면서 노동 시간이 적은 일을 찾았다. 그러면 내가 하고 싶은 일에 더 많은 시간을 쓸 수 있을 거라고 생각했다.

이런 기준을 충족시키는 유일한 대안은 바로 학생들을 가르치는 일이었다. 나는 포틀랜드 주립대학교에 지원해 매달 700달러를 받는 조교수 자리를 얻었다.

프라이스 워터하우스를 그만두게 되어서 기뻤다. 하지만 거기서 분명 많은 것을 배웠고, 헤이즈와 헤어지는 아쉬움도 컸다. 헤이즈에게 이제는 퇴근 후 술 마시기가 힘들어질 것 같다고 말했다. 이제는 왈라 왈라 사건도 일어나지 않을 것이라고도 했다. "신발에만 집중할 생각입니다"라고 말했더니 헤이즈는 얼굴을 잔뜩 찌푸리며 "자네가 없으면 이제 어떻게 지내라고?"라며 투덜거렸다.

나는 헤이즈에게 앞으로의 계획을 물었다. 헤이즈는 "프라이스 워터하우스에서 어떻게든 견뎌내야지"라고 말했다. 그는 22킬로그램을 감량해 파트너로 승진하겠다는 계획을 세웠다. 나는 그에게 행운을 빌었다.

떠나기 전에 치러야 할 공식적인 절차에는 디킨슨 소설에나 나올 것 같은 이름을 가진 시니어 파트너, 컬리 르클레르와의 면담이 있었다. 그는 정중하고 공정하고 말솜씨가 좋은 사람인데, 퇴직자 면담이라는 단막극에 최소한 100회는 출연한 경험이 있었다. 그는 세계적인 회계 법인을 떠나서 어떤 일을 할 계획인지 물었다. 나는 내가 이미 새로운 사업을 시작했고, 이 사업을 발전시킬 포부를 가지고 있으며, 이 사업이 완전히 자리 잡힐 때까지 회계학을 가르칠 계획이라고 말했다.

그는 나를 빤히 쳐다봤다. 내가 이전 퇴직자들의 대본과는 완전히 다른 이야기를 하고 있었기 때문이다. "도대체 왜 그런 결정을 내린 겁니까?"

마지막으로 가장 힘든 면접이 기다리고 있었다. 바로 아버지였다. 이야기를 들은 아버지는 나를 빤히 쳐다보셨다. 아직도 그 '바보 같은 짓'에서 헤어나지 못하는 것만으로도 충분히 짜증나는데, 이제는 한술 더 떠서……. 당시 사회 분위기상 학생들을 가르치는 일은 존경받는 직업이 아니었다. 게다가 포틀랜드 주립대학교에서 학생들을 가르치는 일은 확실히 존경받는 직업이 아니었다. 아버지는 "이제는 친구들에게 아들 이야기를 할 수 없겠구나"라고 상심하셨다.

나는 포틀랜드주립대학교에서 회계 원리를 포함해 강의 네 개를 맡았다. 가을쯤, 내 생활 패턴은 계획한 대로 바뀌었다. 블루 리본에 모든 시간을 투입할 순 없지만, 예전보다는 더 집중할 수 있었다. 나는 내가 원하는 길을 가고 있었다. 그 길을 가다 보면 어떤 결과가 기다리고 있을지 알 수 없었지만, 결과를 받아들일 준비가 충분히 되어 있었다.

1967년 9월 학기 첫날, 나는 희망에 가득 차 있었다. 그러나 내가 가르칠 학생들은 그렇지 않았다. 그들은 교실에 느릿느릿 들어와 따분한 표정으로 자리에 앉았다. 심지어 적대감을 표출하는 학생도 있었다. 그다음 시간부터 학생들은 질식할 것 같은 수용소에 감금된 채 내가 늘어놓는 딱딱한 개념들을 강제로 주입받았다. 그들은 나를 원망하기 시작했다. 그들은 얼굴을 잔뜩 찡그린 채 나를 바라보았다. 심지어 험악한 표정을 짓기도 했다.

나는 그들을 이해하려고 했다. 하지만 강의를 대화식으로 진행하지는 않았다. 나는 검정 양복과 가느다란 회색 넥타이 차림으로 강단에 서서 개념들을 차분하게 설명했다. 그러다 보니 점점 불안하고 초조해졌으며, 신경성 경련 증세가 나타났다. 나는 손목에 고무 밴드를 감아놓고, 그것을 당겼다 놓으면서 내 손목을 탁탁 때렸다. 나는 학생들이 쇠사슬에 묶인 죄수처럼 강의실로 들어오는 것을 보며 점점 빠르게 고무 밴드를 당겼다가 놓았다.

어느 날 눈에 띄는 앳된 여학생이 강의실로 살며시 들어와서는 맨 앞줄에 앉았다. 그녀는 어깨까지 내려오는 금발에 어깨까지 내려오는 골드 후프 귀걸이를 하고 있었다. 내가 그녀에게 눈길을 돌리자, 그녀도 나에게 눈길을 주었다. 생동적인 검은색 아이라인 덕분에 밝고 푸른 눈이 더욱 돋보였다.

클레오파트라가 떠올랐다. 배우 줄리 크리스티도 떠올랐다. '아하, 줄리 크리스티의 어린 여동생이 내가 가르치는 회계학 과목을 신청했군.'

그 학생의 나이가 궁금했다. 아직 스무 살이 되지 않아 보였다. 고무 밴드는 내 손목을 점점 더 빠른 속도로 때렸다. 그녀에게 힐끔힐끔 눈길을 주면서도 그녀를 쳐다보지 않는 척했다. 그녀에게서 시선을 돌리기가 어려웠다. 그녀가 어떤 여자인지 짐작하기도 어려웠다. 어려 보였지만, 세상을 많이 아는 것 같은 얼굴이었다. 귀걸이는 히피 스타일이지만, 아이 메이크업은 아주 세련됐다. 도대체 이 여자는 어떤 사람일까? 이 여자를 앞에 두고 어떻게 강의에 집중해야 하나?

나는 출석을 불렀다. 지금도 그때 학생들의 이름을 기억한다.

"미스터 트루히요?"

"네."

"미스터 피터슨?"

"네."

"미스터 제임슨?"

"네."

"미스 파크스?"

"네." 줄리 크리스티의 여동생이 작은 목소리로 대답했다.

나는 살짝 웃으면서 그녀를 보았다. 그녀도 살짝 웃었다. 나는 연필로 그녀의 이름 옆에다 희미하게 표시를 해놓았다. 페넬로피 파크스. 페넬로피, 세계를 순례한 오디세우스의 정숙한 아내.

출석 체크 완료.

나는 생각을 바꿔서 소크라테스식 교수법을 쓰기로 했다. 과거 오리건대학교와 스탠퍼드대학교에서 내가 가장 좋아했던 교수들의 교수법을 모방했다. 내가 일방적으로 강의하지 않고 학생들에게 질문하기 시작한 것은 나 자신을 의식하지 않고 학생들이 수업에 참여하도록 유도하기 위한 것이었는지도 모른다. 특히 미모의 여학생에게는 더욱 그랬다.

나는 물었다. "자, 동질의 제품을 각각 1달러, 2달러, 3달러에 샀습니다. 그리고 하나에 5달러를 받고 팔았습니다. 그러면 이렇게 팔려 나간 제품에 대한 비용은 얼마입니까? 그리고 판매를 통해 얻은 총이익은 얼마입니까?"

몇몇 학생이 손을 들었다. 아쉽게도 파크스의 손은 올라가지 않았다. 파크스는 아래를 바라보고 있었다. 확실히 나보다는 수줍음이 더 많은 것 같았다. 나는 어쩔 수 없이 트루히요를 호명하고, 그다음에는 피터슨을 호명했다.

"좋아요. 트루히요는 재고를 선입 선출법에 따라 평가해 총이익이 4 달러가 됐습니다. 피터슨은 후입 선출법에 따라 평가해 총이익이 2달러가 됐습니다. 그러면, 누가 사업을 더 잘한 겁니까?"

열띤 토론이 이어졌다. 파크스를 제외한 거의 모든 학생이 토론에 참여했다. 나는 파크스를 여러 번 바라보았다. 그녀는 말이 없었다. 고개도 들지 않았다. 그녀는 수줍어하는 것이 아니라, 명석하지 않아서 그러는 것 같았다. 그녀가 수업을 따라가지 못하는 것이 안타까웠다. 내가 그녀에게 낙제 점수를 줘야 하는 것은 훨씬 더 안타까운 일이었다.

나는 회계의 기본 원칙을 학생들의 머릿속에 주입했다. 자산은 부채와 자본을 합친 것이다. 이 기초적인 방정식은 항상 균형을 이루어야 한다. 회계학은 문제를 해결하기 위한 것이다. 대부분의 문제는 이 방정식이 균형을 이루지 못해서 발생한다. 문제를 해결하기 위해서는 이 방정식이 균형을 회복하도록 해야 한다. 내가 하는 말이 위선이라는 생각이 들었다. 블루 리본은 부채 비율이 엄청나게 높아서 1000퍼센트에 육박했다. 월리스가 내 강의실에 앉아 있었더라면 뭐라고 말할까? 이런 생각을 하면 움츠러들지 않을 수 없었다.

학생들은 방정식의 균형을 찾는 일에 내가 생각한 것보다 익숙하지 않았다. 과제물을 살펴보니 정말 형편없었다. 그런데 파크스는 예외였다! 파크스는 첫 번째 과제물을 아주 잘 해냈다. 그다음 과제물은 학생들 중에서 가장 뛰어났다. 게다가 파크스의 서체는 아주 우아했다. 마치 동양의 서예 작품을 보는 듯했다. 확실히 파크스는 얼굴만큼 영리한 학생이었다.

파크스의 중간고사 성적은 교실에서 1등이었다. 파크스가 더 기뻐했을까, 내가 더 기뻐했을까? 잘 모르겠다.

채점한 답안지를 배부하고 수업을 마치려는데, 파크스가 자리에서 일어나 잠시 머뭇거리면서 나한테 하고 싶은 말이 있는데, 시간이 되냐고 물었다. 나는 "물론이죠"라고 대답했다. 고무 밴드는 내 손목을 격렬하게 때리고 있었다. 파크스는 내가 자기 지도교수가 되어줄 수 있는지 물었다. 나는 정신을 바짝 차리고는 "아, 물론이죠"라고 대답했다.

그러고는 불쑥 물었다. "어떤…… 일을…… 해보는 건 어때요?"

"무슨 말씀이시죠?"

"내가 작은 신발 회사를 경영하고 있거든요. 음…… 부업으로 하는 일이에요. 그런데 장부 정리를 해줄 사람이 필요해요."

파크스는 가슴에 안고 있던 교과서를 가지런히 했다. 그녀의 속눈썹이 실룩거렸다. 그러곤 "좋아요. 재미있겠는데요"라고 말했다.

보수는 시간당 2달러라고 말하자 그녀는 고개를 끄덕였다.

며칠 뒤, 파크스가 사무실에 출근했다. 우델과 나는 그녀에게 세 번째 책상을 쓰도록 했다. 그녀는 자리에 앉아서 두 손을 책상에 가지런히 올려놓고는 사무실 안을 둘러보았다. "제가 할 일이 뭐죠?"

우델은 파크스가 해야 할 일을 적은 리스트타이핑, 장부 정리, 일정표 작성, 재고 정리, 청구서 정리 등이 적혀 있었다를 건네고 매일 한두 개씩 처리하면 된다고 했다. 그러나 파크스는 선택하지 않았다. 그녀는 모든 일을 신속하고도 편안하게 처리했다. 일주일이 지났을 무렵, 우델과 나는 그동안 파크스 없이 어떻게 지냈는지 도대체 생각할 수도 없었다.

파크스는 일만 잘하는 여자가 아니었다. 그녀는 일을 즐겁게 했다. 파크스는 처음 출근한 날부터 완전히 블루 리본 사람이 됐다. 그녀는 우리가 지금 하고 있는 일, 앞으로 하려고 하는 일을 잘 이해했다. 그녀는 블루 리본이 특별한 기업이라고 생각했다. 그리고 자기가 블루 리본에 도움이 되고 싶다고 했는데, 이는 나중에 충분히 입증됐다.

파크스는 사람들을 다루는 데 재주가 있었다. 특히 우리가 계속 고용하고 있는 영업사원들에 대해서는 더욱 그랬다. 사무실에 새로운 영업사원이 들어올 때마다 그녀는 그들이 어떤 사람인지 금방 파악하고, 그들을 기분 좋게 해주고 그들이 빨리 새로운 일터에 적응할 수 있도록 도와주었다. 파크스는 평소 다소곳한 편이었는데, 자기 마음에 드는 영업사원들에게는 톡톡 쏘는 농담도 잘했다. 그녀가 그렇게 농담을 건네면 사람들은 그녀를 바라보며 빙그레 웃는 얼굴로 사무실을 나갔다.

파크스가 온 뒤 우델도 달라졌다. 파크스가 오기 전, 우델은 힘든 시간을 보내고 있었다. 그의 몸은 평생 갇혀 있어야 할 휠체어에 적응하지 못하고 거세게 저항했다. 앉아서만 지내다 보니 욕창을 비롯해 각종 질병에 시달렸다. 때로는 몸이 아파서 몇 주 동안 집에서 쉬기도 했다. 그러나 파크스가 온 뒤, 그의 얼굴에는 혈색이 돌았다. 파크스는 우델에게 치유 효과를 발휘했다. 그리고 나를 매혹시키는 효과도 발휘했다.

때때로 나는 파크스와 우델이 먹을 점심거리를 사기 위해 주변을 열심히 두리번거리다가 깜짝 놀라기도 했다. 사실 이 일은 파크스가 해야 할 일이었다. 그런데 날이 갈수록 내가 자원해서 하는 일이 됐다. 기사도 정신인가? 아니면 바보 같은 짓인가? 내가 왜 이러는 거지? 나 자신도 알 수 없었다.

우리 사업에는 큰 변화가 없었다. 내 머릿속은 재무제표의 비용과 수익, 신발로 가득 차서 점심 주문도 제대로 하지 못했다. 파크스는 이런 것을 두고 결코 불평하는 법이 없었다. 우델도 마찬가지였다. 엉뚱한 점심 식사가 든 누런 종이봉투를 건네면 우델과 파크스는 항상 서로 눈짓을 주고받았다. 우델은 "내가 제대로 된 점심을 먹는 꼴을 가만히 두고 보고 싶지 않다는 뜻이지?"라고 투덜댔다. 파크스는 손을 입 가까이에 대고 가만히 웃기만 했다.

파크스는 내가 자기에게 호감을 갖고 있다는 것을 아는 것 같았다. 우리는 때때로 서로 어색한 표정으로 오래도록 바라보았다. 나는 소심하게 웃기도 했고, 의미심장한 침묵을 유지하기도 했다. 파크스와 오랫동안 시선을 마주친 날에는 밤 늦게까지 잠을 이루지 못했다.

한번은 이런 일도 있었다. 11월 말의 어느 날 오후였다. 그날은 상당히 추웠는데, 파크스는 사무실에 없었다. 나는 사무실 뒤쪽으로 가다가 파크스의 책상 서랍이 열려 있는 것을 보았다. 서랍을 닫으려다가 우연히 안을 봤는데, 거기에는 수표가 여러 장 쌓여 있었다. 모두 내가 월급으로 준 수표였다. 파크스는 수표를 현금으로 교환하지 않았다.

파크스가 돈을 목적으로 블루 리본에서 일하는 것이 아니라 다른 이유가 있는 것 같았다. 혹시 나 때문인가? 뭐, 그럴지도 모른다나중에 알게 된 일이지만, 우델도 파크스처럼 내가 주는 수표를 현금으로 교환하지 않았다.

그해 추수감사절, 포틀랜드는 아주 추웠다. 깨진 유리창 사이로 들어오던 산들바람은 북극의 쌩쌩 부는 찬바람으로 변했다. 바람이 너무 강해 책상 위의 서류가 날아다니기도 하고, 전시해놓은 신발의 끈이 펄럭이기도 했다. 사무실에서 일할 수 없는 상황이었지만, 우리는 깨진 유리창을 보수할 돈이 없었다. 그렇다고 해서 영업을 중단할 수도 없었다. 그래서 우델과 나는 내가 사는 아파트에서 일하기로 했다. 파크스는 매일 오후 그곳으로 출근했다.

어느 날 우델이 집에 먼저 갔을 때의 일이다. 파크스와 나는 서로 아무런 말도 하지 않고 있었다. 퇴근 시간이 되어서 파크스를 엘리베이터까지 바래다주었다. 내려가는 버튼을 누르고 우리는 긴장된 표정으로 미소를 지었다. 나는 내려가는 버튼을 다시 눌렀다. 우리 두 사람은 엘리베이터 문 위의 표지판을 응시했다. 나는 목청을 가다듬고 용기를 내 말했다. "파크스, 저, 금요일 밤에 시간 되세요?"

클레오파트라의 눈이 두 배로 커졌다. "저 말이에요?"

"여기 당신 말고 또 누가 있어요?"

엘리베이터 문이 띵 소리를 내며 열렸다.

그녀는 자기 발을 내려다보면서, "좋아요"라고 말하고는 엘리베이터 안으로 재빨리 들어갔다. 그리고 엘리베이터 문이 닫힐 때까지 발에서 시선을 떼지 않았다.

우리는 오리건 동물원에서 만났다. 내가 첫 데이트 장소로 왜 그곳을 택했는지 지금도 그 이유를 잘 모르겠다. 아마도 서로를 서서히 알아가는 데는 걸어 다니면서 동물을 구경하는 게 좋은 방법이라고 생각한 것 같다. 버마 비단뱀, 나이지리아 염소, 아프리카 악어는 내가 세계 여행을 다녔던 경험을 말할 수 있는 좋은 화젯거리가 되지 않을까? 나는 피라미드, 니케의 신전을 본 이야기를 자랑 삼아 하고 싶었다. 캘커타에서 많이 아팠던 이야기도 하고 싶었다. 그런 이야기를 어느 누구에게도 자세히 말한 적이 없었다. 그 동물원에서 파크스에게 했던 말 중 캘커타에 있었을 때가 내 인생에서 가장 외로웠던 순간이었다고 말한 것이 제일 기억에 남는다. 그날 동물원에서 파크스와 함께 있을 때는 전혀 외롭지 않았다.

나는 블루 리본이 아직 기반이 잡히지 않았으며 언제라도 망할 수 있지만, 내가 다른 일을 하는 것은 생각하고 싶지도 않다고 했다. 나의 조그만 신발 회사는 아무것도 없는 상태에서 출발했으며, 살아 숨 쉬는 새로운 생명체 같다고도 했다. 나는 이 생명체가 병에 걸리지 않고 자라서 자기 힘으로 우뚝 서서 세상 속으로 나아가는 모습을 보고 싶다고 했다. 그러고는 "제 말에 공감하세요?"라고 물었다.

파크스는 "네, 그럼요"라고 대답했다.

그녀와 나는 사자 우리와 호랑이 우리를 바라보았다. 나는 그녀에게 다른 사람을 위해 일하는 게 아주 싫다고 말했다. 나는 나 자신의 것을 만들고 싶고, 내가 그것을 만들어낸 데 보람을 느끼고 싶고, 그렇게 해야만 내 인생이 의미 있게 느껴질 것 같다고 했다.

그녀는 고개를 끄덕였다. 그녀는 그 말을 회계학에 나오는 기본 원리처럼 금방 직관적으로 이해했다.

나는 파크스에게 만나는 남자가 있는지 물어봤다. 그녀는 그렇다고 솔직하게 대답했다. 하지만 곧 "그 친구는 그냥 남자애예요"라고 말했다. 그녀에 따르면 그녀가 만났던 남자들은 모두가 철없는 젊은이였다. 그들은 파크스에게 스포츠와 자동차에 관한 이야기만 했다. 나는 이제 자동차와 스포츠에 관심 있다는 말을 하지 않을 만큼 영리해졌다. 파크스는 "당신은 세상을 경험했어요. 그리고 지금은 이 회사를 위해 모든 것을 걸었지요"라고 말했다.

그녀의 목소리가 차츰 잦아들었다. 난 더 똑바로 섰다. 우리는 사자와 호랑이에게 작별 인사를 했다.

우리의 두 번째 데이트 장소는 사무실 건너편의 제이드 웨스트라는 중국 음식점이었다. 파크스는 몽골식 쇠고기 요리와 갈릭 치킨을 먹으면서 자기 이야기를 했다. 그녀는 지금도 부모님 집에서 살고 있고, 가족을 아주 좋아한다고 했다. 그러나 어려움도 없지는 않았다. 그녀의 아버지는 해사海事법 전문 변호사였다. 순간, 나는 훌륭한 직업이라고 생각했다. 그녀의 집은 내가 살던 집보다 더 크고 더 좋았다. 그러나 자녀가 다섯 명이나 되기 때문에 긴장의 끈을 늦출 수 없었다. 돈은 끊임없는 쟁점이었다. 비품은 표준 처리 절차에 따라 일정량 배급됐지만, 늘 부족했다. 예를 들어, 화장실 휴지 같은 생활필수품은 항상 부족했다. 그러다 보니 집안 전체에 안정감이 없었다. 그녀는 이런 불안정을 좋아하지 않았다. 안정을 좋아했다. 그녀는 말을 하면서 '안정'이라는 단어를 여러 번 반복했다. 그녀가 회계학에 이끌리는 이유도 바로 여기에 있었다. 회계학은 확실하고 믿음직하고 안전했다. 게다가 언제든 일자리를 구할 수 있었다.

나는 그녀에게 왜 포틀랜드 주립대학교를 선택했는지 물었다. 그녀는 처음에는 오리건주립대학교를 다녔다고 했다.

나는 그녀가 교도소에서 징역살이를 했다고 고백하는 것 같아서 "아, 그래요"라고 말했다.

그녀는 웃으면서 "이 학교가 패자부활전 같은 곳이라지만, 나는 여기가 싫어요"라고 말했다. 특히 그녀는 모든 학생이 연설에 관한 과목을 최소한 한 과목 수강해야 하는 학교의 규정을 따르는 것이 힘들다고 했다. 그녀는 수줍음을 너무 많이 탔다.

"이해합니다, 파크스."

"이제부터는 페니라고 불러주세요."

저녁 식사를 마치고 페니를 집까지 바래다주다가 그녀의 부모님을 만났다. "엄마, 아빠, 여기는 나이트 씨라고 해요."

나는 악수를 하면서 "만나서 반갑습니다"라고 말했다.

우리는 서로 얼굴을 마주 보았다. 그러고는 벽을 바라보았다. 그다음에는 바닥을 바라보았다. "날씨가 참 좋죠?"

나는 시계를 만지작거렸다. "그런데," 고무 밴드가 내 손목을 탁탁 때리고 있었다. "늦었네요. 이제 그만 가봐야겠습니다."

페니의 어머니는 벽에 걸린 시계를 바라보았다. "이제 겨우 9시밖에 안 됐는데요. 그나저나 오늘 즐거웠나요?"

두 번째 데이트 이후 페니는 부모님과 함께 하와이에서 크리스마스를 보냈다. 그녀에게 엽서를 받았는데, 아주 좋은 신호처럼 느껴졌다. 그녀가 하와이에서 돌아와 처음 출근한 날, 나는 또 저녁을 함께하자고 했다. 1968년 1월 초, 아주 추운 밤이었다.

우리는 다시 제이드 웨스트에서 만나기로 했다. 그런데 이글 스카우트Eagle Scout, 21개 이상의 배지를 탄 보이스카우트-옮긴이 심사 때문에 약속시간에 한참을 늦고 말았다. 페니는 이 일로 나를 심하게 타박했다. "이글 스카우트라고요, 당신이?"

페니한테 야단맞았지만, 기분이 좋았다. 이제 페니는 투정을 부릴 만큼 나를 편하게 대했다.

그날 나는 우리 사이가 훨씬 더 편해졌다고 느꼈다. 저녁 식사 자리의 분위기는 아주 좋았다. 이후로도 그런 분위기는 계속됐다. 우리 두 사람의 관계는 점점 더 가까워졌다. 우리는 말하지 않고도 서로의 생각을 전하는 방법을 알게 됐다. 이것은 수줍음을 잘 타는 사람들만 깨달을 수 있는 것이다. 페니가 불편해질 때면, 나는 이런 분위기를 감지하고 혼자서 사무실에서 나오거나 페니와 함께 바깥바람을 쐬기도 했다. 혼자서 나올 때는 사업 생각으로 머리가 복잡해졌다. 페니는 함께 나와서 내 어깨를 가볍게 두드리는 것이 좋은지, 내가 다시 들어올 때까지 기다리는 것이 좋은지 금세 파악했다.

페니는 법적으로 술을 마실 수 있는 나이가 아니었다. 하지만 우리는 내 여동생의 운전 면허증을 빌려 시내에 있는 트레이더 빅스에 가서 칵테일을 마시기도 했다. 술과 시간은 우리 두 사람을 더욱 가까워지게 했다. 나의 30번째 생일이 있는 2월까지, 페니는 낮에는 블루 리본에서, 밤에는 내가 사는 아파트에서 시간을 보냈다. 언제부터인가 페니는 나를 더 이상 '나이트 씨'라고 부르지 않았다.

마침내 나는 페니를 부모님 댁으로 데리고 갔다. 우리 모두 편안한 척하면서 어머니가 준비하신 고기 찜 요리와 우유를 먹었다. 페니는 내가 집으로 초대한 두 번째 여자 친구였다. 새러처럼 개성이 강하지는 않지만, 새러보다 나은 점도 있었다. 페니에게는 변함없고 자연스러운 매력이 있었다. 나이트네 집안사람들은 이런 점을 좋아했지만, 그래도 나이트 집안 특유의 분위기가 흐트러지지는 않았다. 어머니는 아무 말씀도 하지 않았다. 여동생들은 아버지와 어머니 사이의 교량 역할을 하려고 했지만, 아무런 보람이 없었다. 아버지는 페니의 가정 환경에 관해 질문 공세를 펼쳤다. 이런 모습을 보면 대출 담당 직원과 강력계 형사 사이에서 태어난 사람 같았다. 나중에 페니는 우리 집 분위기와 자기 집 분위기는 정반대라고 했다. 페니는 자기 집에서는 저녁 식사 시간이 아주 시끌벅적하다고 했다. 모두가 웃고 떠들고, 개는 짖고, 텔레비전은 한쪽에서 요란스럽게 떠들어댄다. 나는 우리 식구들 중에 페니가 불편해한다고 생각한 사람은 아무도 없을 거라고 말하면서 그녀를 안심시켰다.

다음에는 내가 페니 집을 방문했다. 그리고 나는 그녀의 말이 모두 진실이라는 것을 직접 목격했다. 페니의 집은 우리 집과 정반대였다. 우리 집보다 훨씬 더 컸지만, 난장판 그 자체였다. 카펫은 독일산 셰퍼드, 원숭이, 고양이, 심지어 흰 쥐와 성질 사나운 거위에 이르기까지 온갖 동물들이 지나간 자국으로 얼룩져 있었다. 처음 만난 파크스 집안 사람들, 이리저리 떠도는 동물들 때문에 혼란스럽기 그지없었는데, 동네 아이들까지도 페니 집에 모여 뛰어놀고 있었다.

나는 페니네 집안사람들에게 좋은 인상을 주려고 최선을 다했다. 그러나 어느 누구하고도 대화를 나누기가 힘들었다. 사람하고도 그랬고, 동물하고도 그랬다. 나는 서서히 공을 들여 페니의 어머니, 돗과 대화를 시도했다. 페니의 어머니는 영화 〈앤티 맘〉의 여주인공을 떠올리게 했다. 익살스럽고, 무분별하고, 영원히 늙지 않을 것 같은 분이셨다. 영원한 10대 같은 돗은 가모장家母長적 모습과는 거리가 멀었다. 돗은 페니의 엄마라기보다는 언니 같았다. 식사 후 페니와 내가 나중에 함께 술을 마시자고 하자 흔쾌히 그러겠다고 했을 정도였다.

우리는 인기 있는 나이트클럽을 찾아내고는 퇴근 후 이스트사이드에서 만나기로 약속했다. 페니는 칵테일 두 잔을 마신 뒤 물만 마셨지만, 돗은 칵테일을 계속 마시며 선원들을 포함해 온갖 남자들과 어울려서 춤을 추기 시작했다. 그러다가 손으로 페니를 가리키면서 "저기 분위기 망치는 아이가 있어. 그냥 팽개쳐버려. 저 아이는 엉덩이가 무겁다니까"라고 말했다. 페니는 양손으로 눈을 가렸다. 나는 웃으면서 편하게 앉아 있었다. 나는 이렇게 돗의 테스트를 통과했다.

어쨌든 나는 돗에게 공식적인 승인을 받았다. 그래서 몇 달 뒤 내가 페니와 함께 주말여행을 가려고 했을 때 흔쾌히 허락을 해줄거라 생각했다. 오후 늦은 시간에 페니와 나는 대부분 내 아파트에서 함께 있었지만, 여전히 어색해지는 순간이 있었다. 부모님과 함께 사는 한, 페니는 부모님이 정한 원칙을 따라야 했다. 그래서 우리는 주말여행을 떠나기 전에 페니 어머니의 허락을 받아야 했다.

나는 양복을 입고 넥타이를 매고 페니의 집으로 갔다. 이제는 동물들과도 제법 친해졌다. 나는 거위의 등을 두드리면서 돗에게 인사를 했다. 우리 두 사람은 식탁에 앉아서 커피를 마셨다. 나는 페니를 많이 좋아한다고 말했다. 돗은 미소를 지었다. 페니도 나를 많이 좋아하는 것 같다고 했다. 돗은 이번에는 조금 희미하게 미소를 지었다. 나는 이번 주말에 페니와 함께 전국 육상 대회가 열리는 새크라멘토로 여행을 가고 싶다고 했다. 돗은 커피를 한 모금 마시더니 고개를 저었다. "음, 그건 안 돼요. 허락할 수 없어요."

"네, 알겠습니다. 죄송합니다."

나는 뒷방에 있는 페니에게 가서 돗이 허락하지 않았다고 했다. 페니는 한쪽 손을 턱에 괴고 있었다. 나는 페니에게 걱정하지 말라고 말한 뒤 집에 가서 전략을 짰다.

그다음 날에도 페니 집에 가서 돗에게 다시 이야기를 꺼냈다. 이번에도 우리 두 사람은 식탁에 앉아서 커피를 마셨다. "어머님, 어제는 제가 따님을 어떻게 생각하는지 제대로 말씀드리지 못한 것 같습니다. 저는 페니를 사랑합니다. 페니도 저를 사랑합니다. 저는 페니와 결혼까지도 생각하고 있습니다. 어제 제가 말씀드린 것에 대해 다시 한번 생각해주시기를 간절히 바랍니다."

돗은 커피에 설탕을 넣더니 손바닥으로 식탁을 두드렸다. 그녀의 표정에는 두려움, 좌절이 묻어났다. 그녀는 다른 누구와 협상해본 적이 별로 없는 것 같았다. 협상의 기본 원칙은 자기가 무엇을 원하는지, 서로 하나가 되기 위해서 자기가 무엇을 얻어야 하는지 알아야 한다는 것이다. 하지만 돗은 그런 원칙을 잘 몰랐다. 돗은 어쩔 줄을 몰라 하면서 금방 물러섰다. "좋아요. 허락할게요."

페니와 나는 당장 새크라멘토로 달려갔다. 우리는 페니의 부모님과 통행금지로부터 해방감을 만끽하면서 도로를 신나게 달렸다. 페니를 보면 그녀가 고등학교 졸업 선물로 받은 분홍색 여행 가방을 사용할 수 있게 되어 즐거워하는 것은 아닌지 의심스럽기도 했다.

이유야 어찌됐든 페니의 기분을 상하게 할 만한 것은 아무것도 없었다. 그날 기온은 40도에 육박해서 엄청나게 더웠다. 하지만 페니는 한마디도 불평하지 않았다. 관중석 의자가 금속으로 돼 있어서 프라이팬처럼 뜨거웠는데도 아무런 불평이 없었다. 내가 육상 경기에 담긴 철학, 육상 선수들의 외로움, 장인 정신에 대해 설명할 때도 전혀 지루해하지 않았다. 페니는 모든 것을 흥미로워했으며, 내가 설명하는 내용을 모두 금방 이해했다. 마치 이미 다 알고 있었던 것처럼 보였다.

나는 페니를 데리고 경기장으로 들어가서 내가 아는 선수들과 바우어만 코치에게 소개해주었다. 모두가 페니를 대단한 미인이라고 칭찬하면서 따뜻하게 반겨주었다. 그러고는 나처럼 보잘것없는 사람과 앞으로 어떻게 할 것인가를 아주 진지하게 묻기도 했다. 페니와 나는 바우어만 코치와 함께 그날의 마지막 경기를 관전했다.

그날 밤 우리는 마을 모퉁이에 있는 호텔에 머물렀다. 갈색 톤으로 꾸며진 호텔 방은 우리 마음을 들뜨게 했다. 방이 마치 타버린 토스트 같았다. 일요일 아침은 수영장에서 보냈다. 햇빛을 피해 다이빙 보드 아래 그늘에 자리를 잡았다. 나는 적절한 시점에 우리 두 사람의 미래에 관해 운을 뗐다. 그다음 날, 나는 일본으로 장기 출장을 떠날 계획이었다. 이번 출장은 오니쓰카와의 관계를 강화하기 위한 것으로, 아주 중요한 출장이었다. 늦여름에나 돌아올 텐데, 이후 우리 두 사람은 계속 데이트를 하기 어려운 상황이 될 것이다. 학교 측에서 교수와 학생 간의 연애를 안 좋게 보았기 때문이다. 우리 두 사람이 이런 비난으로부터 자유로워지려면 관계를 분명히 해두어야 했다. 나는 결혼을 염두에 두고 "내가 없는 동안에 혼자서 결혼 준비를 할 수 있겠어요?"라고 물었다. 페니는 "네"라고 대답했다.

의논도, 불안도, 감동도 없었다. 협상도 없었다. 모든 게 이미 정해진 결론처럼 느껴졌다. 우리는 타버린 토스트 안으로 들어가 페니의 집으로 전화를 했다. 신호가 가자마자 돗이 전화를 받았다. 나는 페니와 결혼하고 싶다고 말했다. 돗은 길게 한숨을 내쉬더니 아무런 말도 하지 않다가 한참 뒤에 "나쁜 자식"이라고 말하곤 전화를 끊었다.

조금 뒤 다시 전화가 왔다. 돗은 여름을 페니와 함께 즐겁게 보낼 계획이었다며, 실망감에 자신의 감정을 제대로 추스르지 못한 것 같다고 말했다. 그러고는 이번 여름을 페니의 결혼 준비를 하면서 보내는 것도 그만큼 재미있는 시간이 될 것 같다고 말했다.

그다음에는 우리 집에 전화를 했다. 부모님은 기뻐하셨다. 여동생 진이 얼마 전 결혼을 해서 이제는 자식 둘을 던 셈이었다.

전화를 끊고 우리는 서로를 바라보았다. 그다음에는 갈색 벽지, 갈색 카펫을 바라보았다. 그러고는 한숨을 쉬었다. 인생이라는 것이 다 이런 모양이라는 생각이 들었다.

나는 혼자서 이런저런 생각에 빠졌다. 나와 페니는 결혼을 약속한 사이가 됐다. 그러나 나는 이런 변화가 제대로 와닿지 않았다. 아마도 우리가 뜨거운 여름날 새크라멘토 교외 지역의 호텔에 있었기 때문인지도 모른다. 나중에 집에 와서는 주얼리 체인점 제일스에 가서 에메랄드가 박힌 약혼반지를 골랐다. 그러자 드디어 실감이 났다. 보석과 세팅 비용을 합쳐 500달러가 들었다. 훨씬 더 실감나는 순간이었다. 그러나 나는 전혀 고민하지 않았다. 수많은 남자가 자기 자신에게 던지는 '신이시여, 지금 내가 무슨 일을 저지른 겁니까?'라는 질문은 하지 않았다. 페니와 데이트하면서 그녀를 알아가는 몇 달 동안은 내 인생에서 가장 행복한 시절이었다. 이제 나는 이런 행복이 끊임없이 이어지게 할 수 있는 기회를 잡았다. 내가 행복을 바라보는 방식은 회계학의 기본 원리처럼 간단했다. 자산은 부채와 자본을 합친 것이다.

일본으로 떠날 때, 나의 약혼녀에게 작별의 키스를 할 때, 일본에 도착하자마자 편지를 쓰겠다고 약속할 때, 결혼의 진정한 현실이 피부에 와닿았다. 나는 약혼자, 연인, 친구 이상의 것을 얻었다. 나한테 파트너가 생긴 것이다. 지금까지는 바우어만 코치가 나의 파트너였고, 어느 정도는 존슨도 그랬다. 그러나 페니와의 파트너 관계는 지금까지 경험하지 못한 특별한 관계였다. 이 관계는 내 인생을 바꿨다. 나를 더욱 편하게 했고, 내가 더욱 배려하는 사람이 되도록 했다. 그때까지 나는 진정한 파트너에게 작별 인사를 해본 적이 없었다. 이것은 아주 새로운 경험이었다. 당신이 누군가에게 작별 인사를 한다고 상상해보라.

당신이 누군가에게 갖는 감정을 알 수 있는 가장 손쉬운 방법은 그 사람에게 바로 작별 인사를 하는 것이다.

오니쓰카 측 담당자는 바뀌지 않았다. 기타미는 여전히 예전에 하던 업무를 계속 맡고 있었다. 그의 태도를 볼 때, 회사에서 안정된 지위를 확보한 듯했다. 그는 편안하고 자신만만해 보였다. 그는 나를 가족처럼 반겨주었다. 그리고 블루 리본이 대단한 실적을 올리고 존슨이 맡은 동부 지역 사무소가 자리를 잡아가는 모습을 보는 것이 무척 즐거웠다고 말했다. 그는 "이제 미국 시장을 어떻게 잡아갈지 생각해봅시다"라고 말했다.

나는 "네, 그렇게 합시다"라고 대답했다.

내 가방에는 바우어만과 존슨이 개발한 새로운 신발 디자인이 들어 있었다. 그중에는 두 사람이 협력해 만든 디자인도 있었는데, 우리는 이것을 '더 보스턴'이라고 불렀다. 혁신적인 중창 쿠션이 발끝까지 있는 디자인이었다. 기타미는 그것을 벽에 올려놓고 한손으로 턱을 만지면서 찬찬히 살펴보았다. 그러고는 내 등을 툭 치면서 "아주, 아주 좋습니다"라고 말했다.

우리는 그다음 몇 주 동안 여러 번 만났다. 기타미를 만날 때마다 형제 같은 느낌이 들었다. 어느 날 오후에 기타미는 오니쓰카 수출부서 사람들이 며칠 동안 야유회를 다녀올 계획이라며, 내게 같이 가자고 했다. 나는 "저 말입니까?"라고 물었다. 그는 "그럼요, 당신은 우리 수출부서의 명예직원입니다"라고 말했다.

우리는 작은 배를 타고 고베에서 조금 떨어진 작은 섬, 아와지로 갔다. 그곳에 도착하자 해변에는 긴 테이블들이 설치되어 있었다. 테이블마다 해산물 접시, 국수 그릇과 밥그릇이 놓여 있었다. 테이블 옆에는 청량음료와 맥주 박스가 있었다. 모두가 수영복을 입고 선글라스를 쓰고 있었다. 얼굴에는 웃음이 가득했다. 사내에서는 조심스럽던 사람들도 그곳에서는 마냥 즐거워했다.

그날 오후에는 운동회가 있었다. 감자 자루에 몸을 넣고 이어달리기를 하고, 해변에서 경주를 했다. 나는 유감없이 실력을 뽐냈다. 내가 결승선을 1등으로 통과하자, 모두가 경의를 표하면서 깡마른 '가이진 がいじん, 외국인'이 달리기를 아주 잘한다고 했다.

나는 천천히 일본어를 배워갔다. 일본인들은 신발을 '구츠くつ'라고 했다. 수익은 '슈뉴しゅうにゅう'라고 했다. 나는 시간이나 길을 묻는 표현도 배웠다. 내가 자주 사용하는 표현인 '여기 우리 회사에 관한 정보가 있습니다'는 일본어로 '와타쿠시도모노 카이샤니 쓰이테노 조호데쓰私共の会社についての情報です'라고 했다.

야유회가 끝날 무렵, 나는 모래사장에 앉아 태평양을 바라보았다. 나는 두 가지 개별적인 삶을 살고 있었다. 두 가지 삶 모두 경이롭고 조화로웠다. 미국에선 나, 우델, 존슨 그리고 지금은 페니가 팀의 구성원이었다. 여기 일본에선 나, 기타미, 오니쓰카의 좋은 사람들이 팀의 구성원이었다. 나는 선천적으로 혼자 있기를 좋아하는 사람이다. 그러나 어린 시절을 보낸 뒤 팀 스포츠를 통해 성장했다. 나의 정신은 혼자 있는 시간과 팀의 구성원으로 있는 시간이 잘 결합될 때 진정한 조화를 이루었다. 바로 이 순간이 그랬다.

또한 나는 내가 좋아하게 된 나라와 사업을 하고 있었다. 처음의 두려움은 완전히 사라졌다. 나는 내향적인 일본인과 잘 어울렸다. 일본의 소박한 문화, 상품, 예술도 좋아했다. 그들이 차茶, 의식儀式, 서랍장에 이르기까지 삶의 모든 영역에서 아름다움을 구현하는 모습도 좋아했다. 매일 라디오에서 벚꽃이 언제 어느 지역에서 얼마나 많이 피는지 정확하게 알려주는 것도 좋아했다.

나만의 사색은 후지모토라는 사람이 내 옆에 다가와 앉으면서 중단됐다. 그는 50대 남자로, 어깨를 축 늘어뜨린 모습이었다. 우수에 가득 찬 모습은 중년 남자에게서 흔히 느낄 수 있는 분위기보다 더 어두웠다. 마치 일본의 찰리 브라운 같았다. 그런 그가 내게 먼저 다가와서 친해지려고 노력했다. 그는 억지로 환한 미소를 지으면서 자신은 미국을 좋아하고 미국에서 살고 싶다고 말했다. 나도 그에게 방금 내가 일본을 얼마나 좋아하는지 생각하고 있었다고 말했다. 나는 "아마 우리가 사는 곳을 서로 바꾸어야겠군요"라고 말했다. 그러자 그는 서글픈 미소를 지으면서 "저는 언제라도 좋습니다"라고 답했다.

나는 그에게 영어를 아주 잘한다고 칭찬했다. 그러자 그는 미군들에게 영어를 배웠다고 했다. 나는 "재미있네요. 저는 미군 출신 두 사람에게 일본 문화에 관해 처음 배웠습니다"라고 말했다.

후지모토는 미군들이 처음 가르쳐준 표현이 "엿 먹어라Kiss my ass!"라고 했다. 우리는 큰소리로 신나게 웃었다.

나는 그에게 사는 곳이 어딘지 물었다. 그러자 그의 얼굴에서 웃음이 사라졌다. 그는 "몇 달 전, 태풍 빌리 때문에 집을 잃었어요"라고 말했다. 그 태풍은 혼슈와 규슈 지역의 섬들을 완전히 휩쓸어버렸다. 사라진 가옥만 2000채에 달했다. 거기에 후지모토의 집이 포함돼 있었다. 나는 "정말 안됐네요"라고 말했다. 그는 고개를 끄덕이며, 바다를 바라보았다. 그는 "다시 시작해야죠"라고 말했다. 당시 많은 일본인이 그랬다. 안타깝게도 후지모토는 자전거를 다시 마련할 형편이 안 됐다. 1960년대 일본에서는 자전거가 엄청나게 비쌌다.

그때 기타미가 다가왔다. 그러자 후지모토가 일어나서 자리를 떴다.

나는 기타미에게 후지모토가 미군들에게서 영어를 배웠다는 말을 들었다고 했다. 그러자 기타미는 아주 자랑스럽게 자기는 녹음테이프를 들으면서 영어를 독학했다고 말했다. 나는 정말 대단하다고 말하면서 언젠가는 나도 기타미가 영어를 잘하는 것처럼 일본어를 잘하고 싶다고 했다. 그러고는 곧 있을 나의 결혼 소식과 함께 페니에 관한 이야기를 조금 했다. 그는 나에게 축하의 말과 함께 행복을 기원해주면서 "결혼식은 언제 합니까?"라고 물었다. "9월에 할 겁니다"라고 대답하자, "아, 그래요? 한 달 뒤 전 미국에 머물 예정입니다. 오니쓰카 회장과 멕시코시티 올림픽에 참석할 계획이거든요. 그때 미국도 방문할 계획이에요. 로스앤젤레스도 일정에 포함될 것 같습니다"라고 말했다.

그는 로스앤젤레스에서 만나 저녁이나 같이하자고 했다. 나는 "아주 좋지요"라고 대답했다.

다음 날, 나는 미국으로 돌아왔다. 비행기에서 내려 내가 첫 번째로 한 일은 50달러를 봉투에 넣어 후지모토에게 우편으로 보낸 것이었다. 카드에는 "후지모토 씨, 자전거를 사는 데 보태세요"라고 적었다.

몇 주 뒤 후지모토에게 편지가 왔다. 편지 봉투에는 메모지와 함께 내가 보낸 50달러가 접힌 채로 들어 있었다. 메모지에는 직장 상사들에게 이 돈을 받아도 되는지 물어봤는데, 받아서는 안 된다는 답변을 들었다는 내용이 적혀 있었다.

그리고 추신으로 이렇게 적혀 있었다. "당신이 직접 자전거를 보내주신다면, 그건 받을 수 있습니다."

나는 그렇게 했다.

이렇게 해서 내 인생을 바꿀 또 다른 파트너 관계가 만들어졌다.

1968년 9월 13일, 페니와 나는 포틀랜드 시내의 성 마르크 성공회 교회에서 200여 명이 보는 가운데 결혼식을 올렸다. 그곳은 페니의 부모님이 결혼식을 올린 장소이기도 했다. 페니가 학생으로 처음 내 강의실에 들어온 지 벌써 1년이 됐다. 페니는 또다시 맨 앞줄에 있었다. 하지만 이번에 나는 페니 곁에 있었다. 페니는 나이트 부인이 됐다.

우리 앞에선 페니의 숙부이자 패서디나에서 온 성공회 목사가 결혼예배를 집전하고 있었다. 페니는 고개를 들지 못할 정도로 몸을 많이 떨었다. 나는 떨지 않았다. 사실 나는 부정행위를 했다. 내 윗옷 주머니에는 일본 출장을 마치고 오는 길에 숨겨둔 작은 위스키 병 두 개가 들어 있었다. 결혼식 직전에 한 병을 마셨고, 직후에도 한 병을 마셨다.

그날 가장 고마웠던 사람은 사촌, 하우저다. 하우저는 나의 변호사이자 나의 호위무사였다. 신랑 들러리 역할은 페니의 두 남동생과 경영대학원 시절 친구인 케일이 맡았다. 케일은 결혼식 전에 나한테 이렇게 말했다. "네가 이렇게 떠는 모습은 두 번째로 봐." 우리는 웃으면서 스탠퍼드 시절, 내가 기업가 정신에 관한 세미나 시간에 발표하던 순간을 떠올렸다. 나는 오늘도 비슷한 날이라고 생각했다. 나는 또다시 실내를 가득 메운 사람들에게 실제로는 나도 잘 모르지만, 무엇이

가능한 것이고, 무엇이 성공할 수 있는 것인지에 관해 말하고 있었다. 나는 세상의 모든 신랑, 모든 신부가 그렇게 하듯 억측, 허세, 자기만의 확신을 바탕으로 말하고 있었다. 그날 우리가 했던 말이 진실임을 입증하는 것은 고스란히 나와 페니의 몫이었다.

피로연은 포틀랜드의 가든 클럽에서 열렸다. 그곳은 주로 사교계 부인들이 여름밤에 모여 다이커리daiquiri, 럼주에 과일 주스나 설탕 등을 섞은 칵테일-옮긴이를 마시면서 담소를 나누는 곳이었다. 그날 밤은 따뜻했다. 하늘을 보면 금방이라도 비가 쏟아질 것 같았는데, 많이 오지는 않았다. 나는 페니와 춤을 추고, 돗과도 춤을 추고, 어머니와도 춤을 추었다. 자정 직전에 페니와 나는 그 자리에 있는 모든 사람에게 인사를 하고 새로 출시된 날렵한 디자인의 신차, 검정색 쿠거에 올라탔다. 나는 속도를 높여 해안으로 달려갔다. 두 시간 뒤, 우리가 주말을 보내기로 했던, 페니 아버지의 해변 별장에 도착했다.

돗은 30분마다 전화를 했다.

1969년
사장으로 산다는 것

사무실에는 갑자기 새로운 얼굴들이 들락날락했다. 매출이 오르면서 나는 계속 영업사원을 충원했다. 대다수가 육상 선수 출신이고, 괴짜들이었다. 육상 선수 출신을 뽑았으니, 당연히 괴짜일 수밖에 없었다. 그러나 그들은 영업에서만큼은 집중력을 발휘했다. 블루 리본은 그들에게 영업 수수료만 지급결레당 2달러하기 때문에, 그들은 반경 1600킬로미터 이내에서 고등학교와 대학교 육상 대회가 개최되면 맹렬히 달려갔다. 그들의 피땀 어린 노력으로 블루 리본의 매출은 나날이 성장했다.

1968년에 블루 리본의 매출은 15만 달러를 기록했다. 1969년의 목표는 30만 달러에 육박했다. 월리스는 여전히 나를 감시하면서 성장을 늦추고 자기자본을 늘리라고 했지만, 나는 블루 리본이 드디어 창업자에게 급여를 줄 수 있을 만큼 탄탄하게 성장했다고 믿었다. 나는

31번째 생일을 맞이하기 직전에, 이 같은 판단을 바탕으로 포틀랜드대학교에 사표를 내고 블루 리본에서 상근하기로 과감한 결정을 내렸다. 나 자신에게는 연봉 1만 8천 달러라는 상당히 많은 임금을 지급하기로 했다.

내가 포틀랜드대학교를 떠난 가장 근본적인 이유는 그 학교에서 기대했던 것보다 훨씬 더 많은 것을 얻었기 때문이었다. 가장 소중한 페니를 얻지 않았는가? 물론 페니 말고 다른 사람도 얻었다. 하지만 그 사람이 얼마나 소중한지 당시에는 전혀 몰랐다.

포틀랜드대학교 캠퍼스에서 보낸 마지막 주에, 복도를 걷다가 몇몇 여학생이 이젤 주변에 모여 있는 모습을 봤다. 그들 사이를 지나칠 때 대형 캔버스에 색칠하던 여학생이 자기는 유화 수업을 들을 형편이 안 된다며 아쉬워하는 소리를 들었다. 나는 걸음을 멈추고 캔버스에 그린 그림을 반한 듯 쳐다보았다. 그러고는 말을 건넸다. "우리 회사에서 화가를 찾고 있어요."

"지금 뭐라고 말씀하셨죠?"

"우리 회사는 광고 업무를 맡아서 해줄 사람이 필요해요. 혹시 아르바이트할 생각 없으세요?"

당시에 나는 광고의 중요성을 제대로 알지 못했지만, 무시할 순 없다고 어렴풋이 생각하고 있었다. 스탠더드 인슈어런스 컴퍼니The Standard Insurance Company는 〈월스트리트 저널〉에 전면 광고를 게재하고 고객사들 중 블루 리본이 매우 역동적인 신생 기업이라고 선전했다. 광고에는 바우어만 코치와 내가 신발을 바라보는 사진이 실려 있었다.

우리 두 사람은 신발 산업의 혁신자라기보다는 신발을 처음 보는 바보처럼 보였다. 그 사진은 나를 당혹스럽게 만들었다.

우리 회사 광고에는 존슨이 자주 등장했다. 존슨이 푸른색 운동복을 입은 모습을 생각해보라. 존슨이 창을 든 모습을 생각해보라. 광고에 관한 한, 우리의 접근 방식은 한마디로 날림이었다. 우리는 부지런히 배우면서 부족한 점을 보완했다. 그 결과, 어느 타이거 마라톤화 광고에서 새로 개발한 신발 소재에 휙 소리를 의미하는 '스우시 섬유swooshfiber'라는 이름을 붙였다. 지금은 이 단어를 누가 처음 생각해냈는지, 이 단어가 무엇을 의미했는지 아무도 기억하지 못한다. 그러나 지금 생각해봐도 괜찮은 아이디어였다.

당시 주변 사람들은 광고가 중요하다며 광고가 차세대 산업이라는 말을 끊임없이 했다. 하지만 나는 전혀 개의치 않았다. 그러나 사람들의 눈길을 사로잡지 못하는 사진, 자연스럽지 못한 표현, 매력적이지 않은 자세로 의자에 앉아 있는 존슨이 우리 광고에 계속 등장하는 한, 나는 광고에 특별한 관심을 가져야 했다. 나는 포틀랜드 캠퍼스에서 만난 가난한 예술가에게 "시간당 2달러를 드리겠어요"라고 말했다. 그 여학생은 "어떤 일을 하죠?"라고 물었다. 나는 "광고물을 디자인하는 일입니다. 예를 들어, 글씨체를 도안하고 로고를 만드는 일을 하게 되죠. 때로는 프레젠테이션용 차트나 그래프를 만드는 일도 하게 될 거 같아요"라고 대답했다.

대단히 좋은 조건을 아니었지만, 가난한 예술가는 그 일을 간절히 원했다. 그 여학생은 메모지에 캐럴린 데이빗슨이라는 이름과 전화번호를 적어주었다. 나는 그것을 호주머니에 넣고는 완전히 잊어버렸다.

영업사원뿐 아니라 그래픽 디자이너까지 고용한 것은 내가 사업에 대해 크게 낙관하고 있다는 증거였다. 나는 타고난 낙관주의자가 아니다. 그렇다고 해서 비관주의자도 아니다. 대체로 나는 낙관과 비관 사이에서 맴돌았다. 그러나 1969년이 다가오면서, 나는 미래를 밝게 바라보는 사람으로 변해갔다. 나는 밤새 잘 자고, 아침 식사를 맛있게 하고 나서, 미래를 낙관해야 할 여러 이유를 확인했다. 매출이 증가하는 것은 차치하더라도 가까운 시일 안에 갑피upper, 창을 뺀 신발의 윗부분·옮긴이 부분에 초경량 나일론 섬유를 댄 오보리Obori를 포함해 흥미진진한 최신 모델이 여러 개 출시될 예정이었다. 폭스바겐 자동차 모델인 카르만 기아처럼 날렵한 라인이 돋보이는 나일론 섬유 운동화 '더 마라톤'도 있었다. 이들은 시장에 나오기만 하면 저절로 팔릴 것이다. 나는 우델에게 코르크판에다 이 운동화들의 사진을 꽂아놓으라고 여러 번 지시했다.

그 무렵, 미국 육상팀 코치로 멕시코시티 올림픽에 참가했던 바우어만 코치가 돌아왔다. 바우어만 코치는 미국 육상팀이 금메달을 가장 많이 따내는 데 아주 중요한 역할을 했다. 나의 동업자는 단순히 유명한 육상 코치가 아니었다. 그는 이제 전설이 됐다.

나는 바우어만 코치에게 올림픽에 관한 전반적인 이야기를 듣고 싶어서 전화를 했다. 특히 존 카를로스와 토미 스미스가 시상식에서 미국 국가가 연주될 때 고개를 숙인 채 검정 장갑을 낀 주먹을 치켜든 행동에 대해 의견을 물었다. 그들은 인종주의에 저항하고 빈곤과 인권에 대한 관심을 촉구한다는 명분으로 그런 충격적인 행동을 했다. 그들의 행동은 지금도 일부에서 정치적인 의견을 스포츠 경기에서 표현했다는 이유로 비난받고 있다. 바우어만 코치는 내가 예상했던 대로 그들을 두둔했다. 그는 육상 선수라면 무조건 편을 드는 사람이었다.

카를로스와 스미스는 시위를 벌이는 동안에 신발을 신지 않았다. 그들은 많은 사람들이 보는 가운데 퓨마 운동화를 벗어 스탠드에 내려놓았다. 나는 바우어만 코치에게 이런 행동이 퓨마에 좋은 결과를 초래할지, 아니면 그 반대일지 궁금하다고 말했다. 매스컴의 관심은 항상 좋은 결과를 낳는가? 그것은 광고와 같은 효과를 내는가? 아니면 근거 없는 환상에 불과한가?

바우어만 코치는 웃으면서 잘 모르겠다고 말했다.

그는 올림픽 기간 내내 벌어진 퓨마와 아디다스 간의 볼썽사나운 싸움에 관해 알려주었다. 독일인 형제들이 세계 양대 스포츠 신발업체인 이 두 회사를 경영하고 있었는데, 그들은 선수들을 차지하기 위해 마치 올림픽 선수촌의 키스톤 캅스Keystone Kops, 초기 무성 영화에서 코믹한 행동을 하는 경찰관–옮긴이처럼 상대방을 밀어내기에 여념이 없었다. 그들은 엄청난 액수의 현금을 운동화 혹은 봉투에 끼워 넣어 선수들에게 돌렸다. 퓨마의 영업 사원이 수감되는 사건도 벌어졌다아디다스 측이 모함했다는 소문도 돌았다. 수감된 영업사원은 여자 단거리 주자와 결혼했는데, 바우어만 코치는 농담 삼아 그 사람은 오직 퓨마 제품을 선전하려는 목적에서 결혼했을 것이라고 말했다.

더욱 안타깝게도, 두 회사의 부정은 현금을 뿌리는 데만 국한되지 않았다. 퓨마는 트럭 여러 대분의 운동화를 멕시코시티로 밀수출했고, 아디다스도 이에 뒤질세라 멕시코의 엄청난 수입 관세를 교묘하게 피해 갔다. 나는 아디다스가 멕시코 과달라하라의 어느 공장에서 명목상으로만 운동화를 생산하는 식으로 그런 짓을 한다는 소문을 들었다.

바우어만 코치와 내가 느낀 감정은 단순히 불쾌함만은 아니었다. 우리는 소외된 기분이 들었다. 블루 리본은 그런 곳에서 뿌릴 만한 현금 자체가 없었다. 우리는 올림픽 경기장에서 존재감 자체가 없었다.

올림픽 선수촌에는 변변찮기는 하지만 우리 부스도 있었다. 보크가 부스 담당이었는데 나는 보크가 거기서 만화책을 보고 앉아 있었는지, 혼자서 아디다스와 퓨마의 영업사원과 경쟁하기에는 중과부적임을 깨닫고 낙담하고 있었는지 알 수 없었다. 어쨌든 우리 부스는 찾는 사람이 없어서 텅 비어 있었다.

우리 부스를 찾아온 사람이 한 명 있긴 했다. 빌 투미라는 미국의 뛰어난 10종 경기 선수인데, 그는 타이거 운동화를 찾았다. 우리가 빌이 다른 회사의 운동화를 찾지 않는다는 사실을 세상에 알릴 수 있는 절호의 기회였다. 그런데 보크는 그의 신발 치수를 물어보지도 않았다. 그가 경기를 치르기에 어떤 운동화가 적절한지도 몰랐다.

바우어만 코치는 많은 선수가 타이거를 신고 훈련을 하고 있다고 말했다. 우리에게는 다만 그들 속으로 들어가 다른 업체와 경쟁할 사람이 없었을 뿐이다. 여기에는 품질 문제도 어느 정도 작용했다. 타이거는 아직 품질이 썩 뛰어나지 않았다. 하지만 무엇보다 중요한 이유는 돈이었다. 우리에게는 유명 선수를 활용해 마케팅을 할 만한 현금이 없었다.

나는 바우어만 코치에게 "우리는 망하지 않았어요. 다만 현금이 없을 뿐입니다"라고 말했다.

그러자 그는 "이렇든 저렇든 육상 선수에게 현금을 줄 수 있다는 게 대단한 일 아냐? 그것도 합법적으로 말이야"라고 투덜거렸다.

마지막으로 바우어만 코치는 경기장에서 기타미를 만난 이야기를 했다. 그는 기타미를 좋아하지 않았다. 바우어만 코치는 "그 친구는 신발에 대해 아는 게 하나도 없어. 겉만 번드르르하고, 괜히 잘난 척만 한단 말이야"라고 불평했다.

나도 비슷한 느낌을 갖고 있었다. 나는 지난번 기타미가 보낸 편지에서 그가 일본에서 보여준 모습과는 다르게 블루 리본을 좋아하는 사람이 아닐지도 모른다는 생각이 들었다. 아니, 상당히 불길한 예감이었다. 그가 가격 인상을 요구할 수도 있었다. 나는 이런 사실을 바우어만 코치에게 알리고는 이를 막기 위한 조치를 준비하고 있다고 했다. 나는 전화를 끊기 전에 우리 회사가 유명 선수에게 현금을 주거나 그들을 후원할 여건은 되지 않지만, 오니쓰카 측의 누군가를 포섭할 돈은 있다고 했다. 나의 눈과 귀가 되어 오니쓰카 내부에서 기타미의 행동을 감시해줄 만한 사람 말이다.

나는 당시 40명에 달하던 블루 리본 직원들에게도 이 사실을 글로 알렸다. 비록 나 자신이 책상 옆에 사무라이 검을 걸어놓을 정도로 일본 문화를 좋아하는 사람이지만, 그들에게 일본의 기업 관행을 이해하기가 아주 어렵다는 사실을 알렸다. 일본에서는 경쟁 상대 혹은 파트너가 어떤 행동을 할 것인지 예상할 수 없었다. 이제 이런 예상을 하는 것 자체를 포기했다. 그 대신 이렇게 했다고 적었다.

우리가 직접 나서서 정보를 수집하기 위한 특단의 조치를 취하려고 합니다. 얼마 전 우리는 스파이를 고용했습니다. 그는 오니쓰카 수출부서의 정규직원입니다. 이유를 길게 설명하지 않고, 다만 그가 신뢰할 만한 사람이라는 사실만 여러분에게 알리고자 합니다.

여러분에게는 스파이라는 단어가 윤리에 어긋난 것처럼 들릴 수도 있습니다. 그러나 일본 산업계에는 스파이 시스템이 깊이 뿌리를 내리고 있으며, 널리 용인되고 있습니다. 우리 산업계에 타이피스트, 속기사 군단이 있듯, 일본 산업계에는 산업 스파이 군단이 있습니다.

내가 무엇 때문에 '스파이'라는 단어를 그처럼 대담하게 드러내놓고 사용했는지는 잘 모르겠다. 제임스 본드가 크게 인기를 끌고 있어서 그랬을까? 또한 내가 그 정도로 많은 이야기를 했는데도 스파이의 이름을 들키지 않은 이유도 잘 모르겠다. 스파이의 이름은 내가 자전거를 선물한 후지모토였다.

당시에 나는 직원들에게 이처럼 민감한 내용을 글로 알리는 행동이 잘못됐고, 엄청나게 어리석은 짓이라는 것을 알았어야 했다. 이는 두고두고 후회할 일이었다. 나도 그 정도는 아는 사람이다. 그러나 나 자신도 일본의 기업 관행처럼 이해하기 아주 어려울 때가 더러 있었다.

기타미와 오니쓰카 회장은 올림픽 경기를 관전하기 위해 멕시코시티로 갔다. 그런 뒤 로스앤젤레스로 향했다. 나는 이들과 샌타모니카의 일본 레스토랑에서 저녁 식사를 함께하기로 약속하고, 포틀랜드에서 로스앤젤레스행 비행기를 탔다. 나는 약속 장소에 늦게 도착했는데, 그들은 이미 잔뜩 취해 있었다. 그들은 휴일을 맞은 학생처럼 기념품으로 구입한 솜브레로sombrero, 스페인 · 미국 남서부, 멕시코 등지에서 쓰는 펠트 또는 밀짚으로 만든 테가 넓고 높은 모자-옮긴이를 쓰고는 큰 소리로 떠들고 있었다.

나는 그들의 축제 분위기를 맞춰주려고 노력했다. 그들과 잔을 주고받고 초밥 몇 접시를 함께 먹으면서 그들과 돈독한 관계를 이어가려고 했다. 나는 그날 밤 호텔에서 잠들기 전에 내가 기타미에 대해 편집증을 갖고 있는 것은 아닌지, 제발 그렇기를 바랐다.

다음 날 아침, 우리는 블루 리본 직원과의 만남을 위해 포틀랜드로 날아갔다. 나는 내가 오니쓰카 사람들과의 대화에서는 말할 것도 없고, 그들에게 보내는 편지에서도 "세계적인 기업의 본사 건물"의 위엄에 관해 과대선전해왔다는 사실을 잘 알고 있었다. 기타미는 본사로 들어오면서 고개를 떨궜다. 오니쓰카 회장도 당혹스러운 표정으로 주변을 훑어보았다. 나는 분위기를 바꾸려고 억지웃음을 지으면서 말했다. "작아 보일 수도 있습니다. 하지만 우리는 밖에서 많은 일을 하고 있습니다!"

그들은 깨진 유리창을 보았다. 경기용 투창을 창문 걸쇠에 걸어 창문을 닫아놓은 모습, 흔들리는 합판으로 벽을 쳐놓은 모습도 보았다. 그다음에는 휠체어에 앉아 있는 우델을 보았다. 그날따라 핑크 버킷의 주크박스 때문에 사무실 벽이 흔들리는 것처럼 보였다. 그들은 믿기 힘들다는 표정으로 서로를 쳐다봤다. 나는 속으로 '이제 끝장이구나'라고 생각했다.

오니쓰카 회장은 내가 당혹스러워하는 것을 눈치채고는 나를 안심시키려는 듯 내 어깨에 손을 얹고서 "아주 멋있어요"라고 말했다.

우델은 벽에다 커다랗고 깔끔한 미국 지도를 걸어놓았다. 거기에는 지난 5년 동안 우리가 타이거를 판매한 지역에 빨간 압핀이 꽂혀 있었다. 지도는 빨간 압핀으로 뒤덮여 있었다. 다행스럽게도 그 지도가 사무실에 대한 관심을 다른 방향으로 돌리게 했다. 그러나 기타미는 몬태나 주 동부를 가리키면서, "여기에는 아무것도 꽂혀 있지 않네요. 여기 영업사원들은 일을 하지 않나 봅니다"라고 지적했다.

정신없이 며칠이 지나갔다. 나는 회사와 가정에 안정을 기하려고 했다. 페니와 나는 함께 사는 법, 즉 각자의 성격과 특이한 행동을 융합하는 법을 알아가고 있었다. 페니는 원만한 성격이지만, 나는 특이한 성격이었다. 따라서 더 많이 알아가야 할 사람은 바로 페니였다.

예를 들어, 페니는 내가 어떤 문제를 해결하거나 계획을 세우는 것처럼 자기만의 일에 빠져 있는 시간이 많다는 것을 알게 됐다. 가끔은 페니가 하는 말을 듣지 않을 때도 있었다. 아니, 듣고 있더라도 몇 분 지나면 기억하지 못했다.

페니는 내가 정신이 딴 데 팔려 있는 사람이라는 것도 알았다. 식료품점에 가더라도 페니가 말한 제품을 사지 않고 빈손으로 돌아올 때가 많았다. 식료품점에 가는 동안과 집으로 오는 동안에 최근의 은행 위기나 오니쓰카의 선적 지연 같은 문제를 골똘히 생각하느라 그런 일이 빈번히 벌어졌다.

또한 페니는 내가 특히 지갑이나 열쇠 같은 중요한 물건을 제자리에 두지 않는 사람이라는 것도 알게 됐다. 게다가 나는 동시에 여러 가지 일을 못 하는 사람인데, 그렇게 할 수 있다고 고집을 부렸다. 나는 점심을 먹거나 운전을 하면서 신문의 경제면을 훑어보았다. 그 탓인지 내가 새로 구입한 검정색 쿠거는 금방 똥차가 되어버렸다. 나는 차를 운전하면서 오리건의 미스터 마구Mr. Magoo of Oregon, 1949년 UPA애니메이션 스튜디오가 만든 만화 캐릭터로, 근시가 심하고 고집스러운 백만장자다. 앞을 잘 보지 못해 온갖 위험과 사고에 말려들지만, 정작 자신도 모르는 새 이를 비껴가며 재미를 준다-옮긴이가 되어 나무, 기둥, 남의 집 담장에 마구 부딪쳤다.

페니는 내가 생활습관이 깔끔하지 않은 사람이라는 것도 알게 됐다. 나는 화장실에 가서 변기 시트를 올려놓고 나오고, 옷을 아무 데나 던져놓고, 음식을 치우지 않고 식탁에 그냥 두고 나오는 버릇이 있었다. 더군다나 가사에도 아무런 도움이 되지 않았다. 음식도 할 줄 모르고, 청소도 할 줄 모르고, 나 자신을 돌보는 가장 간단한 일조차도 할 줄 몰랐다. 나는 어머니와 여동생들의 보살핌 아래 아주 버릇없이 자랐다. '하인들의 숙소'에서 지내는 동안에, 글자 그대로 하인들을 두고 지낸 셈이었다.

페니는 내가 무엇이든 남에게 지기 싫어하는 사람이라는 것도 알게 됐다. 내게 진다는 것은 엄청난 고통이었다. 아주 오래전 일이기는 하지만, 때로는 경솔하게도 바우어만 코치를 비난하기도 했다. 어린 시절, 아버지와 탁구 시합을 할 때마다 나는 아버지를 결코 이길 수 없다는 생각에 엄청나게 고통스러워했다. 아버지가 승리의 미소를 지을 때면 나는 화가 나서 미칠 지경이었다. 라켓을 집어던지고 울면서 자리를 뜬 게 한두 번이 아니다. 물론 이런 행동은 자랑스럽지 못한 짓이다. 하지만 이것은 내 몸에 밴 습관이고, 나 자신을 정확하게 설명해주는 행동이었다. 페니는 볼링 시합을 하면서 나의 이런 습관을 정확하게 알게 되었다. 볼링에 관한 한, 페니는 오리건주립대학교에서 볼링 과목을 이수한 대단한 실력자였다. 나는 페니와의 시합을 일종의 도전 으로 받아들였다. 이런 도전에 정면으로 맞서서 그녀를 이기고 싶었 다. 그래서 스트라이크를 치지 못하면 침울한 표정을 지었다.

무엇보다도 페니는 처음 시작하는 신발 회사를 이끌어가는 남자와 결혼하면 얼마 안 되는 생활비로 생계를 꾸려야 한다는 사실을 알게 됐다. 그런데도 페니는 살림을 잘 꾸려갔다. 나는 페니에게 식비로 매 주 25달러를 주었다. 그런데도 그녀는 맛과 영양이 가득한 음식을 내 놓았다. 가구 구입비로 2000달러 한도의 신용카드를 주었는데, 식탁 과 의자 세트, 제니스Zenith 텔레비전, 낮잠을 자기에 제격인 대형 소 파를 갖추어놓았다. 페니는 갈색 안락의자를 사서 거실 한쪽 구석에 놓기도 했다. 이제 나는 밤마다 몸을 45도 각도로 뒤로 젖혔다가 금방 일으켜 세울 수 있었다. 그 의자는 쿠거보다 더 편안하고 안전했다.

나는 밤마다 이 의자에 앉아서 아버지와 전화하는 습관이 생겼다. 아버지도 밤이면 거의 안락의자에 앉아 계셨다. 우리 부자는 비슷한 시간에 안락의자에 앉아 최근 블루 리본이 처한 문제들을 의논하곤 했 다. 아버지는 내가 하는 사업을 더 이상 "바보 같은 짓"이라고 여기지 않았다. 비록 드러내놓고 말하지는 않았지만, 내가 직면한 문제들을 "흥미롭고", "도전해볼 만한" 것으로 보았다.

1969년 봄, 페니는 아침마다 속이 안 좋다고 했다. 음식을 잘 넘기 지 못했다. 어느 날 정오가 되자 몸이 으슬으슬 떨린다고 했다. 페니는 자기가 태어날 때 받아주었던 의사를 찾아가서는 임신 소식을 들었다.

우리는 아주 기뻤다. 동시에 페니와 나는 완전히 새로운 상황에 맞닥뜨렸다.

우리들의 아늑한 아파트는 세 사람이 살기에는 너무 좁았다. 새 집이 필요했다. 하지만 그럴 형편이 되는가? 나는 이제 겨우 블루 리본에서 월급을 받기 시작했다. 만약 집을 산다면 어느 지역이 좋을까? 괜찮은 학교는 어느 지역에 있나? 집값, 학교 문제를 어떻게 풀어야 할까? 신생 기업을 경영하면서 주택 구매에 필요한 각종 정보를 어떻게 수집해야 하지? 신혼인 데다 새로 태어날 아이를 키우면서 신생 기업을 경영한다는 것이 가능한 일인가? 회계사든 교수든 좀 더 안정적인 직업을 가져야 되지 않을까?

매일 밤 페니가 사다놓은 안락의자에 앉아서 멍하니 천장을 바라보았다. 나는 이 문제를 스스로 해결하려고 했다. 인생은 성장이다. 성장하지 않으면, 죽은 거나 다름없다.

우리는 비버튼에 집을 구했다. 148제곱미터로 큰 편은 아니지만 마당이 4046제곱미터나 되고, 말을 가둘 수 있는 작은 울타리와 수영장도 있었다. 앞마당에는 엄청나게 큰 소나무가 있고, 뒷마당에는 일본산 대나무가 있었다. 나는 이 집이 아주 마음에 들었다. 어린 시절, 두 여동생은 내가 꿈꾸는 집이 어떻게 생겼는지 여러 번 물어보곤 했다. 어느 날 여동생들이 연필과 종이를 가지고 와서 나한테 직접 그려보라고 했다. 페니와 내가 비버튼에 이사 온 뒤, 여동생들은 내가 어렸을 때 그린 그 그림을 찾아냈는데, 비버튼의 집을 정확하게 닮아 있었다.

집값은 3만 4천 달러였다. 저축한 돈을 탈탈 터니 집값의 20퍼센트 정도를 마련할 수 있었다. 이 돈은 내가 퍼스트 내셔널에서 받은 대출에 대한 담보 성격의 저축이었다. 나는 화이트를 만나러 갔다. 나는 이 돈을 집 살 때 계약금으로 쓰고, 집을 담보로 내놓겠다고 말했다.

화이트는 "좋아. 이번 건은 윌리스와 따로 의논할 필요가 없네"라고 말했다.

그날 밤, 나는 페니에게 블루 리본이 파산하면, 우리는 집을 내놓아야 한다고 말했다. 페니는 배에 손을 얹고 자리에 앉았다. 이런 상황은 페니가 항상 피하고 싶어 하는 불안정의 대표적인 사례였다. 페니는 "알았어"라는 말만 계속 반복했다.

회사 일이 급박하게 돌아가자, 페니는 임신한 몸으로도 회사에 나와 일을 계속해야 한다는 의무감을 느꼈다. 페니는 블루 리본을 위해 자신의 모든 것을 희생했다. 심지어 오랫동안 간직해온 목표인 대학 졸업장까지도 포기했다. 사무실에 출근할 수 있는 몸 상태가 아닐 때도 외근을 다니며 통신판매 일을 했다. 이른 아침부터 헛구역질을 하고 발목이 붓고 체중이 늘어나 만성피로에 시달리는데도 페니는 1500건에 달하는 주문을 직접 처리했다. 그중 일부는 외진 곳에 사는 고객의 발을 투사透寫하러 가는 것도 있었지만, 페니는 개의치 않았다. 페니는 이렇게 투사한 것을 가지고 거기에 맞는 적절한 신발을 찾아서 보냈다. 판매 하나하나가 소중했기 때문이다.

원래 있던 집보다 큰 집을 찾아야 했듯, 사무실도 마찬가지였다. 핑크 버킷 옆에 있는 단칸방에서는 더 이상 블루 리본 식구들을 수용할 수 없었다. 게다가 우델과 나는 주크박스에서 나오는 음악 소리에 진절머리가 났다. 결국 우리는 일을 마치고 밤마다 치즈버거를 먹은 뒤 적당한 사무실을 찾아 돌아다녔다.

그 시절, 나와 우델이 함께 움직이는 것은 악몽과도 같은 일이었다. 내 차 쿠거에는 우델의 휠체어를 실을 수 없었다. 그러다 보니 항상 우델의 차에 타야 했고, 우델이 직접 운전해야 했다. 나는 장애인인 그가 운전하는 차에 타서 편하게 앉아 가는 것이 항상 미안하고 불편했다. 게다가 사무실마다 계단으로만 올라가게 되어 있어서 아주 미칠 지경이었다. 이것은 내가 우델의 휠체어를 올렸다 내렸다 해야 한다는 뜻이었다.

슬프게도 나는 바로 그 순간에 우델의 현실을 깨달았다. 사무실에서 우델의 긍정적이고 활기찬 면만 보았기 때문에, 그의 현실이 어떤지는 깨닫지 못했다. 직접 휠체어를 밀고 계단을 오르내리다 보니 몸이 성치 않은 우델의 심정을 세심하게 헤아릴 수 있었다. 나는 작은 목소리로 이렇게 기도했다. "제발 우델을 떨어뜨리지 않도록 해주십시오. 제발 부탁입니다." 우델은 이런 기도를 들으며 바짝 긴장했을 것이다. 그런 그의 모습을 보며 나는 더욱 초조해졌다. 하지만 나는 이렇게 말했다. "걱정 마, 내가 지금까지 환자를 죽게 한 적은 한 번도 없었잖아, 하하!"

우델은 어떤 일이 일어나더라도 평정심을 잃는 법이 없었다. 내가 휠체어를 들고 어두운 계단을 불안하게 내려오더라도, 그는 '나를 불쌍하게 여기기만 해봐. 당장 죽여버릴 거다'라는 자신의 기본 철학을 잃지 않았다.

우델이 처음으로 상품 전시회에 갔을 때의 일이다. 항공사에서 우델의 휠체어를 분실했다. 나중에 그것을 찾았을 때는 프레임이 프레첼막대 모양 또는 B자 모양으로 묶인 짭짤한 크래커–옮긴이처럼 휘어 있었다. 하지만 그정도는 우델에게 아무런 문제가 되지 않았다. 그는 불구가 되어버린 휠체어에 앉아서도 상품 전시회에 참석해 자기가 맡은 일을 어김없이 해내고는 함박 웃는 얼굴로 돌아왔다.

우델과 나는 매일 밤 새로운 사무실을 찾아다니면서 우리들의 완전한 패배를 두고 폭소를 터뜨리곤 했다. 우리는 밤마다 허름한 술집에 가서 만취할 지경까지 술을 마셨다. 우리는 헤어지기 전에 게임을 하기도 했다. 나는 스톱워치로 우델이 휠체어를 차에 접어 넣고 운전대에 앉기까지 걸리는 시간을 쟀다. 우델은 왕년의 육상 스타답게 자신의 최고 기록을 깨기 위한 도전을 즐겼다그의 최고 기록은 44초였다. 우리는 둘만의 미션을 가지고 그렇게 바보처럼 시간을 보냈던 젊은 시절의 밤을 지금도 잊지 않고 소중하게 간직하고 있다.

우델과 나는 다른 점이 많았다. 하지만 우리는 일에 대한 접근 방식이 같았다. 바로 이런 점에서 우정이 싹텄다. 우리는 한 가지 작은 과제에 집중하는 데서 기쁨을 얻었다. 한 가지 과제에 집중하면 정신이 맑아진다. 또한 우리는 지금보다 큰 사무실을 구해야 하는 과제 자체가 우리의 성공을 말해주는 신호라고 믿었다. 우리는 승리에 대한 깊은 욕망을 불러일으키는 블루 리본의 이름으로 이 과제를 추진하고 있었다.

우리 두 사람 중 어느 누구도 말이 많지는 않았지만, 우리는 밤마다 마음을 열고 많은 대화를 나누었다. 우델은 신체적인 장애에 대해 자세히 말했다. 내가 블루 리본을 운영하면서 심각한 상황에 처했다고 생각할 때마다 당시 우델이 해준 이야기는 항상 상황이 더 나빠질 수도 있다는 것을 상기시켜주곤 한다. 우델이 자기 자신을 다스렸던 방법은 나에게 삶의 가치, 미덕, 훌륭한 정신에 대한 변치 않는 교훈이 됐다.

우델의 장애는 특별한 것도, 절대적인 것도 아니었다. 그는 여전히 감정을 느끼고 있으며, 결혼해서 가정을 꾸리겠다는 희망을 잃지 않았다. 또한 그는 치료에 대한 희망을 버리지 않았다. 그는 하반신 마비 환자들에게 치료 전망이 있는 실험용 신약을 꾸준히 복용했다. 문제는 약 때문에 입에서 마늘 냄새가 심하게 난다는 것이었다. 우리가 사무실을 찾아 헤매던 그때, 우델에게선 오래된 피자 가게 냄새가 났다. 나는 이런 이야기를 우델에게 직접 했다.

나는 우델에게 지금 생활이 행복한지 물었다. 내게 그런 질문을 할 권한이 없다는 생각에 조금 머뭇거리기는 했다. 그는 잠시 생각하더니 그렇다고 했다. 자신은 행복하다고 했다. 그는 자기 일을 사랑했다. 때로는 걷지 못하는 사람이 신발을 팔러 다니는 아이러니에 당혹스러움을 느꼈지만, 블루 리본을 사랑했다.

우델의 말을 듣고 나서 무슨 말을 해야 할지 알 수 없었다. 나는 그냥 아무 말도 하지 않았다.

페니와 나는 새로 산 집에 우델을 자주 초대해서 저녁 식사를 함께했다. 우리는 우델을 한 식구처럼 대했다. 우리는 우델을 사랑했다. 우리는 그의 공허한 마음을 채워주고 싶었다. 그에게는 친구, 가정적인 위안이 필요했다. 페니는 우델이 올 때마다 항상 특별한 음식을 준비했다. 페니가 주로 준비하는 음식은 닭 요리와 브랜디와 찬 우유로 만든 디저트페니는 어떤 잡지에서 그 조리법을 익혔다였다. 이렇게 먹다 보면 우리 모두 만취해버리기 일쑤였다. 닭과 브랜디는 매주 25달러인 식비 예산에 엄청난 타격을 입혔지만, 페니는 우델이 올 때는 돈을 아끼려고 하지 않았다. 내가 저녁에 우델이 온다고 말하면, 페니는 거의 반사적으로 "닭하고 브랜디를 준비할게!"라고 말했다. 그녀는 우델을 극진하게 환대했다. 페니는 우델을 살찌우고, 우델을 보살폈다. 아마도 우델이 페니의 모성애를 자극했던 것 같았다.

눈을 감고 어떻게든 기억하려고 애를 써보지만, 그런 밤들의 수많은 중요한 순간이 기억 속에서 영원히 사라져버렸다. 수많은 이야기, 숨 가쁘게 웃던 일, 이런저런 생각, 뜻밖의 일, 그 모든 것이 흐르는 세월과 함께 지워졌다. 내 머릿속에는 우리가 밤새도록 앉아서 지난 일을 되돌아보고 앞으로의 일을 계획하던 기억만 남아 있다. 그 시절, 우리는 서로 번갈아가면서 블루 리본의 현황, 우리가 앞으로 해야 할 일, 하지 말아야 할 일에 대해 토론했다. 그날 밤 단 하루만이라도 우리가 했던 말을 녹음기에 담았더라면 소중한 기록이 됐을 텐데……. 적어도 내가 세계 여행을 떠났을 때처럼 일기를 썼더라면 좋았을 텐데…….

적어도 우델의 모습만은 또렷이 기억한다. 청바지를 조심스럽게 걸치고, 하얀 티셔츠에 그의 트레이드마크인 V자형 스웨터를 입은 우델은 항상 식탁의 상석에 앉았다. 그리고 타이거 신발을 신고 있었는데, 고무 밑창은 원래 모습을 그대로 간직하고 있었다.

그 시절, 우델은 턱수염을 길게 길렀고, 콧수염도 덥수룩했다. 나는 우델의 그런 자유가 항상 부러웠다. 나는 60대가 되어서야 턱수염을

기를 수 있었다. 왜냐고? 나는 은행에 가서 끊임없이 돈을 빌려야만 했기 때문이다. 월리스를 만날 때는 부랑아처럼 보여서는 안 됐다. 그의 마음을 얻으려면 우선 깔끔하게 면도부터 해야 했다.

우델과 나는 드디어 포틀랜드 다운타운 남쪽에 위치한 타이거드 Tigard에서 훌륭한 사무실을 발견했다. 건물 전체는 아니고그럴 형편이 안 됐다. 우리 사무실로 사용한 구역은 1층 한쪽 구석이었다. 나머지는 호레이스 만 인슈어런스 컴퍼니Horace Mann Insurance Company가 사용했다. 새로 얻은 사무실은 매력적이고 멋진 공간으로, 블루 리본이 장족의 발전을 했음을 의미했다. 그럼에도 불구하고 나는 많이 망설였다. 예전에 블루 리본이 싸구려 술집 옆에 있을 때는 이상야릇한 논리가 있었다. 그런데 보험 회사 옆이라? 복도에는 카펫이 깔려 있고, 휴게실에는 냉장고가 있고, 사무실에는 양복을 맞춰 입은 남자들이 있다. 그곳에서는 대기업 분위기가 물씬 풍겼다. 나는 주변 환경이 우리의 정신과 밀접한 관련이 있고, 우리의 정신이 우리의 성공에서 커다란 부분을 차지한다고 생각했다. 우리가 조직형 인간과 자동 장치가 만연한 보험 회사와 갑자기 건물을 함께 쓰면, 우리의 정신이 어떻게 변할지 걱정이 앞섰다.

안락의자에 앉아서 이런저런 생각을 해보았다. 그러고는 대기업 같은 분위기는 우리 회사와 어울리지 않을 거라는 판단을 내렸다. 그러나 그곳은 우리가 거래하는 은행이 선호하는 조건을 갖췄다. 이처럼 따분하고 메마른 사무실이라면 월리스가 찾아오더라도 공손한 태도를 취할 것이다. 게다가 이 사무실은 타이거드에 있었다. '타이거드'에서 '타이거'를 판매하는 것도 나름 의미가 있어 보였다.

그다음에 나는 우델이 하는 일에 관해 생각해보았다. 우델은 블루 리본에서 일하는 것이 행복하다고 했지만, 자기가 느끼는 아이러니함도 언급했다. 사실, 타이거를 팔러 우델을 고등학교, 대학교로 보내는 상황을 아이러니라는 단어로 표현하는 것은 적절치 않았다. 아마도 고문이었을 것이다. 나는 우델의 재능을 제대로 활용하지 못하고 있었다. 우델에게 가장 잘 맞는 일은 혼란에 질서를 부여하고 문제를 해결하는 것이었다. 다시 말하자면, 한 가지 작은 과제에 집중하는 것이었다.

타이거드 사무실의 임차 계약을 하러 가던 길에, 우델에게 앞으로 블루 리본의 운영 관리 업무를 맡을 생각이 있는지 물어봤다. 그렇게 하면 우델은 더 이상 신발을 팔러 다니지 않아도 된다. 더 이상 학교를 찾아가지 않아도 된다. 대신에 우델은 나 혼자서 처리하기 힘든 일을 맡게 될 것이다. 예를 들어, 로스앤젤레스 영업소의 보크와의 연락, 웰즐리 영업소의 존슨과의 연락, 마이애미 영업소 개설, 신입 영업사원들에 대한 업무 조정과 영업 보고서 취합을 담당할 직원의 고용, 지출 승인 같은 일을 맡게 될 것이다. 특히, 우델은 블루 리본의 은행 계좌 관리 담당 직원을 감독해야 한다. 이제 우델은 자기가 월급으로 받는 수표를 현금으로 교환하지 않고 쌓아두면, 그 이유를 바로 자기 자신에게 설명해야 한다.

우델은 환한 얼굴로 그런 제안을 받아서 아주 기쁘다고 했다. 그는 손을 내밀더니 "그렇게 합시다"라고 말했다. 여전히 운동선수답게 손힘이 강하게 느껴졌다.

1969년 9월에 페니는 출산 검사를 받기 위해 의사를 찾았다. 의사는 상태가 좋아 보인다고 했다. 하지만 아이는 시간이 좀 지나야 태어날 것 같다고 했다. 아무래도 1주 정도는 지나야 될 것 같다고 했다.

페니는 그날 오후 블루 리본에서 고객들을 맞이하면서 보냈다. 우리는 함께 집으로 가서 저녁을 일찍 먹고 일찍 잠자리에 들었다. 새벽 4시쯤 됐을까? 페니가 내 어깨를 흔들며 "몸이 이상해"라고 말했다.

나는 당장 의사에게 전화해서 이매뉴얼 병원에서 만나기로 했다.

노동절을 몇 주 앞두고 연습 삼아 그 병원에 몇 번 가보았다. 이런 연습이 필요하다고 생각했다. 아이의 출산 같은 절박한 순간이 닥치면 포틀랜드 시내가 방콕처럼 보일 정도로 정신이 없을 게 분명했기 때문이다. 정말 그날은 주변의 모든 것이 생소하게 보였다. 나는 길을 확인하면서 천천히 운전했다. 그렇다고 너무 천천히 갈 수도 없었다. 자칫하면 내가 아이를 받을 수도 있기 때문이었다.

가로등 불빛만 반짝일 뿐, 거리는 한산했다. 하늘에선 보슬비가 내리고 있었다. 차 안에선 페니의 거친 숨소리와 앞유리창을 닦는 와이퍼 소리만 들렸다. 응급실 입구에 차를 세우고 페니와 함께 병원으로 들어갈 때, 페니는 "아무래도 우리가 과민반응한 것 같아. 아직은 아닌 것 같아"라는 말을 되풀이했다. 그러나 페니는 내가 육상 경기에서 마지막 한 바퀴를 달릴 때처럼 숨을 거칠게 몰아쉬고 있었다.

나는 페니를 휠체어에 앉힌 뒤 복도로 밀고 가던 간호사를 지금도 기억한다. 무엇인가 도움이 될까 싶어 간호사 뒤를 따라갔다. 나는 임신 키트와 스톱워치를 들고 있었다. 스톱워치는 우델과 게임을 할 때 사용하던 것이었다. 나는 진통 시간을 큰 소리로 세었다. "오, 사, 삼……." 그러자 페니가 헐떡거리기를 멈추고 나를 돌아보더니 꽉 깨물고 있던 이 사이로 "제발 그만해"라고 말했다.

간호사는 페니를 휠체어에서 일으켜 세운 뒤 바퀴가 달린 침대에 눕히곤 어딘가로 향했다. 그 순간 복도 뒤편에 '대기실Bullpen'이라는 간판이 보였다. 그곳은 예비 아빠들이 멍하니 앉아 기다리는 곳이었다. 페니와 함께 분만실에 들어갈 수도 있었지만, 아버지가 그렇게 하지 말라고 당부하셨다. 내가 태어날 때 분만실에 들어갔던 아버지는 내 온몸이 밝은 푸른색인 것을 보곤 눈이 휘둥그레졌다고 하셨다. "그러니까 아이가 나오는 순간에는 다른 곳에 가 있어."

나는 딱딱한 플라스틱 의자에 눈을 감고 앉아 마음속으로 회사 일을 생각했다. 한 시간쯤 지났을까? 눈을 떠보니 어떤 의사가 서 있었다. 이마에는 구슬 같은 땀방울이 맺혀 있었다. 그의 입술이 움직이는 것을 보니 뭐라고 말하는 게 틀림없었다. 그러나 나는 그의 말을 알아들을 수 없었다. 라이프 이즈 어 조이Life's a joy? 히어 이즈 어 토이Here's a toy? 아 유 로이Are you Roy?

의사가 다시 말했다. 잇츠 어 보이It's a boy.

"아들이라고요?"

"부인이 아주 큰일을 하셨습니다. 한 번도 통증을 호소하지 않고 적절한 순간에 밀어냈습니다. 부인이 라마스Lamaze, 무통 분만법의 일종—옮긴이 강의를 많이 들었나요?"

"르망Lemans요?"

"무슨 말씀이시죠?"

"네?"

그는 나를 환자처럼 데리고 긴 복도를 따라 작은 방으로 안내했다.

커튼 뒤로 페니가 보였다. 페니는 지치고 힘들어 보였지만, 환한 표정을 짓고 있었다. 그녀의 얼굴은 시뻘겋게 달아올라 있었다. 페니는 푸른색 유모차 장식을 한 누비이불 모양의 하얀 담요를 팔로 감싸고 있었다. 담요를 내리니까 하얀 스타킹 캡을 씌운, 잘 익은 자몽만 한 머리가 보였다. 아들이었다. 그 아이는 마치 여행자처럼 보였다. 물론 여행자가 맞다. 지금 막 세상을 여행하기 시작한 것이다.

나는 몸을 아래로 숙이고 페니의 볼에 키스했다. 그러고는 얼굴에 달라붙은 축축하게 젖은 머리카락을 떼어주었다. 나는 "당신 챔피언이야"라고 속삭였다. 그러자 페니가 곁눈질로 나를 흘끗 쳐다보았다. 아마도 내가 아기에게 하는 말이라고 생각한 것 같았다.

페니는 아기를 안아보라고 했다. 나는 두 팔로 아기를 감싸 안았다. 아기는 살아 숨 쉬고 있었다. 하지만 아주 연약했고, 몸조차 제대로 가누지 못했다. 그 순간, 경이로운 기분이 들었다. 이런 기분은 비록 익숙하기는 했지만, 다른 느낌으로 다가왔다. 제발 우델을 떨어뜨리지 않도록 해주세요.

나는 블루 리본에 있으면서 페니에게 품질 관리, 장인 정신, 배송에 관해 많은 이야기를 했다. 그러나 이번에는 살아 숨 쉬는 생명이었다. 나는 페니에게 "이 아기가 우리가 낳은 자식이야"라고 말했다. 우리가 낳은 자식이라고.

페니는 고개를 끄덕이고는 반듯이 누웠다. 나는 아기를 간호사에게 넘기고 페니에게 한숨 자라고 했다. 병원 건물에서 나와 차에 올라탔다. 갑자기 아버지가 보고 싶은 마음이 간절해졌다. 나는 아버지가 계시는 신문사에서 몇 블록 떨어진 곳에 차를 세웠다. 조금 걷고 싶었다. 비는 그쳤지만, 공기는 차갑고 눅눅했다. 저쪽에 담배 가게가 보였다. 그 순간 나는 크고 두툼한 로부스토robusto 시가를 아버지께 건네며 "하하! 할아버지!"라고 외치는 모습을 떠올려보았다.

목재 시가 박스를 팔에 끼고 담배 가게를 나오다가 우연히 오리건 대학교 육상 선수 출신인 키스 포먼을 만났다. 내가 "키스!"라고 외치자, 그는 "벅, 오랜만이야"라고 말했다. 나는 키스의 양복 깃을 붙잡고 "아들이야!"라고 외쳤다. 그러자 키스는 몸을 뒤로 젖히고는 어리둥절한 표정을 지었다. 아마도 내가 술에 취했다고 생각했을 것이다. 자세히 설명할 시간이 없었다. 나는 가던 길을 계속 걸어갔다.

포먼은 6500미터 계주에서 세계 신기록을 수립한 오리건대학교 육상 팀 선수였다. 육상 선수이자 회계사인 나는 그들이 세운 경이적인 기록, 16분 8초 9를 잊지 않고 기억했다. 포먼은 바우어만 코치가 이끈 1962년 전국 육상 대회 우승팀의 주목받는 스타였다. 그는 1500미터 4분 벽을 깬 다섯 번째 미국인이기도 했다. 나는 마음속으로 불과 몇 시간 전에 한 말이 진짜 챔피언의 등장으로 이어졌다는 생각이 들었다.

11월의 가을 하늘에는 양털 구름이 낮게 깔려 있었다. 나는 두꺼운 스웨터를 입고 난롯가에 앉아서 이런저런 생각을 했다. 온통 감사할 일뿐이었다. 페니와 어린 아들 매튜는 모두 건강했다. 보크, 우델, 존슨도 행복한 나날을 보내고 있었다. 매출은 계속 증가하고 있었다.

그런데 보크에게서 편지가 왔다. 보크는 멕시코시티에서 돌아온 뒤 일종의 정신적 몬테수마의 복수Montezuma's Revenge, 멕시코 여행자가 걸리는 설사 옮긴이로 신음하고 있었다. 그는 나에 대한 불만을 편지에 적어 보냈다. 그는 내 경영 스타일이 마음에 들지 않았다. 회사에 대해 내가 품고 있는 비전도 마음에 들지 않았고, 보수도 마음에 들지 않았다. 나한테 편지를 보내면 답장을 받는 데 몇 주가 걸리거나 심지어 아예 답장을 받지 못하는 것도 마음에 들지 않았다. 자기가 신발 디자인에 관해 아이디어를 많이 냈는데, 그런 것들이 제대로 반영되지 않는다고 생각했다. 그는 몇 페이지에 걸쳐 이런 불안을 늘어놓고는 즉각적인 변화를 요구했다. 거기에다 월급을 올려달라는 말도 덧붙였다.

두 번째 반란이었다. 그러나 이번 반란은 존슨의 반란보다 대처하기 더 어려웠다. 답장을 쓰는 데만 며칠이 걸렸다. 나는 월급은 조금 올려주겠지만, 그 밖의 사항에 대해서는 사장으로서 물러서기 어렵다고 했다. 나는 보크에게 어떤 회사에도 사장은 한 사람만 존재하며, 유감스럽게도 블루 리본의 사장은 벅 나이트라는 사실을 강조했다. 나와의 관계가 좋지 않거나 나의 경영 스타일이 마음에 들지 않으면, 스스로 물러날 수도 있고 내가 해고할 수도 있다는 말도 통보했다.

나는 스파이를 고용했다는 것을 글로 알렸을 때와 마찬가지로, 좀 더 생각해보지 않고 즉각 답장을 보낸 것을 후회했다. 편지를 우체통에 집어넣자마자, 보크는 회사에 중요한 사람이고, 내가 그를 잃는 것을 원하지 않으며, 그가 없으면 대체 인력을 구하기가 쉽지 않을 것이라는 생각이 들었다. 나는 블루 리본의 새로운 운영 관리 담당 우델을 로스앤젤레스로 급파해 사태를 수습하도록 지시했다.

우델은 보크와 점심 식사를 함께하면서, 아들이 생긴 이후 내가 잠을 제대로 못 잔다고 했다. 또한 기타미와 오니쓰카 회장이 방문한 이후 내가 엄청난 스트레스를 받고 있다고도 했다. 나의 독특한 경영 스타일, 특히 메모나 편지를 보내도 아무런 대답이 없는 것을 두고 많은 사람이 불만을 토로하고 있다고도 했다.

우델은 며칠에 걸쳐 계속 같은 말을 되풀이하면서 보크를 위로했다. 우델은 보크도 스트레스를 많이 받고 있다는 것을 알았다. 영업소는 잘 돌아가고 있지만, 블루 리본의 창고처럼 되어버린 뒷방은 엉망진창이었다. 박스가 여기저기 흩어져 있고 청구서와 서류가 천장까지 쌓여 있었다. 보크는 이 많은 것을 도저히 혼자 감당할 수 없었다.

보크를 만나고 온 우델은 나한테 사진을 보여주었다. 우델은 "내 생각에는 보크가 다시 돌아올 것 같아. 그런데 창고 관리에 대한 부담만큼은 덜어주는 게 좋겠어. 창고 관리 업무를 이쪽으로 넘겨받는 게 어떨까?"라고 제안했다. 그러면서 우델은 자기 어머니가 그 일을 잘할 수 있을 거라고 했다. 우델의 어머니는 오리건에서 아주 유명한 수영복 회사, 잔센에서 다년간 창고 관리 업무를 맡았었다. 따라서 우델은 정실 인사가 아니라고 했다. 듣고 보니 우델의 어머니는 그 일에 적임자 같았다.

나는 우델이 하는 일에 이러쿵저러쿵 상관할 생각이 없었다. 우델이 좋으면 나도 좋았다. 나는 블루 리본에 우델 집안 사람이 많으면 많을수록 좋을 거라고 생각했다.

1970년
현금, 현금, 현금이 필요해

크리스마스를 2주 앞두고, 다시 일본에 가야 할 일이 생겼다. 크리스마스에 페니와 갓 태어난 매튜만 집에 남겨둔 채 떠나고 싶지 않았지만, 어쩔 수 없었다. 오니쓰카와 새로운 계약을 체결해야 하기 때문이었다. 그렇지 않으면, 기타미가 나를 계속 불안하게 만들 것이다. 그는 내가 도착할 때까지 계약 갱신에 관한 자기 생각을 말해주지 않았다.

나는 또다시 오니쓰카 임원진에 둘러싸여 있었다. 이번에 오니쓰카 회장은 늦게 등장하지도 않았고, 조용히 앉아 있지도 않았다. 그는 처음부터 회의를 주재했다.

그는 먼저 블루 리본과의 계약을 3년 더 갱신하겠다는 취지의 말을 하고는 회의를 시작했다. 나는 몇 주 만에 처음으로 미소를 지었다. 나는 곧 블루 리본의 장점을 내세우며 계약 기간을 늘려줄 것을 요청했다. 물론 1973년까지는 아직 많은 시간이 남아 있었다. 그러나 눈 깜짝할 사이에 바로 코앞으로 다가올 것이다. 나는 더 많은 시간과 안정이 필요했다. 내가 거래하는 은행은 더 많은 시간을 요구했다. 나는 "5년은 어떻겠습니까?"라고 제안했다.

오니쓰카 회장은 웃는 얼굴로 "3년입니다"라고 못을 박았다.

그는 뜻밖의 연설을 시작했다. 지난 수년 동안 수출이 부진했고 전략적인 과오가 있었지만, 오니쓰카의 전망은 여전히 낙관적이다. 비용 절감과 조직 개편으로 오니쓰카는 시장에서의 우위를 회복했다. 새해 매출은 2200만 달러를 상회할 것이고, 이 중에서 미국에서의 판매가 많은 부분을 차지할 것이다. 최근의 시장 조사 결과에 따르면 미국 육상 선수의 70퍼센트가 타이거를 보유하고 있는 것으로 나타났다.

물론 나도 그 사실을 알고 있었다. 내 말은 블루 리본이 거기에 어느 정도 기여했으니, 계약 기간을 좀 더 길게 잡아달라는 것이었다.

오니쓰카 회장은 계약 기간을 3년으로 정한 데는 기타미의 의견이 크게 영향을 미쳤다고 했다. 그는 자리에 앉아 있는 기타미에게 따뜻한 미소를 보냈다. 그러고는 기타미가 회사의 운영관리자로 승진했다는 소식을 전했다. 기타미는 이제 오니쓰카의 우델이었다. 비록 기타미 1000명을 준다고 해도 우델 한 사람과 바꾸지 않을 테지만 말이다.

나는 오니쓰카 회장에게 고개를 숙이면서 회사의 미래에 행운이 깃들기를 바란다고 했다. 기타미에게도 고개를 숙이면서 승진을 축하한다고 했다. 하지만 고개를 들고 기타미와 눈빛이 마주치는 순간, 왠지 모르게 차가운 기운이 느껴졌다. 그런 기운은 며칠 동안 남아 있었다.

우리는 계약서를 작성했다. 네다섯 문단으로 엉성하게 만든 계약서였다. 내용이 좀 더 구체적이어야 하고 변호사의 자문이 필요하겠다는 생각이 들었다. 그러나 시간이 없었다. 우리는 서명을 하고, 다른 주제로 넘어갔다.

어쨌든 계약을 갱신해서 나는 안도의 한숨을 쉬었다. 하지만 지난 8년과 비교하면 오리건으로 돌아오는 길이 편치 않았다. 물론 내 가방에는 오니쓰카가 향후 3년 동안 제품을 공급하겠다고 보증하는 내용의 서류가 들어 있었다. 그들은 무엇 때문에 기간을 3년으로 못 박았을까? 더 중요한 것은 이번 연장 계약서에는 오해의 소지가 많다는 것이었다. 어쨌든 오니쓰카는 제품을 공급하겠다고 약속했다. 그러나 과거의 사례를 보면 제품을 불안할 정도로 늦게 공급하는 경우가 많았다. 독촉해봤자 그들은 우리가 돌아버릴 정도로 무심한 태도를 보였다. "며칠만 지나면 도착할 겁니다." 나의 재촉에 그들의 답신은 매번 같은 내용이었다. 월리스는 은행업자가 아닌 사채업자가 되어가고 있었다. 이런 상황에서 '며칠만 더'라는 표현은 재앙을 의미할 수도 있었다.

오니쓰카가 보낸 제품이 제때 도착하더라도 수량이 잘못된 경우가 많았다. 사이즈가 다른 경우도 있고, 모델이 다른 경우도 있었다. 이런 혼란은 창고 관리 업무를 어렵게 하고, 영업사원들을 초조하게 만들었다. 내가 일본을 떠날 때, 오니쓰카 회장과 기타미는 최첨단 공장을 건설할 계획이라고 말하면서 나를 안심시켰다. 그들은 공장이 완공되면, 배송 문제는 저절로 해결될 거라고 했다. 그 말에 전혀 믿음이 가지 않았다. 그러나 내가 할 수 있는 게 없었다. 나는 그들의 처분만 기다려야 했다.

당시 존슨은 거의 미칠 지경이었다. 지금까지 존슨은 편지를 통해 고민을 차분하게 토로해왔지만, 이번에는 미칠 듯이 격앙된 감정을 여과 없이 쏟아부었다. 문제는 바우어만 코치가 이름 붙인 코르테즈였다. 코르테즈의 인기는 하늘을 찌를 듯했다. 우리는 사람들이 코르테즈에 빠져들도록 마법을 걸었다. 사람들은 코르테즈에 완전히 중독됐다. 그런데 우리는 고객들의 수요를 충족시킬 수 없었다. 그러자 사람들은 변덕스러운 공급 체계에 분노를 표출했다.

존슨은 "지금 우리는 고객들을 데리고 장난치고 있어"라고 적었다. "성공은 코르테즈가 얼마나 많이 적재되는가에 달려 있어. 그런데 현실은 쇠수세미 갑피와 낡은 면도날 혀tongue, 구두나 운동화의 끈 안쪽에 달려 있는 손잡이 부분─옮긴이가 달린 사이즈 6과 6.5짜리 보스턴만 적재되어 있을 뿐이지."

존슨의 말은 과장됐지만, 지나친 것은 아니었다. 실제로 그런 일이 일어나고 있었다. 나는 월리스에게서 대출을 약속받고 오니쓰카의 제품이 도착하기를 기다렸는데, 내가 받은 제품 중에 코르테즈는 없었다. 6주 뒤 그들은 코르테즈를 지나칠 정도로 많이 보냈지만, 이때는 너무 늦었다.

도대체 왜 이런 일이 일어나는 거지? 오니쓰카의 생산 시설이 낡아서 그런 것은 아니었다. 우델은 오니쓰카가 일본의 고객 수요를 충족시키고 난 뒤 해외 수요를 충족시키려는 것 같다고 했다. 이는 대단히 불공정한 처사였다. 하지만 이번에도 내가 할 수 있는 일은 없었다. 나는 아무런 영향력도 없었다.

오니쓰카가 공장을 새로 지어 배송 문제를 해결하더라도, 오니쓰카가 제품을 제때 보내고 제품 사이즈도 주문대로 정확하게 맞아떨어지더라도 내가 월리스를 설득해야 하는 문제는 여전히 남아 있었다. 주문량이 많아지면 대출을 많이 받아야 하고, 대출이 많아지면 이를 상환하기가 어려워진다. 1970년이 되면서 월리스는 나한테 이처럼 불확실한 대출을 해주기는 더 이상 어렵다고 했다.

지금도 나는 월리스의 사무실에 앉아 있던 순간을 기억한다. 월리스와 화이트는 나를 열심히 두들겨 팼다. 월리스는 그 순간을 즐기는 것처럼 보였다. 하지만 화이트는 '미안하네. 젊은 친구. 이게 내 직업이야'라는 표정이 역력했다. 늘 그랬듯, 나는 그들의 박해를 겸허하게 받아들였다. 이것이 바로 힘없는 중소기업 사장의 역할이다. 신용은 부족하고 회개의 시간은 길었다. 물론 나는 이런 역할을 잘 알고 있었다. 속을 뒤집어버릴 듯한 소리도 무시할 수 있어야 했다. 나는 아무것도 없는 상태에서 대단히 역동적인 기업을 설립했다. 어떤 면으로 보든 블루 리본은 맹수가 됐다. 매출은 매년 두 배로 증가했다. 그런데도 이런 대접을 받아야 하는가? 그들은 우리를 게으름뱅이처럼 취급하고 있지 않은가?

화이트는 분위기를 진정시키려고 블루 리본에 도움이 될 만한 이야기를 몇 가지 했다. 그러나 이런 의견은 월리스의 생각에 전혀 영향을 미치지 않았다. 나는 숨을 크게 쉬고는 말을 하려다가 멈췄다. 내 목소리에선 자신감이 느껴지지 않았다. 단지 좀 더 꼿꼿이 앉아서 나 자신을 꼭 껴안았을 뿐이다. 이 무렵, 내겐 신경성 안면 경련이 생기기 시작했다. 고무 밴드는 더 이상 내 손목에 상처를 입히지 않았다. 나는 스트레스를 받거나 누군가를 질식시켜 죽이고 싶을 때마다 내 팔을 잘 감싸서 몸통 주변에 묶어두었다. 그날은 유달리 안면 경련이 심하게 나타났다. 월리스와 화이트는 아마도 내가 태국에서 배운 독특한 요가 자세를 연습하고 있다고 생각했을 것이다.

문제는 성장에 대한 의견이 다르다는 데만 있지 않았다. 블루 리본의 매출은 60만 달러에 육박했다. 그리고 그날 나는 120만 달러를 빌려달라고 했다. 이 수치가 월리스에게 시사하는 의미는 컸다. 100만 달러 벽에 도달한 것이었다. 월리스에게 이것은 1500미터 경주의 4분 벽과도 같은 수치였다. 월리스는 그 벽을 깨고 싶지 않았다. 그는 블루 리본과의 관계 자체가 싫고, 나를 보는 것도 싫다고 했다. 그는 나를 볼 때마다 현금 잔고의 중요성을 강조했다. 그럴 때마다 나는 매출과 수익이 계속 증가하기 때문에 블루 리본의 미래를 긍정적으로 봐야 한다는 말을 아주 정중하게 했다.

월리스는 펜으로 테이블을 톡톡 두드렸다. 그는 나한테 제공할 수 있는 신용은 이미 최대한도를 넘었다고 했다. 내가 현금을 준비하지 않으면 1센트도 제공할 수 없다면서 쾅쾅 못을 박았다. 그날 이후 그는 엄격한 판매 할당량을 부과했다. 이 할당량에 조금이라도 못 미치거나 이것을 하루라도 늦게 달성하면······. 그는 문장을 마무리짓지 않았다. 그의 목소리는 점점 잦아들었다. 최악의 시나리오가 발생하면, 이 침묵을 채워 넣어야 할 사람이 바로 나였다.

나는 화이트를 돌아봤다. 그의 표정은 '내가 무엇을 할 수 있겠나?'라고 말하는 것 같았다.

며칠 뒤, 우델이 오니쓰카에서 보낸 전보를 보여주었다. 봄에 선적한 제품이 곧 출발할 예정이며, 납품 대금조로 2만 달러를 송금해달라는 내용이었다. 아주 좋은 소식이었다. 이번에는 그들이 제품을 제때 발송할 것이라고 믿을 수 있었다.

한 가지 옥에 티가 있다면, 우리에게 2만 달러가 없었다는 것이다. 게다가 이제는 월리스를 찾아갈 수도 없다. 당시 내 수중에는 현금이 한 푼도 없었다.

나는 오니쓰카에 전보를 쳐서 우리 영업 인력이 제품을 판매해 수입이 좀 더 발생할 때까지 납품을 연기해줄 것을 부탁했다. 나는 "우리가 재정적으로 어려움에 처해 있다고는 생각하지 마십시오"라고 적었다. 이 말은 거짓말이 아니었다. 바우어만 코치에게 말했듯, 우리는 파산하지 않았다. 다만 현금이 없었을 뿐이다. 자산은 많지만, 현금이 없었다. 다만, 우리에게는 시간이 좀 더 필요했을 뿐이다. 이제 내가 "며칠만 더"라고 말해야 할 차례였다.

우리에게 닥친 현금흐름 문제를 확실하게 해결할 방법이 전혀 없는 것은 아니었다. 주식을 공모하는 방법이 해결책으로 떠올랐다. 블루 리본 지분의 30퍼센트를 1주당 2달러에 매각한다면, 하룻밤 사이에 30만 달러를 확보할 수 있을 것이다.

주식을 공모하기에는 지금이 적기라는 생각이 들었다. 1970년에 처음으로 벤처캐피털 기업이 등장했다. 벤처캐피털의 전체적인 개념이 우리의 눈앞에 펼쳐지기 시작한 것이다. 비록 건전한 벤처캐피털 투자란 구체적으로 어떤 투자를 의미하는가에 대해서는 아직 광범위한 합의에 이르지 못했지만 말이다. 신생 벤처캐피털 기업은 주로 캘리포니아 주 북부에 있었다. 그들은 주로 전자를 비롯한 첨단기술 기업들에 관심을 가졌다. 이런 기업들은 대부분 실리콘 밸리에 있었다. 첨단기술 기업들은 미래 지향적인 회사명을 가졌기에, 블루 리본의 지주회사를 설립하고 기술에 관심 있는 투자자들을 끌어들이기에 적합하도록 스포츠-텍Sports-Tek Inc.이라는 이름을 붙였다.

우델과 나는 주식 공모를 알리는 전단지를 돌렸다. 그런 뒤 사무실에 앉아서 열화와 같은 반응을 기대했다. 그런데 아무런 반응이 없었다.

한 달이 지났다.

정적만 감돌았다.

문의 전화 한 통도 없었다.

정말이지 전화하는 사람이 단 한 명도 없었다. 우리는 겨우 300주를 판매했다. 그것도 1주당 1달러에 말이다. 그마저도 우델과 우델의 어머니가 샀다.

결국 우리는 주식 공모를 포기했다. 한마디로 개망신 당했다. 이런 일이 있고 나서 혼자 이런저런 생각을 해보았다. 처음에는 경제가 안 좋은 것을 탓했다. 베트남전쟁을 탓하기도 했다. 그러나 무엇보다 먼저 나 자신을 탓했다. 나는 블루 리본을 과대평가했다. 나는 내가 하는 일을 과대평가했다.

아침에 커피를 마시면서 혹은 밤에 잠을 청하면서, 나는 이렇게 자문했다. 혹시 내가 바보일까? 내가 하는 신발 사업 자체가 바보나 하는 심부름이 아닐까?

어쩌면 그럴지도 모른다.

정말 그럴지도 모른다.

간신히 미수금을 확보해 2만 달러를 채우고, 은행 대출금을 갚고, 오니쓰카에서 제품을 납품받았다. 또다시 안도의 한숨을 쉬었다. 그러나 곧 가슴이 답답해졌다. 다음에는 어떻게 해야 하지? 그리고 또 그다음에는?

현금이 필요했다. 그해 여름은 유난히 더웠다. 황금빛 햇살, 청명한 푸른 하늘, 세상은 천국처럼 나른하게 느껴졌다. 이 모든 것이 나를 조롱하는 것만 같았다. 1967년 여름이 사랑의 여름이었다면, 1970년 여름은 현금의 여름이었다. 나한테는 현금이 없었다. 나는 하루 종일 현금만 생각하고, 현금만 이야기하고, 하늘을 보면서 현금을 애원했다. 내 나라를 줄 테니 현금을 다오. 이제 현금은 자기자본보다 훨씬 더 혐오스러운 단어가 됐다.

결국 나는 내가 하기 싫은 일, 다시는 하지 않겠다고 맹세했던 일을 하고 말았다. 나는 귀가 있는 사람이라면 누구한테든지 현금을 달라고 졸랐다. 친구, 가족은 물론이고 안면이 있는 모든 사람에게 현금을 빌려 달라고 했다. 옛날에 함께 땀을 흘리며 훈련하던 선수들에게도 찾아가서 손을 내밀었다. 그들 중에는 나의 최대 라이벌, 그렐리도 있었다.

나는 그렐리가 할머니에게 엄청나게 많은 재산을 물려받았다는 소문을 들었다. 게다가 그렐리는 하는 일마다 성공 신화를 만들어냈다. 그는 식료품점 체인 두 곳을 경영하고 부업으로 대학교 졸업생들에게 모자와 가운을 판매했다. 두 사업 모두 대박이 났다. 또한 그가 레이크 애로헤드에 많은 땅을 보유하고 있으며, 거기에 지은 엄청나게 큰 집에서 살고 있다는 소문도 들렸다. 그렐리는 이기기 위해 태어난 사람이었다 그는 세계 최고가 되고 나서 1년이 지나서도 여전히 경쟁심을 가지고 달렸다.

그해 여름 포틀랜드에서는 희망자는 누구나 참가할 수 있는 마라톤 대회가 열렸다. 나는 대회가 끝난 뒤 집에서 칵테일파티를 열고는 지인들을 초대했다. 물론 그렐리도 초대했다. 나는 그에게 말을 꺼낼 기회를 엿봤다. 오가는 술잔과 함께 분위기가 무르익었을 때, 나는 그렐리에게 잠깐 하고 싶은 말이 있다고 했다. 그렐리를 서재로 데리고 가서 마음속에 품고 있던 말을 간단하게 전했다. 새로 설립한 회사가 전망은 있지만 현금 사정이 안 좋다는 말이었다. 그는 점잖게 웃으면서, "벅, 나는 관심 없어"라고 말했다.

어느 날 나는 의지할 곳도 없고, 대안도 없는 상황에서 책상에 앉아 창밖만 바라보고 있었다. 그때 우델이 문을 두드렸다. 그는 휠체어를 끌고 사무실로 들어오더니 문을 닫았다. 우델과 우델의 부모님은 나에게 5000달러를 빌려주겠다고 했다. 그들은 내가 거절하지 않았으면 좋겠다고 했다. 이자도 받지 않겠다고 했다. 그처럼 큰돈을 빌려주면서 각서 한 장도 요구하지 않았다. 우델은 마침 로스앤젤레스에 가서 보크를 만나기로 했다며, 자기가 없는 동안에 자기 집에 가서 부모님께 수표를 받으라고 했다.

며칠 뒤에 나는 나 자신이 상상하지도 못했던 일을 했다. 수표를 받으러 우델의 집에 간 것이다.

나는 우델 부모님이 아들 치료비에 많은 돈을 써서 형편이 좋지 않을 것으로 생각했다. 나한테 빌려주려는 5000달러는 그들이 평생 저축한 돈일지 모른다. 하지만 그렇지 않았다. 우델 부모님은 여유 자금을 조금 더 갖고 있었다. 그리고 내가 필요하면 가져다 쓰라고 했다. 나는 그렇게 하겠다고 했다. 그들은 마지막 남아 있는 3000달러까지 빌려주었다. 이제 그들에게 남은 여유 자금은 한 푼도 없었다.

이 수표를 내 책상 서랍에 넣어두고 현금으로 바꾸지 않을 수만 있다면……. 하지만 그럴 순 없었다. 다른 방법이 없었다.

나는 우델의 집을 나오면서 우델 부모님께 "왜 이렇게까지 도와주십니까?"라고 물어봤다.

우델의 어머니는 "아들이 일하는 회사를 믿지 않으면, 누구를 믿을 수 있습니까?"라고 답했다.

페니는 내가 일주일에 한 번씩 주는 25달러로 최대한의 효과를 내는 방법을 끊임없이 고안했다. 결국 페니는 50종류의 비프 스트로가노프 러시아식 볶음 요리-옮긴이를 만들어내기에 이르렀다. 당연히 내 몸집은 불어날 수밖에 없었다. 1970년 중반, 내 체중은 86킬로그램에 달했다. 평생 이처럼 체중이 많이 나간 적이 없었다. 어느 날 아침에 정장을 입는데, 옛날에 헐렁했던 정장이 더 이상 헐렁하지 않았다. 거울 속에 비친 내 모습을 보면서 악 하고 소리를 지를 뻔했다.

그러나 비프 스트로가노프만 탓할 순 없었다. 언제부터인지 달리기 하는 습관이 사라졌다. 회사를 경영하고, 결혼하고, 아이가 생기다 보니 도저히 시간을 낼 수 없었다. 게다가 달리기에 대한 애정도 식어버렸다. 나는 바우어만 코치를 위해 달리는 것을 좋아했지만, 그것을 싫어하기도 했다. 이는 육상 선수 출신들에게 공통적으로 나타나는 현상이다. 몇 년에 걸쳐 훈련하고 경기에 참가하다 보면 몸과 마음이 지칠 대로 지쳐버린다. 이럴 때는 휴식이 필요하다. 그러나 이제 휴식은 끝났다. 나는 예전으로 돌아가야 했다. 신발 회사 사장이랍시고 뱃살이 축 늘어진 모습으로 앉아 있어서는 안 됐다.

그리고 꽉 끼는 정장과 축 늘어진 뱃살만으로는 충분한 동기가 되지 않았는지 곧 또 다른 동기가 나타났다.

마라톤 대회가 끝나고 그렐리가 내 부탁을 거절한 뒤, 그와 나는 둘만의 달리기 시합을 하기로 했다. 6500미터가 가까워지면서 그렐리는 내가 숨을 헐떡거리며 버티는 모습을 애처로운 듯 뒤돌아봤다. 그렐리가 나한테 돈을 빌려주지 않은 것과 나를 애처롭게 바라보는 것은 별개의 일이었다. 그렐리는 내가 당혹스러워한다는 것을 알고 있었다. 그는 나에게 시합을 제안했다. "이번 가을에 우리가 1500미터를 달리는 거야. 1분까지는 봐주겠어. 만약에 네가 이긴다면 1초당 1달러씩 주지."

그해 여름, 나는 열심히 연습했다. 퇴근 후 매일 밤 10킬로미터씩 달렸다. 얼마 지나지 않아 옛날 체형으로 돌아와 체중은 73킬로그램이 됐다. 그렐리와 시합하던 날그날 우델은 스톱워치를 가지고 왔다. 나는 그렐리에게서 36달러를 받았다이 승리는 그렐리가 어느 육상대회에 나가 4분 7초를 기록한 다음 주에 거둔 것이어서 훨씬 더 달콤했다. 그날 집으로 돌아오면서 나는 엄청나게 즐거웠다. 나는 혼자서 "그래, 계속 가는 거야. 중단해서는 안 돼"라고 계속 혼잣말을 했다.

1970년 한 해의 반환점이라 할 수 있는 6월 15일, 우편함에서 〈스포츠 일러스트레이티드Sports Illustrated〉를 집어 든 나는 깜짝 놀랐다. 표지에 '오리건의 남자'가 등장한 것이다. 그는 단순한 '오리건의 남자'

가 아니라, 아마도 지금까지 가장 뛰어난, 그렐리보다 훨씬 더 뛰어난 선수였다. 그의 이름은 스티브 프리폰테인이었다. 표지에는 그가 '바우어만산'으로도 알려진 올림포스산을 전속력으로 달려가는 모습이 담겨 있었다.

기자는 프리폰테인을 한 세대에 한 명 나올까 말까 한 천재 선수라고 소개했다. 그는 이미 고등학교 때 3200미터를 미국 신기록인 8분 41초에 주파해 육상계의 이목을 집중시켰다. 오리건대학교 1학년인 지금은 3200미터에서 한때 최고를 구가하던 게리 린드그렌을 27초 차이로 물리쳤다. 그해 프리폰테인은 전국에서 세 번째 기록인 8분 40초를 기록했다. 그는 5000미터에서는 13분 12초 8을 기록해 그해 세계에서 가장 빠른 선수가 됐다.

바우어만 코치는 〈스포츠 일러스트레이티드〉 기자들에게 프리폰테인은 현재 세계 최고의 중장거리 선수라고 소개했다. 나는 무뚝뚝한 바우어만 코치가 선수를 그토록 칭찬하는 모습을 한 번도 본 적 없었다. 바우어만 코치는 이후에도 프리폰테인 이야기만 나오면 열변을 토했다. 그는 프리폰테인은 지금까지 자기가 데리고 있었던 선수 중 가장 뛰어난 선수라고 했다. 바우어만 코치 밑에서 보조 코치로 일하는 빌 델린저는 프리폰테인의 비밀 무기는 자신감이라고 했다. 그의 자신감은 그의 폐활량만큼이나 별난 데가 있었다. 델린저는 "보통 선수들은 자신감을 쌓는 데 대략 12년 정도 걸리지만, 이 젊은 친구는 그런 자신감을 태어나면서부터 가졌습니다"라고 말했다.

그렇다. 바로 자신감이다. 우리에게 필요한 것은 자기자본이나 현금이 아니라 자신감이다.

나는 더 많은 것을 갖고 싶었다. 나는 누군가에게서 현금을 빌리고 싶었다. 자신감은 현금에서 나온다. 자신감을 가지려면 현금을 가져야 한다. 그리고 사람들은 나한테 현금을 주기를 싫어한다.

그해 여름, 또 다른 잡지에서 또 다른 계시를 얻었다. 나는 〈포춘 Fortune〉을 넘기면서 하와이에서 알게 된 버나드 콘펠드에 관한 기사를 보았다. 그가 이끄는 인베스터즈 오버시즈 서비스를 그만둔 후 고작 몇 년 지났을 뿐인데, 그는 훨씬 더 큰 부자가 돼 있었다. 그랬던 그가 드레퓌스 펀드를 매각하고, 금광, 부동산과 함께 뮤추얼 펀드 주식까지도 매각하기 시작했다. 그는 한때 금융 제국을 세웠다. 그리고 다른 모든 제국들이 그러했듯, 그의 제국도 무너지고 있었다. 그가 몰락하고 있다는 소식을 듣고 너무나도 놀란 나머지 멍한 표정으로 잡지를 넘기자 다른 기사가 눈에 들어왔다. 최근 일본 경제가 급성장하고 있다는 상당히 딱딱한 내용의 분석 기사였다. 기사에 따르면, 히로시마에 원자폭탄이 떨어지고 나서 25년이 지난 지금, 일본은 완전히 새로 태어나고 있었다. 이제 세계 3위의 경제대국으로 성장한 일본은 지금의 위상을 공고히 하고 세계 경제에 대한 영향력을 확대하기 위해 공격적인 정책을 추진하고 있었다. 이제 일본은 다른 나라를 뛰어넘었을 뿐만 아니라 냉혹한 무역 정책을 추진하기로 결정했다. 기사에서는 이런 무역 정책의 주요 수단들을 소개했는데, 그중 하나가 매우 공격적으로 활동하는 쇼가商家, 즉 종합상사였다.

종합상사의 기원은 정확하게 말하기 어렵다. 그들은 때로는 전 세계를 돌아다니며 일본에 없는 원재료를 구해 오는 수입업자이기도 하고, 때로는 일본 기업을 대신해 해외에 일본 제품을 판매하는 수출업자이기도 했다. 때로는 온갖 종류의 기업에 할부로 신용을 제공하는 개인 은행이기도 했고, 때로는 일본 정부의 팔이 되기도 했다.

나는 이 기사를 따로 보관해두었다. 며칠 뒤, 나는 또다시 퍼스트 내셔널을 찾아갔다. 월리스는 이번에도 나를 부랑아 취급했다. 은행 문을 나오는데 도쿄은행 간판이 보였다. 물론 그 간판을 예전에도 수백 번은 봤지만 이날은 그 간판이 다르게 보였다. 수많은 퍼즐 조각이 그 럴듯하게 맞춰졌다. 잠깐 현기증이 났다. 길을 건너 도쿄은행으로 들어가 안내 데스크의 여자 직원에게 자기소개를 했다. 나는 신발 회사를 경영하는 사람이다. 우리 회사는 일본에서 신발을 수입한다. 은행 관계자를 만나 의논할 일이 있다. 여자 직원은 마치 성매매업소의 여자 포주처럼, 나를 조심스럽게 뒷방으로 안내했다.

2분 정도 지나자 남자 직원이 조용히 들어와 자리에 앉았다. 그는 내가 하는 말을 듣기 위해 기다렸다. 나도 그가 하는 말을 듣기 위해 기다렸다. 남자 직원이 계속 기다리기만 해서 내가 먼저 말을 꺼냈다.

"저는 회사를 경영하고 있습니다."

"네, 그러세요."

"신발 회사입니다."

"네?"

나는 서류가방을 열었다. "여기 재무제표가 있습니다. 지금 우리 회사는 자금 사정이 안 좋습니다. 우리 회사는 대출을 받고 싶습니다. 얼마 전 〈포춘〉에서 일본의 종합상사에 관한 기사를 읽었습니다. 기사를 보면, 종합상사의 대출 조건은 좀 덜 까다롭다고 하던데, 종합상사 중 소개해주실 만한 곳은 없습니까?"

그는 살며시 웃으면서, 자기도 그 기사를 봤다고 했다. 그러곤 일본에서 여섯 번째 규모의 종합상사가 바로 이 건물 맨 위층에 있다고 했다. 또한 일본의 주요 종합상사들은 모두 포틀랜드에 사무소를 갖고 있다고도 했다. 하지만 이 건물에 있는 닛쇼 이와이日商岩井만 상품 부서가 따로 있다는 말을 덧붙였다. 그는 눈을 크게 뜨면서 "닛쇼 이와이는 매출이 1000억 달러에 달합니다"라고 말하더니 "여기서 잠깐 기다려보세요"라고 말하곤 방에서 나갔다.

몇 분 뒤, 그는 닛쇼 이와이의 중역 한 사람과 함께 왔다. 그의 이름은 무라카미였다. 우리는 악수를 하고 대화를 했다. 나는 닛쇼가 우리 회사의 수입 대금을 대출해줄 수 있는지 넌지시 물어봤다. 그의 대답이 궁금했다. 그는 관심이 많은 듯했다. 그는 그 자리에서 대출을 수락하고는 손을 내밀었다. 그러나 나는 그의 손을 잡지 않았다. 아직 그럴 때가 아니었다. 먼저 오니쓰카와의 관계를 분명히 해야 했다.

나는 그날 당장 기타미에게 전보를 쳐서 닛쇼 이와이를 통해 수입 대금을 대출받아도 되는지 물어봤다. 며칠이 지났다. 그리고 몇 주가 지났다. 오니쓰카의 침묵은 무언가가 있다는 것을 의미했다. 무소식은 나쁜 소식이기도 하고 좋은 소식이기도 하다. 어찌됐든 무소식은 항상 어떤 종류의 소식을 의미한다.

답신을 기다리는데, 황당한 전화가 왔다. 동부 지역의 신발 판매업자에게서 온 전화였다. 그의 말에 따르면 오니쓰카에서 찾아와서 오니쓰카 제품의 미국 판매를 맡을 생각이 있는지 물었다고 했다. 나는 그에게 다시 한 번 천천히 말해보라고 했다. 그는 같은 말을 반복하고는 나를 화나게 하려는 의도는 없다고 했다. 그렇다고 해서 나를 도와주려는 것도 아니고, 내가 경계하도록 알려주려는 것도 아니었다. 그는 다만 블루 리본의 계약상 지위를 알고 싶어할 뿐이었다.

갑자기 몸이 떨렸다. 심장에서 쿵쾅거리는 소리가 났다. 오니쓰카는 계약서에 서명한 지 불과 몇 달 지나서 그것을 파기할 음모를 꾸미고 있었다! 봄에 선적한 제품을 내가 나중에 받겠다고 하자 겁먹은 것일까? 기타미가 나와의 거래에 관심이 없어진 것일까?

유일한 희망은 신발 판매업자가 거짓말을 했을 거라는 기대였다. 아니면 그가 오해한 것인지도 모른다. 모국어가 다른 사람끼리 의사소통이 제대로 되지 않았을 수도 있다.

나는 곧 후지모토에게 편지를 썼다. 우선 그가 내가 사준 자전거를 지금도 잘 타고 있는지 물어봤다이는 매우 의미심장한 질문이었다. 이어 나는 이번 일과 관련해 오니쓰카의 내부 사정을 알고 싶다고 했다.

답장은 금방 왔다. 신발 판매업자의 말이 맞았다. 오니쓰카는 블루 리본과의 계약을 깨끗이 파기할 것을 고려하고 있으며, 기타미가 미국의 몇몇 업체들과 접촉하고 있다고 했다. 다만, 계약 파기가 확정된 것은 아니며, 블루 리본을 대체할 만한 업체들을 물색 중인 것은 사실이라고 했다.

나는 좋은 소식에 집중하기로 했다. 계약 파기는 확정된 것이 아니라고 했다. 이 말은 그래도 희망이 있다는 뜻이다. 오니쓰카의 신뢰를 회복해야 했다. 기타미의 마음을 잡아야 했다. 기타미에게 블루 리본이 어떤 기업인지, 내가 누구인지 다시 한 번 보여주어야 했다. 그렇게 하려면, 우선 기타미를 미국으로 초청해 우의를 다져야 했다.

1971년

부도 위기, 그리고 나이키의 탄생

"이번 만찬에는 누가 올 것 같아?" 우델이 나한테 전보를 건네주며 물었다. 기타미가 우리의 초청을 받아들였다. 그는 포틀랜드에서 우리와 함께 며칠 동안 머물 예정이었다. 그다음에는 미국 전역을 돌아다닐 계획이라고 했다. 기타미는 다음 일정에 대해 자세히 알려주지 않았다. 나는 우델에게 "가능성이 있는 다른 업체들을 방문하겠지"라고 말했다. 우델은 고개를 끄덕였다.

1971년 3월. 우리는 기타미가 최고로 즐거운 시간을 보낼 수 있도록 최선을 다해 준비했다. 그리고 그가 미국, 오리건, 블루 리본그리고 나에게 애착을 갖고 일본으로 돌아가기를 바랐다. 기타미가 우리를 만난 뒤 다른 업체와 사업을 하겠다는 생각을 버리길 간절히 소망했다. 그래서 우리는 기타미의 이번 방문이 화려하게 막을 내릴 수 있도록 우리의 소중한 자산, 바우어만 코치의 집에서 특별한 만찬을 준비했다.

이런 매력 공세에 페니까지도 동원했다. 우리는 기타미를 공항에서 맞이한 뒤 그를 페니의 부모님이 소유한, 오리건 해변의 별장으로 데리고 갔다. 그곳은 나와 페니가 신혼 첫날밤을 보낸 곳이었다.

기타미는 남자 직원 한 명과 함께 왔다. 히라쿠 이와노라는 20대 초반의 젊은 친구였는데, 기타미의 수행비서이자 일종의 '가방모찌'였다. 그는 아주 어리고 순진했다. 우리가 선셋 하이웨이에 도착하기 전, 페니는 이와노를 완전히 자기 손에서 놀아나게 만들어버렸다.

우리는 두 사람이 주말에 북태평양에서 멋진 분위기를 만끽할 수 있도록 물심양면으로 노력했다. 우리는 그들과 함께 포치에 앉아 바닷가 공기를 마셨다. 그들과 함께 해변에서 오랫동안 걷기도 했다. 세계 최고의 연어 요리를 대접하고 프랑스 와인을 계속 따라주었다. 우리는 기타미에게 집중했지만, 책읽기를 좋아하고 순박해 보이는 이와노와 대화하는 것이 더 편했다. 기타미는 속임수에 익숙한 간교한 사람이었다.

월요일, 날이 밝자마자 기타미를 포틀랜드로 데려와서 퍼스트 내셔널로 함께 갔다. 기타미의 이번 출장은 내가 그의 마음을 사로잡을 수 있는 좋은 기회이기도 했지만, 기타미가 월리스의 마음을 사로잡는 데 도움이 될 거라는 판단도 있었다. 그는 블루 리본을 보증해줄 것이고, 그러면 대출이 쉬워질 것이다.

화이트는 우리를 로비에서 맞이하고는 회의실로 안내했다. 나는 주변을 둘러보며 물었다. "월리스 지점장님은 어디 계시죠?"

"아, 오늘 이 자리엔 참석할 수 없네."

이게 웬일인가? 내가 기타미를 데리고 여기 온 목적은 바로 월리스를 만나려는 것인데……. 나는 윌리스에게 기타미의 힘차고 분명한 보증 선언을 들려주고 싶었다. 나는 생각했다. '그렇다면 어쩔 수 없 군. 좋은 경찰관이 나쁜 경찰관에게 이 선언을 중계할 수밖에.'

나는 기타미가 블루 리본에 대한 퍼스트 내셔널의 믿음을 강력하게 뒷받침해줄 것이라며 기타미에게 발언권을 넘겼다. 그런데 기타미는 얼굴을 잔뜩 찌푸리더니 나를 아주 난처하게 만드는 말을 했다. "왜 이 친구에게 대출을 더 많이 해주지 않는 겁니까?"

"네, 무슨 말씀이시죠?"

기타미는 두 주먹으로 책상을 치면서 다그쳤다. "블루 리본이 대출을 늘려달라고 했는데, 왜 거절하신 겁니까?"

"아, 지금은……."

그러자 기타미는 화이트의 말을 가로막았다. "도대체 이 은행은 뭐 하는 곳입니까? 도저히 이해가 안 됩니다! 블루 리본은 퍼스트 내셔 널 없이도 살 수 있어요!"

화이트는 얼굴이 하얗게 질렸다. 나는 중간에 끼어들어서 언어 장벽 을 탓하면서 기타미가 했던 말을 주워 담으려고 했다. 그러나 회의는 그것으로 끝나고 말았다. 화이트는 자리를 박차고 나갔다. 나는 놀라 서 기타미를 쳐다보았다. 그는 득의양양한 표정을 지었다.

나는 기타미를 새로 얻은 타이거드 사무실로 데려와 직원들을 소개 했다. 나는 평정심을 잃지 않고 즐거운 표정을 짓기 위해 부단히 노력 했다. 방금 전에 있었던 일을 마음속에 담아두면 안 된다. 나는 평정 심을 잃을까 봐 두려웠다. 기타미에게 내 책상 앞 의자에 앉으라고 권할 때, 평정심을 잃어버린 사람은 바로 기타미였다. 그는 흥분해서 말했다. "블루 리본의 매출을 보면 정말 실망스럽습니다. 지금보다 훨씬 더 많이 팔아야 합니다."

나는 깜짝 놀라며 블루 리본의 매출은 매년 두 배씩 증가하고 있다고 했다. 그러자 기타미는 "그것으로는 충분하지 않아요. 세 배씩 증가해야 한다고 말하는 사람도 있어요"라고 호되게 몰아쳤다. 내가 "누가 그렇게 말하죠?"라고 묻자, 기타미는 "신경 쓰지 마세요"라고 대답을 피했다.

기타미는 서류가방에서 폴더를 꺼내 내용을 읽고는 다시 덮었다. 그는 매출 실적이 마음에 들지 않는다며, 블루 리본이 일을 제대로 하고 있지 않는다는 말만 되풀이했다. 그는 다시 폴더를 열었다가 닫더니 서류가방에 집어넣었다. 내가 변명하려고 했지만, 그는 짜증을 내면서 듣지 않으려고 했다. 꽤 오랫동안 밀고 당기기가 펼쳐졌다. 서로 예의는 차렸지만, 상당히 긴박한 순간이었다.

거의 한 시간 정도 지났을 때 기타미는 자리에서 일어나 화장실이 어디냐고 물어봤다. 나는 복도 끝에 있다고 알려주었다.

기타미가 화장실에 가자마자 나는 자리에서 벌떡 일어나 서류가방을 열고는 그가 보던 폴더를 꺼냈다. 그러고는 그것을 내 책상 위 압지 밑에 슬그머니 집어넣은 뒤 다시 자리로 돌아와서 팔꿈치를 압지 위에 얹었다.

기타미가 돌아오기를 기다리면서, 아주 이상한 생각이 들었다. 보이 스카우트에 지원하던 순간, 이글 스카우트 심사를 하던 순간, 명예와 도덕의 상징이라 할 공훈 배지를 수여하던 순간들이 떠올랐다. 나는 1

년에 이삼 주를 봅이 발그레한 소년들이 정직과 명예를 지켰는지 신문한다. 그런 내가 지금 다른 사람의 가방에서 서류를 훔친 것이다. 나는 암흑의 길을 가고 있었다. 이 길을 따라가면 어디가 나올지 알 수 없었다. 내가 어디를 가더라도 나의 행동에 따른 결과로부터 자유로울 수 없을 것이다. 다음 심사에서 스스로 사퇴해야겠다는 생각이 들었다.

이 폴더의 모든 내용을 복사해 우델과 함께 자세히 살펴보고 싶은 마음이 너무나도 간절했다. 기타미가 곧 돌아왔다. 나는 그가 매출 실적을 가지고 계속 꾸짖도록 내버려두었다. 그가 이야기를 끝내자 내 입장을 말했다. 나는 우리가 주문을 더 많이 할 수 있으면 블루 리본의 매출은 계속 증가할 것이고, 지금보다 자금을 더 많이 조달할 수 있으면 주문을 더 많이 할 수 있을 것이고, 우리가 지금보다 더 안정되면, 즉 오니쓰카와의 계약 기간이 길어지면 거래 은행이 대출을 더 많이 해줄 것이라고 차분하게 설명했다. 기타미는 다시 한 번 고개를 가로저으면서 "그건 핑계에 불과합니다"라고 말했다.

나는 몇 달 전에 전보를 통해 거론했던, 닛쇼 이와이 같은 일본의 종합상사를 통해 수입 대금을 조달하는 방안을 이야기해보았다. 그는 펄쩍 뛰었다. "종합상사라고요? 말도 안 됩니다. 그들은 처음에는 돈을 보내지만, 나중에는 사람을 보냅니다. 왜냐고요. 기업을 인수하려고 그러죠. 그들은 당신 회사를 인수하려고 미끼를 던질 겁니다."

기타미가 왜 그렇게 말했는지 자세히 설명할 필요가 있다. 오니쓰카는 제품의 4분의 1만 직접 생산하고, 나머지 4분의 3은 하청을 통해 생산한다. 기타미는 닛쇼 이와이가 오니쓰카의 생산 네트워크를 파악하고 스스로 생산업체가 되어 오니쓰카를 시장에서 밀어낼까 봐 두려워하고 있었다.

기타미는 자리에서 일어나더니 호텔로 가서 쉬겠다고 했다. 나는 우리 직원이 차로 데려다줄 거라고 하고는, 나중에 그곳 호텔 바에 칵테일을 한잔하러 가겠다고 했다.

기타미가 가자마자, 나는 우델을 찾아 방금 전에 있었던 일을 이야기했다. 나는 폴더를 치켜들면서 "내가 기타미의 가방에서 이 서류를 빼돌렸어"라고 말했다. "아니, 뭐라고?" 우델은 질린 듯한 표정이었지만, 폴더의 내용이 궁금하기는 마찬가지였다. 우리는 폴더를 우델의 책상에 올려놓고 그 내용을 살펴봤다. 거기에는 미국 전역에 퍼져 있는 18개 운동화 판매업자의 명단과 그들 중 절반과의 미팅 일정이 적혀 있었다.

거기에는 방금 전에 기타미가 인용한, 누군가가 했던 말이 적혀 있었다. 블루 리본을 음해하고 기타미가 우리에게 적의를 품게 만든 문제의 그 누군가는 우리의 경쟁자들이었다. 그리고 기타미는 그들을 만나러 갈 계획이었다. 말보로 맨 한 사람을 제거했더니, 이제는 20개에 가까운 업체들이 벌 떼같이 덤벼들었다.

나는 당연히 화가 많이 났다. 아니, 마음에 상처를 받았다는 말이 더 정확할 것이다. 우리는 7년 동안 타이거 운동화를 위해 헌신했다. 미국에 타이거를 소개한 것도 우리 블루 리본의 업적이고, 신제품을 디자인한 것도 우리 블루 리본의 업적이다. 바우어만 코치와 존슨은 오니쓰카에 더 나은 신발을 만드는 법을 알려주었다. 그들이 디자인한 제품은 매출 증가를 일으켜 업계의 판도를 뒤흔드는 계기가 됐다. 그런데 왜 우리가 이런 대접을 받아야 하나? 나는 고개를 흔들며 말했다. "지금 나는 이런 배신자와 함께 칵테일을 마시러 가야 해."

나는 먼저 10킬로미터 달리기를 하러 밖으로 나갔다. 어느 순간부터 내가 힘차게 질주하기 시작했는지, 나 자신과 내 몸이 따로 놀기 시작했는지 기억나지 않는다. 나는 발을 내디딜 때마다 나무를 향해, 나뭇가지에 매달려 있는 거미줄을 향해 소리 질렀다. 그렇게 하니 도움이 됐다. 샤워를 하고 옷을 챙겨 입고 기타미가 머물고 있는 호텔을 향해 차를 몰 때는 마음이 한결 차분해져 있었다. 어쩌면 나는 쇼크 상태에 빠진 것이었는지도 모른다. 호텔에서 기타미가 했던 말, 내가 했던 말은 거의 기억나지 않는다. 내가 기억하는 것은 다음 날 아침에 기타미가 우리 사무실을 방문했을 때 우델과 내가 자행한 협잡질이다. 우리 직원이 기타미를 커피 룸으로 안내하는 동안 우델이 휠체어로 내 사무실 문을 가로막고, 그 틈에 나는 문제의 폴더를 기타미의 서류가방에 슬쩍 밀어 넣었다.

기타미를 위한 마지막 날 디너 파티가 열리기 몇 시간 전, 나는 먼저 유진으로 달려가서 바우어만 코치와 그의 친구 자쿠아 변호사와 함께 이런저런 이야기를 주고받았다. 기타미를 차로 데려오는 일은 페니에게 맡겼다. 물론 별일 없을 거라고 생각했다.

페니는 머리가 헝클어지고 옷이 기름으로 얼룩진 채 바우어만 코치집 앞에 차를 세웠다. 페니가 차에서 나오는 모습을 보고는 기타미가 페니를 두들겨 패는 장면을 떠올렸다. 페니는 내 곁에 다가와서는 타이어에 펑크가 났다고 했다. 그러곤 "저 매너 없는 녀석이 차 안에 가만히 앉아 있기만 했어. 고속도로에서 나 혼자 타이어를 갈아 끼웠다고!"라고 속삭였다.

나는 페니를 안으로 데리고 갔다. 우리 두 사람은 아주 독한 술을 마시고 싶었다. 그러나 그렇게 할 수 없었다. 바우어만 여사는 크리스천 사이언스 신자여서, 자기 집에서 술을 마시는 것을 허락하지 않았다. 그날은 특별한 날이니 예외로 두었지만, 사전에 모두 점잖게 마셔야 하고 과음하는 사람이 한 사람도 없어야 한다는 조건을 달았다. 페니와 나는 독한 술이 절실하게 생각났지만, 어쩔 수 없이 약한 술을 마셔야 했다.

바우어만 여사는 손님들을 거실로 안내하고는 "우리의 특별한 손님을 위해 오늘밤 마이타이를 선사합니다!"라고 말했다.

모두가 박수를 쳤다.

기타미와 나 사이에는 여전히 한 가지 공통점이 있었다. 우리는 마이타이를 좋아한다. 그것도 아주 많이. 마이타이는 하와이를 떠올리게 한다. 당시 하와이는 미국 서부 해안과 일본 사이에서 비행기를 갈아타는 경유지였다. 우리는 일터로 돌아가기 전에 이처럼 멋진 섬에서 느긋하게 쉴 수 있었다. 바우어만 여사는 조심스럽게 행동했다. 그 자리에 모인 다른 사람들도 마찬가지였다. 바우어만 코치만 예외였다. 바우어만 코치는 술을 즐기는 편이 아니었다. 더군다나 마이타이는 한 번도 마셔보지 않은 것 같았다. 우리 모두는 마이타이가 바우어만 코치에게 미치는 효과를 불안한 마음으로 지켜보았다. 퀴라소와 라임 주스, 파인애플과 럼주의 톡 쏘는 결합은 바우어만 코치를 금방 나가떨어지게 만들었다. 바우어만 코치는 마이타이 두 잔에 완전히 다른 사람이 되어버렸다.

그는 세 번째 마이타이를 준비하면서 큰 소리로 "얼음이 없어"라고 외쳤다. 아무도 대답하지 않았다. 그러자 그는 "문제없어"라고 말하더니 차고로 힘차게 걸어가 고기를 넣어두는 냉동고 문을 열었다. 그러고는 냉동 블루베리 봉지를 집어 들었다. 봉지를 찢자 블루베리가 여기저기에 떨어졌다. 그는 블루베리 한 움큼을 자기가 마실 술에다 집어넣었다. 바우어만 코치는 거실로 돌아오며 "이렇게 마시면 술맛이 더 나거든"이라고 말했다. 그는 거실을 돌아다니면서 다른 사람들의 술잔에도 블루베리를 한 움큼씩 집어넣었다.

그는 자리에 앉아서 이야기를 했다. 듣기 좋은 이야기는 전혀 아니었다. 이야기가 최고조에 이르면서, 나는 우리 모두가 이날 밤을 오랫동안 기억하게 되는 것은 아닌지 걱정했다. 우리가 이야기의 내용을 이해할 수 있다면 말이다. 평소에 바우어만 코치는 말을 간결하고 정확하게 했다. 그런데 그날은 술에 취해서 그런지 그런 모습을 전혀 찾아볼 수 없었다.

바우어만 여사는 나를 쏘아봤다. 하지만 나라고 무슨 뾰족한 수가 있겠는가. 나는 고개를 갸우뚱했을 뿐이다. '그 남자를 선택한 사람은 바로 당신이십니다. 아, 잠깐만요. 저도 그분을 선택했군요.'

1964년 도쿄올림픽이 열렸을 때 바우어만 코치는 바우어만 여사와 함께 일본에 갔다. 바우어만 여사는 일본에 머물면서 설익은 사과처럼 생긴 작은 나시 배nashi pear의 달콤한 맛에 홀딱 반했다. 그 배는 미국에서는 자라지 않았다. 바우어만 여사는 씨 몇 개를 지갑에 넣어 몰래 가지고 와서는 마당에 심었다. 그녀는 기타미에게 해마다 배나무에 꽃이 피면, 일본에 대한 좋은 느낌이 새록새록 떠오른다고 했다. 기타미는 그 말을 듣고 상당히 즐거워했다. 그런데 바우어만 코치가 갑자기 화를 내면서 "뭐라고, 일본놈 사과를 말이야?"라고 말했다.

나는 손으로 두 눈을 가렸다.

파티는 걷잡을 수 없는 방향으로 흘러갔다. 경찰을 불러야 할지도 모르겠다는 생각이 들었다. 거실을 둘러보는데, 부인과 함께 앉아 있던 자쿠아 변호사가 기타미를 노려보고 있었다. 나는 자쿠아 변호사가 2차 대전에 참전한 조종사 출신이고, 그와 가장 친했던 부관이 일본 전투기와의 교전 중 사망했다는 사실을 알고 있었다. 자쿠아 변호사와 그의 부인은 사망한 부관의 이름을 따서 첫 아들의 이름을 지었다. 갑자기 내가 자쿠아 변호사에게 기타미가 갖고 있던 '배반의 폴더' 이야기를 한 것이 후회됐다. 나는 잔뜩 열 받아 있는 그의 모습을 보았다. 바우어만 코치의 변호사이자, 절친한 친구이자, 이웃은 당장에라도 거실을 가로질러 가서는 기타미의 턱을 갈겨버릴 것 같은 기세였다.

기타미만 아무 생각 없이 즐거운 시간을 보내고 있었다. 은행에서 화를 내고 사무실에서 나를 질책하던 기타미는 그 자리에 없었다. 그는 무릎을 치며 웃고 떠들었다. 너무 즐거워하는 그를 보며 나는 퍼스트 내셔널에 가기 전 그에게 마이타이 한 잔을 먹였더라면 어떤 일이 일어났을까 궁금해졌다.

밤이 깊어졌다. 기타미는 방 안에 있는 기타를 바라보았다. 그것은 바우어만 코치 아들의 것이었다. 기타미는 기타를 집어 들고는 처음에는 손가락으로 줄을 뜯다가 가볍게 튕기기 시작했다. 그는 거실에서 식당에 이르는 계단의 움푹 들어간 맨 윗단에 서서 자신의 기타 반주에 맞춰 노래를 부르기 시작했다.

모두 대화를 멈추고 기타미를 바라보았다. 컨트리 노래였는데, 기타미는 그것을 일본 전통 가요처럼 불렀다. 가수 벅 오언스가 일본의 현악기, 고토의 반주에 맞춰 노래를 부르는 것 같았다. 다음에는 뜬금없이 〈오 솔레 미오O Sole Mio〉로 넘어갔다. 그때 나는 '저 친구가 정말 〈오 솔레 미오〉를 부르고 있는 것이 맞나?' 하는 의심이 들었다.

그는 그 노래를 아주 큰 소리로 불렀다. "*오 나의 태양 찬란하게 비친다 / 오 나의 나의 태양 찬란하게 비친다O sole mio, sta nfronte a te! O sole, o sole mio, sta nfronte a te!* ."

일본 기업가가 서양 기타를 퉁기면서 이탈리아 가곡을 아일랜드풍 테너 목소리로 불렀다. 초현실적이었다. 그런데 도대체 노래가 끝날 기미가 안 보였다. 나는 〈오 솔레 미오〉에 그렇게 많은 절이 있는지 몰랐다. 오리건 사람들은 계속 움직여야만 직성이 풀린다. 나는 오리건 사람들이 그토록 오랫동안 가만히 앉아 있는 모습을 본 적 없었다. 기타미가 기타를 내려놓자, 우리 모두는 약속이라도 한 듯 서로 눈을 마주치지 않으려고 하면서 그에게 큰 박수를 보냈다. 나도 계속 박수를 쳤다. 그렇게 하는 것이 이치에 맞는 행동이었다. 기타미에게 이번 미국 출장은행 방문, 나와의 미팅, 바우어만 집안에서의 만찬은 블루 리본과의 일이 아니었다. 오니쓰카와의 일도 아니었다. 그것은 다른 모든 일과 마찬가지로 오직 기타미 자신의 일이었다.

다음 날 기타미는 자기만의 비밀스럽지 않은 업무, 즉 블루 리본과의 관계를 매정하게 끊어버리는 업무를 처리하기 위해 포틀랜드를 떠

났다. 나는 기타미에게 다시 한 번 목적지를 물었다. 그리고 기타미는 다시 한 번 대답하지 않았다. 나는 기타미에게 "요이타비데아리마스요 우니よい旅でありますように", '안전한 여행이 되기를 바란다'고 말했다.

얼마 전 프라이스 워터하우스 시절의 직장 상사, 헤이즈에게 블루 리본의 경영 컨설팅을 의뢰한 적이 있었다. 기타미가 돌아오기 전, 다음에 어떤 행동을 취할지 정하기 위해 헤이즈를 다시 만났다. 우리는 평화를 유지하는 것, 다시 말하자면 기타미가 블루 리본을 버리지 않도록 설득하는 것이 최선의 행동이라는 데 의견을 모았다. 화가 나고 마음이 상처를 입었지만, 블루 리본은 오니쓰카 없이 살아남을 수 없다는 현실을 인정해야 했다. 헤이즈는 나에게 저 악마에게 꼭 달라붙어서 기타미가 악마라고 생각하는 대상을 떼어내지 않도록 그를 설득해야 한다고 했다.

그 주 후반 악마가 돌아왔을 때, 나는 그 악마에게 일본으로 돌아가기 전에 타이거드 사무실을 다시 한 번 방문해줄 것을 부탁했다. 나는 또다시 모든 굴욕에 초연한 태도를 취했다. 그를 회의실로 안내한 뒤, 우델과 내가 테이블 한쪽에 앉고, 반대쪽에 기타미와 그의 수행 비서 이와노가 앉도록 했다. 나는 최선을 다해 환한 표정을 지으면서 이번 출장이 즐겁고 유익한 시간이 됐기를 바란다고 했다.

기타미는 다시 한 번 블루 리본의 실적에 실망을 금할 수 없다고 말했다.

그리고 이번에는 자신이 생각해놓은 해결책이 있다고 했다.

"아, 그러세요? 그럼, 한번 말씀해보세요."

"당신 회사를 우리에게 파세요."

그는 아주 부드럽게 말했다. 순간, 나는 세상에서 가장 힘든 일이 말을 부드럽게 하는 것이라는 생각이 떠올랐다.

"무슨 말씀이신지요?"

"오니쓰카는 블루 리본에 대한 지배 지분, 51퍼센트를 사려고 합니다. 이것이 당신 회사, 그리고 당신 자신을 위한 최선의 거래입니다. 현명하게 받아들이시리라 믿습니다."

블루 리본을 인수하겠다는 제안이었다. 그것도 적대적이고도 터무니없는 방법으로. 나는 천장을 쳐다봤다. '너, 지금 장난치는 거지?'라고 소리치고 싶었다. '거만하고 공정하지 않고 은혜를 모르고 약자를 괴롭히기까지 하네.'

"우리가 받아들이지 않는다면 어떻게 하실 생각입니까?"

"그러면 블루 리본보다 더 나은 판매업자를 찾을 수밖에 없지요."

"더 나은 판매업자라고요? 그래요. 알겠습니다. 그러면 우리가 계약한 것은 어떻게 하실 겁니까?"

그는 대수롭지 않다는 표정을 지었다. 그리고 계약 기간은 지키겠다고 말했다.

마음 같아서야 냅다 소리를 질러버리고 싶었지만, 그럴 수 없었다. 나는 기타미와 그의 제안을 내가 어떻게 생각하는지 말할 수 없었다. 헤이즈의 말이 옳았다. 나는 여전히 그가 필요했다. 대체 요원도 없고, 제2안도 없고, 출구 전략도 없었다. 블루 리본을 살리려면, 내가 생각한 일정에 따라 이 문제를 천천히 풀어가야 한다. 어떻게든 고객들이나 소매업자들이 깜짝 놀라는 일은 없어야 한다. 나는 시간이 필요했다. 오니쓰카가 가능한 한 오랫동안 제품을 납품하게 만들어야 했다.

나는 최대한 차분하게 말했다. "저한테는 동업자가 있습니다. 물론 바우어만 코치님이십니다. 당신의 제안을 그분과 상의해봐야 합니다."

기타미는 내 말이 미숙한 핑계에 불과하다는 것을 간파했음이 분명했다. 그러나 그는 일어나서 바지를 치켜올리고는 웃는 얼굴로 말했다. "바우어만 박사와 한번 상의해보세요. 그리고 연락주세요."

기타미를 두들겨 패고 싶었다. 하지만 그의 손을 잡았다. 그는 이와노와 함께 회의실을 떠났다.

기타미가 떠난 뒤 우델과 나는 회의실 테이블의 나뭇결만 뚫어지게 쳐다보면서 침묵이 우리 두 사람을 진정시키기를 기다렸다.

새해 예산과 사업 계획서를 표준 대출 신청서와 함께 퍼스트 내셔널에 보냈다. 아울러 기타미가 저지른 무례에 대해 사과와 용서의 뜻을 표할까 했지만, 화이트가 그 일을 이미 잊어버렸을 것 같았다. 게다가 윌리스는 그 자리에 없었다. 예산과 사업 계획서를 제출하고 나서 며칠 지나, 화이트에게서 할 말이 있다고 연락이 왔다.

화이트의 이야기를 듣기 전까지 그의 책상 앞에 있는 딱딱한 의자에 제대로 앉아 있을 수 없었다. "벅, 미안한 이야기지만, 이제 퍼스트 내셔널은 더 이상 블루 리본과 함께 일할 수 없을 것 같네. 우리는 자네를 위해 더 이상 신용장을 발급해줄 수 없네. 우리는 자네 계좌에 있는 잔고로 마지막으로 남은 수입 대금을 지불할 거네. 이걸 지불하고 나면, 자네와 우리의 관계는 끝나는 걸세."

창백한 안색으로 보아 그가 얼마나 많이 괴로워했을지 짐작이 갔다.

그는 이번 결정에서 아무런 역할도 하지 않았을 것이다. 이번 결정은 위에서 내려왔을 것이다. 따라서 따져봐야 소용없는 짓이었다. 나는 두 팔을 벌리고 물었다. "해리, 이제 어떻게 하면 좋을까요?"

"다른 은행을 찾아보게."

"찾지 못하면 블루 리본은 파산하게 될까요?"

그는 말없이 서류들을 보고는 그것을 모아 클립으로 고정시켰다. 그러고는 나에게 블루 리본의 처리를 두고 직원들이 두 편으로 나뉘었다고 했다. 우리 편을 드는 사람도 있고, 그렇지 않은 사람도 있었다. 하지만 결정권은 윌리스에게 있었다. 화이트는 난처한 기색이 역력한 채 말했다. "이렇게 되어서 참 안됐네. 나도 마음이 좋지 않아. 그래서 병가를 내려고 하네."

나도 병가를 낼 순 없는 일이었다. 퍼스트 내셔널을 비틀거리며 나와 차를 몰고 유에스 뱅크로 가서는 그들에게 통사정해봤다.

미안하다는 말뿐이었다.

그들은 퍼스트 내셔널이 버린 물건을 살 생각이 전혀 없었다.

그렇게 3주가 지났다. 아무것도 없이 출발했던 회사, 이제 곧 1971년 매출 130만 달러를 달성할 회사가 지금 생명유지장치에 몸을 맡기고 있었다. 나는 헤이즈와도 의논해봤고, 아버지와도 의논해봤다. 내가 아는 모든 회계사와 의논해봤다. 그들 중 누군가가 뱅크 오브 캘리포니아가 서부 세 개 주에서 영업을 하는데, 그중에 오리건 주도 포함되어 있다고 말해주었다. 게다가 뱅크 오브 캘리포니아는 포틀랜드에 지점을 두고 있었다. 나는 급히 그곳으로 달려갔다. 다행스럽게도 그들은 나를 내치지 않았다. 비바람에 시달리던 나에게 피난처를 제공했다. 그들은 나에게 약간의 대출을 해주었다.

그렇지만 그것은 단기적인 해결책일 뿐이었다. 그들도 어쨌든 은행이고, 은행이란 원래 위험을 기피하기 마련이다. 뱅크 오브 캘리포니아도 블루 리본의 매출 실적과는 상관없이, 곧 제로에 가까운 현금 잔고에 대해 알게 되고 나면 깜짝 놀랄 것이다. 나는 그날을 대비해야 했다.

일본의 종합상사, 닛쇼 이와이를 찾아가는 것도 하나의 방법이었다. 나는 밤늦도록 생각했다. '그들은 매출이 1000억 달러라고 했다. 그런데도 필사적으로 나를 도우려고 한다. 도대체 무슨 이유일까?'

닛쇼는 신생 기업을 대상으로 순마진net margin이 낮은 대출을 엄청나게 많이 제공했다. 따라서 닛쇼는 상승세에 있는 성장 기업을 좋아했다. 바로 블루 리본 같은 회사 말이다. 분명히 말하자면, 윌리스와 퍼스트 내셔널의 눈에는 우리가 지뢰 같겠지만, 닛쇼의 눈에는 우리가 잠재적인 금광으로 보였을 것이다.

닛쇼를 다시 찾아가기로 결심했다. 나는 신설된 상품 부서를 맡고 있는 톰 스메라기를 만났다. 그는 일본에서 파견 나온 직원으로, 일본의 하버드라 할 수 있는 도쿄대학교 출신이었다. 그는 일본의 위대한 영화배우, 미후네 도시로를 많이 닮았다. 도시로는 전설적인 검객이자 검투와 내면의 힘에 관한 영원한 병법서 《오륜서伍倫書》를 저술한 미야모토 무사시 역을 잘 소화해낸 것으로 널리 알려진 배우다. 특히 스메라기가 "큰 횡재lucky strike"라는 단어를 입에 담을 때, 그 모습은 도시로를 쏙 빼닮았다. 그는 이 단어를 여러 번 중얼거렸다. 술을 마실

때는 두 배나 더 많이 중얼거렸다. 그러나 술이 좋아서 술을 마시는 헤이즈와 달리 그는 미국 생활이 외로워서 술을 마셨다. 그는 거의 매일 밤 일본식 술집인 블루 하우스로 향했다. 그곳에선 시중드는 마마상ママさん, 술집 마담—옮긴이과 모국어로 대화를 나눌 수 있었기 때문이다.

언젠가 스메라기는 나에게 닛쇼가 기업 대출 부문에서 제2의 은행 역할을 할 것이라고 했다. 그러면 블루 리본으로선 은행의 문턱이 그처럼 높아 보이지 않을 것이다. 그는 가치 있는 정보를 주기도 했다. 최근 닛쇼는 블루 리본에 대한 자금 지원을 검토하고 오니쓰카에 우리와의 거래 관계를 계속 유지하도록 설득하기 위해 고베에 대표단을 보냈다고 했다. 오니쓰카는 닛쇼 대표단의 제안을 단박에 거절했다. 1000억 달러짜리 회사 닛쇼는 2500만 달러짜리 회사에 거절당하자, 당혹스럽고 화가 나기까지 했다. 스메라기는 웃으면서 말했다. "우리가 일본에서 품질 좋은 스포츠 신발을 생산하는 업체를 여러 곳 소개해줄 수 있습니다."

나는 곰곰이 생각해봤다. 나는 아직도 오니쓰카가 정신을 차릴 것이라는 희망을 버리지 않았다. 내가 다른 브랜드의 육상화를 수입하지 않기로 한 계약서상의 내용도 마음에 걸렸다. 그래서 "앞으로 그런 부탁을 할 수도 있겠지요"라고만 말해두었다.

스메라기는 고개를 끄덕였다. 언젠가는 그럴 날도 있을 것이다.

이처럼 드라마 같은 상황을 겪으면서 나는 매일 밤 파김치가 되어 집으로 돌아왔다. 그러나 10킬로미터 달리기를 하고 뜨거운 물에 샤워를 하고 혼자서 저녁을 먹고 나면 원기를 회복했다페니와 매튜는 4시

정도에 저녁을 먹었다. 나는 매튜가 자기 전에 옛날이야기를 해주려고 노력했다. 항상 교훈이 될 만한 옛날이야기를 찾으려고 했다. 나는 매튜 히스토리라는 매튜 나이트처럼 생겼고, 매튜 나이트처럼 행동하는 가공의 인물을 만들어냈다. 그리고 이 인물을 모든 이야기 속에 주인공으로 등장시켰다. 매튜 히스토리는 조지 워싱턴과 함께 포지 계곡 Valley Forge, 미국 펜실베이니아 주에 있는 마을, 독립전쟁 당시 워싱턴이 이끄는 독립군이 동절기 야영을 한 곳이다-옮긴이에 있었다. 매튜 히스토리는 존 애덤스와 함께 매사추세츠 주에 있었다. 폴 리비어가 말을 빌려 타고 어둠 속을 달려와서 존 핸콕미국 독립전쟁의 지도자이며 미국 독립선언문의 최초의 서명자-옮긴이에게 영국군의 진격을 알릴 때, 그곳에도 매튜 히스토리가 있었다. "오리건 주 포틀랜드 교외에서 조숙한 어린아이가 말을 타고 리비어 뒤를 바짝 붙어서 따라가고 있었는데……"

매튜는 항상 웃는 얼굴로 이런 이야기 속 모험에 빠져들었다. 매튜는 자리에서 몸을 일으키며 이야기를 더 해달라고 졸라댔다.

매튜가 잠들면, 페니와 나는 그날 하루에 대해 이야기했다. 페니는 일이 잘못되면 우리가 무엇을 하고 살아가야 할지 물어보곤 했다. 나는 "언제든지 회계사로 돌아갈 수 있어"라고 대답했다. 진지하게 말하지는 않았다. 그러기가 싫었기 때문이다. 나는 이런 대화를 진지하게 나누는 상황 자체가 힘들었다.

페니는 결국 눈길을 돌리고 텔레비전을 보거나 자수를 놓거나 책을 봤다. 그리고 나는 안락의자에 앉아서 나만의 질의응답을 시작했다.

당신이 알고 있는 것은 무엇입니까?

저는 오니쓰카가 신뢰할 수 없는 기업이라는 사실을 알고 있습니다.

그 밖에 알고 있는 것은 무엇입니까?

기타미와의 관계가 회복되지 않을 것 같습니다.

앞으로는 어떻게 될 것 같습니까?

블루 리본과 오니쓰카는 결별의 수순을 밟을 것 같습니다. 그러나 저는 새로운 공급원을 확보할 때까지 오니쓰카와의 관계를 최대한 오랫동안 유지해야 합니다. 그렇게 해야만 결별 후에도 살아남을 수 있기 때문입니다.

첫 번째 단계에는 무엇을 할 생각입니까?

오니쓰카가 블루 리본을 대체하기 위해 확보한 판매업자들을 모두 쫓아낼 겁니다. 먼저 그들이 블루 리본과 오니쓰카의 계약을 침해한다면 고소할 것이라고 위협하는 편지를 보내는 식으로 그들을 깜짝 놀라게 할 것입니다.

그럼, 두 번째 단계에서는 무엇을 할 생각입니까?

이번에는 제가 오니쓰카를 대체할 기업을 찾아야 합니다.

갑자기 예전에 들은 멕시코 과달라하라의 어느 공장에 관한 이야기가 떠올랐다. 아디다스가 1968년 올림픽 기간 중 멕시코의 수입 관세를 피해가기 위해 그곳에서 신발을 만들었다고 했다. 그 신발은 꽤 괜찮았다. 나는 당장 그 공장 관리자들과 회의 날짜를 잡았다.

멕시코 중부에 있는 공장의 이름은 '캐나다'였다. 나는 관리자들에게 그렇게 이름 지은 이유를 물었다. 그들은 이국적으로 들리지 않느냐고 말했다. 웃음이 나왔다. 캐나다가 이국적으로 들린다고? 혼란스러운 것은 말할 것도 없고, 이국적이 아니라 코미디 같았다. 국경 남쪽의 공장 이름이 국경 북쪽의 국가 이름이라니.

뭐, 그럴 수도 있다. 내가 신경 쓸 일은 아니었다. 공장을 둘러보며 제품 목록과 재료로 쓰이는 가죽을 살펴보고는 좋은 인상을 받았다. 공장은 크고 깨끗하고 잘 운영되고 있었다. 게다가 아디다스가 보증하는 공장이었다. 나는 그들에게 미국에서 축구화를 판매할 계획인데, 이 공장의 가죽 축구화 3000켤레를 주문하고 싶다고 했다. 그들이 브랜드 이름을 물어보자 나중에 알려주겠다고 말했다.

그들은 나에게 계약서를 내밀었다. 나는 내 이름 위의 서명란을 보면서, 펜을 들고 잠시 가만히 있었다. 내가 여기에 서명하면 그들과 나는 공식적인 관계를 맺게 된다. 그러면 오니쓰카와의 계약을 위반하게 되는 건가?

엄밀히 말하면, 그렇지는 않았다. 오니쓰카와의 계약에 따르면, 나는 오니쓰카의 육상화만 수입할 수 있고 다른 회사의 육상화는 수입할 수 없다. 다른 회사의 축구화를 수입하는 것에 대한 언급은 없었다. 따라서 캐나다와의 계약은 오니쓰카와의 계약에 위배되지 않는다. 그러나 그들과의 신의는?

6개월 전이라면 나는 결코 이런 계약을 체결하지 않았을 것이다. 지금은 상황이 달라졌다. 오니쓰카는 이미 계약에 따른 신의를 저버렸다. 나는 펜 뚜껑을 열고 계약서에 서명했다. 캐나다와의 계약서에 서명하고는 멕시코 음식을 먹으러 갔다.

이제 로고가 문제였다. 새로 수입한 축구화의 로고는 아디다스나 오니쓰카의 줄무늬와는 다른 것이어야 했다. 나는 포틀랜드주립대학교에서 만난 젊은 화가가 생각났다. 그 여자 이름이 뭐더라? 아하, 캐럴린 데이빗슨. 그녀는 브로셔와 광고 전단지 작업을 하기 위해 우리 사무실에 몇 번 왔었다. 오리건으로 돌아온 뒤, 그녀를 사무실로 불러서 로고를 만들어줄 것을 부탁했다. 캐럴린이 물었다. "어떤 종류의 로고를 말씀하십니까?"

"잘 모르겠습니다."

"그렇게 말씀하시면 제가 해야 할 일이 많아집니다."

"동적인 느낌을 표현해주세요."

캐럴린은 모호한 표정으로 "동적인 느낌이라……"라고 중얼거렸다.

캐럴린은 많이 혼란스러워했다. 내가 너무 모호하게 말해서 그녀가 혼란스러워하는 것도 당연했다. 나조차도 내가 정확히 무엇을 원하는지 알 수 없었다. 그리고 나는 예술가가 아니었다. 나는 캐럴린에게 축구화를 보여주고는 "이겁니다. 여기 이 자리에 무언가를 채워 넣어야 합니다"라고만 말했다. 이 말은 캐럴린에게 전혀 도움이 되지 않았다.

캐럴린은 일단 한번 해보겠다고 말했다.

그녀는 "동적인 느낌이라……"라고 중얼거리며 사무실을 나갔다. 동적인 느낌.

2주 뒤 캐럴린은 개략적으로 스케치한 시안들을 가지고 사무실로 왔다. 모두 한 가지 테마에 변화를 가한 것이었다. 그 테마는 뚱뚱하게 생긴 번개라고 할까? 두툼하게 생긴 체크 부호라고 할까? 뭉툭하게 휘갈겨 쓴 자국이라고 할까? 동적인 느낌을 자아내기는 했지만, 너무 흔들려서 멀미가 날 지경이었다. 어느 것도 마음에 들지 않았다. 그렇지만 그중에서 그래도 눈에 띄는 것을 몇 가지 골라서 그것들을 가지고 좀 더 생각해달라고 부탁했다.

며칠혹은 몇 주이 지나 캐럴린이 다시 사무실에 와서는 회의실 탁자에 두 번째 작업물들을 펼쳐보였다. 그중 몇 가지는 벽에다 걸어놓기도 했다. 그녀는 처음 테마에서 출발해 좀 더 자유롭게 다양한 형태로 변화를 가했다. 확실히 이전보다는 더 나아졌고 친밀해졌다.

우델과 나, 그리고 몇몇 직원들이 캐럴린이 가져온 작업물들을 검토했다. 내가 기억하기로는 존슨도 있었는데, 그가 무슨 이유로 웰즐리에서 오리건까지 왔는지는 도저히 생각나지 않는다. 우리는 점점 합의에 가까워지고 있었다.

누군가가 말했다. "이게 다른 것들보다는 조금 더 낫지 않을까요?"

누군가가 말했다. "날개처럼 보여요."

다른 누군가가 말했다. "바람이 휙 소리를 내고 지나가는 것 같아요."

"육상 선수가 지나간 자국 같기도 해요."

우리 모두 그것이 새롭고, 신선하고, 그럼에도 태곳적부터 있어온 듯하고, 시대를 초월하는 듯하다는 데 뜻을 같이했다.

우리는 캐럴린에게 많은 시간을 들여 작업한 것에 대해 깊은 감사의 마음을 전하고, 35달러짜리 수표를 주면서 돌려보냈다.

그녀가 떠난 뒤에도, 우리는 자리에 앉아 마지막까지 살아남은 로고를 계속 쳐다봤다. 그것은 어찌 보면 선택된 것 같기도 하고, 어찌 보면 부전승으로 결정된 것 같기도 했다. 존슨이 말했다. "눈길을 끄는 데가 있어." 우델도 이에 동의했다. 나는 얼굴을 찡그리고 뺨을 긁으면서 말했다. "어쩔 수 없지. 다들 이걸 좋다고 하니. 시간도 없고, 그냥 이걸로 해야겠어."

그러자 우델이 물었다. "이게 마음에 들지 않아?"

나는 한숨을 쉬면서 말했다. "사실 지금은 마음에 들지 않아. 점점 마음에 들어지겠지, 뭐."

우리는 급조된 로고를 캐나다로 보냈다.

이제 내 마음에 쏙 들지 않는 로고와 함께 가야 할 브랜드 이름이 필요했다. 그다음 며칠 동안 우리는 수십 가지 아이디어를 떠올리고는 유력한 후보자 두 개로 좁혀놓았다.

팰콘Falcon.

그리고 디멘션 식스Dimension Six.

나는 후자를 선호했다. 그것을 제안한 사람이 바로 나였기 때문이다. 우델을 포함해 다른 직원들은 디멘션 식스라는 말만 들어도 질색했다. 그들은 디멘션 식스가 기억하기에도 쉽지 않고 별 뜻도 없다고 했다.

우리는 직원들의 의견을 묻기로 했다. 비서, 경리 직원, 영업사원, 판매점 점원, 서류 정리원, 창고 직원들에게 적어도 한 가지 이상 제안하도록 했다. 포드 자동차는 매버릭Maverick을 출시하면서, 이 브랜드 이름을 제안한 일류 컨설팅 기업에 200만 달러를 지급했다. 나는 직원들에게 이렇게 말했다. "우리에게는 200만 달러가 없습니다. 그러나 똑똑한 사람들이 50명이나 있습니다. 따라서 매버릭보다 더 좋은 이름이 나올 겁니다."

우리는 포드와 달리 마감일이 있었다. 캐나다는 그 주 금요일부터 신발을 생산할 계획이었다.

우리는 몇 시간에 걸쳐 이런저런 이름의 장단점을 이야기하느라 큰 소리를 질러댔다. 보크가 제안한 벵골이 좋다고 하는 사람도 있었다. 콘도르가 가장 좋다고 하면서 그걸로 가자는 사람도 있었다. 나는 발끈하면서 "온통 동물들뿐이야. 이러다가는 숲속에 사는 동물들이 다 나오겠어. 꼭 동물이어야만 해?"라고 불평했다.

나는 디멘션 식스를 위해 또다시 로비 활동을 벌였다. 그러나 직원들이 입을 모아 그건 말도 안 된다고 했다.

누군가 지금 그 사람 이름은 기억나지 않는다가 이 상황을 한마디로 깔끔하게 정리했다. "모든 이름이 형편없어." 아마 존슨이 그랬던 것 같다. 그런데 기록을 뒤져보니, 그 시간에 그는 웰즐리에 있었다.

늦은 밤, 우리는 모두 지쳐서 인내력이 바닥났다. 동물 이름이 하나만 더 나왔더라면, 나는 창밖으로 뛰어내렸을지도 모른다. 나는 "내일 다시 이야기합시다"라고 말하면서 사무실을 나와 우리 차들이 있는 쪽으로 갔다.

집에 돌아온 나는 안락의자에 앉았다. 마음이 상당히 복잡했다. 팰콘? 벵골? 디멘션 식스? 아니, 다른 좋은 게 없을까?

결정의 날이 왔다. 캐나다는 이미 신발을 생산하기 시작했다. 샘플 제품을 보낼 준비도 되어 있었다. 제품을 싣기 전에 우리는 브랜드 이름을 결정해야 했다. 게다가 배송과 동시에 잡지에 광고를 게재할 예정이어서 광고에 들어갈 브랜드 이름을 그래픽 아티스트에게 알려주어야 했다. 마지막으로 미국 특허청에 특허 신청을 해야 하는데, 여기에도 브랜드 이름이 들어가야 했다.

우델이 사무실로 들어와 재촉했다. "시간이 다 됐어."

나는 눈을 비비면서 말했다. "알고 있어."

"뭐로 정했는데?"

"아직 몰라."

머리가 빠개질 것 같았다. 이런저런 이름들이 한꺼번에 섞여서 하나의 덩어리를 이뤘다. 팰콘뱅골디멘션식스.

우델이 말했다. "제안이 하나 더 들어왔어."

"누구한테서?"

"오늘 아침에 출근하자마자 존슨에게 전화가 왔어. 어젯밤 꿈속에 새로운 이름이 나타났대."

나는 눈을 크게 뜨고 물었다. "꿈속에?"

"존슨은 아주 진지하게 말했어."

"그 친구는 항상 진지하지."

"한밤중 침대에 똑바로 앉아 있는데 이름이 자기 앞에 나타나는 것을 보았대."

"그게 뭔데?"

"나이키."

"지금 뭐라고 했지?"

"나이키."

"철자가 어떻게 되는데?"

"N-I-K-E."

나는 황색 리갈 패드에 나이키라고 적어보았다.

그리스신화에 나오는 승리의 여신, 아크로폴리스, 그리고 신전. 난 잠시 빠르게 돌이켜 생각했다.

"이제 시간이 없어. 나이키, 팰콘, 디멘션 식스 중에 골라야 돼."

"모두가 디멘션 식스는 아니라고 말했잖아."

"나만 빼고."

우델은 얼굴을 찌푸린 채 사무실을 나가며 말했다. "그걸 말한 사람이 바로 너잖아."

나는 종이에다 계속 글씨를 끼적거렸다. 리스트를 만들고 하나씩 지워나갔다. 시계는 쉬지 않고 똑딱거렸다.

지금 당장 캐나다에 전보를 쳐야 한다.

나는 급하게 결정하는 것을 싫어한다. 하지만 그 시절, 나는 항상 급하게 결정을 내렸다. 천장을 쳐다봤다. 나 자신에게 여러 가지 선택을 놓고 생각할 시간을 2분 더 주기로 했다. 그러고는 텔렉스로 걸어갔다. 텔렉스 앞에 앉아서 3분을 더 주기로 했다.

나는 마지못해 메시지를 치기 시작했다. "새로운 브랜드의 이름은……."

내 머릿속에서는 여러 가지 것들이 의식적이든 무의식적이든 굴러다니고 있었다. 먼저, 존슨은 클로록스Clorox, 클리넥스Kleenex, 제록스Xerox 같은 상징적인 브랜드들은 이름이 짧다고 했다. 그리고 브랜드 이름에 K나 X가 들어가 센소리가 나면 오래 기억된다. 일리 있었다. 나이키는 이 두 가지 조건을 모두 충족시켰다.

나이키가 승리의 여신이라는 점도 마음에 들었다. 지금 승리보다 더 중요한 것이 어디에 있겠는가?

그 순간, 마음 한구석에서 처칠의 목소리가 들려왔을 수도 있다. "여러분은 이런 질문을 할 겁니다. 우리의 목표는 무엇인가? 나는 한

마디로 대답할 수 있습니다. 그것은 승리입니다." 그가 2차 대전 참전 용사들에게 승리의 메달을 수여한 사실이 생각났을 수도 있다. 승리의 메달 앞면에는 아테나 니케가 칼을 두 동강 내는 모습이 새겨져 있지 않은가? 이때를 기억하며 나는 이런 사실이 떠올랐을 수도 있다고 생각했다. 그러나 무엇이 결정하게 만들었는지 확실히 알지 못한다. 우연인가? 본능인가? 내면에 존재하는 영혼인가?

그래.

퇴근길, 우델이 물었다. "뭐로 정했어?"

"나이키라고 했어."

"음."

"그래, 무슨 말인지 알아."

"아마, 점점 마음에 들어지겠지."

아마도.

닛쇼와의 새로운 관계는 우호적인 분위기였다. 그러나 이 관계가 어떤 방향으로 흘러갈지는 아무도 알 수 없었다. 한때 나는 오니쓰카와 관계를 아주 좋게 생각했다. 그런데 지금은 어떻게 됐는가? 닛쇼는 블루 리본에 현금을 지원했다. 그러나 마냥 즐거워할 수만은 없었다. 나는 가능한 한 여러 곳에서 현금을 끌어모아야 했다.

이런 생각은 다시 주식 공모를 떠올리게 했다. 주식 공모를 하면서 두 번씩이나 실망하고 싶지 않았다. 그래서 이번에는 꼭 성공하기 위해 헤이즈를 만났다. 우리는 첫 번째 주식 공모를 아주 적극적으로 추진하지는 않았다. 당시에는 우리가 직접 나서서 주식을 판매하지 않았다. 이번에는 아주 공격적인 영업사원을 뽑았다.

또한 이번에는 주식 대신 전환사채를 팔기로 했다.

기업들이 총탄 없는 전쟁을 벌인다는 말이 사실이라면, 이번 계획은 전쟁에서 승리하기 위한 채권 발행이었다. 사람들은 우리에게 자금을 빌려주고, 우리는 이에 대해 주식에 준하는 것을 제공한다. 전환사채 보유자에게는 사채를 5년 동안 보유하도록 강력하게 권장한다. 5년이 지나면, 그들은 전환사채를 보통주로 전환하거나 주식에 준하는 것이라는 말은 여기서 나온 것이다, 원금에 이자를 얹어서 돌려받을 수 있다.

1971년 6월, 블루 리본은 새로운 계획과 저돌적인 영업사원의 능력을 믿고 20만 달러 규모의 전환사채를 발행했다. 전환사채는 날개 돋친 듯 팔려 나갔다. 특히 내 친구, 케일은 전혀 주저하지 않고 1만 달러어치를 사들였다. 당시로선 엄청나게 큰돈이었다.

그는 "벅, 나는 처음부터 너와 함께 있었어. 마지막 순간에도 함께 있을 거야"라고 응원했다.

한편 캐나다는 실망스러웠다. 공장에서 생산한 가죽 축구화는 멋있었지만, 추운 지역에서는 밑창이 갈라지거나 금이 갔다. 캐나다라고 불리는 공장에서 만든 신발이 추위를 견디지 못한다니 아이러니한 일에 또다시 아이러니한 일이 더해진 것이다. 잘 생각해보면, 우리에게도 잘못이 있었다. 우리가 미식축구용 축구화가 아니라 그냥 축구화를 주문했던 것이다.

노트르담대학교 쿼터백이 나이키 축구화를 신고 사우스 벤드의 신성한 미식축구 경기장을 달려가는 모습은 우리에게 황홀한 체험이었다. 1971년의 아일랜드처럼 나이키가 쪼개질 때까지만 그랬다1971년 북아일랜드의 벨파스트에서 영국과 북아일랜드의 해묵은 갈등이 또다시 폭발한다. 20세기 초부터 영국으로부터 독립하기 위한 투쟁을 계속 벌여온 북아일랜드 시민들은 유조차와 버스에 불을 지르며 격렬하게 시위를 벌였다. 영국군도 한치의 양보없이 시위를 무력으로 진압했다-옮긴이. 이제 우리가 해야 할 일은 더 견고하고 추운 기후를 더 잘 견디는 신발을 생산할 만한 공장을 찾는 것이었다.

닛쇼가 돕겠다고 나섰다. 그들은 우리를 돕는 일에 아주 적극적이었다. 그들은 상품 부서를 확충하는 중이었다. 그래서 스메라기는 전 세계 공장에 관한 정보를 많이 갖고 있었다. 또한 그는 최근에 조너스 센터의 제자인 신발 산업의 진정한 귀재를 컨설턴트로 영입했다.

솔직히 나는 센터가 누군지 잘 몰랐다. 스메라기는 그 사람은 온통 신발만 생각하는 진정한 '슈독shoe dog'이라고 말했다. 슈독이란 말은 몇 번 들은 적 있었다. 슈독은 신발의 제조, 판매, 구매, 디자인에 전념하는 사람을 말한다. 신발에 일생을 건 사람들은 자기와 비슷한 사람을 두고 즐거운 마음으로 이 표현을 쓴다. 그들은 오랜 세월을 두고 꾸준히 신발에만 몰두한다. 그들은 신발 외에는 어떤 것도 생각하지 않는다. 신발 마니아로서 심리 장애 증세가 뚜렷한 사람들이다. 그들의 머리는 안창, 바닥 창, 안감, 대다리, 리벳, 등가죽에 대한 생각들로 가득 차 있다. 나는 그들을 이해했다. 사람은 평균적으로 하루에 7500 보, 평생 동안 2억 7400만 보를 걷는다. 평생 동안 지구를 여섯 바퀴나 도는 셈이다. 슈독은 이런 여행에서 한 부분이 되기를 바랄 뿐이다. 슈독은 인류의 발이 지구 표면과 접촉하는 경첩을 다듬는 사람이 아니라 인류를 이어주기 위한 더 나은 방식이 무엇인지 고민하는 사람이다.

나는 이처럼 안타까운 환자를 보면 이상할만큼 호감이 갔다. 내가 삶의 여정에서 만났고, 앞으로 만날 슈독이 몇 명이나 될지 갑자기 궁금해졌다.

당시 신발 시장에서는 아디다스 복제 열풍이 불고 있었다. 이런 열풍을 일으킨 사람이 바로 센터였다. 그는 복제의 왕이었다. 그는 아시아 국가들이 합법적인 신발 무역공장 건설, 수출, 수입을 추진해야 한다는 사실을 아주 잘 이해하고 있었다. 그는 일본의 대형 종합상사 미쓰비시가 신발 사업부를 설립하는 일을 거들었다. 닛쇼는 여러 가지 이유로 센터만 고용할 순 없었다. 그들은 센터의 부관인 솔도 고용했다.

나는 "정말입니까? 신발로 먹고사는 사람 이름이 솔Sole, 영어로 밑창이라는 뜻이다—옮긴이이라고요?"라고 물었다.

나는 닛쇼와 일을 더 추진하기 전에, 그리고 솔을 만나기 전에, 내가 또 함정에 빠진 것은 아닌지 걱정했다. 닛쇼와 동업자가 되면, 곧 그들에게 많은 빚을 지게 된다. 신발 사업을 추진하기 위해 그들에게 손을 벌려야 한다. 오니쓰카와의 관계보다도 훨씬 더 취약한 관계에 빠져들지도 모른다. 그들이 오니쓰카처럼 공격적으로 나오면, 나는 죽을 수밖에 없다.

나는 이 문제를 바우어만 코치와 의논하고 자쿠아 변호사에게도 말했다. 그는 상당히 어려운 상황이 닥칠 수도 있다고 말했다. 자쿠아 변호사에게서도 좋은 수가 나오지 않았다. 그러나 자쿠아 변호사는 도움을 줄 만한 사람을 알고 있었다. 바로 그의 처남인 척 로빈슨이었다. 척은 전 세계를 대상으로 조인트 벤처 사업을 벌이는 마르코나 광산의 CEO였다. 일본의 8대 종합상사들은 마르코나가 보유한 광산들 중 적어도 한 곳과 파트너 관계를 맺고 있었다. 척은 일본 종합상사와의 공동 사업에 있어서 서구 세계에서 몇 안 되는 주요 전문가가 틀림없었다.

나는 힘들게 약속을 잡고는 샌프란시스코에 있는 그의 사무실을 찾아갔다. 사무실에 들어가자마자, 분위기에 완전히 압도당했다. 우선 우리 집보다 더 널찍한 사무실 규모에 완전히 주눅이 들었다. 창문으로 샌프란시스코 만 전체가 한눈에 들어왔다. 대형 선박들이 세계 최대의 항구에서 천천히 미끄러지듯이 오가는 모습이 보였다. 벽에는 전 세계로 석탄과 각종 광물을 공급하는 마르코나의 무적함대 모형이 전시되어 있었다. 대단한 권력과 지략을 가진 사람만이 이처럼 엄청난 보루를 지휘할 수 있을 것이다.

나는 자기소개에서부터 버벅거리기 시작했다. 그러나 척은 내가 찾아온 이유를 금방 이해했다. 그는 나의 복잡한 상황을 한 문장으로 멋지게 요약했다. "일본 종합상사가 자네의 원칙을 잘 이해한다면, 그들은 자네에게 가장 좋은 파트너가 되어줄 걸세."

나는 이 말을 듣고 일단 안심했다. 그리고 용기를 얻고는 스메라기에게 가서 내가 생각하는 원칙을 이야기했다. "내 회사의 지분을 요구해서는 안 됩니다."

그는 사무실의 몇몇 사람들과 상의하고 돌아와서 이렇게 말했다. "그렇게 하겠습니다. 하지만 한 가지 조건이 있습니다. 총수입의 4퍼센트를 제품에 대한 유통마진으로 갖겠습니다. 여기에 시장 이자율을 더해야 합니다."

나는 고개를 끄덕였다.

며칠 뒤 스메라기는 솔을 보냈다. 그 사람의 명성을 생각하면, 팔이 열다섯 개나 있고 그 팔들을 가지고 신발 나무로 만든 마법의 지팡이를 흔드는 신의 모습이 떠올랐다. 하지만 솔은 샤크스킨 원단 양복에 뉴욕 말씨를 쓰는 평범한 중년 사업가였다. 나와 다른 스타일로, 서로 잘 맞을 것 같지 않았다. 그런데도 우리는 금방 공통점을 찾았다. 신발, 스포츠, 기타미에 대한 변함없는 반감이었다. 내가 어쩌다가 기타미를 언급하자, 그는 비웃으면서 말했다. "그 사람은 아주 바보, 멍청입니다."

나는 우리가 변함없는 친구가 될 것이라고 생각했다.

솔은 내가 기타미에게서 벗어나 그를 혼내줄 수 있도록 돕겠다고 약속했다. "제가 당신이 처한 문제를 모두 해결해줄 수 있어요. 저는 좋은 신발 공장을 많이 알거든요." 나는 새로운 축구화를 보여주면서 물었다. "나이키를 만들 만한 공장으로 어디가 좋을까요?" 그러자 그는 "지금 당장 떠오르는 공장만 해도 다섯 곳이나 됩니다."라고 말했다.

그는 단호했다. 내가 보기에는 그는 두 가지 정신 상태를 가진 사람이었다. 하나는 단호함이고, 다른 하나는 오만함이었다. 그는 나를 설득했다. 그는 내 사업을 원했다. 그러나 나는 솔이 원하는 대상이 되기보다는 그가 설득하는 대상이 되기를 바랐다.

솔이 소개한 공장 다섯 곳은 모두 일본에 있었다. 스메라기와 나는 1971년 9월 그곳을 둘러보기로 했다. 그리고 솔이 안내를 맡기로 했다.

떠나기 일주일 전에 스메라기에게 전화가 왔다. "솔이 심장발작을 일으켰다고 합니다."

"저런, 어떡하죠?"

"솔은 곧 회복될 겁니다. 다만, 이번 여행은 불가능할 것 같습니다. 그런데 그의 아들이 아주 유능한가 봅니다. 이번에 아버지 대신에 올 거라고 하는군요."

나보다는 스메라기가 솔의 아들에 대해 믿음을 가지려고 더 많이 노력하는 것 같았다.

나는 혼자 일본으로 가서 도쿄의 닛쇼 빌딩에서 스메라기와 솔의 아들을 만났다. 솔의 아들이 손을 내미는 순간, 나는 깜짝 놀랐다. 솔의 아들이 젊을 것이라고는 생각했지만, 그는 10대처럼 보였다. 내가 예상했던 대로 그는 아버지처럼 샤크스킨 정장을 입고 있었다. 정장은 세 치수 정도 컸다. 혹시 아버지 옷을 입고 온 것은 아닐까?

그리고 여느 10대 소년들과 마찬가지로, 그는 모든 문장을 '나는'이라는 단어로 시작했다. 나는 이렇게 생각합니다. 나는 저렇게 생각합니다. 나는, 나는, 나는.

나는 스메라기를 힐끗 쳐다봤다. 그의 얼굴은 심각하게 굳어 있었다.

첫 번째로 방문할 공장은 히로시마 외곽 지역에 있었다. 우리 세 사람은 기차를 타고 가서 정오에 도착했다. 조금 쌀쌀하면서도 잔뜩 흐린 날씨였다. 다음 날 오전까지는 시간 여유가 있었다. 시간을 내 히로시마 원폭 박물관을 가보기로 했다. 박물관에는 혼자 가고 싶었다. 나는 스메라기와 솔의 아들에게 다음 날 오전에 호텔 로비에서 만나자고 했다.

나는 박물관 전시물을 도무지 이해할 수 없었다. 그을린 옷을 입은 마네킹. 불에 탄 흔적이 남아 있지만 빛을 발하는 덩어리. 보석인가? 조리 기구인가? 도저히 알 수 없었다. 나를 감정 저 너머의 어느 곳으로 안내하는 사진이 보였다. 아이의 녹아버린 세발자전거 앞에서 오싹한 기분이 들었다. 검게 변한 건물의 뼈대 앞에서는 입을 벌리고 말았다. 바로 그 자리에서 많은 사람이 서로 사랑하고 일을 하고 웃었을 것이다. 나는 충돌의 순간을 느끼고 들었다.

모퉁이를 돌아 유리 상자 안의 검게 그을린 구두를 보면서 우울한 기분이 들었다. 구두 주인의 발자국이 지금도 선명하게 보였다.

이처럼 음산한 분위기는 다음 날 아침에도 남아 있었다. 스메라기, 솔의 아들과 함께 시골 지역을 자동차로 달리면서 나는 계속 우울했다. 하지만 공장에 들어섰을 때, 관리자들의 밝고 명랑한 모습에 깜짝 놀랐다. 그들은 우리를 기쁜 얼굴로 맞이하고는 우리에게 제품을 보여주었다. 우리와의 거래를 몹시 원한다고 솔직하게 말했다. 그들은 미국 시장에 진출하기를 오랫동안 소망해왔다고 했다.

나는 그들에게 코르테즈를 보여주고는 이 제품의 생산과 관련, 규모가 제법 되는 주문량을 소화하는 데 얼마나 걸릴지 물었다.

그들은 6개월을 제시했다.

그러자 솔의 아들이 끼어들면서 "3개월에도 할 수 있잖아요"라고 큰소리를 쳤다.

나는 깜짝 놀라서 숨이 막힐 지경이었다. 나는 기타미를 제외한 일본인들은 생각이 달라서 서로 격렬하게 부딪힐 때도 모두 공손히 행동한다고 알고 있었다. 그래서 나도 항상 그들처럼 행동하려고 했다. 특히 히로시마에서는 훨씬 더 공손한 태도를 취하려고 했다. 다른 곳도 아닌 히로시마에서는 매우 조심스럽게 행동해야 했다. 그러나 솔의 아들은 결코 그렇지 않았다. 그의 행동은 가장 추악한 미국인의 행동을 그대로 닮아 있었다.

그의 행동은 갈수록 가관이었다. 우리가 일본 공장들을 둘러볼 때, 그는 퉁명스럽게 말하고 심지어 잘난 척하면서 거드름을 피웠다. 그는 나를 부끄럽게 했을 뿐 아니라 모든 미국인을 부끄럽게 했다. 스메라기와 나는 화난 표정을 주고받았다. 우리는 당장 크게 호통을 치고는 그를 돌려보내고 싶었지만, 그의 아버지의 소개 없이는 일을 제대로 진행할 수 없었다. 공장을 둘러보기 위해 우리는 어쩔 수 없이 이 버릇없는 꼬마 녀석을 데리고 다녀야 했다.

벳푸 외곽의 구루메에서 브리지스톤 타이어가 운영하는 거대 공업 단지 내의 공장을 방문했다. 이 공장의 이름은 '니폰 러버Nippon Rubber'였다. 그곳은 내가 본 신발 공장 중에서 가장 규모가 컸다. 주문량이 많든 적든, 주문이 복잡하든 그렇지 않든, 어떤 주문이라도 제때 소화할 수 있는 슈 오즈Shoe Oz라는 생각이 들었다. 우리는 아침 식사를 마치자마자 공장 회의실에서 그곳 관리자들과 함께 자리에 앉았다. 이번에는 솔의 아들 녀석이 말하려고 할 때마다 그냥 내버려두지 않았다. 그 녀석이 입을 열려고 하는 기색을 보이면 내가 나서서 가로막아버렸다.

나는 공장 관리자들에게 우리가 원하는 종류의 신발을 말하고는 코르테즈를 보여주었다. 그들은 심각한 얼굴로 고개를 끄덕였다. 나는 그들이 제대로 이해했는지 확신이 서지 않았다.

우리는 점심 식사를 마치고 회의실로 돌아왔다. 그러자 내 앞에 작업 현장에서 갓 나온, 나이키 줄무늬가 새겨진 따끈따끈한 신형 코르테즈가 놓여 있었다. 놀라웠다.

오후에는 내가 원하는 신발을 설명하면서 시간을 보냈다. 나는 테니스화, 농구화, 목이 긴 운동화, 목이 짧은 운동화를 포함해 다양한 형태의 러닝화를 설명했다. 공장 관리자들은 모든 디자인의 제품을 아무런 문제 없이 생산할 수 있다고 자신했다.

난 "좋네요"라고 말했다. 하지만 주문하기 전에 샘플 제품을 확인해야 했다. 그러자 그들은 며칠 내 샘플 제품을 만들어 도쿄에 있는 닛쇼 사무실로 보내겠다고 했다. 우리는 서로 고개를 숙이고 인사를 나눈 뒤 헤어졌다. 나는 도쿄에 가서 샘플 제품이 빨리 오기만을 기다렸다.

청명한 가을 날씨가 계속 이어졌다. 도쿄 시내를 돌아다니면서 삿포로 맥주와 사케를 마시고 야키토리やきとり 새꼬치구이-옮긴이를 먹었다. 그러고는 신발 꿈을 꾸었다. 메이지 정원을 다시 방문해 도리이 옆의 은행나무 아래 앉아 있기도 했다.

일요일, 호텔에서 신발이 도착했다는 메모를 전해주었다. 당장 닛쇼 빌딩으로 갔다. 그렇지만 문이 잠겨 있었다. 닛쇼는 출입증을 줄 정도로 나를 믿었다. 그래서 혼자서도 사무실에 들어갈 수 있었다. 나는 텅 빈 책상들 사이에 있는 큰 회의실에 앉아서 샘플 제품을 자세히 관찰했다. 제품들을 조명 아래 두고 보기도 하고, 이리저리 돌려보기도 했다. 손바닥으로 밑창을 쓸어보기도 하고, 새로운 줄무늬를 매만져보기도 했다. 아직 완벽하지는 않았다. 로고는 똑바르지 않고, 중창은 많이 얇았다. 뒤축에는 고무를 좀 더 보강해야 했다.

나는 공장 관리자들에게 이런 사항들을 알려주었다.

작은 흠결은 있었지만, 전체적으로는 아주 좋았다.

이제 마지막으로 남은 일은 새로운 모델의 이름을 짓는 것이었다. 자연히 공황 상태에 빠질 수밖에 없었다. 나는 새로운 브랜드의 이름을 짓는 일에 소질이 없었다.

디멘션 식스가 어떨까? 블루 리본 직원들에게 또다시 웃음거리가 될 것이다. 그러나 시간이 없었다. 도쿄 번화가의 텅 빈 빌딩에서 혼자 힘으로 결정해야 했다. 나 자신을 믿어야 했다.

테니스화를 집어 들었다. 그놈을 '윔블던Wimbledon'이라고 불렀다.

음, 생각보다 쉽군.

또 다른 테니스화를 집어 들었다. 그놈을 '포리스트 힐Forest Hill'이라고 불렀다. 포리스트 힐은 과거에 US 오픈 테니스 대회가 열렸던 곳으로 유명하다.

농구화를 집어 들고는 그놈을 내 고향 NBA팀의 이름인 '블레이저Blazer'라고 불렀다.

또 다른 농구화를 집어 들고는 '브루인Bruin'이라고 불렀다. 당시 최고의 대학 농구팀은 바로 존 우든 감독이 이끌던 브루인이었다. 이런 이름들은 크게 창의적이지는 않지만, 그래도 나름 괜찮다고 생각했다.

이제 러닝화가 남았다. 물론 코르테즈가 있었다. 그리고 마라톤, 오보리, 보스턴, 핀란드도 있었다. 나는 러닝화를 만지며 신들린 듯 집중력을 발휘했다. 나는 갑자기 방 안에서 춤을 추기 시작했다. 나지막하게 음악이 들려오는 것 같았다. 러닝화를 집어 들고는 '웨트 플라이트Wet-Flyte'라고 불렀다. 나는 "좋았어" 하고 외쳤다.

지금도 나는 이런 이름들이 어디서 나왔는지 잘 모르겠다.

샘플 제품의 이름을 짓는 데 30분 정도 걸렸다. 그날 나는 아편을 맞고 멍해진 상태에서 〈쿠블라 칸〉이라는 시를 쓴 영국의 시인, 새뮤얼 콜리지 같았다. 이 이름들을 공장으로 보냈다.

날이 어두워진 뒤에야 닛쇼 빌딩에서 나와 도쿄 번화가를 걸었다. 전혀 경험하지 못했던 색다른 기분이 느껴졌다. 나는 지쳤지만, 당당했다. 녹초가 됐지만 즐거웠다. 하루 일과를 마치고 느끼고 싶었던 모든 기분을 느꼈다. 내가 예술가, 창조자가 된 것 같았다. 몸을 돌려서 마지막으로 닛쇼 빌딩을 바라보았다. 그러고는 작은 목소리로 말했다. "우리가 해내고야 말았어."

일본에 온 지 3주가 됐다. 예상보다 더 오래 일본에 머물게 되자 당장 두 가지 문제가 발생했다. 세계는 넓다. 하지만 신발 세계는 좁다. 오니쓰카가 분명 내가 그들 주변에 있다는 소문을 들을 텐데 내가 방문하지 않는다면, 블루 리본이 무슨 일을 꾸미고 있을 거라고 생각할 것이다. 그들이 내가 다른 거래처를 물색하고 있다는 사실을 확인하는 데는 오랜 시간이 걸리지 않을 것이다. 나는 고베로 가서 오니쓰카 공장을 방문해야 했다. 그러나 출장이 더 길어지는 것은 곤란했다. 페니와 이처럼 오랫동안 떨어져서 지낸 적이 없었기 때문이다.

나는 페니에게 전화해서 이번 출장의 마지막 예정지, 고베로 올 수 있는지 물었다.

페니는 기꺼이 그러겠다고 했다. 페니는 아시아에 한 번도 와본 적이 없었다. 그리고 그녀가 생각하기에 이번 여행은 내가 사업에 실패하고 우리가 생활고에 시달리기 전에 여유를 누릴 수 있는 마지막 기회였다. 또한 자기한테 잘 어울리는 분홍색 여행 가방을 사용할 마지막 기회일 수도 있었다. 매튜는 돗에게 부탁하면 될 것이다.

일본에 오기까지 비행 시간은 상당히 길었다. 그리고 페니는 비행기 여행을 좋아하지 않았다. 나는 공항으로 가면서 연약한 여자를 위해 당연히 마중 나가야 한다고 생각했다. 그러나 하네다 공항이 아주 무서운 곳이라는 사실을 잊고 있었다. 그곳은 사람과 짐으로 가득 찬 거대한 집합체였다. 나는 움직일 수 없었고, 페니를 찾을 수도 없었다. 갑자기 공항 세관의 미닫이 유리문 주변에서 페니의 모습이 보였다. 페니는 사람들 사이를 뚫고 나오려고 안간힘을 쓰고 있었다. 하지만 무장경찰까지 포함해 사람이 너무 많다 보니 꼼짝할 수 없었다.

미닫이문이 열리자 많은 사람이 한꺼번에 쏟아져 나왔다. 페니는 넘어지면서 내 팔을 잡았다. 페니가 그처럼 기진맥진한 모습은 처음이었다. 매튜를 낳고도 그처럼 힘들어하지는 않았다. 나는 비행기 타이어에 펑크가 나서 직접 갈아 끼웠냐고 물어봤다. 페니는 전혀 웃지 않았다. 그녀는 도쿄 외곽 지역에서 비행기가 두 시간 동안 난기류에 휩싸여서 롤러코스터를 탄 기분이었다고 했다.

페니는 가장 아끼는 옥색 재킷을 입었는데, 심하게 구겨지고 더럽혀져 있었다. 옷처럼 표정도 많이 일그러져 있었다. 우선 뜨거운 물에 샤워를 하고 옷을 갈아입고 쉬어야 했다. 나는 페니에게 프랭크 로이드 라이트가 설계한 임페리얼 호텔의 스위트룸을 잡아놓았다고 했다.

30분 정도 지나서 우리는 호텔에 도착했다. 내가 체크인하는 동안 페니는 화장실에 다녀오겠다고 했다. 나는 프런트로 가서 방 열쇠를 받고 로비 소파에 앉아 기다렸다.

10분이 지났다.

15분이 지났다.

나는 걱정되어 여자 화장실에 가서는 문을 조금 열고 조심스럽게 물었다. "페니?"

"나 지금 몸이 완전히 얼어붙었어."

"그게 무슨 말이야?"

"지금 화장실 바닥에 앉아 있어. 몸을 움직일 수 없어."

화장실 안으로 들어가자 차가운 타일 바닥에 옆으로 누워 있는 페니가 보였다. 여자들이 페니 주변에서 웅성거리고 있었다. 일종의 공황 발작을 일으킨 것이다. 다리에도 심하게 쥐가 나 있었다. 장시간에 걸친 비행기 여행, 공항에서의 혼란, 기타미로 인한 수개월에 걸친 스트레스. 페니는 특히 기타미라면 아주 질색이었다. 나는 차분하게 "이제 괜찮아질 거야"라고 말했다. 페니의 몸이 서서히 펴지기 시작했다. 나는 페니를 부축해서 위층으로 올라갔다. 그리고 호텔 프런트에 여자 안마사를 보내달라고 부탁했다.

이마에 차가운 수건을 얹은 채 침대에 누워 있는 페니를 보면서 걱정을 했지만, 한편으로는 조금 감사한 생각도 들었다. 나 역시 지난 몇 주혹은 몇 개월 동안 공황 근처까지 갔다. 페니의 모습은 나한테 강한 자극을 주었다. 우리 두 사람 중 한 사람은 매튜를 위해 정신을 똑바로 차리고 있어야 한다. 이번에는 그 역할이 나한테 주어졌다.

다음 날 아침, 나는 오니쓰카에 전화해서 내가 아내와 함께 일본에 있다고 알렸다. 그들은 한번 방문하라고 했다. 우리는 30분 뒤 고베로 가는 기차에 몸을 실었다.

기타미, 후지모토, 오니쓰카 회장을 포함해 모두가 우리를 맞이하러 나왔다. "일본에는 무슨 일로 오셨습니까?" 나는 휴가차 왔다고 했다. 그냥 생각나는 대로 둘러댄 것이다. 오니쓰카 회장은 "아주 좋습니다. 좋아요"라고 했다. 그는 페니를 보고는 공연히 야단법석을 떨었다. 우리는 급하게 마련된 다과회 장소로 가서 자리에 앉았다. 우리는 잠시 잡담을 하면서 즐겁게 웃었다. 우리에게 곧 전쟁이 닥칠 거라는 사실을 잊어버린 듯이.

오니쓰카 회장은 페니와 내가 고베를 관광할 수 있도록 자동차를 제공하고 운전기사를 붙여주겠다고 했다. 나는 그의 호의에 감사하다고 인사했다. 그날 밤 기타미는 우리에게 저녁 식사를 함께하자고 했다. 나는 다시 한 번 마지못해 그렇게 하겠다고 했다.

후지모토가 오자 자리는 더욱 복잡해졌다. 테이블 주변을 둘러보면서 이런 생각이 들었다. 나의 신부, 나의 원수, 나의 스파이. 그 자리는 다소 활기차 보였다. 모두가 밝은 목소리로 말했지만, 그 속에 담긴 뜻은 복잡하고 미묘했다. 보이지 않는 곳에서 느슨하게 감긴 전선이 치직 소리를 내면서 타고 있는 것 같았다. 나는 기타미가 그 전선을 가지고 와서는 블루 리본을 넘기라는 제안에 응답하라고 압박하는 순간이 올 것이라고 생각했다. 그런데 이상하게도 기타미는 그런 말을 전혀 하지 않았다.

9시가 가까워지자 기타미는 집에 가야 할 시간이라고 했다. 후지모토는 남아서 우리하고 한잔 더 하고 가겠다고 했다. 기타미가 가고 나서 후지모토는 블루 리본과의 관계를 떼려는 오니쓰카의 계획에 관해 자기가 알고 있는 모든 정보를 말해주었다. 내가 기타미의 서류가방에서 빼낸 폴더에 나온 수준에서 크게 벗어나지는 않았다. 그렇지만 나는 협력자와 함께 있어서 즐거웠다. 우리는 계속 술을 마시면서 웃고 떠들었다. 그러다가 후지모토가 시계를 보더니 갑자기 비명을 질렀다. "이런, 11시가 넘었네. 기차가 끊겼어요!"

"아, 괜찮아요. 우리하고 같이 자면 돼요."

페니도 맞장구쳤다. "우리 방에 아주 큰 다다미가 있어요. 거기서 주무시면 돼요."

후지모토는 여러 번 고개 숙여 절하면서 고맙다고 했다. 나한테는 자전거를 보내줘서 다시 한 번 고맙다는 말을 했다.

한 시간 뒤, 우리 세 사람은 작은 방으로 들어와 우리가 함께 자는 것이 아무렇지도 않은 듯 행동했다.

해가 뜰 무렵, 후지모토가 기침을 하면서 일어나 기지개를 켜는 소리가 들렸다. 그는 화장실에 가서 세수를 하고 이를 닦았다. 그러고는 전날 밤에 입었던 옷을 다시 입고는 조용히 나갔다. 나는 다시 잠이 들었다. 잠시 뒤에 페니가 화장실에 다녀와 침대에 누울 때 다시 잠이 깼다. 페니는 울고 있었다. 또다시 공황 발작이 온 것처럼 보였다. 페니는 목이 쉰 듯한 목소리로 말했다. "그 남자가 말이야……." "그 남자가 뭐?"라고 내가 묻자 페니는 베개에 얼굴을 파묻으며 소리쳤다. "그 남자가…… 내 칫솔을 썼어."

나는 오리건에 도착하자마자, 바우어만 코치를 포틀랜드로 초대해 사업 현황에 관해 이야기를 나누었다. 그 자리에는 우델도 함께했다.

마치 오리건 동창회처럼 보였다.

대화 도중에, 우델과 나는 지난 50년 동안에 트레이닝화의 바닥창이 전혀 변하지 않았다는 이야기를 했다. 발자국은 여전히 물결 모양이거나 홈이 있는 모양이었다. 코르테즈와 보스턴은 쿠션을 강화하고 나일론 섬유를 사용했다는 점에서 획기적이었고, 갑피 제조 방식에 있어서도 혁신적이었다. 그러나 대공황 이전부터 바닥창 제조에서는 혁신이 전혀 이루어지지 않았다. 바우어만 코치가 고개를 끄덕였다. 가끔 메모도 했지만, 그렇게까지 관심을 보이진 않았다.

바우어만 코치는 새로운 사업에 관한 이야기가 끝나자마자 얼마 전에 어느 부유한 졸업생이 오리건대학교에 100만 달러를 기부했는데, 그 돈을 세계에서 가장 멋진 트랙을 까는 데 쓰기로 했다고 말했다. 바우어만 코치의 목소리가 갑자기 커지기 시작했다. 그는 뜻밖에 생긴 돈으로 만든 트랙 표면에 관해 자세히 설명했다. 그것은 폴리우레탄을 사용한 것으로, 바우어만 코치가 감독으로 참가하는 1972년 뮌헨 올림픽에서 사용할 예정인 스펀지 표면과 같은 재질이었다.

바우어만 코치는 무척 기뻐했다. 그렇지만 결코 거기에 만족하지 않았다. 그가 가르치던 선수들이 이 트랙 표면의 장점을 완전히 누리지 못하고 있었기 때문이다. 선수들의 신발이 트랙의 장점을 제대로 끌어내지 못하고 있었다.

바우어만 코치는 유진으로 돌아가는 두 시간 동안에 나와 우델이 제기한 트레이닝화의 밑창 개량 문제와 새로운 트랙에 관한 문제를 함께 고민했다. 이 두 가지 문제는 그의 머릿속을 심하게 어지럽혔다.

그다음 일요일, 바우어만 코치는 부인과 함께 아침 식사를 하다가 와플 틀을 유심히 바라보았다. 와플 틀의 격자무늬 패턴이 눈에 들어왔다. 그 패턴은 그가 몇 년은 아니더라도 몇 개월 동안 마음속에 품고 있던 패턴과 완전히 일치했다. 그는 아내에게 와플 틀을 잠깐 빌릴 수 있는지 물어봤다.

차고에는 예전에 트랙을 깔 때 사용하다가 남은 우레탄이 있었다. 그는 와플 틀을 차고로 가져가 거기에다 우레탄을 채워 넣고는 가열했다. 와플 틀은 금방 못쓰게 됐다. 이형제releasing agent, 제빵 과정에서 빵 반죽이 분할기나 틀에 달라붙지 않고 모양을 유지하도록 하는 식품첨가물-옮긴이를 첨가하지 않아서 우레탄이 녹으면서 와플 틀에 붙어버리고 만 것이다. 그는 이형제가 무엇인지 잘 몰랐다.

다른 사람 같으면 그 자리에서 당장 포기했을 것이다. 그러나 바우어만 코치는 달랐다. 그는 다른 와플 틀을 가지고 와서 이번에는 석고와 함께 우레탄을 넣었다. 석고가 굳자 와플 틀의 턱이 열리면서 문제가 해결됐다. 그는 이렇게 만들어낸 주형을 오리건 러버 컴퍼니Oregon Rubber Company에 가져가 액화 고무를 부어줄 것을 요청했다.

또 실패했다. 여기서 나온 고무는 유연하지도 않고 쉽게 부러졌다.

그러나 바우어만 코치는 문제가 서서히 해결되고 있다고 생각했다.

그는 와플 틀을 완전히 포기했다. 대신에 스테인리스강을 가져와서 거기에 구멍을 뚫고는 와플 틀처럼 생긴 표면을 만들었다. 그리고 그것을 다시 고무 회사로 가져갔다. 이것을 가지고 찍어낸 발바닥 크기의 네모나고 단단한 고무 조각은 유연하면서도 사용 가능했다. 그는 그것을 집에 가지고 와서 러닝화 밑창에 꿰매 붙였다. 그러고는 자기가 가르치는 선수에게 신어보라고 했다. 그 선수는 신발 끈을 단단히 매고는 날쌘 토끼처럼 달렸다.

바우어만 코치는 나한테 전화를 해서 들뜬 목소리로 이번 실험에 관해 이야기했다. 그는 이번에 자기가 개발한 와플형 밑창을 댄 신발 샘플을 새로운 공장에 보내라고 했다. 나는 물론 그렇게 하겠다고 말했다. 와플형 밑창을 당장 니폰 러버에 보냈다.

바우어만 코치가 작업실에서 땀을 흘리던 모습, 바우어만 여사가 도와주던 모습을 떠올리면 지금도 온몸에 소름이 돋는다. 그는 멘로파크의 에디슨이었고, 피렌체의 다빈치였고, 워덴클리프의 테슬라였다. 하여간 대단한 영감을 지닌 사람이었다. 나는 바우어만 코치가 자신이 스니커의 다이달로스Daedalus, 미노스왕을 위해 크레타 섬의 미궁迷宮을 만든 아테네의 명공名工-옮긴이이며, 역사를 만들어가는 사람이며, 산업을 새로 만들어가는 사람이며, 다음 세대의 육상 선수들로 하여금 달리고 멈추고 도약하는 방법을 바꾸도록 한 사람이라는 것을 과연 알기나 했는지 궁금하다. 또한 그가 당시에 자기가 했던 모든 일, 그다음에 이어지는 모든 일을 어떻게 생각해낼 수 있었는지도 궁금하다.

나는 도저히 바우어만 코치처럼 할 수 없었기 때문이다.

1972년

"우리의 방식, 아이디어, 브랜드로 승부합시다"

모든 것은 시카고에 달려 있었다. 1972년 우리 대화는 시카고로 시작해 시카고로 끝났다. 미국 스포츠용품협회National Sporting Goods Association가 주관하는 전시회가 바로 시카고에서 열렸기 때문이었다.

시카고는 매년 중요했다. 미국 전역의 영업맨들이 그해 나오는 새로운 스포츠용품을 보기 위해 시카고의 전시회를 찾아왔다. 그들이 그 자리에서 얼마나 주문하는가는 중요한 지표가 되었다. 그러나 1972년 전시회는 예전보다 훨씬 더 중요했다. 그곳에서 나이키를 세상에 처음 알리기로 결정했기 때문이었다. 그곳은 우리의 슈퍼볼 대회, 우리의 올림픽 대회, 우리의 성인식이 열리는 장소였다. 우리가 내놓은 신제품이 영업맨들의 마음에 든다면, 우리는 다음 해에도 참가할 수 있다. 그렇지 않으면 우리는 1973년에 그곳에 갈 수 없었다.

오니쓰카도 당연히 시카고를 주시하고 있었다. 그들은 전시회가 열리기 며칠 전, 나에게는 한마디 상의도 없이, 일본 기자들에게 블루 리본을 인수하겠다는 계획을 발표했다. 이 소식은 커다란 충격을 주었다. 특히 닛쇼에 더욱 그랬다. 스메라기는 당장 나한테 편지를 써서 도대체 어떻게 된 일인지 물었다.

두 장에 이르는 절절한 내용의 답장에서 나 자신은 오니쓰카의 발표와 아무런 관련이 없다는 사실을 알렸다. 오니쓰카가 블루 리본의 매각을 요구하면서 나를 괴롭힌 적이 있지만, 이제 그들과의 관계는 지난 일이 됐다고 했다. 나이키와 함께 닛쇼가 우리의 미래가 될 것이라고 했다. 편지의 마지막에 내가 오니쓰카에 우리의 관계를 말한 적이 없으니 스메라기도 그렇게 해줄 것을 부탁했다. "제가 지금까지 말한 내용을 비밀에 부쳐주시기를 바랍니다. 미래의 나이키 판매를 위해 블루 리본의 유통 시스템을 유지하려면, 오니쓰카에서 한두 달치 물량을 받아놓아야만 합니다. 이런 물량이 확보되지 않으면 우리는 아주 위험해질 겁니다."

나 자신이 저질 삼각관계에 빠져든 유부남처럼 느껴졌다. 나는 새로운 연인 닛쇼에게 지금의 부인인 오니쓰카와의 이혼은 다만 시간문제일 뿐이라고 안심시키고 있었다. 그러면서 오니쓰카에는 나를 헌신적인 남편으로 생각해달라면서 다독이고 있었다. 나는 스메라기에게 보내는 편지에 이렇게 적었다. "저는 이런 식으로 사업하는 것을 좋아하지 않습니다. 하지만 아주 나쁜 의도를 가진 기업에 의해 빚어진 일이라고 생각합니다." 사랑하는 닛쇼, 우리는 곧 함께할 거야. 조금만 기다려줘.

우리 모두 시카고로 가기 직전, 기타미에게서 전보가 왔다. 그는 '우리'의 새로운 회사 이름을 생각해봤다고 했다. 더 타이거 슈 컴퍼니The Tiger Shoe Company. 그는 내가 시카고에서 이 이름을 세상에 처음 알리기를 바랐다. 나는 답신에서 새로운 회사 이름이 멋지고 시적인 감흥을 자아낸다고 했다. 하지만 유감스럽게도 간판이나 전단지가 이미 인쇄됐기 때문에 전시회에서 더 타이거 슈 컴퍼니를 세상에 알리기에는 너무 늦었다고 통보했다.

전시회 첫날, 나는 컨벤션 센터로 들어가 우델과 존슨이 부스를 열심히 꾸미고 있는 모습을 보았다. 그들은 새로운 타이거를 가지런히 쌓아놓고는 오렌지색 박스에 담긴 새로운 나이키를 피라미드 모양으로 쌓고 있었다. 당시 신발 박스는 흰색 아니면 파란색이었다. 나는 스포츠용품 가게에서 튀어보일 만한 색상을 원했다. 그래서 무지개에서 가장 밝고 화려한 오렌지색이 가장 뚜렷하게 보인다고 생각하고는 니폰 러버에 박스를 이 색으로 만들어줄 것을 요청했다. 우델과 존슨은 오렌지색을 좋아하고, 박스 옆면에 소문자로 하얗게 인쇄된 '나이키nike'도 좋아했다. 그러나 박스를 열고 신발을 살펴보고는 마음이 확 달라졌다.

니폰 러버가 처음 납품한 신발은 품질 면에서 타이거에 미치지 못했을 뿐 아니라 예전에 우리가 봤던 샘플보다도 못했다. 가죽은 윤이 났지만, 고급스러워 보이지 않았다. 웨트 플라이트는 글자 그대로 젖어 있었다. 마르지 않는 싸구려 페인트 혹은 래커를 칠한 것처럼 보였다. 갑피 부분은 폴리우레탄으로 광택을 냈지만, 니폰 러버는 기발한 재료를 써서 신발을 만들어내는 측면에서는 바우어만 코치보다 나아 보이지 않았다. 날개가 됐든, 휙 소리를 내고 지나가는 것이 됐든(나중에 우리는 이것을 스우시swoosh라고 불렀다. 캐럴린이 만들어준 옆면의 로고는 비뚤어져 있었다.

나는 자리에 털썩 주저앉아 두 손으로 머리를 감싸 쥐었다. 그러고는 오렌지색 피라미드를 바라보았다. 내 마음은 기자 고원의 피라미드로 가 있었다. 불과 10년 전, 나는 그곳에서 아라비아의 로렌스처럼 낙타를 타고 모래 위를 한가로이 거닐고 있었다. 한 인간으로서 엄청난 자유를 누린 순간이었다. 하지만 지금 나는 빚으로 휘청거리는 신발 회사의 사장이 되어 비뚤어진 스우시가 박혀 있는 조잡한 제품을 시카고 전시장에 내놓고 있었다. 모든 것이 허무했다.

컨벤션 센터 주변을 둘러보았다. 수천 명의 영업맨이 부스 이곳저곳을 떼 지어 돌아다니고 있었다. 그들이 이곳에서 첫선을 뵈는 신발을 앞에 두고 "와" 하고 지르는 탄성 소리도 들려왔다. 나는 열심히 준비하지 않고 과학 박람회에 나온 아이 같았다. 분출하는 화산 모형을 만든 아이도 있고, 번개 기계를 만든 아이도 있는데, 나는 어머니 옷장 속 좀약으로 만든 태양계 모빌이 전부였다.

이처럼 결함 투성이인 신발을 남들에게 소개할 순 없었다. 설상가상으로 우리는 이 신발을 우리와는 전혀 다른 부류의 사람들에게 내밀어야 했다. 그들은 영업맨이다. 그들은 영업맨처럼 말을 하고 걸음을 걷고 옷을 입는다. 그들은 몸에 꽉 끼는 폴리에스테르 셔츠와 산사벨트 바지를 입는다. 그들은 외향적인 사람이지만, 우리는 내향적인 사람이다. 그들은 우리를 이해하지 못하고, 우리도 그들을 이해하지 못한다. 그런데 우리의 미래는 그들에게 달려 있다. 지금 우리는 그들에게 이

나이키 신발이 그들의 시간, 신뢰, 돈에 합당한 가치를 해줄 것이라고 어떻게든 설득해야 했다.

나는 패전을 바로 눈앞에 두고 있었다. 존슨과 우델은 이미 패전을 받아들이는 듯한 표정을 하고 있었다. 어찌할 여유가 없었다. 페니와 마찬가지로, 그들은 나를 패닉 상태로 밀어넣고 있었다. 나는 "여보게, 친구들. 이건 최악이야. 앞으로는 좋아질 거야. 이것만 팔 수 있다면, 앞으로는 순조로울 거야"라고 말했다.

두 사람 모두 체념한 듯 고개를 떨궜다. 이제 우리가 할 수 있는 선택이 무엇일까?

영업맨들이 마치 좀비들처럼 우리 부스로 몰려왔다. 그들은 나이키를 집어들고는 밝은 빛에 비추어보았다. 스우시도 만져보았다. 누군가 옆에 있는 사람에게 "이게 뭐지?"라고 물어봤다. 그러자 돌아오는 대답이 "내가 알면, 왜 여기 있겠니?"였다.

그들은 갑자기 질문 공세를 펼쳤다.

이게 뭡니까?

나이키입니다.

나이키라고요?

그리스신화에 나오는 승리의 여신입니다.

그리스신화라고요?

승리의 여신이라?

그리고 이건 또 뭡니까?

스우시입니다.

뭐라고요? 스우시라고요?

이 질문에는 내가 대답했다. "누군가가 당신 곁을 지나갈 때에 나는 소리입니다."

그들은 그 로고를 마음에 들어했다. 아니, 신발 전체를 마음에 들어했다.

그들이 우리에게 일감을 주었다. 그들은 우리에게 제품을 주문했다. 그날 주문량은 예상을 훨씬 뛰어넘었다. 우리는 전시회에서 대히트를 쳤다. 적어도 내가 보기에는 그랬다.

언제나 완벽을 추구하는 존슨은 여느 때와 마찬가지로 기뻐하지 않았다. 그는 "이 모든 상황의 불규칙성"이 할 말을 잃게 만든다고만 말했다. 나는 존슨에게 불규칙성 때문에 어안이 벙벙한 상태에서 빠져나와 좋은 일을 그냥 받아들이자고 애원하다시피 말했다. 그러나 그는 그럴 수 없었다. 그는 단골 고객을 붙잡고는 제품을 잘 살펴보라면서 길게 이야기했다. 그 남자는 "그게 무슨 말씀이세요?"라고 물었다. 존슨은 난처한 기색이 역력한 채 말했다. "이번 전시회에 나온 나이키는 실제로 검증되지 않은 제품입니다. 솔직히 말씀드려서 그렇게 좋은 제품이 아니에요. 그런데 왜 그걸 사려고 하는지……. 왜 그런 결정을 내린 건가요?"

그 남자는 웃으면서 답했다. "우리는 블루 리본과 수년 동안 함께 일해왔습니다. 우리는 블루 리본 사람들이 진실만을 말한다는 사실을 잘 알고 있습니다. 다른 곳에서는 허튼 소리를 하지만, 블루 리본은 항상 정직합니다. 블루 리본이 이번 신제품, 나이키에 기대를 걸었다면, 우리는 그 결정을 믿습니다."

존슨은 부스로 돌아와서 머리를 긁적였다. "진실만을 말한다고? 그 진실을 누가 알아?"

우델도 웃고, 존슨도 웃었다. 나도 웃으면서 내가 오니쓰카에 수없이 했던, 일부만 진실인 말과 진실이 아닌 말에 관해 생각하지 않으려고 애를 썼다.

좋은 소식은 빨리 퍼지게 마련이다. 그러나 나쁜 소식은 로켓을 타고 그렐리나 프리폰테인보다 더 빨리 달려간다. 시카고 전시회가 끝나고 2주가 지났을 무렵, 기타미가 내 사무실에 찾아왔다. 사전 약속도 없었고, 조심하는 기색도 없었다. 그는 당장 본론으로 들어갔다. "이게 뭡니까? 니케이라고 했습니까?"

나는 당황한 표정을 숨길 수 없었다. "나이키요? 아, 그건 아무것도 아닙니다. 오니쓰카가 계약을 중단하고는 공급을 끊을 경우에 대비해 부업으로 내놓은 겁니다."

내 대답은 기타미를 무력하게 만들었다. 나는 이런 대화를 몇 주에 걸쳐 연습했다. 그 대답이 너무나도 합리적이고 논리적이라서, 기타미는 어떻게 대응해야 할지 모르는 것 같았다. 그는 작심하고 싸움을 걸어보려고 왔지만, 나는 그의 저돌적인 공격을 쉽게 맞받아쳤다.

기타미는 어디서 나이키를 만드는지 궁금해했다. 나는 일본의 어느 공장에서 만든다고만 대답했다. 그는 우리가 나이키를 얼마나 주문했는지도 물어봤다. 나는 수천 켤레라고 대답했다.

그는 "어허"라고 외치기만 했다. 나는 그것이 무엇을 의미하는지 알 수 없었다.

나는 얼마 전 포틀랜드 트레일 블레이저스가 뉴욕 닉스를 상대로 막

강한 공격력을 과시하면서 133 대 86으로 완승을 거뒀을 때 블레이저스 선수 두 명이 나이키를 신었다는 이야기는 하지 않았다. 최근 〈더 오리거니언The Oregonian〉에 블레이저스의 제프 페트리가 닉스의 필 잭슨의 마크를 뚫고 드라이브인 하는 장면을 찍은 사진이 나왔는데, 페트리가 신은 농구화에는 스우시가 선명하게 박혀 있었다얼마 전에 우리는 블레이저스의 다른 선수들에게도 나이키 농구화를 판매했다. 고베에서 〈오리거니언〉 판매부수가 얼마 되지 않는 것이 천만다행이었다.

기타미는 새로 나온 나이키가 매장에 진열되어 있는지 물었다. 나는 물론 아니라고 악의 없는 거짓말을 했다. 그는 블루 리본을 오니쓰카에 언제 매각할 예정인지도 물었다. 나는 나의 동업자가 아직 결정을 내리지 못했다고 대답했다.

미팅이 끝날 무렵, 그는 양복 코트의 단추를 잠갔다가 다시 풀고는 캘리포니아에 볼 일이 있다고 했다. 그는 다시 오겠다는 말을 남기고 사무실 문을 유유히 걸어 나갔다. 나는 당장 전화기를 집어 들었다.

로스앤젤레스 매장에 전화하자 보크가 받았다. "존, 기타미가 로스앤젤레스로 가고 있어! 아마 틀림없이 우리 매장을 방문할 거야! 나이키를 모두 치워놔!"

"뭐라고?"

"기타미가 나이키에 대해 알게 됐어. 내가 그 사람한테 나이키가 매장에 없다고 말했거든!"

"도대체 무슨 말을 하는지 잘 모르겠어."

보크는 놀란 것 같기도 하고, 짜증이 난 것 같기도 했다. 그는 정직하지 않은 행동은 하고 싶지 않다고 말했다. 나는 "제발 나이키를 좀 숨겨둬"라고 소리치면서 전화를 탁 끊어버렸다.

아니나 다를까, 그날 오후에 기타미가 로스앤젤레스 매장에 나타났다. 그는 보크에게 이것저것 물었다. 마치 수상한 목격자를 다루는 경찰처럼 보크를 거세게 몰아붙였다. 보크는 침묵으로 일관했다 보크가 나중에 나한테 전한 말에 따르면 그랬다고 했다.

기타미는 화장실이 어디냐고 물었다. 물론 술수였다. 그는 화장실이 뒤쪽 어딘가에 있다는 것을 당연히 알고 있었다. 그쪽을 기웃거리기 위한 핑계로 하는 말이었다. 보크는 눈치가 없었다. 아니, 관심이 없었는지도 모른다. 얼마 지나지 않아 기타미는 창고 안에 달랑 하나 있는 전등불 아래에서 수백 켤레의 오렌지색 박스를 노려보고 있었다. 온통 나이키뿐이었다.

기타미가 가자마자, 보크는 나한테 전화를 했다. "큰일났어."

"무슨 일이야?"

"기타미가 다짜고짜 창고로 갔어. 이제 모두 끝났어."

나는 전화기를 내려놓고 멍하니 자리에 앉았다. 듣는 사람이 아무도 없었지만 나 혼자서 큰 소리로 "자, 이제 타이거 없이 살아가는 방법을 찾아야 해"라고 말했다.

물론 다른 방법을 찾아놓기는 했다.

그날 이후 얼마 지나지 않아 보크는 사표를 냈다. 그가 자기 발로 떠났는지, 우델이 그를 해고했는지는 잘 기억나지 않는다. 어쨌든, 우리는 보크가 사표를 내고 얼마 지나지 않아 새로운 직장을 얻었다는 소문을 들었다.

보크는 기타미 밑에서 일하기로 했다.

나는 기타미가 다음 카드를 내놓기를 기다리면서 허공을 쳐다보기도 하고 창문 밖을 바라보기도 했다. 텔레비전도 많이 봤다. 미국뿐 아니라 전 세계가 미국과 중국의 갑작스러운 국교 수립에 열광하고 있었다. 닉슨 대통령이 베이징에 가서 마오쩌둥과 손을 잡았다. 이 일은 인간이 달에 가는 것과 맞먹는 사건이었다. 당시 그 누구도 미국 대통령이 자금성과 만리장성을 방문하는 것을 상상조차 하지 못했었다. 내가 홍콩에 갔던 때가 떠올랐다. 홍콩은 중국과 아주 가깝지만, 아주 멀기도 한 곳이다. 나는 내 인생에 중국에 갈 기회가 전혀 없을 것이라고 생각했다. 그러나 이제는 언젠가 갈 수 있을지도 모른다는 생각이 들었다.

아마도 언젠가는.

드디어 기타미가 자기 카드를 내놓았다. 그는 다시 오리건에 와서는 미팅을 요청했다. 이번 미팅에는 바우어만 코치도 참석해야 한다는 단서를 달았다. 나는 바우어만 코치의 편의를 생각해서 유진에 있는 자쿠아 변호사의 사무실을 미팅 장소로 제안했다.

그날이 되어 우리 모두가 회의실로 들어가는데, 자쿠아 변호사가 내 팔을 잡고서 "기타미가 무슨 말을 하든 잠자코 있게"라고 속삭였다. 나는 고개를 끄덕였다.

회의실 탁자를 가운데 두고 한쪽 편에는 자쿠아 변호사, 바우어만 코치, 내가 앉았다. 반대편에는 기타미, 그의 변호사, 어떤 오리건 사람이 앉았다. 기타미 편에 앉아 있는 오리건 사람은 그 자리에 오고 싶지 않은 눈치였다. 이와노도 배석했다. 나는 이와노가 나를 보고 살짝 웃었던 것으로 기억한다. 그는 그 자리가 사교적인 방문이 아니라는 사실을 잠깐 잊은 것 같았다.

자쿠아 변호사 사무실의 회의실은 타이거드의 회의실보다 컸지만, 그날만큼은 아담한 방처럼 보였다. 미팅을 요청한 사람이 기타미였기 때문에, 그가 모두발언을 했다. 그는 에둘러 말하지 않았다. 그는 자쿠아 변호사에게 문서를 건넸다. 이제부터 블루 리본과 오니쓰카의 계약은 폐기된다는 내용이었다. 그는 먼저 나를 바라보고 자쿠아 변호사를 바라보면서, "아주 아주 유감스러운 일입니다"라고 말했다.

게다가 엎친 데 덮친 격으로, 그는 우리에게 1만 7천 달러를 청구했다. 오니쓰카가 납품한 신발에 대해 우리가 지급하지 않은 금액이었다. 정확하게 말해서, 그는 1만 6637달러 13센트를 청구했다.

자쿠아 변호사는 그 문서를 한쪽으로 치우고 기타미가 이처럼 무모한 선택을 한다면, 즉 블루 리본과의 관계를 끊어버린다면 소송을 제기할 것이라고 맞받아쳤다.

기타미는 "블루 리본이 일을 이렇게 만든 겁니다"라고 반박했다. 블루 리본이 나이키를 생산함으로써 오니쓰카와의 계약을 위반했다는 것이었다. 그는 블루 리본이 이처럼 수익을 창출할 수 있는 관계를 버리고 나이키를 만든 이유를 도저히 이해할 수 없다는 말도 덧붙였다. 나는 도저히 참을 수 없었다. 나는 엉겁결에 "제가 그 이유를 말씀드리겠습니다"라고 말했다. 자쿠아 변호사는 나를 바라보며 "벅, 자네는 잠자코 있어!"라고 야단쳤다.

자쿠아 변호사는 아직은 원만한 해결을 이끌어낼 희망이 있다고 했다. 법정으로 가면 모두 큰 상처를 입을 테니 서로 화해하는 게 좋을 거라는 말이었다. 그러나 기타미는 화해할 마음이 전혀 없었다. 그는 자리에서 일어나 자기 변호사와 이와노에게 따라오라는 신호를 보냈다. 그들이 문으로 가면서 이런저런 대화를 나누는데, 기타미의 표정이 조금 변한 것 같았다. 화해의 손길을 내밀려는 건가? 나도 기타미에게 부드럽게 대해야겠다는 생각을 했다. 기타미는 "오니쓰카는 바우어만 코치를 앞으로도 계속 컨설턴트로 활용하고 싶습니다"라고 말했다.

나는 내 귀를 의심했다. 내가 기타미의 말을 잘못 알아들었나? 바우어만 코치는 고개를 설레설레 흔들며 자쿠아 변호사를 보았다. 나중에 자쿠아 변호사는 바우어만 코치에게 앞으로는 기타미를 경쟁자, 즉 철천지원수로 봐야 하고 결코 손을 잡아서는 안 된다고 말했다.

기타미는 고개를 끄덕이고는 자기와 이와노를 공항까지 데려다줄 수 있는지 물었다.

나는 존슨에게 당장 비행기를 타라고 했다. 그는 어리둥절해서 "어떤 비행기 말이야?"라고 물었다. 나는 "다음 비행기 말이야"라고 답했다.

존슨은 다음 날 아침에 도착했다. 우리는 달리기를 했다. 달리는 동안에는 아무 말도 하지 않았다. 사무실에 와서 전 직원에게 회의실로 모이라고 했다. 약 30명이 모였다. 나는 내가 상당히 긴장할 것으로 예상했다. 직원들도 내가 긴장한 모습을 보일 것으로 예상했다. 다른 날 혹은 다른 상황이었으면 그랬을 것이다. 그런데 무슨 이유인지 나는 놀라울 정도로 차분했다.

나는 우리가 처한 상황을 간략하게 설명했다. "여러분, 지금 우리는 아주 중요한 기로에 서 있습니다. 어제 우리의 주요 납품업체였던 오니쓰카가 우리에게서 등을 돌렸습니다."

나는 이 상황을 차분하게 받아들였다. 하지만 그 자리에 모인 사람들은 놀라움을 금치 못했다.

"우리는 오니쓰카에 손실 부분에 대해 소송을 하겠다고 위협했습니다. 물론 그들도 소송을 하겠다며 위협했습니다. 그들은 우리가 계약을 위반했다고 주장합니다. 그들이 먼저 일본에서 소송을 제기하면, 우리는 미국에서 소송을 제기할 수밖에 없습니다. 그것도 빠르게 제기해야 합니다. 일본에서 소송이 진행되면 우리가 승소하기는 어렵습니다. 따라서 우리는 미국 법원에서 우리에게 유리한 판결을 신속하게 얻어내 그들이 일본에서의 소송을 철회하도록 압박해야 합니다."

나는 직원들을 한번 둘러본 뒤 계속 말했다.

"모든 것이 해결될 때까지 우리는 완전히 혼자 힘으로 살아가야 합니다. 지금 우리는 표류하고 있습니다. 하지만 우리에게는 나이키라는 신제품이 있습니다. 다행히 시카고의 영업맨들이 나이키를 좋게 보고 있습니다. 솔직하게 말씀드리면, 그것이 우리가 가진 전부입니다. 그리고 우리가 알기로 나이키의 품질에는 큰 문제가 있습니다. 지금 나이키의 품질은 우리가 원하는 수준에 못 미칩니다. 이 문제에 대해서는 니폰 러버와의 협의가 원만하게 진행되고 있고, 닛쇼도 일주일에 적어도 한 차례씩 공장에 사람을 보내 품질이 개선되도록 노력하겠다고 했습니다. 그러나 우리는 그들이 얼마나 신속하게 이 문제를 해결할지 알 수 없습니다. 하지만 곧 좋아질 겁니다. 우리에게는 시간이 없고, 이제는 어떠한 실수도 용납하기 힘든 상황이기 때문입니다."

나는 그 자리에 모인 사람들을 바라보았다. 모두 고개를 숙이고 낙담한 표정을 지었다. 나는 존슨을 보았다. 그는 자기 앞에 놓인 서류만 계속 주시하고 있었다. 그의 잘생긴 얼굴에는 내가 전에 보지 못했던 무언가가 적혀 있었다. 그것은 바로 포기였다. 그는 방 안에 모인 다른 모든 사람과 마찬가지로, 마음속으로는 단념하고 있었다. 미국 경제는 침체의 늪에 빠져들고 있었다. 자동차는 연료를 넣기 위해 줄을 서 있었고, 정치는 마비 상태에 빠졌고, 실업률은 치솟았으며, 닉슨 대통령은 베트남전쟁에서 헤어나지 못하고 있었다. 종말의 시간이 다가오는 듯했다. 그 방에 모인 모든 사람은 앞으로 월세와 공과금을 어떻게 낼 것인가를 걱정했다. 그 시절 상황은 바로 그랬다.

나는 일단 목청을 가다듬었다. "그래서…… 다시 말하자면," 나는 다시 목청을 가다듬고는 황색 리갈 패드를 옆으로 치웠다. "제가 말씀 드리고자 하는 것은 이제는 다른 기업에 휘둘리지 말고 우리 갈 길을 가자는 겁니다."

존슨이 갑자기 두 눈을 치켜떴다. 다른 사람들도 마찬가지였다. 모두가 자세를 똑바로 하고 내 말에 귀를 기울이기 시작했다.

"이제 우리가 기다리고 기다리던 때가 왔습니다. 이제부터 우리는 더 이상 다른 기업의 브랜드를 판매하지 않을 것입니다. 더 이상 다른 기업을 위해 일하지 않을 것입니다. 오니쓰카는 지난 수년 동안 계속 우리 발목을 잡아왔습니다. 그들은 납기일을 제대로 맞추지 못했고, 주문과는 다른 제품을 보내왔고, 우리가 제안한 디자인을 제대로 반영하지 않았습니다. 우리들 중에 매번 그런 식으로 일을 처리하는 오니쓰카 때문에 어려움을 겪어보지 않은 사람은 아무도 없을 것입니다.

이제 우리는 상황을 직시해야 합니다. 우리는 우리만의 방식, 아이디어, 브랜드를 가져야 성공할 수 있습니다. 우리는 작년에 매출 200만 달러를 기록했습니다. 이런 실적에 오니쓰카가 기여한 바는 전혀 없다고 해도 무리가 아닙니다. 바로 우리가 창의성을 발휘하고 열심히 노력한 덕분에 이뤄진 성과입니다. 나는 오늘 일을 위기가 아니라 해방으로 생각합니다. 오늘을 우리가 독립하는 날로 생각합시다."

모든 사람이 아무런 소리도 내지 않고 나를 주시했다.

"물론 쉽지만은 않을 겁니다. 저는 여러분에게 거짓말하지 않겠습니다. 앞으로 우리는 전쟁을 치러야 합니다. 하지만 우리는 지형을 알고 있습니다. 우리는 길도 알고 있습니다. 바로 이런 이유로 이것은 우리가 충분히 이길 수 있는 전쟁이라고 생각합니다. 전쟁에서 승리하는 날, 우리는 승리의 대가를 톡톡히 누릴 것입니다. 우리는 죽지 않았습니다."

내 이야기가 끝나자 시원한 산들바람이 불어오듯 안도의 분위기가 감돌았다. 모두가 그런 분위기를 느끼고 있었다. 이런 분위기는 예전에 핑크 버킷 옆에 있는 사무실로 불어오던 바람 같았다. 어떤 사람은 고개를 끄덕였고, 다른 사람은 뭐라고 중얼거렸고, 또 다른 사람은 긴장했지만 웃는 표정을 지었다. 그 자리에서 우리는 앞으로 어떤 방향으로 나아갈 것인가, 제조 공장을 어느 곳으로 할 것인가, 제조 공장들이 최고의 품질과 가격을 위해 경쟁하도록 만드는 방법은 무엇인가, 신제품 나이키를 어떻게 알릴 것인가, 누구에게 알릴 것인가를 두고 서로 생각을 주고받았다.

우리는 즐겁고도 초조하면서도 의기양양한 기분으로 회의를 마쳤다.

존슨이 커피를 사겠다고 했다. 그는 "아주 멋있었어"라고 말했다.

나는 "고마워"라고 대답했다. 그리고 존슨이 시카고에서 했던 말을 그대로 돌려주었다. "내가 방금 전에 진실을 말했다고? 그 진실을 누가 알아?"

존슨은 당분간 웰즐리에 있기로 했다. 우리는 유진에서 처음 열리는 1972년 올림픽 육상 예선에 관심을 집중했다. 이번 예선전은 우리에게 아주 중요했기에, 우리 제품을 신어보기를 원하는 선수들에게 신발을 공급하기 위해 먼저 선발대를 보내고 홀리스터가 운영하는 매장에 특별본부를 설치했다. 예선전이 열리자, 우리는 유진으로 내려가 매장 뒤편에 실크스크린 기계를 설치하고는 나이키 티셔츠를 찍어대기 시작했다. 페니가 그것을 할로윈 사탕처럼 사람들에게 나눠주었다.

그렇게 열심히 일하는데, 어찌 성과가 없겠는가? 서던캘리포니아대학교 투포환 선수 데이브 데이비스는 첫날 우리 매장에 들러 아디다스나 퓨마는 선물을 주지 않는다면서 투덜거리고는 우리 신발과 셔츠를 기꺼이 신고 입겠다고 했다. 그러고는 4위를 차지했다. 야호! 더욱 좋은 일은 그가 우리 신발만 신지 않고 페니가 준, 자기 이름이 등에 새겨진 티셔츠를 입고서 경쾌하게 이곳저곳 돌아다녔다는 것이다. 문제는 데이브가 훌륭한 모델은 아니었다는 것이다. 그는 배가 좀 나와 있었다. 그리고 우리가 만든 티셔츠는 사이즈가 큰 편이 아니었다. 따라서 그의 뱃살을 더욱 돋보이게 했다. 우리는 다음 사항을 명심하기로 했다. 체격이 작은 선수에게 접근하거나 사이즈가 큰 티셔츠를 준비하라.

1500미터 달리기에 출전하는 우리 직원 짐 고먼을 포함해 준결승전에 우리 제품을 신고 출전하기로 한 선수도 여러 명 있었다. 나는 고먼에게 애사심이 대단한 친구라며 치켜세웠다. 우리 제품은 품질이 아주 뛰어나지는 않았다. 그러나 고먼은 처음부터 끝까지 우리 제품을 신겠다고 고집했다. 마라톤 경기에서는 4등부터 7등까지가 나이키를 신은 선수였다. 어느 누구도 팀을 만들지 않았지만, 팀이 만들어진 듯했다. 나이키를 신은 그들의 모습은 아주 근사해 보였다.

이번 예선전의 메인 이벤트는 마지막 날 펼쳐졌다. 프리폰테인과 올림픽 출전 경험이 있는 조지 영이 겨루는 경기였다. 당시 사람들에게 '프리'라는 애칭으로 불리던 프리폰테인은 경이로움을 훨씬 뛰어넘는 선수였다. 그는 한마디로 슈퍼스타였다. 제시 오언스 이후 미국 육상계를 강타한 기린아였다. 스포츠 기자들은 그를 배우 제임스 딘, 가수 믹 재거와 비교했다. 〈러너스 월드Runner's World〉는 그를 무하마드 알리에 비유하는 것이 가장 적절하다고 했다. 프리폰테인은 자신감으로 똘똘 뭉친 변화무쌍한 인물이었다.

그러나 내가 생각하기로는 이 모든 것으로도 부족했다. 프리폰테인은 그 이유를 정확히 설명하기 어렵지만, 지금까지 미국에서 등장한 그 어떤 육상 선수와도 달랐다. 나는 오랜 시간 넋을 잃고 그를 바라보면서 그가 지닌 매력에 관해 골똘히 생각해봤다. 나를 포함해 많은 사람이 프리폰테인을 보면서 열광하는 이유를 따져봤지만 한 번도 시원한 답을 얻지 못했다.

프리폰테인에게는 선수로서의 재능 외에도 또 다른 재능이 있었다. 그에게는 자신감 이상의 무엇인가가 있었다사실 자신감이 넘치는 선수는 프리폰테인 말고도 많았다.

이에 대해 어떤 이는 그의 외모를 지적했다. 그는 미끈한 헤어스타일에 수려하고 문학적인 외모를 자랑했다. 게다가 가슴이 깊고도 넓었고, 날씬한 근육질 다리는 질주를 멈추지 않을 것처럼 보였다.

달리기 선수들은 주로 내향적이다. 하지만 프리폰테인은 외향적인 성품을 지녔다. 그는 단지 달리기만 하지 않았다. 그는 사람들에게 볼거리를 제공하고 항상 사람들의 눈을 의식했다.

때로는 프리폰테인이 대중의 마음을 사로잡은 비결은 그의 열정에 있다는 생각도 해봤다. 그는 글자 그대로 죽을힘을 다해 결승선을 통과했다. 1등을 차지하기 위해서는 죽음도 두려워하지 않았다. 바우어만 코치가 무슨 말을 하든, 심지어 프리폰테인 자신의 몸이 무슨 말을 하든, 그는 결코 속도를 늦추지 않았다. 그는 결승선 직전까지 혹은 결승선을 통과할 때까지 죽어라고 달렸다. 이는 때로는 생산적이지 못한 전략일 수도 있고 어리석은 짓일 수도 있고, 심지어는 자살 행위일 수도 있다. 그러나 관중은 이런 모습을 보면서 흥분했다. 스포츠가 됐든, 인간의 행위가 됐든 진정으로 최선을 다하는 모습은 사람들의 마음을 얻게 되어 있다.

물론 오리건 사람들은 '우리의' 프리폰테인을 사랑했다. 그는 오리건에서 태어났고 비가 많이 오는 우리의 숲에서 자랐다. 우리는 그가 우리 고장 사람이기 때문에 그를 응원했다. 우리는 그가 18살 때 3200미터 미국 신기록을 달성하는 모습을 지켜봤다. 우리는 그가 미국 대학스포츠협회NCAA 선수권을 차지하면서 차차 그와 함께하게 됐다. 우리 오리건 사람들은 누구나 한마음이 되어 그가 위대한 선수로 성장하기를 기대했다.

물론 블루 리본도 우리 오리건 사람들의 마음을 담아 물질적인 지원을 준비했다. 우리는 프리폰테인이 경기 직전에 러닝화를 바꿔 신을 수 없다는 것을 충분히 이해했다. 그는 아디다스를 신었다. 하지만 우리는 그가 조만간 나이키와 함께할 것이라고 확신했다. 어쩌면 전형적인 나이키 맨이 될 것이라고 믿었다.

나는 이런 생각을 하면서 애것 스트리트를 지나 헤이워드 필드로 걸어갔다. 헤이워드 필드는 당연히 열광의 도가니였다. 우리 오리건 사람들은 로마 시대의 콜로세움에서 검투사와 사자가 등장할 때보다도 더 많이 열광했다. 자리에 앉자마자 프리폰테인이 몸을 푸는 모습이 보였다. 동작 하나하나가 흥분의 물결을 출렁이게 했다. 그가 운동장 한쪽에서 천천히 달릴 때, 주변에 앉아 있던 팬들은 자리에서 일어나 열띤 응원을 보냈다. 팬들 중 절반이 '레전드LEGEND'라는 글자가 찍힌 티셔츠를 입고 있었다.

갑자기 "우" 하는 소리가 들렸다. 한때 세계 최고의 장거리 주자로 일컬어지던 게리 린드그렌이 '스톱 프리STOP PRE'라고 적힌 티셔츠를 입고 트랙에 나타난 것이다. 린드그렌은 4학년 때 1학년이던 프리폰테인을 물리친 적이 있었다. 그는 특히 프리폰테인을 포함해 모든 사람이 그때의 일을 기억하기를 원했다. 프리폰테인은 린드그렌과 그가 입은 티셔츠를 보면서 고개를 젓고는 미소를 지었다. 그는 전혀 기죽지 않았다. 오히려 승리에 대한 동기만 커졌다.

선수들이 출발선에 섰다. 갑자기 온 세상이 조용해졌다. 탕 하는 총소리가 울렸다. 출발을 알리는 총소리는 나폴레옹 시대의 대포 소리 같았다.

프리폰테인은 곧바로 선두에 섰다. 영이 그의 뒤를 바짝 따랐다. 얼마 지나지 않아 다른 선수들은 멀찌감치 떨어져 나가고 둘만의 시합이 펼쳐졌다. 린드그렌은 멀리 떨어져 있어서 관심 범위에서 벗어났다. 각자의 전략은 분명했다. 영은 마지막 한 바퀴가 남을 때까지 프리폰테인 뒤를 바짝 쫓으면서 체력을 비축하다가 마지막 순간에 이를 쏟아부어 프리폰테인을 따돌리려고 했다. 반면에 프리폰테인은 처음부터 페이스를 빠르게 설정하고는 이를 마지막 바퀴가 될 때까지 유지해 영이 더 이상 따라오지 못하게 하려고 했다.

그들은 11바퀴까지 반 걸음 정도 떨어져서 달렸다. 두 선수가 마지막 바퀴에 접어들자, 관중은 입에 거품을 물고 환호성을 지르기 시작했다. 그 순간 우리가 보는 것은 육상 경기가 아니라 권투 경기처럼 느껴졌다. 아니, 말을 타고 창으로 겨루는 경기 같기도 했고, 투우 경기 같기도 했다. 이제 우리는 운명의 순간에 이르렀다. 프리폰테인이 속도를 높이면서 앞으로 치고 나가기 시작했다. 그는 영과의 간격을 1미터, 2미터, 4미터로 차차 벌려 나갔다. 영의 표정이 일그러지기 시작했다. 영은 프리폰테인을 따라잡을 수 없을 것처럼 보였다. 나는 속으로 이렇게 되뇌었다. "이 장면을 잊지 말자." 이처럼 열정이 펼쳐지는 곳에선 달리기를 하든, 회사를 경영하든 배울 것이 너무 많다.

두 선수가 결승선에 도달하자, 우리는 전광판의 시계를 올려다보았다. 프리폰테인은 종전의 미국 신기록을 근소한 차이로 깼다. 그러나 그는 여기에 만족하지 않았다. 그는 누군가가 '스톱 프리'라고 적힌 티셔츠를 흔드는 모습을 보고는 당장 그쪽으로 달려가서 그것을 낚아채더니 머리에 칭칭 감았다. 그러자 내 평생에 길이 남을 우레 같은 박수

소리가 터져나왔다.

나는 이처럼 감동적인 경기를 본 적이 없다. 나는 이 경기를 단지 본 것만 아니었다. 나 역시 그 경기에 참가했다. 며칠 지나자, 마치 내가 경기를 뛴 것처럼 허벅지 근육이 당겨오기 시작했다. 스포츠란 바로 이런 것이다. 스포츠가 할 수 있는 것이 바로 이런 것이다. 책과 마찬가지로 스포츠는 사람들에게 다른 사람의 삶을 산 것처럼, 다른 사람의 승리 혹은 패배에 함께한 것처럼 느끼게 해준다. 스포츠 경기가 한창 달아오르면, 팬의 마음은 선수의 마음과 하나가 된다. 이렇게 하나가 되는 곳에서, 이렇게 감정이 전이되는 곳에서 신비주의자들이 말하는 통합이 이루어진다.

나는 다시 애것 스트리트를 걸으면서, 이번 경기는 내 일부라고 생각했다. 뿐만 아니라 블루 리본의 일부가 될 것이라고 단언했다. 우리는 다가오는 오니쓰카와의 싸움이 됐든, 다른 어느 누구와의 싸움이 됐든 프리폰테인이 되어야 했다. 우리는 우리의 목숨이 이 싸움에 달려 있는 것처럼 생각하고 싸워서 이겨야 했다.

상대방도 그렇게 생각할 것이기 때문이다.

우리는 뮌헨 올림픽으로 시선을 돌렸다. 뮌헨 올림픽에는 바우어만 코치가 미국 육상팀 감독으로 참가할 뿐 아니라 우리 오리건 출신인 프리폰테인이 스타가 될 예정이었다. 예선 경기 결과를 놓고 보면, 그 어느 누가 이를 의심하겠는가?

프리폰테인은 그렇게 생각하지 않았다. 그는 〈스포츠 일러스트레이티드〉와의 인터뷰에서 "확실히 많은 부담을 갖습니다. 우리는 우리보다 많은 경험을 가진 선수들과 경쟁해야 합니다. 이긴다는 보장은 없습니다. 제가 말씀드릴 수 있는 것은 최선을 다했는데도 누군가가 나보다 앞선다면, 누군가가 최선을 다해 따라와 결승 테이프를 먼저 끊는다면, 그날만큼은 그가 나보다 더 잘했다는 뜻이라는 겁니다"라고 말했다.

프리폰테인과 바우어만 코치가 독일로 떠나기 직전, 나는 바우어만 코치의 와플 슈즈에 대한 특허를 신청했다. 신청번호 284736에는 "다각형정사각형, 직사각형, 삼각형 단면 모양의 징을 박아 밑창의 기능을 개선한다. 납작한 면이 여러 곳에 존재하면, 끝 부분에 접지력이 발생해 견인력이 크게 개선된다"는 내용이 나온다. 우리 두 사람에게는 자랑스러운 순간이었다.

내 인생에서 황금기였다. 나이키 판매는 꾸준히 증가했고, 아들 매튜는 건강하게 자라고 있었다. 또한 주택담보대출금을 제때 갚고 있었다. 이 모든 것을 생각해보면, 나는 그해 8월을 아주 행복하게 보내고 있었다.

그런데 예기치 못한 일이 일어났다. 올림픽 둘째 주였다. 복면을 한 테러 조직원 여덟 명이 올림픽 선수촌 뒷벽을 타고 들어와 이스라엘 선수 열한 명을 인질로 잡았다. 우리는 타이거드 사무실에서 텔레비전으로 이 장면을 보았는데, 어느 누구도 일손이 제대로 잡히지 않았다. 우리는 그 장면을 거의 매일같이 보고 또 보았다. 말도 거의 하지 않고 가끔씩 한 손을 입가에 대기만 했다. 인질로 잡힌 선수들 모두가 사망했다는 소식과 함께 피로 얼룩진 비행장 활주로에 시신이 나뒹구는 장면을 보면서, 케네디가의 사람들, 킹 목사, 켄트주립대학교 학생들, 베트남전의 수많은 군인의 죽음을 떠올렸다. 우리는 죽음이 일상화된 고난의 시대를 살고 있었다. 우리는 하루에 적어도 한 번씩은 자신에게 "이게 다 무슨 소용이야?"라고 묻곤 했다.

바우어만 코치가 귀국하자, 그를 만나기 위해 곧장 유진으로 달려갔다. 그는 며칠 동안 잠을 자지 않은 사람처럼 보였다. 그는 자신과 프리폰테인이 하마터면 테러 공격의 대상이 될 뻔했다고 말했다. 테러 조직원들이 선수촌 건물을 장악한 지 몇 분 뒤, 이스라엘 선수들 중 다수가 옆문으로 나오거나 창문에서 뛰어내려 건물에서 빠져나왔다. 어느 한 선수가 바우어만 코치와 프리폰테인이 머물던, 바로 옆 건물로 달려와 바우어만 코치의 방문을 두드렸다. 바우어만 코치가 노크 소리를 듣고 문을 열었더니 이스라엘 육상 선수가 공포에 떨면서 마스크를 쓴 무장 테러범 이야기를 했다. 바우어만 코치는 당장 그 선수를 방 안으로 들이고는 미국 영사관에 전화를 했다. 그는 전화에 대고 "해병대를 보내주세요!"라고 외쳤다.

영사관은 그렇게 했다. 해병대는 당장 달려와 바우어만 코치와 미국 팀 선수들이 머무는 건물을 안전하게 보호했다.

바우어만 코치는 이런 '과잉 반응' 때문에 올림픽 위원들의 엄청난 비난에 시달려야 했다. 그들은 바우어만 코치가 월권 행위를 했다고 주장했다. 그런 위기 상황에서도 그들은 굳이 시간을 내 바우어만 코치를 본부에 소환했다. 독일 올림픽에서 히틀러의 코를 납작하게 했던 미국의 올림픽 영웅 제시 오언스가 고맙게도 바우어먼 코치와 동행해 그의 행위를 지지하는 발언을 했다. 제시 오언스 덕분에 올림픽 위원들은 한발 물러섰다.

바우어만 코치와 나는 아무런 말도 하지 않고 오랫동안 강을 바라보았다. 그는 무엇인가를 긁는 듯한 목소리로 1972년 올림픽은 자기 인생에서 최악이었다고 말했다. 나는 바우어만 코치가 그런 식으로 말하는 모습을 한 번도 본 적 없었다. 그런 표정도 처음이었다. 그는 좌절하고 있었다.

나는 믿을 수 없었다.

"겁쟁이들은 올 생각조차 못했어. 약한 사람들은 도중에 죽었지. 이렇게 해서 살아남은 자들이 바로 우리 오리건 사람들이야."

그날 이후 얼마 지나지 않아 바우어만 코치는 코치직에서 물러날 것이라고 선언했다.

우울한 나날이었다. 하늘은 평소보다 더 우중충했다. 가을을 느껴보지도 못했는데, 겨울이 성큼 다가왔다. 나무들은 하루아침에 벌거벗은 모습이 되었다. 비가 쉬지 않고 내렸다.

그러던 어느 날 기회가 찾아왔다. 자동차로 북쪽으로 몇 시간이면 가는 시애틀에서 열리는 레이니어 인터내셔널 클래식Rainier International Classic에 출전한 루마니아의 테니스 스타이자 성질이 불같은 일리에 너스타세가 나이키 신제품 '매치 포인트Match Points'를 신고 승승장구하고 있었다. 너스타세의 별명은 심술궂다는 의미의 '내스티Nasty'였다. 그가 자신의 전매특허인 오버헤드 스매시를 날릴 때마다, 공을 향해 힘차게 달려갈 때마다, 도저히 받아내기 어려운 강력한 서브를 구사할 때마다 세계는 우리의 스우시를 보고 있었다.

우리는 운동선수를 광고 모델로 활용하는 것이 중요하다는 사실을 예전부터 알고 있었다. 우리가 아디다스와 경쟁하려면 퓨마, 골라, 디아도라, 헤드, 윌슨, 스폴딩, 카르후, 에토닉, 뉴발란스를 포함해 그밖에 1970대에 등장한 브랜드는 말할 것도 없다. 일류 선수가 우리 브랜드를 직접 신거나 우리 브랜드에 관해 말해주는 것이 필요했다. 그러나 우리에게는 아직 일류 선수에게 줄 수 있는 돈이 없었다 당시 우리에게는 현금이 그 어느 때보다도 부족했다. 게다가 그들에게 접근하는 방법, 우리 제품이 좋다는 것을 설득하고 그들을 유리한 가격에 광고 모델로 활용하는 방법에 대해 아는 것이 전혀 없었다. 그런데 지금 일류 선수가 나이키를 신고서 연전연승을 거두고 있었다. 그를 설득해 계약서에 서명하게 만드는 일이 얼마나 어려웠겠는가?

나는 너스타세의 에이전트 전화번호를 알아내 거래를 제안했다. 나는 너스타세가 우리 제품을 신으면 5000달러를 주겠다고 했다 이런 말을 한다는 것 자체가 너스타세를 놀리는 것이었다. 에이전트는 1만 5천 달러를 요구했다. 나는 당장 협상을 때려치우고 싶었다. 우리는 1만 달러에 합의를 봤다. 나는 도둑맞은 느낌을 지울 수 없었다. 에이전트는 너스타세가 주말에 오마하에서 토너먼트 경기를 갖기로 되어 있다면서 서류를 준비해 오라고 했다.

금요일 밤 오마하의 스테이크하우스에서 내스티와 미모가 빼어난 부인 도미니크를 만났다. 나는 내스티에게서 서명받은 서류를 가방에 넣고는 이를 축하하기 위한 만찬을 주문했다. 우리는 와인을 연거푸 마셨다. 어느 순간부터 어떤 이유에서인지 나는 루마니아 억양을 흉내 내기 시작했다. 내스티가 어떤 이유에서인지 나를 내스티라고 부르기 시작했다. 나는 아무런 이유도 없이 그의 슈퍼모델급 부인이 나를 포함해 모든 사람을 요염한 눈빛으로 유혹하고 있고, 자정이 지나 비틀거리며 내 방으로 올 거라는 생각이 들었다. 내가 테니스 챔피언, 거물, 스포츠계의 실력자가 된 것 같은 기분이 들었다. 나는 침대에 누워 계약서를 쳐다봤다. 1만 달러가 적혀 있었다. 나는 큰 소리로 1만 달러라고 또박또박 말했다. 엄청난 금액이었다. 그러나 나이키는 유명한 운동선수를 얻었다. 나는 방 안이 빙빙 도는 것이 싫어서 눈을 감았다. 그다음에는 방 안이 빙빙 도는 것이 좋아져서 눈을 떴다.

나는 천장을 향해, 아니 오마하 전체를 향해 외쳤다. "기타미, 너, 맛 좀 봐라."

당시 미식축구에서 나의 모교, 오리건대학교 덕스와 오리건주립대학교 비버스의 오랜 라이벌 관계는 일방적으로 흘러가고 있었다. 덕스는 계속 지기만 했다. 져도 크게 졌다. 특히 터치다운 라인 바로 앞에서 결정적인 실수를 범하는 경우가 많았다. 예를 들어, 1957년에 두 팀이 연맹전을 벌일 때였다. 덕스의 짐 샌리는 승부를 뒤집을 터치다운을 향해 돌진하다가 1야드 라인에서 공을 놓치고 말았다. 그날 오리건대학교는 10 대 7로 졌다.

1972년 덕스는 비버스에 여덟 번 연속 지면서 나를 여덟 번 연속 낙담하게 만들었다. 이처럼 화가 나던 해에 해당 경기에는 덕스 선수들이 나이키를 신기로 되어 있었다. 홀리스터가 오리건대학교 감독 딕 엔라이트를 설득해 우리의 신제품 와플형 밑창 슈즈를 내전內戰과도 같은 큰 시합에 신도록 한 것이다.

경기는 오리건주립대학교가 있는 코밸리스에서 열렸다. 오전에 산

발적으로 내리던 비는 경기가 시작될 무렵 억수처럼 쏟아지기 시작했다. 경기 시작을 알리는 킥오프와 함께 공이 하늘을 향해 날아오를 때, 페니와 나는 흠뻑 젖은 판초 우의를 입고 스탠드에서 와들와들 떨며 하늘에서 내리는 빗줄기를 바라보았다. 스크리미지 상태에서 덕스의 건장한 쿼터백, 명사수 댄 파우트가 공을 도니 레널즈에게 건네자, 도니가 나이키 와플 한 컷을 선사했다. 그리고 멋지게 터치다운을 성공시켰다. 덕스 7점, 나이키 7점, 비버스 0점.

파우트는 대학 생활을 멋지게 마감하려 한 그날 밤 신들린 듯 뛰었다. 그는 우리 편 선수의 손에 깃털처럼 사뿐히 떨어뜨린 60야드짜리 터치다운 롱패스를 한 차례 성공시킨 것을 포함해, 300야드 패싱 게임을 작성했다. 응원단의 함성 소리가 계속 울려 퍼졌다. 나의 덕스가 뻐드렁니 비버를 완전히 지배하고는 30 대 3으로 승리했다. 나는 그들을 항상 "나의 덕스"라고 불렀다. 그러나 지금 그들은 진정으로 나의 덕스가 됐다. 그들은 나의 신발을 신고 있었다. 그들 옮기는 발걸음마다, 그들이 만들어내는 장면마다, 나의 분신이 녹아 들어가 있었다. 우리는 스포츠 경기를 보면서 선수들의 신발에 대해 이러쿵저러쿵 말할 수 있다. 모든 팬이 그렇게 한다. 그러나 선수들이 당신의 신발을 실제로 신고 나온다면 이와 아주 다른 느낌이 들 것이다.

나는 주차장을 걸으면서 계속 싱글벙글 웃었다. 아마 미친 사람처럼 보였을 것이다. 포틀랜드로 오면서도 계속 웃기만 했다. 나는 페니에게 1972년이 이렇게 승리와 함께 끝났으면 좋겠다고 계속 말했다. 승리는 마음을 치유하는 효과가 있는데, 이번 승리는 특별했다.

프리폰테인 정신 : 내일이 없는 것처럼 뛰어라

1972년 올림픽 이후, 바우어만 코치와 마찬가지로 프리폰테인도 예전과 달라졌다. 테러 공격 이후 그는 불안과 분노에 사로잡혔다. 그의 성적 때문에 더욱 그랬다. 그는 올림픽에서 네 번째로 결승선을 통과했다. 그는 자신이 사람들의 기대를 저버렸다고 생각했다.

우리는 그에게 세계 4등도 아주 잘한 것이라고 말했다. 하지만 그는 자기가 그보다 더 잘했어야 했다고 생각했다. 그는 자기가 그처럼 고집스럽지만 않았더라면 결과가 더 좋았을 것이라는 사실을 잘 알고 있었다. 그는 인내심이 부족하고 영리하지 못했다. 처음부터 전력투구하지 않고 선두 뒤를 따르기만 했더라도 은메달을 땄을 것이다. 그러나 이런 방법은 그의 철학과 맞지 않았다. 그는 늘 그랬듯이 체력을 비축하지 않고 최선을 다해서 달렸고, 마지막 90여 미터를 남기고는 지쳐버렸다. 더욱 기분 나쁘게, 그의 최대 라이벌인 핀란드의 라세 비렌은 금메달을 두 개씩이나 획득했다.

우리는 프리폰테인의 사기를 높이려고 애를 썼다. 우리 오리건 사람들은 여전히 프리폰테인을 사랑한다고 말했다. 유진 시청 공무원들은 그의 이름을 따서 도로명을 지을 계획을 세우기도 했다. 그 이야기를 들은 프리폰테인은 "멋진 계획이군요. 그런데 뭐라고 부를 생각입니까? 4번가Fourth Street라고 하실 겁니까?"라고 빈정거렸다.

그는 윌래밋 강가의 트레일러 하우스에 처박혀 몇 주 동안 세상 밖으로 나오지 않았다. 프리폰테인은 집 주변을 거닐기도 하고, 독일산 셰퍼드 로보와 노닥거리기도 하고, 맥주를 엄청나게 많이 마시기도 하다가 드디어 세상에 모습을 드러냈다. 나는 그가 매일 새벽 로보와 함께 세상 밖으로 나와 16킬로미터 달리기를 시작했다는 소문을 들었다.

꼬박 6개월이 걸렸다. 하지만 프리폰테인의 열정은 되돌아왔다. 그는 오리건대학교 선수로서 마지막으로 출전한 경기에서 자신의 진가를 다시 드러냈다. NCAA 5000미터 경기에서 13분 5초 3이라는 찬란한 기록을 세우면서 대회 4연패를 달성한 것이다. 스칸디나비아로 건너가서는 5000미터 경기에서 13분 22초 4라는 미국 신기록을 수립하면서 다른 선수들을 압도했다. 더욱 좋은 것은 그가 나이키를 신고서 이 일을 해냈다는 것이다. 드디어 바우어만 코치가 그를 설득해 우리 신발을 신도록 했다바우어만 코치는 은퇴하고 나서도 몇 달 동안 프리폰테인을 지도했고 일반인들에게 판매할 와플형 밑창 슈즈의 최종 디자인을 다듬고 있었다. 그는 이보다 더 바쁘게 지내본 적이 없었다. 우리 신발은 프리폰테인에게 잘 맞았다. 우리 신발과 프리폰테인의 완벽한 공생 관계가 맺어졌다. 그는 엄청난 홍보 효과를 일으켰다. 그는 우리 브랜드가 반란과 인습 타파를 상징하게 만들었다. 그리고 우리는 그의 재기를 도왔다.

프리폰테인은 바우어만 코치에게 1976년 몬트리올 올림픽에 관해 조심스럽게 말을 꺼내기 시작했다. 그는 바우어만 코치와 몇몇 가까운 친구들에게 다시 한 번 도전하고 싶다는 뜻을 비쳤다. 몬트리올에서는 뮌헨에서 놓쳤던 금메달을 따내고야 말겠다고 했다.

하지만 그의 앞에는 무서운 장애물이 몇 개 있었다. 하나는 베트남 전쟁이었다. 그의 인생은 다른 모든 사람의 인생과 마찬가지로 징병 추첨에서 뽑은 번호에 달려 있었는데, 그는 참담한 번호를 뽑고 말았다. 그가 졸업과 동시에 베트남전쟁에 참전할 것이라는 데는 거의 의심의 여지가 없었다. 1년 뒤 그는 악취가 진동하는 정글에서 기관총을 쏘고 있을 것이다. 신이 선물한 다리를 전쟁터에서 잃어버릴지도 모른다.

바우어만 코치와의 관계도 문제였다. 프리폰테인과 바우어만 코치는 계속 충돌했다. 자기 고집대로만 살아가는 이 두 사람은 훈련 방법과 달리기 스타일에서 의견이 많이 달랐다. 바우어만 코치는 멀리 내다봤다. 그는 장거리 선수의 절정기는 20대 후반이라고 생각했다. 그는 프리폰테인이 쉴 때는 쉬면서 대회를 가려서 출전하기를 원했다. 바우어만 코치는 체력을 비축하라는 말을 거의 애원하다시피 했다. 하지만 프리폰테인은 거절했다. 그는 "저는 항상 최선을 다할 생각입니다"라고 대답했다. 두 사람의 관계를 보면서 나와 은행의 관계도 다를 바 없다는 생각이 들었다. 프리폰테인은 천천히 달려야 한다는 생각을 아예 무시했다. 최선을 다해 빨리 달리지 않으면 오직 죽음뿐이라고 생각했다. 나는 이런 그를 비난할 수 없었다. 나는 그의 편이었다. 나의 코치의 생각에 반할지라도 말이다.

그러나 무엇보다 중요한 문제는 그가 무일푼이라는 것이었다. 당시 미국 아마추어 스포츠는 무식하기 짝이 없는 몇몇 인간이 지배하고 있었다. 이들은 올림픽에 출전하는 선수는 광고 모델로 활동해도 안 되고, 정부의 지원금을 받아도 안 되도록 만들었다. 미국의 가장 뛰어난 육상 선수, 수영 선수, 권투 선수들은 빈곤하게 살 수밖에 없었다. 프리폰테인은 생활비를 마련하기 위해 유진에 있는 술집에서 일하고, 유럽에서 열리는 대회에 출전해 몰래 주최측으로부터 참가비를 받기도 했다. 물론 이런 식으로 대회에 마구 출전하면 문제가 생기게 된다. 그의 몸특히 그의 등에 서서히 무리가 가기 시작했다.

우리는 프리폰테인을 걱정했다. 우리는 사무실 주변에서 공식적, 비공식적으로 프리폰테인의 사정에 대해 자주 이야기를 나누었다. 결국 우리는 한 가지 방법을 생각해냈다. 그가 부상을 당하지 않도록, 생활비를 조달하기 위해 여기저기 손을 내밀지 않도록, 우리는 그를 고용했다. 1973년 우리는 그에게 그다지 많지 않은 연봉 5000달러를 지급하고, 케일이 소유한 로스앤젤레스의 비치콘도를 사용할 수 있도록 했다. 또한 그에게 국가홍보이사라는 직함이 찍힌 명함을 주었다. 사람들은 눈을 가늘게 뜨고는 그것이 무슨 뜻인지 물었다. 그러면 나도 눈을 가늘게 뜨고는 "그가 세계에서 제일 빠르게 달리는 사람이라는 뜻입니다"라고 대답했다.

이는 또한 그가 우리의 두 번째 스타 광고 모델이라는 의미이기도 했다.

프리폰테인은 뜻밖의 수입으로 황갈색 MG 자동차를 구입했다. 그는 이 차를 몰고 어디든지 속도를 높여 달려갔다. 내가 예전에 타던 MG를 보는 것 같았다. 그때 나는 프리폰테인에게 감정을 이입해 커다란 대리만족을 느꼈다. 나는 생각했다. '우리가 저 차를 산 거야.' 프리폰테인은 우리가 창조하고 싶은 것을 그대로 구현해놓은 살아 숨 쉬는 화신이었다. 그가 트랙에서, 자신의 MG에서 무시무시한 속도로 달리는 모습을 볼 때마다 사람들이 나이키를 보기를 원했다. 그리고 나이키를 살 때, 그들이 프리폰테인을 생각하기를 원했다.

프리폰테인과 겨우 몇 차례 대화를 나누었을 뿐이지만, 나는 그에게 아주 강렬한 인상을 받았다. 만약 누군가 나와 프리폰테인이 대화를 나누는 모습을 봤다면, 그게 무슨 대화냐고 말했을 것이다. 그를 트랙에서 보거나 블루 리본 사무실에서 볼 때마다, 나는 꿀 먹은 벙어리가 되고 말았다. 그를 볼 때면 나는 그를 신격화하지 않기 위해, 조금이라도 편하게 대하기 위해 이렇게 생각했다. '저 녀석은 키도 작고 텁수룩한 머리에 공부도 못하는 쿠스베이 출신의 풋내기에 불과해. 저 우스꽝스러운 콧수염을 보라지. 자기가 무슨 포르노 스타라도 되는 줄 아나 봐.' 그러나 나는 그가 그런 사람이 아니라는 것을 잘 알았다. 그와 몇 분만 같이 있어 보면 금방 알게 된다.

당시 오리건 출신 중 세계에서 가장 유명한 사람은 1962년에 출간된 초대형 베스트셀러 소설 《뻐꾸기 둥지 위로 날아간 새》의 작가 켄 키지였다. 1962년은 내가 세계 여행을 떠났던 바로 그해다. 나는 오리건대학교에서 키지를 만난 적이 있었다. 그는 레슬링 선수고, 나는 육상 선수였다. 우리는 비 오는 날 같은 건물에서 연습한 적도 있었다.

그의 첫 번째 소설이 나왔을 때, 너무나도 훌륭한 작품이라서 깜짝 놀랐다. 그가 학창 시절에 썼던 대본은 엉망이었기 때문에 놀라움은 훨씬 더 컸다. 그는 갑자기 문단의 인기 작가가 되어 뉴욕에서 찬사를 받았다. 그런데도 프리폰테인과는 다르게 키지에게는 스타를 동경하는 마음이 생기지 않았다. 1973년, 나는 여러모로 보아 프리폰테인에게는 키지 같은 혹은 키지보다 더한 작가 기질이 있다는 결론을 내렸다. 그는 이런 기질을 말로 보여주었다. 그가 어떤 기자에게 한 말이다. "달리기는 예술입니다. 사람들은 그들이 이해할 수 있는 방식으로 보면서 감동을 받습니다."

프리폰테인이 우리 사무실에 올 때마다 나 혼자만 작아지는 게 아니었다. 사무실 직원 모두가 입을 떼지 못했다. 모두가 수줍어했다. 남자 여자 할 것 없이 모두 벅 나이트가 되어갔다. 심지어 페니도 그랬다. 내가 페니에게 육상에 관심을 갖게 만들었다면, 프리폰테인은 그녀를 진정한 육상 팬으로 만들었다.

홀리스터만 예외였다. 그와 프리폰테인은 편하게 잘 어울렸다. 두 사람은 형제 같았다. 홀리스터는 다른 사람을 대하는 것과 똑같이 프리폰테인을 대했다. 나는 프리폰테인과 편하게 지내는 홀리스터를 통해 프리폰테인과 친해지는 것이 좋겠다는 생각이 들었다. 우리는 회의실에서 점심을 함께하기로 약속했다.

그날이 다가왔다. 우델과 나는 하필이면 그날 그 자리에서 홀리스터에게 업무 변경을 알리는 잘못을 범했다 나하고 우델은 원래 그렇다. 결과적으로 우리는 뚱뚱한 홀리스터더러 자리를 박차고 나가라고 부추긴 셈이었다. 게다가 이번 변경은 그의 임금에 영향을 미쳤다. 금액 자체가 아니라 지급하는 방법에 말이다. 홀리스터는 우리가 충분히 설명하기도 전에 냅킨을 집어던지고는 밖으로 나가버렸다. 이제는 서먹서먹한 침묵을 깰 만한 사람이 아무도 없었다. 우리는 모두 조용히 샌드위치를 쳐다보았다.

프리폰테인이 먼저 말을 꺼냈다. "제프가 돌아올까요?"

나는 답했다. "아마 돌아오지 않을 거야."

오랜 침묵이 흘렀다.

프리폰테인이 물었다. "제가 제프의 샌드위치를 먹어도 될까요?"

우리 모두 웃음을 터뜨렸다. 그 순간, 프리폰테인은 갑자기 평범한 인간이 됐다. 이런 의미에서 그날의 점심은 이루 말할 수 없을 정도로 소중했다.

그 일이 있고 나서 얼마 지나지 않아 우리는 홀리스터를 달래고 그의 업무를 다시 한 번 변경했다. 우리는 홀리스터에게 지시했다. "이제부터 프리폰테인의 일정을 관리해. 프리폰테인을 데리고 전국을 누비면서 팬들과 만나게 해줘. 프리폰테인과 함께 육상 대회, 박람회, 고등학교, 대학교를 가는 거야. 어디든 가는 거야. 무엇이든 하는 거야."

프리폰테인은 팬들에게 달리기를 직접 가르치기도 하고, 훈련과 부상에 관한 질문에 대답하기도 했다. 팬들에게 사인을 해주고, 함께 사진을 찍기도 했다. 그가 무엇을 하든, 어디를 가든, 두 사람이 타고 다니는 파란색 폭스바겐 자동차 주변에는 프리폰테인을 숭배하는 사람들로 가득했다.

프리폰테인의 직함에는 애매한 구석이 있었지만, 그의 역할은 분명했다. 나이키에 대한 그의 믿음 또한 확실했다. 그는 가는 곳마다 나이키 티셔츠를 입었다. 그리고 바우어만 코치가 원하면, 언제든지 자기 발을 실험 대상으로 내놓았다. 그는 나이키를 복음처럼 전도했다. 수 많은 사람을 우리의 전도 집회가 열리는 곳으로 몰고 왔다. 그는 사람 들에게 매력적인 새로운 브랜드를 한번 신어보라고 권했다. 심지어 경 쟁자들에게도 그렇게 말했다. 그는 동료 선수에게도 "한번 신어보세 요. 꼭 마음에 들 겁니다"라는 메모와 함께 나이키를 선물했다.

프리폰테인에게 영감을 받은 사람 중에는 존슨도 있었다. 그는 동부 지역 영업을 계속 담당하면서도, 1972년 한 해의 대부분을 자기가 '프 리 몬트리올'이라고 이름을 붙인 일에 완전히 빠져 있었다. 프리폰테 인과 다가오는 올림픽, 미국 건국 200주년에 경의를 표하기 위한 신발 을 제작하는 일이었다. 앞부분에는 파란 스웨이드를 대고, 뒷부분에는 붉은 나일론을 대고, 옆 부분에는 하얀 스우시를 새겨넣은 이 신발은 가장 화려하고도 가장 뛰어난 스파이크가 될 것으로 보였다. 우리는 무엇보다 품질이 가장 중요하다는 사실을 너무나도 잘 알고 있었다. 그리고 그때까지 우리가 만든 스파이크의 품질은 고르지 않았다. 나는 존슨이 이 제품으로 이 문제를 해결할 것으로 기대했다.

그러나 존슨이 그 일을 하려면 보스턴이 아닌 오리건에 있어야 했다.

나는 몇 달 동안 존슨에 관해 생각했다. 이제 그는 훌륭한 운동화 설 계자로 변신했다. 그리고 우리는 그의 재능을 최대한 활용해야 했다. 현재 동부 지역 사무소는 잘 굴러가고 있었지만, 존슨이 처리해야 하 는 행정적인 업무는 만만치 않았다. 전체적으로 구조조정과 업무의 능 률화가 요구됐다. 우리는 존슨의 시간, 창의성을 제대로 활용하지 못 하고 있었다. 이제는 존슨이 하는 일이 우델에게 맞는 일이 됐다.

나는 밤마다 10킬로미터를 달리면서 이 문제를 고민했다. 나는 두 사람을 적절하지 못한 해안에 배치하고 적절하지 못한 일을 주고 있었다. 두 사람 중 어느 누구도 내가 생각하는 분명한 해결 방안을 흔쾌히 받아들이지는 않을 것이다. 지금 두 사람은 자기가 사는 지역을 좋아한다. 게다가 인정하지 않겠지만, 그들은 사이가 좋지 않았다. 우델을 운영관리자로 승진시키면서 존슨을 그에게 맡겼다. 존슨을 감독하고 존슨의 편지에 답장을 하는 일을 우델에게 맡긴 것이다. 우델은 존슨의 편지를 꼼꼼하게 읽고 항상 답장을 보내려는 우를 범하고 말았다. 결과적으로 두 사람의 관계는 좋지 않은 방향으로 흘러갔다.

예를 들어, 어느 날 우델이 휠체어를 끌고 내 사무실에 들어와서는 이렇게 말했다. "제프는 항상 재고, 지출한 경비의 상환, 커뮤니케이션의 부족을 가지고 불평하면서 사람을 짜증나게 해. 이 친구는 우리는 빈둥거리는데 자기 혼자서만 죽어라고 일한다고 한다니까. 내가 우리 회사 매출이 매년 두 배씩 증가하고 있는 것을 포함해서 이유를 설명해도 들으려고 하질 않아."

우델은 존슨에게 지금과는 다른 접근 방법을 쓰고 싶다고 했다.

나는 "그럼, 그렇게 해"라고 말했다.

우델은 우리 모두 결탁해 존슨을 골탕 먹여온 사실을 '인정'하는 장문의 편지를 보냈다. "당신도 아시다시피, 이곳 사람들은 당신만큼 열심히 일하지 않습니다. 당신 말이 맞습니다. 하루에 세 시간만 투자해서는 일을 제대로 처리하기 힘듭니다. 그럼에도 저는 당신이 고객과 업계 사람들을 만나 온갖 난처한 상황을 겪도록 하기 위해 시간을 쓰고 있습니다. 당신이 각종 청구서에 찍힌 금액을 납부하기 위해 돈이 절실히 필요할 때마다, 저는 필요한 금액에서 극히 일부만 보냈습니다. 결국 당신은 수금원의 독촉에 시달리거나 심지어 소송을 치러야 할지도 모릅니다. 저는 당신의 평판이 나빠지는 것을 개인적으로 기쁘게 생각하는 사람입니다." 주로 이런 식이었다.

존슨은 "그곳에도 나를 이해하는 사람이 반드시 있을 것"이라고 답장을 썼다.

내가 품고 있는 생각을 당장 말해버리면, 이 두 사람의 관계에 전혀 도움이 되지 않을 것 같았다.

나는 먼저 존슨에게 접근했다. 우선 시기를 신중하게 선택했다. 우리는 니폰 러버를 방문해 프리 몬트리올에 관한 이야기를 나누기 위해 함께 일본 출장을 가기로 했다. 나는 저녁을 먹으면서 내 생각을 모두 말해버렸다. 우리는 정말 엄청난 전쟁을 치렀다. 우리는 거의 매일같이 군인들에게 군량을 보급하고 적을 궁지에 몰아넣기 위해 할 수 있는 모든 일을 했다. 오직 승리만을 위해, 오직 생존만을 위해 다른 모든 것을 버려야만 했다. 내 이야기의 결론은 한 가지였다. "블루 리본의 사업 환경이 변하고 나이키가 출시된 이처럼 절체절명의 시점에 존슨과 우델에게는 미안한 일이지만, 장기판의 두 거물은 서로 자리를 맞바꾸어야 한다."

물론 존슨은 신음 소리를 냈다. 처음부터 다시 샌타모니카에서 일을 해야 한다고?

존슨은 괴로워했지만, 천천히 마음을 다잡았다. 우델이 그런 것처럼 말이다.

1972년이 저물 무렵, 두 사람은 자기 집 열쇠를 상대방에게 건넸다.

그리고 1973년 초 이사를 떠났다. 팀의 구성원이란 다 그런 것이다. 존슨과 우델에게는 엄청난 희생이었다. 나는 이를 감내한 그들을 고맙게 생각했다. 그러나 나의 성격상, 그리고 블루 리본의 전통을 유지하기 위해 감사의 말을 전하지는 않았다. 감사의 말 혹은 칭찬의 말은 한마디도 하지 않았다. 사내 게시판에는 이번 인사 발령을 두고 "인력 전환 배치"라고만 언급했다.

1973년 늦은 봄, 나는 새로운 투자자인 전환사채 보유자들을 두 번째로 만났다. 그들은 처음에는 나를 많이 좋아했다. 그럴 수밖에 없었다. 매출은 나날이 증가하고, 유명한 선수들이 우리 신발을 선전하고 있었다. 물론 우리는 오니쓰카를 잃었고, 그들과의 법적 분쟁을 앞두고 있었다. 하지만 어쨌든 우리는 순항하고 있었다.

그러나 이번에는 투자자들에게 우리가 나이키를 출시한 지 1년이 됐고 블루 리본 역사상 처음으로 적자를 기록했음을 알려야 했다.

이번 미팅은 유진의 밸리 리버 인Valley River Inn에서 개최됐다. 그곳 회의실에는 30명이 참석해 자리를 꽉 채웠다. 나는 긴 테이블의 상석에 앉아 있었다. 그날 나는 짙은색 양복을 입었다. 나쁜 소식을 전해야 하지만 자신만만하게 보이려고 애썼다. 나는 그 자리에 모인 사람들에게 1년 전 블루 리본 직원들에게 했던 것과 똑같은 연설을 했다. "이제는 다른 기업에 의해 휘둘리지 말고 우리 갈 길을 가자는 겁니다." 그러나 이 집단은 아무런 감동도 받지 않았다. 그들은 대다수가 남편이나 아내를 잃고 혼자 사는 노인, 퇴직자, 연금 생활자 들이었다. 작년만 하더라도 자쿠아 변호사와 바우어만 코치가 내 옆에 앉아 있었다.

그러나 이번에는 둘 다 다른 일로 바빠서 참석하지 않았다.

결국 나 혼자서 그 자리에 모인 사람들을 설득해야 했다.

연설을 시작한 지 30분쯤 됐을 때, 그들은 두려움에 떠는 표정으로 나를 쳐다봤다. 나는 점심 식사를 한 뒤 이야기를 이어가겠다고 했다. 작년에는 점심 식사 전에 재무제표를 배부했지만, 이번에는 점심 식사 이후에 배부하기로 결심했다. 그래 봤자 아무런 도움이 되지 않았다. 배가 부르고 초코칩 쿠키도 먹었지만, 숫자가 다르게 보이지는 않았다. 매출은 320만 달러, 순손실은 5만 7천 달러였다.

내가 발표하는 동안, 몇몇 투자자는 자기들끼리 대화를 나누기 시작했다. 그들의 마음은 곤혹스러운 숫자, 5만 7천 달러에 집중돼 있었다. 모두들 5만 7천 달러라고 계속 중얼거렸다. 분위기를 바꾸기 위해 육상계의 유망주 앤 카리스가 나이키를 신고서 〈스포츠 일러스트레이티드〉의 표지 모델로 나왔다고 했다. "여러분 우리는 전진하고 있습니다!" 아무도 이 말에 귀를 기울이지 않았다. 그들은 오직 적자에만 관심이 있었다. 아니, 그들은 재무제표에 나오는 적자가 아니라, 자기 가계부에 나오는 적자에만 관심이 있었다.

발표를 마치고, 질의응답 시간을 가졌다. 30명이 일제히 손을 들었다. 나이가 꽤 들어보이는 남자가 자리에서 벌떡 일어났다. "저는 이번 결과에 크게 실망했습니다." 내가 "다른 질문은 없습니까?"라고 말하자, 29명이 일제히 손을 들었다. 다른 남자가 "만족스럽지 않습니다"라고 말했다.

나는 공감한다고 말했다. 이 말은 그들을 더욱 자극했다. 그들에게는 화를 낼 권리가 있었다. 그들은 바우어만 코치와 나를 믿었다. 우리는 이런 믿음에 부응하지 못했다. 하지만 오니쓰카의 배신을 예상할 순 없었다. 이유가 어떻든 간에 사람들은 모두 기분이 상한 것 같았다. 그들의 표정에서 그런 사실을 읽을 수 있었다. 나는 결과에 책임져야 했다. 이제 그들에게 마땅히 어떤 혜택을 제공해야 했다.

그들이 보유한 전환사채의 전환 비율은 매년 오르기로 되어 있었다. 첫해에는 전환 비율이 주당 1달러이지만, 두 번째 해에는 1.50달러로 되어 있었다. 나는 그들에게 이처럼 안 좋은 소식을 전하게 된 점을 고려해 전환 비율을 5년 동안 고정하겠다고 말했다.

분위기는 다소 진정됐다. 그날 유진을 떠나면서 그들이 이제부터는 나와 나이키를 안 좋게 볼 거라는 생각이 들었다. 또한 주식 공모를 다시는 하지 않겠다고 다짐했다. 겨우 30명으로도 이렇게 힘든데, 수천 명의 주주를 앞에 두고 대답하는 것은 생각만 해도 끔찍했다.

그냥 닛쇼와 은행을 통해 자금을 조달하는 것이 훨씬 나아보였다. 앞으로 우리가 자금을 조달해야 할 일이 있다면 말이다.

우려했던 대로, 오니쓰카는 일본에서 우리를 상대로 소송을 걸었다. 그들을 상대로 미국에서 계약 위반과 상표권 침해에 관한 소송을 신속하게 제기해야 했다.

나는 이 사건을 사촌 하우저에게 맡겼다. 어려운 부탁은 아니었다. 하우저가 기꺼이 맡아줄 것으로 생각했다. 하우저는 나의 친척이고 같은 핏줄이지 않은가? 또한 나는 하우저의 능력을 믿었다. 하우저는 나보다 겨우 2살 더 많지만, 훨씬 더 성숙했다. 하우저는 매사에 자신감이 넘쳤다. 특히 판사와 배심원 앞에서는 더욱 그랬다. 그는 성공한 영업사원의 아들로 자라면서, 아버지에게 고객을 다루는 방법에 관해 많은 것을 배웠다.

게다가 하우저는 남에게 지는 것을 몹시 싫어했다. 어린 시절 하우저와 나는 그의 집 뒤뜰에서 배드민턴 게임을 지독하리만큼 많이 했다. 어느 여름날 우리는 배드민턴 게임을 정확하게 116번이나 했다. 왜 116번이냐고? 하우저가 115번 연속으로 이겼기 때문이다. 나는 내가 이길 때까지 계속하려고 했다. 하우저는 내 도전을 끝까지 받아주었다.

무엇보다 내가 사촌 하우저를 선택한 중요한 이유는 돈이 없었기 때문이다. 나는 소송비용을 마련할 수 없었다. 하우저는 로펌에 말해 내 사건에 대해서는 착수금 없이 성공사례금을 받도록 했다.

1973년, 대부분의 시간을 하우저의 사무실에서 문서를 검토하면서 보냈다. 우리는 내가 법정에서 어떤 자세를 취할 것인가를 두고 고민했다. 하우저는 내가 스파이를 고용했다고 쓴 글이 불리하게 작용할 것이라고 경고했다. 게다가 기타미의 서류가방에서 폴더를 '차용'한 적도 있었다. 이런 행위가 절도가 아니라고 판사를 어떻게 설득할 것인가? 갑자기 맥아더 장군의 말이 떠올랐다. *"당신은 규정을 깬 사람으로 기억되어야 한다."*

나는 이처럼 불리한 사실을 법정에서 밝히지 않는 방법도 생각해봤다. 그리고 마침내 결론에 도달했다. 나는 정직하게 행동하기로 했다. 그것이 더 현명하고 더 타당한 방법 같았다. 나는 판사와 배심원들이 기타미의 폴더를 훔친 사실을 일종의 자구 행위로 간주해주기를 바랄 수밖에 없었다.

하우저가 사건을 검토하느라 법정에 나오지 않는 날에는 내가 직접 증언해야 했다. 나는 사업은 총탄 없는 전쟁이라고 생각했지만, 법정에서 다섯 명의 상대방 변호사에게 둘러싸여 신문당하는 것은 정말 고역이었다. 그들은 격렬하게 나를 몰아붙였다. 그들은 내 입에서 블루 리본이 오니쓰카와의 계약을 위반했다는 말이 나오도록 맹공을 퍼부었다. 그들은 자신들의 의도를 숨긴 채 교묘하고도 악의적으로 질문했다. 의도한 답을 얻지 못하면, 내 말을 왜곡하려고도 했다. 물론 누구든지 법정에서 신문을 당하면 힘들게 마련이다. 하지만 나처럼 내성적인 사람에게는 그야말로 엄청난 시련이었다. 나는 괴롭힘, 유혹, 조롱의 대상이 되어 탈탈 털리고 빈껍데기가 됐다. 내가 신문에 제대로 대처하지 못한 탓에 블루 리본은 점점 불리한 입장에 놓였다. 하우저도 그렇게 인정했을 정도다.

힘든 재판이 끝날 때까지, 내 생명을 지킨 것은 매일 밤 했던 10킬로미터 달리기였다. 그리고 매튜, 페니와 함께하는 짧은 시간이 내 정신을 온전하게 유지해주었다. 아무리 피곤하고 힘들더라도 매튜가 잠들기 전에 옛날이야기를 해주려고 했다. "토머스 제퍼슨이 독립선언서를 작성하기 위해 낑낑거리고 있었어요. 꼬마 매튜 히스토리가 나타나서 깃펜을 전해주자 문장이 요술처럼 술술 나왔고……."

이렇게 옛날이야기를 들려주면, 매튜는 즐거워서 뒤로 넘어갈 듯 웃었다. 매튜의 웃음소리를 들으면 너무나도 행복했다. 그런데 평소에 매튜는 시무룩한 모습일 때가 많았다. 나는 많이 걱정됐다. 게다가 매튜는 말을 아주 늦게 배웠다. 그리고 지금은 반항기를 보였다. 모든 것이 내 탓 같았다. 내가 집에 있는 시간이 더 많았더라면, 매튜가 좀 더 온순해지지 않았을까.

바우어만 코치는 매튜와 많은 시간을 보냈다. 그는 나에게 걱정 말라면서 자신은 매튜의 반항적인 기질이 마음에 든다고 했다. 그러면서 세상은 지금보다 더 많은 반항아를 원한다고 했다.

그해 봄, 나와 페니에게는 걱정이 한 가지 더 늘었다. 우리의 작은 반항아가 동생을 어떻게 대할 것인가? 페니가 둘째를 임신했다. 나는 내색하지 않았지만, 우리가 이 문제를 어떻게 해결해나갈 것인가를 두고 고민했다. 1973년이 저물 무렵, 나는 직장도 없이 두 아이의 아빠가 될 가능성이 매우 높았다.

나는 매튜 방의 불을 끄고 나온 뒤 주로 거실에 앉아 페니와 이야기를 나누었다. 우리는 서로 하루 일과를 이야기했다. 기분 나쁜 재판 이야기가 주를 이뤘다. 페니는 자라면서 아버지가 맡은 재판을 여러 번 지켜봤다. 그러다가 자연스럽게 법정 드라마를 좋아하게 됐다. 페니는 변호사가 등장하는 텔레비전 프로그램을 빠지지 않고 봤다. 페니가 특히 좋아하는 프로그램은 페리 메이슨얼 스탠리 가드너의 연속 추리소설에 나오는 주인공 변호사 캐릭터-옮긴이이 나오는 시리즈였다. 나는 가끔 페니를 메이슨의 용감한 비서 델라 스트리트라고 부르기도 했다. 나는 페니의 열정을 가지고 농담을 하기도 했다. 그러나 나 또한 열정으로 먹고사는 사람이었다.

그날 하루를 마무리하는 일은 아버지에게 전화하는 일이었다. 이제는 내가 잠들기 전에 아버지에게 옛날이야기를 듣는 시간이었다. 당시 아버지는 신문사에서 은퇴하고 과거의 판례를 연구하면서 하우저에게 도움이 될 만한 이야기를 해주곤 하셨다. 아버지의 관심, 특히 페어 플레이 정신과 블루 리본의 행위가 갖는 정당성에 대한 확고한 믿음은 나에게 큰 힘이 됐다.

대화 내용은 항상 똑같았다. 아버지는 매튜와 페니의 안부를 물었다. 나는 어머니의 안부를 물었다. 그다음에는 아버지가 법률 책에서 찾은 내용을 말씀하셨다. 그러면 나는 황색 리갈 패드에 꼼꼼하게 메모했다. 아버지는 전화를 끊을 때마다 항상 우리가 이길 것이라고 말씀하셨다. "벅, 우리가 이길 거야." 아버지가 '우리'라는 신비한 대명사를 쓸 때면 나는 항상 기분이 좋아졌다. 근원적인 관계에 이르면, 우리는 결코 가깝지 않을 수도 있다. 그는 나의 아버지고, 나는 그의 아들이다. 나는 평생 그와 대립했다.

지금 돌이켜보면, 이와는 다른 무엇인가가 작용하고 있었음을 깨닫는다. 이번 재판은 아버지에게 자기 내면의 혼란에 대한 건전한 배출구를 제공한 셈이었다. 재판과 안부 전화는 아버지를 긴장하게 만들었지만, 집에 붙들어놓기도 했다. 덕분에 아버지가 늦은 밤까지 클럽에서 술을 마시는 일이 많이 줄었다.

어느 날 하우저가 말했다. "우리 팀에 새로운 멤버가 들어왔어. 로브 스트라세라는 젊은 변호사야. 아마 마음에 들 거야. 그런데 이 친구는 버클리 로스쿨을 갓 졸업해서 아무것도 몰라."

아직은 그럴 것이다. 그러나 하우저는 사람을 보는 눈이 있었다. 그는 스트라세에게서 대단한 가능성을 보았을 것이다. 게다가 스트라세의 성격은 우리 회사와 잘 어울렸다. "그 친구는 사건의 개요를 보자마자, 이번 사건을 성전으로 생각하고 있어."

나는 그 말을 듣고서 기분이 좋아졌다. 그래서 다음번에 하우저의 사무실에 갔을 때 복도를 걷다가 스트라세의 사무실에 고개를 살짝 내밀었다. 사무실은 칠흑같이 어두웠다. 그늘이 져 있고, 불은 꺼져 있었다. 나오려고 하는데, "누구세요?" 하는 소리가 들렸다. 나는 뒤돌아보았다. 어둠 속 커다란 호두나무 책상 뒤에서 어떤 물체가 움직이기 시작했다. 그 물체는 점점 커지면서, 어두운 바다에서 거대한 산이 되어 다가왔다.

산은 내게 다가왔다. 이제 사람의 윤곽이 보이기 시작했다. 190센티미터에 127킬로그램의 거대한 몸체, 딱 벌어진 어깨, 통나무처럼 생긴 팔, 그의 모습은 새스쿼치Sasquatch, 사람들이 미국 북서부와 캐나다 서부에 있다고 믿는 인간과 비슷한 생물. 키가 굉장히 크고 온몸이 털로 뒤덮여 있다-옮긴이나 전체적인 색감이 약간 밝게 보이기는 했으나 스너플루파구스 Snuffleupagus, TV 시리즈에 등장하는 가상의 캐릭터로, 온몸이 털로 뒤덮인 매머드를 닮았다-옮긴이를 연상시켰다. 그는 나에게 다가와 통나무 같은 팔을 내밀었다. 우리는 이렇게 처음 악수를 했다.

이제 나는 그의 얼굴을 볼 수 있었다. 붉은 벽돌색 얼굴에 역시 붉은색이 도는 턱수염이 덥수룩하게 나 있고, 이마에는 땀이 송골송골 맺혀 있었다그는 불빛이 희미하고 시원한 곳을 선호했다. 또한 정장을 싫어했다. 그는 모든 면에서 나하고 달랐다. 아니, 내가 아는 모든 사람과 달랐다. 그런데도 이상하리만큼 금방 친밀한 느낌이 들었다.

그는 내 사건을 맡아서 영광이라며 아주 신난다고 했다. 그는 블루리본이 아주 부당한 일로 어려움을 겪고 있다고 생각했다. 친밀감은 호감으로 변했다. 나는 격렬하게 맞장구쳤다. "맞습니다. 우리는 피해자입니다."

며칠 뒤, 스트라세가 타이거드 사무실로 왔다. 그때 사무실에는 페니가 있었다. 스트라세는 페니가 복도를 지나 걸어오는 모습을 흘끗 보더니 눈을 동그랗게 떴다. 그는 자기 턱수염을 잡아당기며 소리쳤다. "세상에나! 페니 파크스 아냐?"

"지금은 페니 나이트입니다."

"나하고 가장 친한 친구랑 자주 만났어요!"

"세상 참 좁네요."

"당신 몸집이 나처럼 되면 훨씬 더 좁아질 거예요."

스트라세와 나는 시간이 지나면서 살아가는 방식이나 생각하는 방식에서 공통점이 많다는 것을 알게 되었다. 그는 오리건에서 태어나 자랐고, 이런 사실을 자랑스럽게 생각했다. 그리고 오리건 출신에게 흔히 볼 수 있는 아주 반항적인 자세가 느껴졌다. 그의 곁에는 항상 오리건 주변의 시애틀이나 샌프란시스코에 열광하는 사람들이 있었다. 사실 사람들은 이런 곳을 훨씬 더 좋아한다. 출신 지역에 대한 그의 열등감은 볼품없는 몸매, 못생긴 얼굴 때문에 더욱 커져만 갔다. 그는 항상 세상에서 자기 자리를 확보하지 못하고 왕따가 되고 말 거라는 두려움에 젖어 있었다. 나는 이해가 갔다. 그는 때로는 소리를 지르고 욕설을 퍼붓는 것으로 이런 감정을 해소했지만, 주로 입을 다물고 조용히 있었다. 괜히 자신의 지적 능력을 자랑하다가 주변 사람들과 멀어지는 일이 생기지 않도록 했다. 나는 이런 점도 이해가 갔다.

그러나 스트라세의 지적 능력은 숨기려야 숨길 수 없는 성질의 것이었다. 그는 내가 만난 사람 중 가장 위대한 사상가였다. 그는 논객, 협상가, 탐구자였다. 그의 정신은 항상 무엇인가를 알아내고 정복하기 위해 쉬지 않고 움직였다. 그는 인생을 일종의 전투로 생각했으며, 책을 읽으면서 이런 생각을 거듭 확인했다. 그는 나와 마찬가지로 전쟁에 관한 책이라면 모조리 읽어치웠다.

또한 그는 나와 마찬가지로 오리건대학교 팀의 경기 결과에 죽고 살았다. 그는 덕스 팬이었다. 그해 딕 하터가 오리건대학교 농구팀 코치를 맡고, 딕 엔라이트가 미식 축구팀 코치를 맡은 것을 가지고 우리는 배꼽이 빠지도록 웃었다. 오리건주립대학교 응원단은 "딕 엔라이트를 잡을 수 없다면, 딕 하터를 잡아라!"라고 외쳤다. 그러다 웃음을 멈추면, 스트라세가 다시 웃음을 터뜨리곤 했다. 나는 그의 웃음소리에 깜짝 놀라곤 했다. 그의 덩치를 생각하면 쉽게 이해할 수 없겠지만, 큰소리로 킬킬거리며 웃는 스트라세의 모습은 앙증맞아 보였다.

우리가 친해진 것은 무엇보다 아버지 때문이었다. 스트라세는 성공한 기업가의 아들이었다. 그도 아버지의 기대에 부응하지 못할까 봐많이 걱정했다. 스트라세의 아버지는 상당히 엄격했다. 그는 나한테자기 아버지에 관한 이야기를 많이 들려주었다. 스트라세가 17살 때부모님이 주말여행을 가셨다. 스트라세는 그 기회를 놓치지 않고 친구들을 불러 모아 파티를 벌였다. 파티는 야단법석이 되고 말았다. 이웃사람들이 경찰을 불렀다. 순찰차가 도착했을 무렵, 예정보다 일찍 부모님이 돌아오셨다. 그의 아버지는 난장판이 된 집과 손에 수갑을 찬아들의 모습을 봐야만 했다. 그의 아버지는 냉담한 표정으로 경찰에게

"저 녀석을 잡아가세요"라고 말했다.

나는 스트라세에게 이번 재판에 우리가 승리할 가능성이 어느 정도일지 물었다. 그는 전혀 주저하지 않고 우리가 이길 거라고 했다. 마치 내가 그에게 아침에 무엇을 먹었는지 물어본 것 같았다. 그는 이 말을 스포츠팬이 확고한 신념을 가지고 다음 해를 예상하듯, 혹은 우리 아버지가 매일 밤 재판 결과를 예상하듯 아주 단호하게 했다. 그때 나는 스트라세가 존슨, 우델, 헤이즈, 바우어만 코치, 홀리스터, 프리폰테인처럼 영원한 동반자가 될 것이라고 생각했다. 그는 철저하게 블루 리본 사람이 되어 있었다.

재판을 준비하는 한편, 매출도 자세히 살펴야 했다. 블루 리본의 창고 관리자는 매일 몇 켤레가 나갔는지 텔렉스로 알려주었다. 이를 통해 그날 고객들학교, 소매점, 코치, 우편 주문 고객에게 정확하게 몇 켤레가 배송됐는지 파악할 수 있었다. 회계학의 법칙에 따르면, 배송된 신발은 판매된 신발을 의미한다. 그날 내 기분, 소화 능력, 혈압 상태는 창고 관리자가 보내준 수치에 따라 좌우됐다. 그 수치가 블루 리본의 운명을 결정할 것이기 때문이었다. 판매 실적이 저조하거나 주문량을 제대로 소화하지 못하거나 배송된 제품을 현금으로 신속하게 전환하지 못하면, 우리는 커다란 어려움에 처하게 된다. 창고 관리자가 보내준 수치는 앞으로 우리가 소매점, 학교, 코치를 통해 얼마만큼 판매할 수 있는지 말해주었다.

어느 날 아침 우델에게 "그래, 매사추세츠는 잘하고 있어. 유진도 좋아 보여. 그런데 멤피스는 왜 저래?"라고 물었다.

우델은 "도로가 얼었거나 트럭이 고장났겠지"라고 대답했다.

우델에게는 나쁜 일이나 좋은 일을 대수롭지 않게 받아들이는 뛰어난 재능이 있었다. 그는 모든 일을 단순히 일시적인 것으로 생각했다. 예를 들어, "인력 전환 배치" 이후 우델은 별로 좋지 않은 사무실에서 일하게 됐다. 사무실은 오래된 신발 공장의 꼭대기층에 있었는데, 사무실 바로 위에 있는 급수탑에 100년 묵은 비둘기 똥이 덕지덕지 붙어 있었다. 천장을 떠받치는 들보는 틈이 벌어져 있고, 기계가 갑피를 찍어낼 때마다 건물 전체가 흔들렸다. 하루 종일 비둘기 똥이 우델의 머리, 어깨, 책상에 떨어졌다. 그러나 우델은 아무렇지도 않게 비둘기 똥을 손으로 털어내고는 하던 일을 계속 했다.

다만 그는 항상 회사 편지지를 커피 컵 위에 조심스럽게 얹어놓았다. 그렇게 해서 그 안에 크림 외에는 들어가는 게 없도록 했다.

나는 우델의 선종 승려 같은 모습을 배우려고 했다. 그러나 그것은 내 능력 밖의 일이었다. 나는 창고 관리자가 보내준 수치가 훨씬 더 많아질 수도 있다는 사실을 알고는 심한 좌절감에 빠져들었다. 이는 고질적인 공급상의 문제 때문만은 아니었다. 사람들은 우리 제품을 몹시 갖고 싶어 하는데, 우리는 제때 판매할 수 없었다. 오니쓰카의 변덕스러운 지연 문제에서는 벗어났지만, 우리는 새로운 형태의 지연, 즉 수요에서 발생하는 지연 문제에 부딪혔다. 생산 공장과 닛쇼는 자기 일을 잘하고 있었고, 우리는 우리가 주문한 물량을 제때 아무런 차질 없이 수입하고 있었다. 그러나 급증하는 시장의 수요는 점점 더 압박을 가했다. 수입한 제품을 제때 배송하는 것이 점점 더 어려워졌다.

수요와 공급은 기업의 근본적인 문제다. 페니키아 상인들이 로마인들이 몹시 탐냈던 자주색 염료를 팔던 시절부터 그랬다. 그 시절, 로마 왕족, 귀족 들은 자신의 신분을 과시하기 위해 자주색 옷을 입었는데, 자주색 염료를 구하기가 어려웠다고 한다. 제품을 개발하고 생산하고 시장에 판매하는 것은 힘든 일이다. 그러나 제품을 원하는 사람들에게 제때 전해주는 시스템은 기업을 죽이기도 하고, 내 속을 뒤집어놓기도 했다.

1973년 러닝화 업계가 직면한 수요 공급의 문제는 해결하기가 아주 까다로웠다. 온 세상 사람들이 갑자기 러닝화를 갖고 싶어 했다. 이에 반해 공급은 단순히 수요와 일치되지 않는 수준이 아니었다. 공급은 수요를 전혀 따라가지 못했다. 도매점이나 소매점에는 러닝화가 항상 부족했다.

블루 리본에서도 똑똑한 사람들이 이 문제를 해결하기 위해 고심했지만, 어느 누구도 재고가 쌓이는 위험을 피하면서 공급을 크게 늘리는 묘안을 생각해내지 못했다. 아디다스나 퓨마도 같은 문제로 고심 중이라는 사실이 어느 정도 위안이 됐지만, 우리는 그들과 많이 달랐다. 우리는 이 문제로 파산할 수도 있었다. 우리는 철저하게 차입금에 의존했다. 쥐꼬리 같은 월급만으로 살아가는 대부분의 사람처럼, 우리는 벼랑 끝을 간신히 걷고 있었다. 공장에서 제품을 늦게 납품하면, 창고 관리자가 보내준 수치가 급격하게 떨어진다. 그러면 매출 수입이 떨어져 닛쇼와 뱅크 오브 캘리포니아에서 빌린 돈을 제때 갚지 못한다. 그러면 우리는 자금을 더 빌릴 수 없게 된다. 그러면 다음 번 공장 주문이 늦어진다.

이런 식의 악순환이 계속됐다.

게다가 우리가 정말 원치 않는 사태까지 벌어졌다. 항만 근로자들이 파업을 한 것이다. 우리 직원이 보스턴항에 가서 제품을 받아오려고 했지만, 야속하게도 문이 꽁꽁 잠겨 있었다. 닫힌 울타리 너머에 우리 제품이 쌓여 있었다. 세상 사람들이 그렇게도 갈망하는 박스가 쌓여 있었지만, 거기는 갈 수 없는 곳이었다.

우리는 당장 보잉 707기를 전세 내 니폰 러버에 11만 켤레를 새로 보내달라고 했다. 항공료는 니폰 러버와 나누어서 부담했다. 제품을 시장에 제때 내놓는 것은 그만큼 중요한 일이었다.

1973년 블루 리본의 매출은 50퍼센트 증가해 480만 달러에 이르렀다. 이처럼 엄청난 수치를 마주하면서 온갖 생각이 들었다. 8000달러를 기록한 것이 바로 엊그제 같았다. 그런데도 나는 축하 행사를 열지 않았다. 우리는 오니쓰카와 법적 분쟁에 휘말려 있었고, 제품을 제때 공급하는 데도 어려움이 많았다. 언제 파산할지 모르는 상황이었다. 늦은 시간에 페니와 함께 앉아 있으면, 페니는 블루 리본이 파산하면 우리가 무엇을 해서 먹고살아야 하는지 몇 번째인지 모를 정도로 물었다. 다음 계획은 무엇인가? 그러면 나는 나 자신도 완전히 믿지 않는 낙관적인 말로 페니를 몇 번째인지 모를 정도로 안심시켰다.

그해 가을, 나는 한 가지 아이디어를 생각해냈다. 우리가 거래하는 소매업체 중 규모가 큰 곳에 그들이 6개월 선금에 환불 불가능한 조건으로 대량주문을 하면 최대 7퍼센트까지 할인해준다는 계약서에 서명할 수 있는지 물어보는 것이었다. 결과가 좋다면 주문에서 배송까지의 시간을 길게 잡아도 되고, 배송 횟수도 줄어들고, 불확실성도 줄어들어 은행이 요구하는 현금 잔액 수준을 유지할 수 있을 것이다. 또한 노드스트롬, 키니, 애슬리츠 풋, 유나이티드 스포팅 굿즈 같은 유력한 소매업체와 장기 계약을 체결하면 닛쇼와 뱅크 오브 캘리포니아에서 더 많은 대출을 받아낼 수 있을 것이다. 특히 닛쇼에서 말이다.

물론 소매업체들은 회의적이었다. 나는 간절히 부탁했다. 이런 부탁이 먹히지 않자 나는 아주 대담한 예언을 했다. "우리가 '퓨처스 Futures'라고 부르는 이번 프로그램은 우리와 소매업체의 미래를 위한 것이니 일찌감치 동참하시는 게 좋을 겁니다."

내 말은 절실한 만큼 설득력이 있었다. 나는 블루 리본의 매출이 계속 증가할 수만 있다면 무엇이든 하려고 했다. 그러나 소매업체들은 꿈쩍도 하지 않았다. 나에게 돌아오는 말은 "저 신출내기 나이키업자는 신발 산업을 잘 몰라. 저런 아이디어가 먹힐 거라고 생각하는 걸 보니 말이야"였다.

그러나 우리가 고객들이 사지 않고는 못 배길 정도로 매력적인 신제품들을 내놓자, 나의 아이디어는 갑자기 설득력을 얻었다. 브루인은 이미 인기가 있었다. 브루인의 바닥창과 갑피는 고객들이 더욱 편안하게 뛸 수 있도록 해주었다. 우리는 갑피 부분에 밝은 초록색 스웨이드를 댄 좀 더 나은 제품을 내놓았다보스턴 셀틱스의 폴 사일러스가 이 신발을 신고 출전하기로 했다. 게다가 새로 출시된 코르테즈의 두 형제가죽을 댄 것과 나일론을 댄 것가 머지않아 우리의 베스트셀러가 될 것으로 보였다.

드디어 몇몇 소매업자가 계약서에 서명했다. 이 프로그램이 탄력을 받기 시작한 것이다. 계약을 꺼리거나 머뭇거리던 소매업자들도 조만간 결사적으로 참여할 것으로 기대됐다.

1973년 9월 13일, 다섯 번째 결혼기념일이었다. 페니는 다시 한 번 밤에 나를 깨우더니 몸이 좋지 않다고 했다. 병원에 가는 길에 나는 태어날 아이보다 퓨처스 프로그램, 창고 관리자가 보내준 수치, 오니쓰카와의 재판을 더 많이 생각했다. 물론 이번에도 병원으로 가다가 길을 헤맸다.

차를 돌려 되돌아갔다. 이마에서 구슬땀이 나기 시작했다. 옆길로 들어서니 병원이 보였다. 정말 감사한 일이었다.

다시 한 번 간호사들이 페니를 바퀴가 달린 침대에 눕혀 분만실로 데리고 갔고, 나는 다시 한 번 대기실에 쭈그리고 앉아서 기다렸다. 이번에 나는 서류를 보려고 했다. 의사가 나와 또 아들이라고 했다. 나는 속으로 아들 두 명, 아들 한 켤레라고 생각했다.

머릿속이 온통 켤레 수로 가득 차 있었던 것이다.

나는 페니에게 가서 새로 태어난 남자아이를 보았다. 나는 아이 이름을 트래비스라고 지었다. 그리고 페니에게 안 좋은 짓을 하고 말았다.

페니는 웃으면서 말했다. "의사 선생님이 이틀 뒤 집에 가도 된다고 말씀하셨어." 매튜가 태어났을 때는 병원에 사흘 동안 있었다. 나는 손사래를 치며 아무렇지도 않은 듯 말했다. "에이. 그게 무슨 말이야? 그냥 여기서 사흘 동안 있어. 보험 회사에서 사흘 동안 병원비를 부담한다고 했잖아. 뭐가 그렇게 급해? 여기서 쉬면서 몸을 추스른 뒤 퇴원해."

페니는 고개를 숙이고 눈썹을 치켜세우더니 물었다. "어느 팀 경기야? 어디서 하지?"

"오리건대학교 경기야. 애리조나주립대학교에서 해."

페니는 한숨을 푹 쉬었다. "좋아. 가서 봐."

1974년

오니쓰카와 결별하다

1974년 4월 14일, 나는 포틀랜드 시내에 있는 연방재판소 청사에서 스트라세, 하우저와 함께 작은 나무 테이블을 앞에 두고 천장을 보면서 앉아 있었다. 나는 심호흡을 했다. 왼편에 앉아 있는 독사처럼 생긴 다섯 명의 오니쓰카 변호사들이나 오니쓰카가 데려온 네 명의 판매업자들과는 가급적 눈도 마주치지 않으려고 했다. 그들 모두 내가 망하는 꼴을 보고 싶어 하는 사람들이었다.

이런 악몽과도 같은 상황을 피하려고 우리는 최종적인 합의를 시도했다. 재판이 열리기 얼마 전에 오니쓰카에 타협안을 제시한 것이다. '손해배상금으로 80만 달러를 지급하라. 일본에서 소송을 철회하라. 그러면 우리도 소송을 철회하겠다. 이것으로 우리는 더 이상 그 어떤 요구도 하지 않겠다.' 나는 오니쓰카가 이를 받아들일 가능성이 거의 없을 거라고 생각했다. 그러나 하우저는 시도할 만한 가치가 있다고 했다.

물론 오니쓰카는 이 제안을 즉각 거절했다. 역제안도 없었다. 그들은 갈 데까지 가려고 했다.

법정 집행관이 "재판이 시작됩니다"라고 외쳤다. 판사가 법정에 입장해 법봉을 두드렸다. 심장이 뛰기 시작했다. 올 것이 온 것이다.

오니쓰카의 수석 변호사 웨인 힐리어드가 모두진술을 시작했다. 그는 일을 즐기고 자기 스스로 일을 잘한다고 생각하는 사람이었다. 그는 우리 테이블을 가리키면서 "이 사람들은 깨끗하지 않은 손을 가지고 있습니다"라고 소리쳤다. 그러고는 "깨끗하지 않은 손"이라는 표현을 되풀이했다. 이것은 법정에서 자주 사용되는 표현이다. 힐리어드는 이 말이 원색적이고도 외설적으로 들리도록 했다.나한테는 힐리어드의 발언 전체가 사악하게 들렸다. 그는 키가 작고 코끝이 뾰족해 펭귄처럼 보였다. 그는 "블루 리본은 처음부터 오니쓰카를 상대로 사기를 쳐서 파트너 관계를 맺었습니다"라고 고함쳤다. "필 나이트는 1962년 일본에 가서 블루 리본이라는 회사가 있는 것처럼 속였습니다. 그러고는 이런 사기 행각을 계속하기 위해 필요하다면 속임수를 쓰고 절도를 하고 스파이를 고용하는 일도 마다하지 않았습니다."

힐리어드가 모두진술을 마치고 네 명의 동료 변호사가 있는 자리에 돌아가서 앉을 때, 오니쓰카에 유리한 판결이 나올 수도 있다는 생각이 들었다. 무릎으로 시선을 내려뜨리며 나 자신에게 물었다. '너는 어찌하여 이 불쌍한 일본인 기업가에게 그처럼 엄청난 짓을 했느냐?'

하우저가 일어났다. 누가 봐도 하우저는 힐리어드처럼 흥분한 상태가 아니었다. 그것은 하우저의 기질에 맞지 않았다. 하우저는 조직적이고 준비되어 있었지만, 격렬하게 몰아붙이지는 않았다. 나는 처음에는 실망했다. 그러다가 하우저를 자세히 바라보면서 그가 하는 말을 들었다. 나는 하우저의 삶을 생각해보았다. 하우저는 어린 시절에 심각한 언어 장애를 겪었다. 그는 'R'과 'L' 발음을 구분하지 못했다. 10대가 되어서도 만화 캐릭터처럼 발음했다. 지금도 언어 장애를 겪었던 흔적이 조금 남아 있기는 하지만, 하우저는 이를 잘 극복했다. 그날 사람들로 꽉 차 있는 법정에서 하우저가 발언하는 모습을 보고, 나는 하우저를 진심으로 존경하게 되었다. 그의 인생 역정은 대단했다. 블루리본도 마찬가지였다. 나는 하우저가 자랑스러웠다. 그가 우리 편이라는 것도 자랑스러웠다.

게다가 하우저는 이번 사건에 대해 몇 달 뒤면 재판이 진행될 것이라고 생각하고 성공사례금만 받기로 했다. 그런데 2년이 지난 뒤에도 그는 단 한 푼도 받지 못했다. 더군다나 그가 쓴 비용은 엄청났다. 복사비만 하더라도 엄청났다. 하우저는 가끔 자기 파트너 변호사가 이번 사건에서 손을 떼라는 압박을 가한다고 했다. 언젠가 한 번은 자쿠아 변호사에게 이번 사건을 넘기려고도 했다자쿠아 변호사의 대답은 "아뇨, 됐습니다"였다. 상대방을 격렬하게 몰아붙이든, 그렇지 않든 하우저는 진정한 영웅이었다. 그는 발언을 마치고 자리에 와서 앉더니 나와 스트라세를 바라보았다. 나는 그의 어깨를 두드려주었다. 게임은 이제 시작이었다.

우리가 원고측으로 재판을 먼저 이끌어갔다. 첫 번째 증인은 블루리본의 창업자인 바로 나, 필립 나이트였다. 나는 증인석으로 걸어가면서 나와는 다른 필립 나이트가 나간 것이라고 생각했다. 나와는 다른 필립 나이트가 손을 올리고 기만과 증오가 난무하는 재판에서 오직 진실만을 말할 것이라고 선서했다. 나는 높은 곳으로 떠올라서 멀리 아래에서 펼쳐지는 광경을 보고 있었다.

증인석의 삐걱거리는 나무 의자에 깊숙이 앉아 넥타이를 고쳐 매면서 중얼거렸다. '여기서 하는 말은 아주 중요해. 최선을 다해야 돼. 이번 기회를 망쳐서는 안 돼.'

그러고는 완전히 망쳐버렸다. 증언을 하면서 정신이 계속 멍해졌다. 나 자신이 점점 망가지는 것 같았다.

하우저가 구원의 손길을 내밀고 나를 이끌어가려고 했다. 그는 질문을 할 때마다 친절하게 웃으면서 내게 자신감을 심어주려고 했다. 그러나 내 정신은 여러 갈래로 흩어져버렸다. 도무지 집중할 수 없었다. 사실 나는 전날 밤 잠을 이루지 못했다. 아침에는 거의 아무것도 먹지 못했다. 그리고 지금은 아드레날린을 마구 분출하고 있었다. 그러나 이 아드레날린은 내 몸에 에너지를 주지도, 내 정신을 맑게 하지도 못했다. 이 아드레날린은 내 머리를 흐릿하게 했다. 나는 사촌 하우저와 내가 얼마나 많이 닮았나 같은 기이하고도 거의 환각에 가까운 생각을 즐기고 있었다. 하우저는 나와 비슷한 또래이고, 키도 비슷하고, 그 밖에도 닮은 점이 많았다. 지금까지 왜 하우저와 내가 그토록 많이 닮았다는 것을 생각지도 못했는지 의아할 지경이었다. 나 자신이 나를 신문하는 것 같았다. 이것이 바로 카프카적 전환 아닌가? 하우저의 신문이 끝날 무렵, 나는 조금 정신을 차렸다. 나를 취하게 만들던 아드레날린이 사라지자 모든 게 명확해졌다. 그러나 이제는 상대방이 나를 신문할 차례였다.

힐리어드는 집요하게 파고들었다. 그의 무자비한 신문에 나는 금방 휘청거리기 시작했다. 말문이 완전히 막혀버렸다. 말을 하더라도 문법에 맞지 않았다. 내가 듣기에도 어딘가 켕기는 구석이 있는 것처럼 들렸다. 나는 기타미의 서류가방을 뒤진 이야기를 하면서, 후지모토가 실제로는 기업 스파이가 아니라는 설명을 하면서, 법정에 모인 방청객과 판사의 얼굴을 슬쩍 보았다. 모두가 회의적인 표정이었다. 사실, 나조차도 회의적이었다. 나는 몇 번씩이나 방청객을 바라보면서, 곁눈질로 판사를 흘끗 보면서 '내가 정말 그런 짓을 했나?'라는 질문을 던졌다.

법정을 둘러보면서 도움을 구하려고 했지만, 도움을 줄 만한 사람은 아무도 없었다. 모두들 냉담한 표정을 짓고 있었다. 그중에서도 가장 냉담한 표정을 지은 사람은 바로 보크였다. 보크는 오니쓰카 변호사 바로 뒤에 앉아 나를 노려보고 있었다. 가끔은 오니쓰카 변호사들에게 무어라고 속삭이기도 하고 메모를 건네기도 했다. 배신자. 베네딕트 아널드미국의 독립을 위해 싸운 군인. 그러나 1779년 영국 쪽으로 변절했고, 그 뒤 그의 이름은 미국에서 '반역자'를 뜻하는 별명이 됐다-옮긴이. 힐리어드는 보크에게서 무슨 힌트라도 얻은 것인지 새로운 관점에서 새로운 질문을 던졌다. 나는 이야기의 흐름을 완전히 놓쳐버렸다. 내가 무슨 말을 하고 있는지 나 자신도 모를 지경이었다.

판사가 나에게 말을 이치에 맞지 않게 하고 지나칠 정도로 복잡하게 한다고 질책했다. "묻는 말에 대답만 간단하게 하세요."

"어느 정도로 간단하게 해야 합니까?"

"20개 단어 이하로 하세요."

힐리어드가 그다음 질문을 했다.

나는 손으로 얼굴을 쓰다듬었다. "이 질문에는 20개 단어 이하로 대답할 수 없습니다."

판사는 양쪽 변호사들에게 증인이 질문받는 동안 각자의 테이블 뒤에 서 있으라고 요구했다. 나는 지금 이날까지도 9미터의 완충 지대가 나를 살렸다고 생각한다. 만약 힐리어드가 좀 더 가까이 다가왔더라면 나는 완전히 녹초가 되어 눈물을 보였을지도 모른다.

이틀에 걸친 힐리어드의 반대 신문이 끝나갈 때쯤 나는 거의 마비 상태였다. 나는 바닥을 쳤다. 이제는 올라가는 것만 남았다. 힐리어드는 내가 정신을 차리기 전에 반대 신문을 끝내는 게 낫다고 생각한 것 같았다. 증인석에서 내려오면서 나 자신에게 D 마이너스를 주었다. 하우저와 스트라세도 나하고 생각이 크게 다르지 않은 것 같았다.

이번 사건을 맡은 판사는 제임스 번스로, 오리건 법조계에서 악명이 높은 사람이었다. 얼굴이 길고 늘 뚱한 표정인 데다 검은 눈썹이 튀어나와 눈썹 아래 두 눈동자가 흐리멍텅하게 보였다. 마치 두 눈 위에 초가지붕이 있는 것 같았다. 당시 내 머릿속은 수많은 공장에 대한 생각으로 가득 차 있어서 멀찌감치 떨어져 앉아 있는 번스 판사가 교수형 선고 전문 판사들을 제조하는 공장에서 만들어낸 제품처럼 보였다. 번즈 판사 자신도 그런 사실을 잘 알고, 그에 대해 상당한 자부심을 가지고 있을 것 같았다. 그는 아주 진지하게 자신을 '공정한 제임스James the Just'라고 불렀다. 재판이 시작될 때면 그는 오페라풍 저음으로 "지금 여러분은 '공정한 제임스'의 법정에 계십니다!"라고 선언하곤 했다.

'공정한 제임스'를 과장된 말로 생각하고 감히 비웃어선 안 된다. 하늘이시여, 그런 사람이 있다면 자비를 베푸소서.

포틀랜드는 아주 작은 동네다. 그러다 보니 클럽에서 '공정한 제임스'와 우연히 만났다는 사람도 있었다. 그는 '공정한 제임스'가 마티니를 마시면서 우리 사건에 대해 불만스럽게 이야기했다고 했다. 그는 바텐더와 주변 사람들에게 "아주 고약한 사건이야"라고 말했다. '공정한 제임스'도 우리만큼이나 그 법정에 있기 싫었던 것이다. 그는 가끔 자신의 불쾌한 감정을 우리한테 풀기도 하고, 질서나 예의 같은 사소한 문제로 트집을 잡아 우리를 꾸짖기도 했다.

증인석에 앉은 내가 바닥을 기었지만, 하우저와 스트라세와 나는 '공정한 제임스'가 우리 편으로 기울고 있다는 느낌을 받았다. 그의 태도를 봤을 때 그랬다. 그는 우리에게 조금 덜 엄하게 대했다. 하우저는 이런 직감을 바탕으로 상대방 변호사에게 선언했다. "지금도 우리의 타협안을 염두에 두고 있다면, 깨끗이 잊어버리세요. 그건 더 이상 거론하지 맙시다."

그날 '공정한 제임스'는 잠시 휴정을 선언하고는 양측 당사자들을 불러 훈계했다. 그는 이번 사건을 다룬 지역신문 기사를 읽고 몹시 당황했다고 말했다. 자기가 언론의 흥미 위주 보도까지 단속해야 한다니 정말 어처구니없는 일이라며 이번 사건에 대해 법정 밖에서 이러쿵저러쿵 떠들어대는 것을 그만두라고 지시했다.

모두 고개를 끄덕이며 "네, 판사님"이라고 대답했다.

재판이 진행되는 동안, 존슨은 우리 바로 뒤에 앉아서 하우저에게 틈틈이 메모를 전달했다. 판사와 변호사가 무엇인가를 협의하거나 휴정할 때는 항상 소설을 읽었다. 그리고 매일 재판이 끝나면 시내를 거닐거나, 다른 스포츠용품 매장을 둘러보거나, 매출을 확인하면서 느긋하게 쉬었다.그는 매번 시간을 이렇게 보내면서 자기가 새로운 도시에 있다는 사실을 만끽했다.

존슨은 바우어만 코치의 와플형 트레이닝화 덕분에 나이키가 날개 돋친 듯 팔리고 있다고 보고했다. 그 신발은 크게 히트를 친 데다 미국 전역에서 팔리고 있어서 나이키가 오니쓰카뿐 아니라 퓨마까지도 뛰어넘었다고 볼 수 있었다. 우리는 와플형 트레이닝화의 인기로 매출 규모에서 언젠가 아디다스 수준에 근접할 수도 있을 것이라는 생각을 처음으로 하게 됐다.

어느 날, 존슨은 신발 매장에 들렀다가 나이 지긋한 관리자를 만났다. 그는 물론 우리가 재판 중이라는 사실을 잘 알고 있었다. 그가 물었다. "어떻게 될 것 같습니까?" 존슨은 담담하게 "잘하고 있어요. 사실, 우리가 타협안을 철회했습니다"라고 말했다.

다음 날 아침, 우리는 법정에 모여 커피를 마시면서 피고측 테이블을 봤다. 그런데 처음 보는 얼굴이 있었다. 변호사는 다섯 명 그대로인데, 새로운 얼굴은 누구일까? 존슨이 고개를 돌리더니 얼굴이 하얗게 질렸다. 그는 몹시 당황한 표정으로 "저 새로운 얼굴은 어제 본 매장 관리자야. 내가 저 사람한테 무심코 이번 재판에 관한 이야기를 했는데"라고 속삭였다.

이제 하우저와 스트라세의 얼굴이 하얗게 질렸다.

우리 세 사람은 서로 멍하니 바라보다가 존슨을 쳐다보았다. 그리고 일제히 고개를 돌려 '공정한 제임스'를 쳐다보았다. 그는 법봉을 탕탕

치며 거의 폭발할 지경에 이르렀다.

그가 법봉을 제자리에 올려놓자 법정이 갑자기 조용해졌다. '공정한 제임스'는 큰 소리로 말하기 시작했다. 거의 20분 동안 우리를 꾸짖었다. 그는 함구령을 내린 지 불과 하루 만에 블루 리본 측의 누군가가 지역 매장에 들어가서 입을 함부로 놀리는 일이 일어났다고 했다. 우리는 엄마 말을 안 들은 어린아이처럼 앉아서 혹시라도 판사 입에서 심리무효라는 말이 나오지 않을까 전전긍긍하면서 그런 마음을 숨기기 위해 정면을 똑바로 주시했다. 그런데 장광설을 마무리짓는 판사의 눈동자에서 조그마한 반짝임이 보였다. '공정한 제임스'는 사람 잡아먹는 도깨비가 아니라 그냥 자기가 맡은 일을 열심히 하는 사람이었다.

존슨은 증언을 통해 자신의 명예를 회복했다. 그는 아주 사소한 내용까지도 틈을 보이지 않고 꼼꼼하게 설명했다. 그는 보스턴과 코르테즈가 나를 포함해 세상의 그 어떤 것보다 더 낫다고 설명했다. 힐리어드가 존슨을 무너뜨리려고 애를 썼지만, 존슨은 끄떡도 하지 않았다. 시멘트처럼 견고한 존슨에게 힐리어드가 자신의 머리를 들이박는 모습을 보는 것은 대단히 유쾌한 일이었다. 그는 처음부터 상대가 되지 않았다.

우리는 두 번째 증인으로 바우어만 코치를 세웠다. 나는 우리의 노련한 코치님에게 커다란 기대를 걸었다. 하지만 그는 그날만큼은 평소와 다른 모습이었다. 나는 바우어만 코치가 그처럼 당황하고 심지어 겁을 먹는 모습을 처음 보았다. 우리는 그 이유를 금방 알 수 있었다. 그는 아무런 준비도 하지 않았던 것이다. 바우어만 코치는 오니쓰카 같은 비열한 사업가를 몹시 경멸한 나머지 준비할 가치조차 없다고 생각하고는 그냥 즉흥적으로 대답하기로 결심했다. 나와 하우저는 착 잡했다. 바우어만 코치의 증언으로 소송에서 유리한 고지를 점할 수도 있었을 텐데.

우리는 바우어만 코치가 적어도 재판에 악영향을 주지 않았다는 데 위안을 얻었다.

그다음에 하우저는 이와노의 증언 녹취록을 증거로 채택해줄 것을 요청했다. 이와노는 기타미를 따라 미국에 두 차례 출장을 왔다. 다행 스럽게도 그는 나와 페니가 받은 첫인상처럼 영혼이 순수한 사람이었 다. 그는 오직 진실만을 말했다. 그리고 그가 말하는 진실은 기타미의 주장과 정면으로 배치됐다. 그는 오니쓰카에는 계약을 파기하고 블루 리본을 다른 업체로 대체하기 위한 계획이 있었고, 기타미가 이를 여 러 차례에 걸쳐 공개적으로 논의한 적이 있다고 증언했다.

우리는 저명한 정형외과 의사도 증인으로 채택했다. 그는 러닝화가 발, 관절, 척추에 미치는 영향을 연구한 전문가로, 시장에 나와 있는 브랜드와 모델의 차이점을 설명했다. 특히 그는 코르테즈와 보스턴이 오니쓰카 제품과 어떻게 다른지 자세히 분석했다. 기본적으로 코르테 즈는 아킬레스건에 가해지는 압박을 덜어주는 최초의 신발이라고 말 했다. 가히 혁신적이라는 표현까지 덧붙였다. 증언을 하는 동안, 그는 신발 수십 켤레를 펼쳐놓았다. 그리고 신발을 잡아찢기도 하고 바닥 에 던지기도 하면서 '공정한 제임스'를 짜증나게 했다. '공정한 제임 스'에게는 강박 증세가 있는 것 같았다. 그는 법정이 어수선해지는 것 을 견디지 못했다. 그는 정형외과 의사에게 바닥을 어지럽히지 말고 신발을 한곳에 가지런히 모아두라고 거듭 요구했다. 하지만 우리의 정형외과 의사는 이런 요구를 거듭 무시했다. '공정한 제임스'가 우리가 신청한 전문가의 증언을 무시할지도 모른다는 생각에 숨이 가빠지기 시작했다.

마지막으로 우리는 우델을 증인으로 신청했다. 우델은 휠체어를 끌고 천천히 증인석으로 다가갔다. 우델이 양복을 입고 넥타이를 맨 모습은 그때 처음 봤다. 그는 얼마 전에 어떤 여자를 소개받고 결혼했다. 이제 그가 나한테 행복하다고 말하면 그의 말을 완전히 믿을 수 있었다. 우델과 내가 비버튼의 샌드위치 가게에서 처음 만난 이후로 함께 보낸 시간을 즐거운 마음으로 되돌아보았다. 이런 즐거운 마음은 금세 사라지고 끔찍한 기분이 들었다. 우델을 이런 진흙탕 속으로 데려오는 게 아니었다. 그는 나보다, 심지어 바우어만 코치보다 더 많이 떨었다. '공정한 제임스'가 우델에게 이름의 철자를 말해보라고 하자, 우델은 마치 자기 이름을 모르는 것처럼 멈칫했다. "저, 더블유, 더블 오, 더블 디⋯⋯.". 그는 갑자기 낄낄거리며 웃었다. 그의 이름에는 더블 디가 나오지 않는다. 그는 더블 디 브래지어의 엄청난 사이즈가 갑자기 떠올랐다고 했다. 안타깝게도 그는 웃음을 멈추지 못했다. 물론 그는 잔뜩 긴장하고 있었다. 하지만 '공정한 제임스'는 우델이 이 재판을 조롱한다고 생각할 수 있었다. 그는 우델에게 지금 '공정한 제임스'의 법정에 있다는 사실을 상기시켰다. 그의 말은 우델을 더 웃게 만들었다.

나는 두 손을 이마에 얹고 말았다.

오니쓰카는 첫 번째 증인으로 오니쓰카 회장을 신청했다. 그는 길게 증언하지 않았다. 그는 나와 기타미의 갈등, 기타미가 우리 등에 칼을 꽂으려고 한 계획에 대해 잘 모른다고 증언했다. "기타미가 다른 판매업자들을 만나고 다녔다고요? 저는 그런 보고를 받지 않았습니다. 기타미가 블루 리본과의 계약을 파기하려고 했다고요? 저는 모르는 일입니다."

다음에는 기타미가 증언할 차례였다. 그가 증인석으로 나오자 오니쓰카 변호사들이 통역을 요청했다. 나는 내 귀를 의심했다. '이게 무슨 소리야? 기타미는 영어를 완벽하게 구사하는데.' 나는 기타미가 녹음테이프로 영어를 배웠다고 자랑하던 모습을 똑똑히 기억했다. 나는 눈을 크게 뜨고 하우저를 쳐다보았다. 그는 손바닥을 아래로 향한 채 두 손을 내밀었다. 진정하라는 뜻이었다.

기타미는 이틀 동안 증인석에 서서 통역과 자신의 입을 통해 거짓말만 해댔다. 그는 계약을 파기할 생각이 전혀 없었다고 했다. 다만 우리가 나이키를 만드는 식으로 계약을 위반한 사실을 안 뒤 그때서야 계약 파기를 생각하게 됐다고 증언했다. 물론 우리가 나이키를 만들기 전에 자기가 다른 판매업자들을 만난 것은 사실이지만, 이는 단순히 시장 조사 차원이었다고 설명했다. 오니쓰카에서 블루 리본을 인수하려는 논의도 있었지만, 이는 내가 먼저 제안한 것이라고 발뺌했다.

힐리어드와 하우저가 최종 변론을 마친 뒤, 나는 그 자리에 모인 많은 방청객에게 감사의 말을 전했다. 법정에서 나온 뒤 나는 하우저, 스트라세와 함께 근처 술집으로 가서 넥타이를 풀고 아주 차가운 맥주를 취하도록 마셨다. 우리는 이번 재판에 관해 이랬으면 좋았을 것을, 혹은 저랬으면 좋았을 것을 하는 미련을 가지고 이야기를 나누었지만, 이미 끝난 일이었다.

우리 모두는 다시 일터로 돌아갔다.

몇 주가 지났다. 이른 아침, 사무실에 있다가 하우저의 전화를 받았다. "'공정한 제임스'가 오늘 11시에 판결을 하겠대."

당장 법정으로 달려가 하우저와 스트라세를 만났다. 법정은 텅 비어 있었다. 방청객도 없었다. 힐리어드를 제외하고는 상대방 변호사들도 없었다. 그의 동료 변호사들은 통보받은 시간이 너무 촉박해 법정에 나올 수 없었다.

'공정한 제임스'가 옆문으로 느릿느릿 들어와서는 자리에 올라가 앉았다. 그는 판결문을 꺼내더니 낮은 목소리로 읽기 시작했다. 그냥 혼자서 책을 읽는 것 같았다. 그는 양쪽의 주장에 관해 호의적인 말로 판결을 시작했다. 나는 고개를 가로저었다. 오니쓰카에 어떻게 호의적으로 말할 수 있는가? 불길한 징조였다. 바우어만 코치가 준비를 하고 왔더라면……. 내가 힐리어드의 공격을 잘 버텨냈더라면……. 무엇보다 정형외사 의사가 법정을 어지럽히지 않았더라면……!

'공정한 제임스'가 우리를 내려다보는데, 그의 튀어나온 눈썹이 재판이 시작됐을 때보다 더 길고 텁수룩하게 보였다. 그는 오니쓰카와 블루 리본의 계약상 문제에 관해서는 판결을 내리지 않겠다고 했다.

그 말에 가슴이 철렁 내려앉았다.

대신에 그는 상표권에 관한 문제에 대해서만 판결을 내렸다. 그는 이번 사건을 한 가지 상황을 두고 양 당사자가 서로 다른 이야기를 하는 사건의 전형으로 봤다. 그는 판결을 내렸다.

"나는 두 개의 상충되는 주장을 들었습니다. 본 법정은 블루 리본의 주장이 더욱 설득력 있는 것으로 판단합니다. 본 법정은 증언이나 문건을 통해서 볼 때, 블루 리본의 주장이 진실에 가깝다고 봅니다. 따라서 본 법관이 이 사건을 판단할 때 진실은 블루 리본에 있습니다."

그는 특히 이와노의 증언에 주목했다. 그는 이와노의 증언이 판단을 내리는 데 결정적인 영향을 미쳤다고 말했다. 이를 통해 볼 때 기타미의 주장은 거짓이라는 것이었다. 그는 또한 기타미가 통역을 요청한 것에 주목했다. 기타미는 통역을 통해 증언하는 동안에, 수차례에 걸쳐 통역에게 자신의 발언을 수정해줄 것을 요청했다. 이런 식으로 자신의 발언을 수정할 때마다 기타미는 완벽한 영어를 구사했다.

'공정한 제임스'는 잠시 멈추고는 판결문을 쭉 훑어보았다. 그러고는 최종 판결을 내렸다. "따라서 본 법정은 보스턴과 코르테즈 브랜드에 대한 모든 권리는 블루 리본에 있는 것으로 판결합니다. 또한 오니쓰카는 블루 리본의 상표권을 유용해 블루 리본에 사업상의 손실을 발생시켰습니다." 이제 사업상의 손실에 대한 금액 산정 문제가 남아 있었다. 이 문제는 관례에 따라 해당 분야 전문가를 지정해 손실 금액을 산정하게 된다. 조만간 내가 알아서 처리할 것이다.

'공정한 제임스'가 법봉을 탕탕 내리쳤다. 나는 고개를 돌려 하우저와 스트라세를 바라보았다.

"우리가 이긴 거야?"

그렇다. 정말 우리가 이긴 것이다.

나는 하우저, 스트라세의 손을 붙잡고 두 사람의 어깨를 두드렸다. 우리는 모두 함께 포옹했다. 우리는 힐리어드를 아주 기분 좋게 힐끔 쳐다봤다. 실망스럽게도 그는 아무런 반응도 없었다. 그저 조용히 정면을 주시했다. 이번 재판은 그의 싸움이 아니었다. 그는 그저 돈만 받으면 그만이었다. 그는 아무 일도 없었다는 듯이 서류가방을 잠그고 자리에서 일어나 우리 쪽에 눈길 한 번 주지 않고 법정을 빠져나갔다.

우리는 법원에서 그리 멀지 않은 벤슨 호텔의 런던 그릴로 곧장 달려갔다. 더블을 주문하고 '공정한 제임스'를 위해 건배했다. 그리고 이와노를 위해, 우리 자신을 위해 건배했다. 그다음에 공중전화로 가서 페니에게 전화를 걸었다. 나는 사람들의 눈과 귀에 아랑곳하지 않고 큰소리로 외쳤다. "우리가 이겼어! 내 말 믿을 수 있어? 우리가 이겼단 말이야!"

아버지에게도 전화해서 똑같이 외쳤다.

페니와 아버지는 우리가 무엇을 어떻게 이겼는지 물어봤다. 나는 제대로 설명할 수 없었다. 앞으로 어찌 될지 모르지만, 어쨌든 우리가 이겼다고 말했다. 1달러일까? 100만 달러일까? 그것은 나중 문제였다. 오늘은 그냥 승리를 즐기기만 하면 됐다.

하우저, 스트라세와 함께 술을 한잔 더 마셨다. 그리고 사무실에 전화해 몇 켤레나 나갔는지 확인했다.

일주일 뒤, 타협안이 왔다. 40만 달러였다. 오니쓰카는 해당 분야 전문가가 금액을 제시하기 전에 선수를 쳐서 손실을 줄여보려고 했다. 하지만 나는 40만 달러보다는 더 받아야겠다고 생각했다. 우리는 오니쓰카와 며칠 동안 흥정을 했다. 힐리어드는 조금도 양보하지 않았다.

결국 우리는 이 금액으로 매듭짓기로 결정했다. 하우저의 로펌은 하우저에게 성공사례금의 절반을 지급했다. 하우저가 일하는 로펌 역사상 가장 큰 금액이었다. 이제 하우저는 로펌에서 당당하게 어깨를 펼 수 있게 됐다.

나는 하우저에게 전리품으로 무엇을 할 것인지 물어봤는데, 그가 뭐라고 했는지는 기억나지 않는다. 블루 리본은 뱅크 오브 캘리포니아에서 현금을 더 많이 빌릴 수 있게 됐다. 그리고 바다 건너 배를 타고 오는 신발은 당연히 더 많아졌다.

우리는 오니쓰카가 지정한 샌프란시스코의 우량 기업 사무실에서 공식적인 조인식을 열기로 했다. 그 사무실은 시내에 있는 고층 건물의 꼭대기층에 있었다. 나, 하우저, 스트라세, 그리고 케일까지 합쳐 모두 네 명이 함께 갔다. 케일은 블루 리본의 역사적인 순간마다 꼭 참석하고 싶어 했다. 그는 블루 리본이 창립한 날에도 자리에 함께했고, 오늘 같은 해방의 날에도 그랬다. 우리는 도착하기 전부터 시끌벅적한 분위기에 휩싸였다.

전쟁 서적을 즐겨 읽는 스트라세와 나는 샌프란시스코로 가는 길에 역사적으로 유명한 항복에 관해 많은 이야기를 나누었다. 애퍼매톡스 Appomattox, 미국 버지니아 주 중부의 옛 촌락. 1865년 4월 9일 이곳에서 리 장군이 그랜트 장군에게 항복해 남북전쟁이 종결됐다 옮긴이, 요크타운미국 버지니아 주의 도시. 독립전쟁(1781) 때, 영국의 콘월리스 장군이 워싱턴에게 항복한 장소 옮긴이, 랭스Reims, 프랑스 북동부의 상공업 도시. 1945년 독일군이 항복한 장소 옮긴이. 모두 극적인 순간이었다. 양쪽 장군들은 기차 안, 버려진 농가, 항공모함 갑판에서 항복 조인식을 가졌다. 한쪽은 통한의 표정을 지었고, 다른 쪽은 단호하면서도 정중하게 행동했다. 그들은 항복 문서에 만년필로 이름을 휘갈겨 썼다. 우리는 맥아더 장군이 미국 전함, 미주리호에서 일본의 항복을 수락하고 역사에 길이 남을 연설을 한 모습에 관해서도 이야기를 나누었다. 확실히 우리 두 사람은 많이 흥분해 있었다. 우리는 역사적으로 가장 중요한 승전은 바로 7월 4일에 일어났다는 데 뜻을 같이했다.

직원이 우리를 회의실로 안내했다. 그곳은 이미 변호사들로 꽉 차 있었다. 우리는 표정이 갑자기 변했다. 어쨌든 나는 그랬다. 회의실 한 가운데에는 놀랍게도 기타미가 앉아 있었다.

지금도 그때 왜 내가 기타미를 보고 놀란 표정을 지었는지 잘 모르겠다. 그는 서류에 서명하고 나에게 손을 내밀었다. 조금 전보다 더 놀라운 일이었다. 나는 일단 악수를 했다.

우리는 테이블을 가운데 두고 자리에 앉았다. 우리 앞에는 20건에 달하는 문서들이 놓여 있었다. 각각의 문서에는 서명란이 수십 개나 됐다. 우리는 손가락에 물집이 생길 정도로 서명을 했다. 적어도 한 시간은 걸린 것 같았다. 잔뜩 긴장된 분위기 속에서 침묵만이 흘렀다. 그런데 갑자기 스트라세가 방 안 전체가 울릴 정도로 큰 소리로 재채기를 해서 침묵을 한 방에 날려버렸다. 코끼리처럼 커다란 소리가 났다. 스트라세는 그날 평소라면 절대 입을 생각도 하지 않을 진한 감색 양복을 입고 왔다. 새로 산 양복이었지만, 그의 장모님이 몸에 맞게 고치고는 가슴 주머니에 온갖 물건을 넣어두었다. 스트라세는 세계에서 으뜸가는 양복 반대론자의 면모를 확인이라도 시켜주듯, 주머니에 손을 넣어 여분의 천을 길게 끄집어내고는 거기에다 코를 풀었다.

드디어 직원이 문서를 가져갔다. 우리는 모두 만년필 뚜껑을 닫았다. 힐리어드가 기타미에게 수표를 넘겨주라고 말했다.

그런데 기타미가 힐리어드를 올려다보더니 얼떨떨한 표정으로 "수표가 없는데요"라고 말했다.

그 순간 내가 그의 얼굴에서 본 것은 무엇일까? 원한이었을까? 좌절감이었을까? 잘 모르겠다. 눈길을 돌려 회의실에 앉아 있는 사람들의 표정을 훑어보았다. 모두 똑같은 표정이었다. 그 자리에 모인 변호사들 모두가 깜짝 놀란 표정이었다. 합의서에 서명하는 자리에 수표를 가지고 오지 않다니…….

아무도 입을 떼지 않았다. 기타미는 그제야 창피한 기색을 보였다. 자신의 실수를 깨달은 것이다. 그는 무안한 얼굴로 말했다. "일본에 가면 바로 우편으로 보내겠습니다."

힐리어드는 자기 고객에게 퉁명스러운 말투로 지시했다. "가능한 한 빨리 보내세요."

나는 가방을 들고 회의실에서 나와 하우저와 스트라세를 따라갔다. 뒤에서 기타미와 변호사들이 따라왔다. 우리는 모두 함께 서서 엘리베이터가 오기를 기다렸다. 엘리베이터 문이 열리자, 우리는 모두 같은 엘리베이터를 탔다. 엘리베이터 안은 어깨를 맞대고 서 있는 사람들로 빈틈이 없었다. 스트라세가 공간의 절반은 차지한 것 같았다. 엘리베이터 문이 열릴 때까지 어느 누구도 말이 없었다. 어느 누구도 숨소리조차 내지 않았다. 어색하다는 말만으로는 그 순간을 설명하기에 부족하다. 워싱턴과 콘월리스더러 요크타운을 떠날 때 같은 말에 함께 타고 가라고 했으면 어땠을까?

판결이 있고 나서 며칠 뒤 스트라세는 마지막 인사를 나누기 위해 우리 사무실로 찾아왔다. 우리는 그를 회의실로 안내했다. 모두 나와 우레 같은 박수로 그를 맞이했다. 손을 들고 감사의 마음을 전하는 그의 눈가에 이슬이 맺히기 시작했다.

누군가가 소리쳤다. "떠나기 전에 한 말씀 해주세요!"

그는 목이 메어 간신히 입을 뗐다. "저는 이곳에서 좋은 친구를 많이 얻었습니다. 여러분 모두가 몹시 그리울 겁니다. 정의의 편에 서서 열심히 싸웠던 이번 재판을 좋은 추억으로 간직하겠습니다."

또다시 박수가 쏟아졌다.

"이처럼 멋진 회사를 위해 변론하게 되어 영광으로 생각합니다."

우델, 헤이즈, 나는 서로를 쳐다보았다. 우리 세 사람 중 누군가가 "그럼 여기서 일하는 게 어때요?"라고 말했다.

스트라세는 얼굴이 빨개진 채 크게 웃었다. 나는 덩치에 어울리지 않은 가녀린 가성을 내는 그에게 다시 한 번 깊은 감명을 받았다. 농담인 줄 알았는지 그는 손을 흔들고는 흥 하고 코웃음을 쳤다.

하지만 농담이 아니었다. 얼마 지나지 않아 나는 스트라세에게 비버튼의 스탁포트에서 점심 식사를 함께하자고 했다. 그 자리에는 이제 블루 리본의 정규직원이 된 헤이즈도 함께 갔다. 우리는 스트라세를 본격적으로 꼬드기기 시작했다. 내 인생에서 누군가를 얻기 위해 그때만큼 철저하게 준비해본 적은 없다. 내가 스트라세를 너무나도 많이 원했고, 스트라세의 저항이 만만찮을 것으로 생각했기 때문이다. 그는 하우저가 다니는 로펌에서 탄탄대로를 보장받았을 뿐 아니라 다른 로펌에서도 그를 호시탐탐 노리고 있었다. 그는 큰 힘을 들이지 않아도 파트너 변호사로 승진할 게 분명했다. 그러면 돈도 명예도 당연히 따라올 것이다. 이것은 확실한 미래였다. 반면 우리가 그에게 제안하는 미래는 더없이 불확실했다. 헤이즈와 나는 며칠 동안 역할극을 하면서 우리의 논리, 스트라세의 거절에 대한 우리의 반론을 정교하게 다듬었다.

먼저 내가 스트라세에게 이는 처음부터 정해진 결론이라고 확고한 어조로 말하며 포문을 열었다. 나는 그에게 말했다. "당신은 우리 사람입니다." 우리 사람. 그는 이 말이 무엇을 의미하는지 알고 있었다. 우리는 비상식적인 기업을 참지 못하는 사람들이다. 우리는 일을 신나게 하는 사람들이다. 우리가 하는 일에는 의미가 있어야 한다. 우리는 골리앗을 잡으려고 한다. 비록 스트라세가 골리앗보다 두 배나 더 크지만, 우리는 진심으로 그를 다윗이라고 생각했다. 우리는 브랜드뿐 아니라 문화를 창조하려고 한다. 우리는 복종, 진부함, 단조로움을 거부한다. 우리는 제품뿐 아니라 아이디어, 즉 정신을 팔려고 한다. 나는 그날 내가 스트라세에게 이 말을 할 때까지는 우리가 누구인지, 무엇을 하는 사람인지 정확히 모르고 있었다.

스트라세는 계속 고개를 끄덕였다. 그러면서도 쉬지 않고 먹었다. 어쨌든 고개는 계속 끄덕였다. 그는 내 생각에 동의했다. 그는 오니쓰카와의 대혈투를 끝낸 뒤 지금은 따분한 보험 사건만 몇 건 맡고 있다고 했다. 그리고 매일 아침 클립으로 자기 손목을 긋고 싶다고도 했다.

"저는 블루 리본이 그립습니다. 블루 리본의 명쾌함이 그립습니다. 승리를 쟁취한 그날의 기분을 잊을 수 없습니다. 그래서 당신의 제안에 감사드립니다. 하지만 아직 제안을 받아들인 건 아닙니다."

나는 어리둥절해져 물었다. "무슨 말씀이죠?"

"아버지께…… 여쭤봐야 합니다."

나는 헤이즈를 쳐다보았다. 우리 모두 웃음을 터뜨리고 말았다. 헤이즈는 "아버지라고요?"라고 말했다.

그의 아버지는 경찰에게 자기 아들을 잡아가라고 말했던 바로 그분이 아니던가. 나는 고개를 설레설레 저었다. 헤이즈와 내가 전혀 준비하지 못한 시나리오였다. 그의 아버지는 지금까지도 아들을 붙잡고 있었다.

나는 말했다. "좋습니다. 아버지와 상의하세요. 그런 다음에 우리한테 오세요."

며칠 후 스트라세는 아버지의 은총으로 블루 리본의 첫 번째 사내 변호사가 됐다.

약 2주 동안 우리는 소송에서의 승리를 즐기면서 편하게 보냈다. 그 다음에 지평선 너머로 새로운 위협이 떠오르는 모습을 봐야 했다. 엔화가 문제였다. 엔화는 미친 듯이 요동치고 있었다. 엔화가 계속 그렇게 움직이면 우리는 파멸의 늪에 빠질 수도 있었다.

1972년 전까지만 해도 달러화 대비 엔화는 고정되어 있었다. 1달러는 언제나 360엔이었다. 우리는 날마다 해가 뜰 거라고 예상하듯이, 1달러가 날마다 360엔일 거라고 예상할 수 있었다. 그러나 닉슨 대통령은 엔화 가치가 저평가됐다는 생각을 가지고 있었다. 그는 미국이 보유한 금이 모두 일본으로 흘러갈 것을 두려워한 나머지, 엔화 환율이 자유롭게 움직이게 만들었다. 그래서 지금 달러화 대비 엔화 환율은 해가 뜨는 것이 아니라 날씨 같은 것이 됐다. 날씨는 매일 변한다. 결과적으로, 일본에서 사업하는 사람은 어느 누구도 내일을 위한 계획을 세울 수 없게 됐다. 당시 소니 회장은 이렇게 말했다. "당신과 골프를 치는데, 당신의 핸디캡이 홀마다 변하는 것이나 마찬가지지요."

게다가 일본 근로자들의 임금이 오르고 있었다. 일본에서 제품을 생산하는 기업들은 날로 변동하는 엔화 가치와 더불어 일본 근로자들에게 지급해야 할 임금 때문에 고민이 깊어만 갔다. 우리 제품의 대부분을 생산하는 곳에 더 이상 우리의 미래를 맡길 수 없었다. 조속한 시일 내 새로운 국가에서 새로운 공장을 찾아야 했다.

타이완이 괜찮아 보였다. 타이완 관리들은 일본이 경쟁력을 잃을 것을 예감하고는 신속하게 빈틈을 파고들었다. 그들은 무시무시한 속도로 공장을 건설했다. 그렇지만 이 공장들은 아직 우리가 요구하는 표준 작업량을 소화해낼 수 없었다. 게다가 품질 관리도 형편없었다. 타이완이 준비될 때까지 일정 기간 버텨줄 가교 역할을 할 곳이 필요했다.

푸에르토리코를 떠올렸다. 우리는 이미 그곳에서 신발을 생산하고 있었다. 안타깝게도 그곳에서 나오는 제품은 아주 뛰어나지는 않았다. 1973년 존슨이 적당한 공장을 물색하기 위해 푸에르토리코에 간 적이 있는데, 그가 뉴잉글랜드 지역에서 본 낡아빠진 공장과 별반 차이가 없다고 보고했다. 우리는 일종의 절충안을 구상했다. 푸에르토리코에서 원재료를 가져와 뉴잉글랜드 지역에서 라스팅lasting, 구두골에 갑피를 씌워 신발의 형태를 잡고 고정하는 과정—옮긴이과 신발 바닥 마무리 작업을 하는 것이었다.

아주 길게 느껴졌던 1974년이 저물 무렵, 이것이 바로 우리의 계획이 됐다. 이를 추진할 준비는 되어 있었다. 일단 예비 조사를 마쳤다. 그다음에는 이 계획을 추진하기 위한 기반을 다지고 공장들을 둘러보기 위해 동부 지역으로 출장을 떠났다. 두 차례에 걸쳐 출장을 갔는데, 첫 번째 출장은 케일과 함께 갔고, 두 번째 출장은 존슨과 함께 갔다.

케일과 함께 간 출장 때 그 지역의 렌터카 회사 직원이 내 신용카드를 미심쩍어했다. 뿐만 아니라 그는 그것을 압수하기까지 했다. 케일이 자기 신용카드를 건네면서 그 직원을 진정시키려고 했지만, 그는 그것도 받아들이지 않았다. 나와 동행한 사람, 즉 공범이라는 이유에서였다.

사회의 낙오자가 된 기분이었다. 나는 케일의 얼굴을 제대로 쳐다볼 수 없었다. 스탠퍼드를 졸업한 지 10년, 케일은 아주 성공한 사업가가 됐지만, 나는 회사를 근근이 지탱하고 있었다. 물론 케일은 내 처지가 어떤지 대충 알고 있었다. 하지만 지금처럼 내 처지가 적나라하게 드러나는 순간을 목격하기는 처음이었다. 나는 굴욕감을 느꼈다. 케일은 항상 좋은 순간 또는 승리의 순간에 함께 있었다. 이처럼 굴욕적인 모습을 보면서 케일이 어떤 표정을 지을까? 나는 생각조차 하기 싫었다.

우리가 방문하기로 약속한 공장을 찾아갔을 때 공장 소유자는 처음에 웃는 얼굴로 우리를 맞이했다. 하지만 그는 오리건의 회사라는 사실은 고사하고 이름조차 들어본 적 없는 믿기 힘든 회사와는 사업을 하지 않겠다고 했다.

두 번째 출장 때는 보스턴에서 존슨을 만나 함께 움직였다. 나는〈

풋웨어 뉴스Footwear News)에서 존슨을 태웠다. 존슨은 거기서 미래의 공급업체를 발굴하고 있는 중이었다. 우리는 뉴햄프셔 주 엑서터로 차를 몰고 갔다. 그곳에는 아주 오래되어 문을 닫아버린 신발 공장이 있었다. 미국 독립전쟁 시기에 지어진 그 공장은 유적지처럼 보였다. 그곳은 한때 엑서터 부트 앤드 슈 컴퍼니Exeter Boot and Shoe Company를 수용했지만, 지금은 숨어 다니는 쥐만 수용하고 있었다. 문을 비집어 열고 고기잡이 그물 같은 거미줄을 걷어내자 온갖 종류의 생명체가 우리 발밑에서 바쁘게 움직이고 귓속으로 날아들었다. 바닥에는 입을 크게 벌린 구멍이 보였다. 발을 헛디디면 지구 밑바닥으로 빠져들 것 같았다.

건물주는 우리를 3층으로 안내했다. 3층은 그런대로 사용 가능한 상태였다. 그는 건물 전체를 구입하거나 3층만 세를 줄 수도 있다고 했다. 이 공장을 깨끗하게 청소하고 직원을 뽑으려면 누군가의 도움이 필요할 텐데, 자기가 적임자를 소개해줄 수도 있다고 했다. 그 사람이 바로 빌 지암피에트로였다.

그다음 날 엑서터의 어느 음식점에서 지암피에트로를 만났다. 나는 불과 몇 분 만에 그가 우리 사람이라는 것을 알아차렸다. 그는 진정한 '슈독'이었다. 나이는 50세 정도 됐지만, 흰머리가 전혀 없었다. 마치 검정색 광택제를 칠한 것 같았다. 그는 강한 보스턴 억양으로 계속 신발 이야기를 하다가, 가끔씩 가족 이야기를 했다. 그 밖에 다른 이야기는 전혀 하지 않았다. 그는 1세대 미국인이었다. 그의 부모님은 이탈리아에서 미국으로 이민을 왔다. 그의 아버지는 이탈리아의 구두 수선공이었다. 차분한 성격의 그는 과연 장인답게 손에 굳은살이 잔뜩 박여 있었다. 그리고 얼룩진 바지와 데님 셔츠라는 장인의 표준 유니폼을 당당하게 입고 있었다. 물론 데님 셔츠 소매는 얼룩진 팔꿈치까지 걷어올리고 있었다. 그는 지금까지 자기는 구두 만지는 일 외에는 다른 일을 해본 적도 없고, 하고 싶지도 않다고 말했다. "누구한테든 물어보세요. 내 말이 맞다고 할 겁니다." 그는 뉴잉글랜드 사람들 모두가 피노키오의 아버지가 구두 수선공이라고 생각하기 때문에 지금도 여전히 그렇게 생각한다 자기를 제페토라고 부른다고 했다 그런데 피노키오의 아버지는 목수였다.

우리는 스테이크와 맥주를 주문했다. 나는 가방에서 코르테즈 한 켤레를 꺼집어내고는 "엑서터 공장에 장비를 가져오면, 이 아이들을 낳아줄 수 있습니까?"라고 물었다. 그는 신발을 들고 자세히 살펴봤다. 신발을 뜯어보고, 신발의 혀를 잡아당기기도 했다. 그는 마치 의사처럼 신발을 들여다보았다. 그러다가 신발을 테이블 위에 내려놓더니 "문제없습니다"라고 대답했다.

이제 비용을 이야기할 차례였다. 그는 머릿속으로 셈을 했다. 임대료, 엑서터 공장 수리비, 인건비, 재료비 등등. 그는 25만 달러로 예상했다.

나는 바로 그 자리에서 "그렇게 합시다"라고 말했다.

나중에 존슨과 달리기를 하는데, 존슨이 지암피에트로에게 스테이크를 사주기도 벅찬데, 25만 달러나 되는 돈을 어떻게 마련할 것인지 물었다. 나는 정신 나간 사람처럼 실실 웃으며 조용히 말했다.

"닛쇼에 내라고 할 거야."

"닛쇼가 공장을 경영하라고 그 많은 돈을 주기라도 한대?"

"아무 문제없어. 닛쇼에 공장을 경영할 거라는 말은 안 할 거야."

나는 달리기를 멈추고, 두 손을 무릎에 얹고는 존슨에게 말했다.

"이제부터는 자네가 공장을 맡도록 해."

존슨의 입이 딱 벌어졌다. 그다음에 입을 다물었다. 불과 1년 전 나는 존슨에게 국토 전체를 가로질러 오리건으로 오라고 했다. 그리고 이제는 다시 동부로 돌아가라고 했다. 거기서 지암피에트로와 함께 일하라는 것이다. 어쩌면 우델과 함께 일할 수도 있다. 도대체 누구하고 이처럼 아주 복잡한 일을 해야 하는가? 존슨은 어이없다는 듯 말했다.

"지금까지 살면서 그렇게 정신 나간 소리는 들어본 적 없어. 여러 가지 불편한 점을 고려할 때, 이제 와서 다시 동부로 가는 건 정신 나간 짓이야. 게다가 난 공장 경영에 관해서는 아무것도 몰라. 완전히 내 능력 밖의 일이야."

나는 계속 웃다가 이렇게 말했다. "능력 밖의 일이라고? 우리 모두 능력 밖의 일을 하고 있어. 그것도 엄청나게 밖에 있는 일을 말이야!"

존슨은 신음 소리를 냈다. 추운 날 아침에 자동차가 출발할 때 나는 소리 같았다.

나는 기다렸다. 잠시 생각할 시간을 줘야 했다.

존슨은 처음에는 거절하다가, 씩씩대다가, 조건을 이야기하다가, 낙담하다가, 결국은 받아들이곤 했다. 이것이 바로 존슨의 5단계 법칙이다. 드디어 존슨이 길게 한숨을 내쉬고는 자기도 이번 일이 아주 힘든 일이라는 것은 알고 있다고 했다. 그러고는 자기도 나처럼 다른 누군가에게 이 일을 맡기고 싶지 않다고 했다. 존슨은 블루 리본의 발전을 위한 일이라면 그 일이 지암피에트로에게는 아무런 문제가 안 되는 일처럼, 우리 전문성 밖에 있는 일이더라도 우리 중 누군가가 나서서 해야 한다고 말했다. 그는 자기가 공장 경영에 대해 아무것도 모르지만, 그 일을 기꺼이 맡아서 하겠다고 했다. 배워가면서 말이다.

실패에 대한 두려움 때문에 무너져서는 안 된다. 우리가 실패하지 않을 것이라고 생각해서 하는 말이 아니다. 누구나 실패할 수 있다. 실패했을 때 이를 빨리 털고 일어나 실패를 통해 배우면서 발전하는 것이 중요하다.

존슨은 얼굴을 찡그리다가 고개를 끄덕였다. "좋아. 그렇게 하지."

이렇게 해서 1974년이 저물 무렵, 존슨은 엑서터에 굳건하게 자리를 잡았다. 나는 늦은 밤 동부에 있는 존슨을 생각하면서 빙그레 웃고는 "나의 오랜 친구. 행운을 비네"라고 혼자서 소곤소곤 말하곤 했다.

넌 이제부터 지암피에트로의 골칫덩어리가 될 거야.

뱅크 오브 캘리포니아의 직원 페리 홀랜드는 퍼스트 내셔널의 해리 화이트와 아주 많이 닮았다. 그는 상냥하고 친절했지만, 엄격한 대출 한도 때문에 아무런 힘도 없었다. 뱅크 오브 캘리포니아의 대출 한도는 우리가 요구하는 금액보다 항상 훨씬 낮았다. 그리고 화이트의 직장상사와 마찬가지로 그의 직장상사도 항상 우리에게 성장 속도를 낮추라는 압박을 가했다.

1974년 우리는 액셀러레이터를 한껏 밟는 식으로 대응했다. 그해 매출은 거침없이 질주해 자그마치 800만 달러를 기록했다. 우리는 은행의 압박에도 굴하지 않고 소매점을 확대하고 직영 대리점을 개설했다. 그리고 우리 형편에 감당하기 어려운 유명 운동선수들을 계속 광고 모델로 영입했다.

프리폰테인은 나이키를 신고 미국 신기록을 갈아치웠고, 최고의 테니스 스타 지미 코너스는 나이키를 신고 스매싱을 휘둘렀다. 존슨은 코너스의 열렬한 팬이었다. 존슨의 말에 의하면, 코너스는 프리폰테인의 테니스 버전이었다. 코너스야말로 테니스계에서 반란과 인습 타파를 상징하는 선수라는 것이다. 존슨은 나한테 코너스를 최대한 빨리 만나 광고 모델로 영입할 것을 촉구했다. 존슨의 말대로, 나는 1974년 여름에 코너스의 에이전트에게 전화를 해서 우리 제품에 관해 설명했다. 나는 우리가 너스타세에게 1만 달러를 지급했는데, 코너스에게는 그 절반 정도를 줄 용의가 있다고 했다.

에이전트는 기꺼이 응했다.

서류에 서명하기 전 코너스는 윔블던 대회를 치르러 갔다. 그리고는 온갖 악조건에도 불구하고 그 대회에서 우승을 차지했다. 우리 나이키를 신고서 말이다. 미국으로 돌아와서는 US 오픈에서도 우승을 차지해 전 세계를 놀라게 했다. 나는 현기증이 났다. 에이전트에게 전화해 코너스가 서류에 서명했는지 물었다. 우리는 코너스를 활용해 홍보에 박차를 가하고 싶었다. 그런데 에이전트가 "무슨 서류 말입니까?"라고 물었다.

"지난번에 제가 드린 서류 말입니다. 기억하시죠? 우리 약속하지 않았습니까?"

"네? 저는 잊어버리고 있었는데요. 저희는 그쪽에서 제시한 금액의 세 배를 주겠다는 회사하고 이미 계약을 했습니다."

우리 모두는 실망했다. 그러나 어쩔 수 없는 일이었다.

하지만 우리에게는 여전히 프리폰테인이 있었다.

우리에게는 프리폰테인이 영원히 있었다.

1975년
돌려막기 인생

닛쇼에 먼저 지급하라. 이 말은 내가 아침에 외치는 구호이기도 했고, 밤에 드리는 기도이기도 했고, 나의 우선순위에서 첫 번째 있는 것이기도 했다. 버치 캐시디 역을 맡은 내가 선댄스 키드 역버치 캐시디와 함께 영화 〈내일을 향해 쏴라〉의 등장인물이다─옮긴이을 맡은 헤이즈에게 매일 전하는 메시지이기도 했다. 나는 모든 직원에게 은행에 대출금을 갚기 전에, 누군가에 채무를 갚기 전에, 닛쇼에 먼저 지급하라고 말했다.

이는 전략이라기보다는 필요에 의한 것이었다. 우리에게 닛쇼는 자기자본 같은 존재였다. 우리는 뱅크 오브 캘리포니아를 통해 100만 달러를 빌렸고, 두 번째 자금줄인 닛쇼를 통해서도 100만 달러를 빌렸다. 이는 우리가 거래하는 은행을 안심시켰다. 닛쇼가 발을 빼면, 이모든 관계가 와르르 무너질 게 분명했다. 따라서 우리는 닛쇼의 신뢰를 얻어야 했다. 그러니까 언제나 항상 닛쇼에 먼저 지급해야 했다.

그러나 말처럼 쉽지 않았다. 누구에게든 지급하는 것 자체가 쉽지 않았다. 당시 블루 리본은 자산과 재고가 폭증하고 있었다. 이는 현금 보유액에 엄청난 부담이 됐다. 이는 성장 기업의 공통적인 문제다. 더 군다나 우리는 전형적인 성장 기업 혹은 우리가 알고 있는 성장 기업 보다 더 빠르게 성장하고 있었다. 다시 말해, 우리의 문제는 전례 없는 것이었다.

물론 어느 정도는 내 책임이기도 했다. 나는 재고를 적게 유지하는 데 별로 관심이 없었다. 나는 어떤 상황에서도 '성장 아니면 죽음'이라는 원칙을 고수했다. 수요가 500만 달러라고 철석같이 믿으면서 주문을 300만 달러에서 200만 달러로 줄여야 할 이유는 없지 않은가? 그래서 나는 보수적인 은행을 벼랑 끝까지 밀어붙이고 위험한 게임을 하게 만들었다. 은행이 볼 때 나는 터무니없는 숫자를 주문하고는 돈을 겨우 마련해 대출금을 아슬아슬하게 갚아나가고 있었다. 그러고 나서 매달 나가는 각종 공과금을 힘들게 납부했다. 이렇게 하지 않으면 은행은 당장 대출금을 회수하려고 들었을 것이다. 월말이 오면 계좌에 남은 돈을 전부 닛쇼에 송금하고 제로 상태에서 다시 출발했다.

이런 식으로 사업을 하는 것은 아주 무모하고 위험하게 보일 수도 있다. 그러나 나는 우리 제품의 수요가 매출보다 항상 더 많다고 믿었다. 게다가 퓨처스 프로그램 덕분에 주문의 80퍼센트는 현금으로 제때 확실하게 지급됐다. 나는 전속력으로 전진했다.

닛쇼를 두려워할 필요가 없다고 말하는 사람도 있었다. 닛쇼는 우리의 협력자라는 것이다. 우리가 닛쇼에 돈을 벌게 해주는데, 그들이 무엇 때문에 정신 나간 짓을 하겠는가? 게다가 나는 스메라기와 개인적으로 아주 친한 사이였다.

그러나 1975년이 되면서, 스메라기는 더 이상 우리 일을 혼자서 맡지 않게 되었다. 닛쇼와 우리가 거래하는 금액이 너무 커져서 더 이상 스메라기 혼자 처리할 수 없었던 것이다. 우리는 로스앤젤레스에서 근무하는 서부 지역 대출 관리자 스즈키 치오와, 훨씬 더 직접적으로는 포틀랜드 사무소의 자금 관리자 이토 타다유키의 관리를 받게 됐다. 스메라기는 성품이 온화하고 친해지기 쉬운 사람이었지만, 이토는 선천적으로 냉담한 사람이었다. 빛이 그를 다르게 비추었는지도 모른다. 아니, 빛은 그를 비출 수 없었다. 그는 블랙홀처럼 빛을 빨아들였다. 블루 리본 사람들은 모두 스메라기를 좋아했다. 우리는 사무실에서 파티를 열 때마다 그를 초대했다. 그러나 이토는 초대하기가 무척 어려웠다.

나는 이토에게 '아이스 맨'이라는 별명을 붙였다.

지금도 그렇지만 나는 사람들과 눈을 맞추는 것을 어려워했다. 그러나 이토와 함께 있으면 시선을 딴 데로 돌릴 수 없었다. 그는 내 두 눈동자를 그 너머 밑바닥까지 뚫어지게 쳐다봤다. 내 영혼까지 파고들어 나에게 최면을 거는 것 같았다. 특히 자기가 우위에 있다고 생각할 때는 더욱 그랬다. 그는 나와 만날 때마다 그런 모습을 보였다. 이토와 골프를 한두 번 친 적 있는데, 그가 아주 끔찍한 샷을 날린 뒤 티샷을 성공적으로 날린 나를 뚫어지게 쳐다보던 모습이 지금도 생생하게 기억난다. 솔직히 말해서 그는 골프를 잘 치는 편은 아니었다. 그러나 자신감에 넘치는 그의 모습은 그가 친 공은 항상 320미터를 날아서 페어웨이 중앙의 잔디에 떨어질 것이라는 인상을 주었다.

특히 기억나는 것은 그의 골프 복장이다. 그는 골프를 칠 때도 평소 양복을 입을 때처럼 복장에 세심하게 신경을 썼다. 물론 나는 그렇지 않았다. 한번은 날씨가 쌀쌀해서 두툼한 모헤어 스웨터를 입고 골프장에 갔다. 내가 첫 번째 티샷을 날리려고 하는데, 이토가 낮은 목소리로 골프를 친 뒤 스키장에 갈 계획이냐고 물었다. 내가 바라보자 그는 살짝 웃음을 보였다. 아이스 맨이 나를 만나서 농담을 한 것은 그때가 처음이자 마지막이었다.

바로 이런 사람을 계속 만족스럽게 만들어야 했다. 쉽지 않은 일이었다. 그러나 나는 이렇게 다짐했다. '언제나 그의 눈에 들어야 한다. 그래야 대출을 많이 받아서 블루 리본이 성장할 수 있다. 내가 그의 마음에 들어야 모든 일이 잘 풀린다. 그렇지 않으면……'

닛쇼와 닛쇼의 이토를 만족시켜야 한다는 강박관념은 성장 속도가 느려져선 안 된다는 생각과 맞물려서 사무실 사람들을 정신없게 만들었다. 우리는 뱅크 오브 캘리포니아를 비롯해 여러 채권자에게 돈을 갚으려고 노력했지만, 월말에 닛쇼에 지급해야 할 돈은 콩팥 속을 지나가는 돌멩이 같았다. 남아 있는 현금을 탈탈 털어 그 돈을 겨우 맞추고 나면 이마에 땀이 날 정도였다. 때로는 닛쇼에 지급해야 할 금액이 너무 많아서 하루나 이틀 정도 땡전 한 푼 없이 지낸 적도 있다. 그러면 다른 채권자들은 기다려야 했다.

그럴 때마다 나는 헤이즈에게 "그 사람들에게 '참 미안하게 됐습니다'라고 말해요"라고 말했다.

그럴 때마다 헤이즈는 "알아. 닛쇼에 먼저 지급해"라고 답했다.

헤이즈는 이런 상황을 좋아하지 않았다. 그로서는 신경에 거슬리는 일이었을 것이다. 나는 헤이즈에게 "그럼 어떻게 하면 좋겠습니까? 천천히 속도를 줄이라고요?"라고 물었다. 그 말은 항상 그를 죄책감에 미소 짓게 만들었다. 쓸데없는 질문이었다.

가끔은 현금 보유액이 바닥나서 계좌에 초과 인출이 발생할 때도 있었다. 이럴 때면 헤이즈와 함께 은행으로 가서 홀랜드에게 상황을 설명해야만 했다. 우리는 회사의 재무제표를 보여주고는 매출이 두 배로 증가하고 재고가 감소하고 있음을 강조했다. 그러곤 지금 현금이 부족한 상황은 단지 일시적인 현상이라고 말했다.

물론 이처럼 표류하는 게 좋은 일이 아니라는 것은 잘 알았다. 그러나 우리는 항상 우리 자신에게 "이것은 일시적인 일"이라고 말하며 눈앞에 닥친 상황을 처리하기에 급급했다. 게다가 모두 우리처럼 살고 있었다. 미국의 대기업들도 표류하기는 마찬가지였다. 은행도 그랬다. 홀랜드도 이 말에 동의했다. 그는 고개를 끄덕이며 "맞아요. 저도 이해해요"라고 말했다. 우리가 솔직하고 투명하게 나오면, 그는 우리 사정을 충분히 이해해줄 수 있는 사람이었다.

물론 몹시 힘든 때도 있었다. 1975년 봄, 어느 수요일 오후였다. 헤이즈와 나는 심연을 응시하고 있었다. 닛쇼에 처음으로 100만 달러라는 큰돈을 갚아야 하는데, 우리는 그 돈을 마련할 수 없었다. 7만 5천 달러가 부족했다. 우리 두 사람은 사무실에 앉아 빗방울이 경쟁이라도 하듯 창유리를 세게 때리는 모습을 말없이 바라보고 있었다. 우리는 가끔씩 장부를 뒤적거리면서 숫자를 저주하고는 다시 비가 내리는 창밖으로 눈길을 돌렸다. "닛쇼에 지급해야 하는데 말이에요." 나는 조용히 말했다.

그러자 헤이즈가 반응했다. "맞아, 맞는 말이야. 그런데 그렇게 많은 돈을 마련하려면 계좌마다 다 짜내야 해. 모두 짜내야 한다고."

"그렇죠."

우리는 버클리, 로스앤젤레스, 포틀랜드, 뉴잉글랜드에 직영 대리점이 있고, 대리점마다 은행 계좌를 별도로 관리했다. 이 계좌들을 모두 비워서 그 돈을 하루 이틀 혹은 사흘 동안에 본사 계좌로 옮겨놓아야 했다. 엑서터에 있는 존슨의 공장에서도 한 푼도 남기지 않고 송금했다. 우리는 대리점과 공장 계좌에 현금을 원래대로 채워 넣을 때까지 무덤을 지나갈 때처럼 숨을 죽이고 있어야 했다. 이렇게까지 했는데도 우리가 닛쇼에 지급해야 할 돈을 마련하지 못할 수도 있었다. 이럴 때는 우리가 거래하는 소매점에서 상품 대금을 송금하는 행운을 기대할 수밖에 없었다.

헤이즈는 풀이 죽은 채 말했다. "이걸 두고 돌려막기라고 하지."

나는 애써 미소 지으며 농담을 건넸다. "마법의 자금 관리라고도 하지요."

"어처구니없군. 앞으로 6개월 동안 현금흐름을 예측해보면 우리 회사는 자금 사정이 좋은 편이야. 그런데 이번에 닛쇼에 지급해야 할 돈 때문에 모든 사람을 걱정에 빠뜨렸다고."

"맞아요. 이번 고비만 넘긴다면, 우리는 발 뻗고 잘 수 있을 거예요."

"하지만 금액이 만만치 않아."

"우리는 닛쇼에 수표를 지급하고 나서 항상 하루나 이틀 안에 현금을 마련했잖아요. 이번에는 사나흘 정도 걸릴 것 같네요. 그렇죠?"

"잘 모르겠어. 솔직히 말해서 정말 모르겠어."

나는 빗방울이 창문을 경쟁하듯 때려대는 모습을 보았다. 막상막하의 접전이었다. "당신은 규정을 깬 사람으로 기억되어야 한다." 나는 결심을 굳히고 말했다. "위험하더라도 원래 하던 대로 해야죠. 닛쇼에 먼저 지급하라."

헤이즈는 고개를 끄덕이더니 자리에서 일어났다. 우리는 잠시 서로를 바라보았다. 헤이즈는 경리 담당 캐럴 필즈에게 우리가 결정한 내용을 말해두겠다고 했다. 그는 필즈에게 돌려막기를 하도록 지시했다.

그리고 금요일에 필즈는 헤이즈의 지시에 따라 닛쇼에 수표를 지급했다.

블루 리본에 아주 중요한 순간이었다.

그로부터 이틀이 지났다. 엑서터 공장 사무실에서 존슨이 서류 작업을 하고 있는데, 화가 난 근로자들이 사무실로 쳐들어와 임금으로 받은 수표가 부도 처리됐다고 했다. 그들은 대답을 해보라고 따졌다.

물론 존슨은 아무런 대답도 해줄 수 없었다. 존슨은 모두 진정하라고 한 뒤 무슨 실수가 있었을 것이라고 말했다. 그는 오리건으로 전화해서 필즈에게 무슨 일이냐고 물었다. 존슨은 필즈에게서 회계상의 커다란 실수가 있었다는 대답을 들을 거라고 기대했다. 그런데 "아니 이럴 수가"라는 속삭이는 듯한 목소리가 들리더니 전화가 끊겼다.

나하고 필즈 사이에는 칸막이 하나만 놓여 있었다. 필즈는 칸막이를 돌아 내 책상으로 달려왔다. 그녀는 당황한 기색이 역력한 채 말했다. "여기 좀 앉아보세요."

"지금 앉고 있어."

"난리가 났어요."

"무슨 난리?"

"수표 말이에요. 수표가 모두······."

나는 헤이즈에게 전화를 했다. 그때 헤이즈의 몸무게는 150킬로그램이었다. 하지만 필즈가 존슨이 전화한 것과 관련해서 자세한 내용을 설명하자, 그는 내 앞에서 한없이 쪼그라들었다.

그는 간신히 입을 열었다. "이번에는 아주 엉망이 될 것 같아."

"이제 어떻게 해야 합니까?"

"일단 홀랜드한테 전화를 해야겠어."

몇 분 뒤 헤이즈는 내 사무실로 돌아와서 손을 들어 보였다. "홀랜드가 괜찮다고 그러네. 걱정하지 말라고 전하래. 자기 상사랑 일을 말끔하게 처리하겠대."

나는 재앙을 피했다는 생각에 안도의 한숨을 쉬었다.

한편, 그사이에 존슨은 우리한테서 연락이 올 때까지 가만히 기다릴 수 없었다. 그는 지역 은행에 전화를 했다가 무슨 이유에서인지 알수 없으나 자기 계좌가 완전히 텅 비어 있는 것을 알았다. 그는 지암피에트로에게 전화를 했다. 그때 지암피에트로는 박스 회사를 소유한 친구를 만나러 가는 중이었다. 그리고 그 친구에게 5000달러를 빌려달라고 했다. 물론 아주 지나친 요구였지만, 그 친구의 박스 회사는 생존 여부가 블루 리본에 달려 있는 상황이었다. 우리가 파산하면, 박스 회사도 파산할 수밖에 없었다. 결국 박스 회사 사장은 우리의 자금줄이되어서 100달러짜리 빳빳한 지폐 50장을 던져주었다.

지암피에트로는 당장 공장으로 달려와 직원들에게 현금으로 월급을 주었다. 배우 제임스 스튜어트가 영화 〈멋진 인생〉에서 아버지가 남기고 떠난 회사를 지키는 연기를 연상케 했다.

헤이즈가 사무실로 헐떡거리며 들어왔다. "홀랜드가 지금 당장 은행으로 오래."

우리는 뱅크 오브 캘리포니아 회의실에 앉아 있었다. 테이블 한쪽에는 홀랜드와 양복을 입은 이름 모를 남자 두 명이 앉아 있었다. 그들은 장의사처럼 보였다. 반대편에는 나와 헤이즈가 앉아 있었다. 홀랜드가 침울한 표정으로 입을 뗐다. "신사 여러분."

좋지 않을 일이 닥칠 것 같았다. "신사 여러분이라고 했습니까? 페리, 우리가 왔습니다."

"신사 여러분, 이제부터 우리 은행은 당신 회사를 상대로 대출 업무를 취급하지 않기로 결정했습니다."

헤이즈와 나는 홀랜드를 쳐다보았다.

헤이즈가 눈을 휘둥그레 뜨고 물었다. "우리를 버린다는 말씀이십니까?"

"네, 맞습니다."

"그럴 순 없습니다."

"그렇게 하기로 결정했습니다. 우리는 당신 회사 계좌를 동결했습니다. 당신 회사 계좌로 발행한 수표에 대해 지급을 중단했습니다."

"계좌를 동결한다고요! 믿을 수 없군요."

"믿으셔야 합니다."

그 모든 광경을 보면서 나는 아무 말도 하지 않았다. 그냥 팔짱을 끼고서 생각했다. 이건 좋지 않은 일이야. 이건 좋지 않은 일이야.

홀랜드가 우리를 버리더라도 당황하지도 말고 따지지도 말고, 이와 관련해 앞으로 일어날 일에 대해서도 걱정을 하지 말자. 그 자리에서 나는 닛쇼만 생각했다. 닛쇼가 어떤 반응을 보일까? 이토는 어떤 표정을 지을까? 아이스 맨에게 100만 달러를 갚을 수 없다는 말을 어떻게 해야 할까? 온몸이 얼어붙을 것 같았다.

그날 그 자리가 어떻게 마무리됐는지 기억나지 않는다. 내가 은행 문 밖을 어떻게 나왔는지, 길을 어떻게 건넜는지, 엘리베이터를 어떻게 탔는지, 꼭대기층까지 어떻게 올라갔는지 전혀 기억나지 않는다. 다만 이토에게 말을 건네면서 아주 심하게 떨던 기억만 난다.

그다음에 기억나는 것은 이토와 스메라기가 나와 헤이즈를 회의실로 안내하던 모습이다. 그들은 우리에게 안 좋은 일이 일어난 것을 금세 알아챘다. 그들은 자리에 앉으라고 권하고는 내가 말하는 동안 아래만 바라봤다.

나는 그들에게 아주 공손한 자세로 말했다. "안 좋은 소식을 가지고 왔습니다. 지금까지 우리와 거래해왔던 은행이 이제 거래를 중단하려고 합니다."

이토가 고개를 들고 물었다. "왜 그런다고 합니까?"

그의 눈에는 힘이 들어가 있었지만 목소리는 놀라울 정도로 부드러웠다. 후지산 꼭대기에서 불던 바람이 떠올랐다. 메이지 정원에서 은행나무 잎을 흔들던 산들바람도 떠올랐다. "종합상사와 은행이 어떻게 표류하는 줄 아십니까? 때로는 우리 블루 리본도 표류합니다. 특히 지난달이 그랬습니다. 사실 우리는 표류하다가 뗏목을 놓쳤습니다. 이제 뱅크 오브 캘리포니아는 우리를 버렸습니다."

스메라기가 러키 스트라이크Lucky Strike, 미국 담배 상품명. 1917년에 발매되어, 제2차 대전 중에 미국 병사들이 널리 애용하면서 매상이 급격히 신장했고, 미국 밖에도 널리 알려졌다-옮긴이에 불을 붙이고는 한 모금 길게 빨았다. 이토도 담배를 함께 피우기 시작했다. 입이 아니라 가슴속 깊은 곳에서 나오는 것 같은 담배 연기가 셔츠 소매와 칼라 부위에 똘똘 감겼다. 그는 내 눈을 뚫어지게 쳐다보더니 단호한 어조로 말했다. "은행이 그렇게 해서는 안 됩니다."

심장이 멎을 것 같았다. 이토의 입에서 저런 호의적인 말이 나오다니. 나는 헤이즈를 바라보았다. 그러다가 이토에게로 다시 눈길을 돌렸다. 일이 쉽게 해결될 수도 있겠다는 생각이 들었다. 그러나 나는 아직 이토에게 우리에게 불리한 부분을 모두 이야기하지 않았다는 사실을 깨달았다.

"어쨌든 그들은 우리를 버렸습니다. 결과적으로 저는 거래하는 은행이 없어졌습니다. 따라서 저는 현금이 없습니다. 하지만 직원들에게 월급을 줘야 합니다. 채권자에게도 현금을 지급해야 합니다. 이런 의무를 이행하지 못하면, 블루 리본은 당장 파산할 겁니다. 지금 저는 닛쇼에 100만 달러를 갚을 수 없습니다. 그런데도 저한테 100만 달러를 더 빌려주실 수 있겠습니까?"

이토와 스메라기는 잠시 서로 눈길을 주고받더니, 다시 나한테 눈길을 돌렸다. 회의실에는 정적만 감돌았다. 작은 먼지도 공기 분자도 미동조차 하지 않았다. 한참 뒤 이토가 말했다. "당신에게 대출해주기 전에 당신 회사의 장부를 좀 봐야겠습니다.”

닛쇼에서 나와 집에 도착하자 저녁 9시였다. 페니는 홀랜드에게 전화가 왔다고 말했다.

“홀랜드한테?”

“응, 늦더라도 전화해달래. 자기 집 전화번호를 알려줬어.”

홀랜드는 첫 번째 신호음이 가자마자 전화를 받았다. 잠시 그는 아무 말도 하지 않았다. 낮에는 상사의 지시를 수행하느라 잔뜩 경직되어 있었지만, 지금은 사람처럼 말했다. 안타깝고 스트레스에 지친 기색이 느껴졌다. “이 말을 꼭 해야 될 것 같아서 전화했어. 우리가 FBI에 신고했어.”

나는 수화기를 꽉 움켜쥐고는 속삭였다. “다시 말해봐. 홀랜드, 다시 말해봐.”

“어쩔 수 없었어.”

“그게 무슨 소리야?”

“그게 말이지. 우리가 보기에는 사기라는 생각이 들었어.”

나는 부엌에 가서 식탁에 앉았다. 페니가 무슨 일이냐고 물었다. 나는 페니에게 파산, 스캔들, 파멸에 관해 이야기했다.

“희망이 전혀 없어?”

“이제는 모든 게 닛쇼에 달려 있어.”

“톰 스메라기?”

“그리고 스메라기의 상사.”

"그럼 아무런 문제없어. 스메라기는 당신 편이잖아."

페니는 자리에서 일어났다. 그녀는 스메라기를 믿는 것 같았다. 그녀는 어떤 일이 일어나더라도 받아들일 준비가 되어 있었다. 페니는 아무렇지도 않게 잠자리에 들었다.

하지만 나는 그럴 수 없었다. 나는 늦게까지 앉아서 수백 가지 시나리오를 떠올리고는 이런 위험한 일을 벌인 것에 대해 나 자신을 책망했다.

겨우 침대에 누웠을 때도 마음은 더없이 복잡했다. 어둠 속에 누워서 이런저런 생각을 했다. 혹시 감옥에 가는 것은 아닐까?

내가 감옥에 간다고?

일어나서 물을 한 잔 들이켜고는 두 아들 녀석한테 가보았다. 둘 다 팔을 벌리고 누운 채 푹 잠들어 있었다. 저 아이들에게 어떤 일이 생길까? 저 아이들이 커서 어떤 사람이 될까? 서재로 가서 부동산 관련법을 찾아봤다. FBI가 내 집을 압류할 수 없다는 것을 알고는 안심했다. FBI는 그 밖에 모든 재산을 가져갈 수 있지만, 148제곱미터짜리 작은 안식처만큼은 가져갈 수 없었다.

나는 안도의 한숨을 쉬었다. 그러나 편안한 마음은 오래가지 않았다. 내 삶을 돌이켜보았다. 지난 세월을 되새기면서 내가 했던 모든 결정을 떠올려보았다. 바로 그 모든 결정이 지금 이런 상황에 이르게 한 것이다. 백과사전을 파는 데 조금만 소질이 있었으면 이 지경에 이르지 않았을 것이다. 모든 것이 달라졌을 것이다.

나는 혼자서 묻고 혼자서 답했다.

네가 알고 있는 것은 무엇이지?

난 아무것도 몰랐다. 서재 의자에 앉은 채 나는 울고 싶었다. 난 아무것도 모른다!

지금까지 나는 질문에 항상 어떻게든 대답했다. 그러나 그날 밤 그 순간만큼은 대답을 할 수 없었다. 나는 자리에서 일어나 황색 리갈 패드를 찾고는 앞으로 해야 할 일의 리스트를 작성하기 시작했다. 내 마음은 흔들리고 있었다. 종이에는 무의미한 낙서만 가득했다. 체크 표시, 번개 표시, 아무렇게나 휘갈겨 쓴 글씨만 눈에 띄었다.

무시무시한 달빛 속에서 이들 모두가, 스우시가 화를 내고 반항하는 것처럼 보였다.

"밤에 잠들지 마라. 네가 잠들 때에, 네가 가장 원하는 것이 올 것이다."

한두 시간 정도 눈을 붙인 것 같았다. 피로에 찌든 채 토요일 아침 내 내 전화기를 붙들고 주변 사람들에게 조언을 구했다. 모두 월요일이 중요한 날이 될 것이라고 했다. 어쩌면 내 인생에서 가장 중요한 날이 될지도 모른다. 나는 신속하고 과감하게 행동할 필요가 있었다. 월요일 아침을 준비하기 위해 나는 일요일 오후에 간부 회의를 소집했다.

모두 블루 리본 회의실에 모였다. 우델은 보스턴에서 첫 번째 비행기를 탔을 것이다. 헤이즈와 스트라세도 참석했고, 로스앤젤레스에 있던 케일도 참석했다. 도넛을 가져온 사람도 있었고, 피자를 가져온 사람도 있었다. 누군가가 존슨에게 전화해 스피커폰을 연결했다. 처음에 회의실의 분위기는 상당히 침울했다. 아마 내가 그랬기 때문일 것이다. 그러나 아군이 모여들기 시작하자 내 기분이 한결 나아졌다. 그리고 내 마음이 편해지자, 그들 또한 마음이 편해졌다.

우리는 밤늦도록 논의했다. 우리는 해결 방안을 찾기가 쉽지 않다는데 의견이 일치했다. 특히 FBI에 통보됐다면 혹은 우리가 5년 만에 두 번째로 은행에 버림받았다면 훨씬 더 어려워질 것이라는 데 동감했다.

간부 회의가 끝나갈 무렵, 회의실의 분위기는 또다시 무거워졌다. 저녁으로 주문한 피자는 독극물처럼 보였다. 어쨌든 최종적인 합의가 나왔다. 이번 위기의 결말은 그것이 어찌됐든 다른 사람의 손에 달려 있다는 것이었다.

우리는 닛쇼에 희망을 걸어볼 수밖에 없었다.

우리는 월요일 아침에 해야 할 일을 논의했다. 월요일 아침에 닛쇼의 이토와 스메라기가 우리 사무실에 와서 장부를 살펴볼 예정이었다. 그들은 아직 우리 회사의 자금 상황에 대해 어떤 말도 하지 않았지만, 이미 예정된 것이 한 가지 있었다. 그들은 우리가 그들에게서 대출받은 돈을 가지고 신발을 수입하지 않고 엑서터에서 비밀 공장을 운영하는 데 쓴 사실을 당장 확인할 것이다. 최선의 경우, 그들은 엄청나게 화를 낼 것이다. 최악의 경우, 그들은 미쳐버릴 것이다. 그들이 우리의 회계상 수법을 완전한 배신으로 간주한다면, 우리와의 관계를 은행보다 더 빠르게 끊어버릴 것이다. 이럴 경우, 결론은 간단하다. 우리는 파산하게 될 것이다.

공장 운영을 숨기는 방법도 논의해봤다. 그러나 모두 이번 일을 정직하게 처리하자는 데 의견이 일치했다. 지난번 오니쓰카와의 재판에서처럼, 사실을 있는 그대로 보여주고 투명하게 대처하는 것이 유일한 방법이었다. 이것이 전략적으로나 도덕적으로 타당했다.

간부 회의를 하는 동안 전화가 계속 울렸다. 동부와 서부 채권자들이 어찌된 일인지, 왜 우리가 발행한 수표가 부도 처리됐는지 궁금해했다. 특히 두 사람이 격노했다. 그중 한 사람은 보스토니언 슈즈 사장 빌 세스키였다. 우리가 그에게 진 빚은 무려 50만 달러나 됐다. 그는 그 돈을 받으러 비행기를 타고 오리건에 오겠다고 했다. 또 한 사람은 뉴욕에 있는 무역 회사 마노 인터내셔널의 빌 매노위츠였다. 우리는 그에게 10만 달러를 빌렸는데, 그 역시 빌려준 돈을 돌려받기 위한 마지막 결전을 치르러 오리건으로 오겠다고 했다.

간부 회의를 끝내고 나는 마지막으로 그 자리를 떠났다. 지친 몸을 이끌고 혼자 주차장으로 갔다. 그때까지 살아오면서 다리가 아프더라도, 무릎 부상을 당하더라도, 에너지가 바닥나더라도 기어코 경주를 마친 적이 한두 번 아니었다. 그러나 그날 밤에는 집까지 운전해서 갈 힘이 남아 있는지 확신이 서지 않았다.

이토와 스메라기는 월요일 아침 9시 정각에 우리 사무실에 왔다. 차에서 내릴 때 그들은 어두운 색상의 양복과 넥타이 차림이었다. 둘 다 검정색 서류가방을 손에 들고 있었다. 예전에 봤던 사무라이 영화 혹은 닌자를 주제로 한 책이 떠올랐다. 이제는 운이 다한 쇼군이 죽음의 의식을 치르기 직전의 장면 같았다.

그들은 로비를 지나 회의실로 곧장 들어와서 자리에 앉았다. 우리는 그들 앞에 회사 장부를 조용히 가져다놓았다. 스메라기가 담뱃불을 붙였다. 이토는 만년필 뚜껑을 열었다. 그들은 작업을 시작했다. 계속 커피와 녹차를 마시면서 계산기를 두드리고, 리갈 패드에 무어라고 갈겨 썼다. 그들은 우리 업무에 대해 하나하나 껍질을 벗기고 속을 들여다보기 시작했다.

나는 거의 15분마다 한 번씩 회의실을 들락거리면서 필요한 것은 없는지 물었다. 그때마다 그들은 없다고 대답했다.

그들은 곧 우리의 현금 수입을 전부 살펴보기 시작했다. 유나이티드 스포팅 굿즈가 보낸 5만 달러짜리 수표가 방금 우편으로 도착했다. 우리는 그들에게 그것도 전해주었다. 그것은 조금 전까지 캐럴 필즈의 책상에 놓여 있었다. 바로 이것이 늦게 지급되면서, 도미노가 작동하기 시작했다. 평상시에는 그 밖의 여러 수입과 함께 이것이 우리의 부족분을 채워주는 역할을 했다. 그들은 로스앤젤레스에 있는, 유나이티드 스포팅 굿즈의 거래 은행에 전화하고는 유나이티드 스포팅 굿즈 계좌에서 우리의 거래 은행인 뱅크 오브 캘리포니아로 5만 달러가 송금됐는지 물어봤다. 로스앤젤레스 은행은 그런 일이 없다고 대답했다. 유나이티드 스포팅 굿즈 계좌에 현금이 얼마 남지 않았던 것이다.

유나이티드 스포팅 굿즈도 역시 표류 중이었다.

나는 머리가 쪼개질 것 같은 두통을 느끼면서, 다시 회의실로 들어왔다. 분위기를 금세 감지할 수 있었다. 이제 운명을 결정할 순간이 온 것이다. 이토는 장부를 내밀고는 놀란 표정을 지으면서 자기가 본 것을 지적했다. 엑서터. 비밀 공장. 이제 이토는 자기가 속았다는 사실을 알게 됐다.

그는 나를 바라보다가 고개를 돌리고는 아무 말이 없었다. 정말이냐고 묻는 것 같았다.

나는 고개를 끄덕였다.

이토는 희미하게 미소를 지었다. 내가 모헤어 스웨터를 입었을 때 보여준 것과 같은 미소였지만, 이번 것은 그때 것과 많이 달랐다.

나도 희미한 미소로 대답했다. 서로가 말없이 주고받는 미소 속에 우리의 운명과 미래가 달려 있었다.

자정이 지났지만, 이토와 스메라기는 여전히 회의실에서 계산기를 두드리고 리갈 패드에 무엇인가를 적고 있었다. 두 사람은 퇴근하면서 다음 날 아침 일찍 다시 오겠다고 했다. 집에 오니 페니가 자지 않고 기다리고 있었다. 우리는 식탁 의자에 앉아서 이야기를 주고받았다. 나는 페니에게 최신 정보를 이야기해주었다. 우리는 이토와 스메라기가 점심시간 전에 그들이 알고 싶었던 것을 다 알아냈으니 곧 이번 회계 감사를 마칠 것이라는 데 의견이 일치했다. 그다음에 벌어질 일은 우리가 벌을 받는 것이었다. 페니는 단호하게 말했다. "그쪽에 이런 식으로 끌려다니지 마."

"무슨 소리야? 지금 닛쇼는 나를 자기 마음대로 끌고 다닐 수 있어. 닛쇼가 유일한 희망이거든."

"적어도 이제 그쪽을 놀라게 할 만한 일은 없잖아."

"맞아, 이제는 마음 졸이며 기다릴 필요는 없어."

이토와 스메라기는 다음 날 9시 정각에 다시 와서는 회의실에 자리를 잡았다. 나는 사무실에 가서 직원들에게 이렇게 말했다. "이제 거의 끝나갑니다. 조금만 더 기다리면 됩니다. 이제는 저들이 더 이상 찾아낼 것도 없습니다."

두 사람이 회의실에 온 지 얼마 지나지 않아, 스메라기가 일어나서 기지개를 켜더니 담배 한 대를 피우려고 밖으로 나왔다. 그는 나한테 하고 싶은 말이 있는 것 같았다. 우리는 복도를 지나 내 사무실로 왔다.

"이번 회계 감사는 당신이 생각하는 것보다 더 나쁜 결과가 나올 것 같습니다."

"어떤 결과죠? 왜 그렇죠?"

"왜냐하면 말입니다. 제가 청구서를 제때 보내지 않은 적이 종종 있었습니다."

"그게 무슨 말씀이시죠?"

스메라기는 주뼛주뼛하며 자기가 우리 입장을 많이 생각했고, 우리가 대출금을 관리하는 데 도움이 되도록 닛쇼의 청구서를 서랍에 숨기고는 우리가 현금을 충분히 확보했다는 생각이 들 때까지 자기 회사 회계과 사람들에게 보내지 않았다고 했다. 결과적으로 닛쇼 장부상에는 블루 리본에 대한 신용공여액이 실제보다 훨씬 더 적게 나타나게 됐다. 다시 말하자면, 스메라기가 우리를 돕는답시고 청구서를 제때 보내주지 않았기 때문에 우리가 지금껏 내내 닛쇼에 제때 지급하려고 했던 노력에도 불구하고 우리가 제때 지급하지 않은 꼴이 되고 말았다. 나는 스메라기에게 말했다. "그건 옳은 행동이 아닙니다." 스메라기는 다시 러키 스트라이크에 불을 붙이고는 한숨을 쉬며 말했다. "네, 맞습니다. 벅, 그건 아주 아주 나쁜 행동입니다."

나는 스메라기를 따라 회의실로 들어가서 그와 함께 이토에게 자초지종을 이야기했다. 물론 이토는 멍한 표정을 지었다. 처음에는 스메라기가 우리의 부탁을 받고 일을 그렇게 처리한 것으로 의심했다. 나는 이토를 비난할 수 없었다. 누가 보더라도 나하고 스메라기가 공모했다고 생각했을 것이다. 내가 그의 자리에 있었더라도 똑같이 생각했을 것이다. 스메라기는 이토 앞에 납작 엎드리더니 자기는 블루 리본과 공모한 적이 없으며 전부 자기 혼자서 했던 일임을 목숨을 걸고 맹세한다고 했다.

이토가 물었다. "왜 그런 짓을 했지?"

"저는 블루 리본이 크게 성공할 것으로 생각했습니다. 예금 규모가 곧 2000만 달러에 달할 것으로 봤습니다. 저는 스티브 프리폰테인과도 자주 만났고, 빌 바우어만 코치와도 자주 만났습니다. 필 나이트 씨와 트레일 블레이저스 경기에도 자주 갔습니다. 창고에 가서 직원들과 함께 주문받은 제품을 포장하기도 했습니다. 제게 나이키는 일과 관련해서 자식과도 같습니다. 저는 나이키가 커가는 모습을 보고 싶었습니다."

"그래서 이 사람들이 좋아서 청구서를 숨겼단 말인가?"

스메라기는 몹시 수치스러운 듯이 고개를 숙이며 대답했다.

"하이はい, 네."

나는 이토가 이 일을 어떻게 처리할지 전혀 알 수 없었다. 이토의 마음을 알기 위해 마냥 기다릴 수도 없었다. 갑자기 다른 문제가 발생한 것이다. 가장 화가 많이 난 채권자 두 명에게서 방금 전에 포틀랜드 공항에 도착했다는 연락이 왔다. 보스토니언의 셰스키와 마노의 매노위츠가 우리 사무실로 오고 있었다. 나는 신속하게 직원들에게 내 사무실로 모이라고 한 뒤 최종 지시를 내렸다.

"여러분, 이제 곧 매우 심각한 위기가 닥칠 겁니다. 418제곱미터짜리 이 건물에 채권자들이 벌 떼처럼 몰려올 겁니다. 오늘 우리는 어떻게 해서든지 그들끼리 서로 얼굴을 마주치는 상황만큼은 일어나지 않도록 해야 합니다. 우리가 그들에게 빚을 진 것은 물론 좋은 일이 아닙니다. 하지만 만약 그들이 복도에서 마주치기라도 한다면, 심기가 불편한 채권자가 마찬가지로 심기가 불편한 다른 채권자를 만나기라도 한다면, 그들끼리 어음에 적힌 금액을 비교라도 한다면, 완전히 맛이 갈 것입니다. 그들은 채권단을 구성하고 집단행동에 들어갈 겁니다. 그러면 이곳은 최후의 결전이 펼쳐지는 아마겟돈이 될 것입니다."

우리는 작전을 세우기 시작했다. 한 사람이 채권자 한 명을 맡아서 계속 감시하도록 했다. 이 사람은 채권자가 심지어 화장실을 갈 때도 붙어 다녀야 했다. 그다음에는 항공교통관제 센터처럼 전체를 총괄하는 사람이 있어야 했다. 이 사람은 각 채권자와 수행원 팀이 다른 채권자와 수행원 팀과 따로 떨어져 있도록 감시해야 한다. 그동안에 나는 각 방을 돌아다니며 채권자들의 비위를 맞추고 사과를 해야 한다.

참기 힘든 긴장감이 감돌았다. 그게 아니면 마르크스 형제20세기 초에 활약한 미국의 가족 코미디팀―옮긴이가 나오는 좌충우돌 영화 같았다. 우리의 작전은 어느 정도 효과가 있었다. 채권자들이 서로 얼굴을 마주치는 일은 없었다. 그날 밤 셰스키와 매노위츠는 안심하고서 블루 리본의 장점을 중얼거리기까지 하면서 길을 떠났다.

이토와 스메라기는 두어 시간 정도 뒤에 떠났다. 이토는 떠나면서 스메라기가 블루 리본에 사실을 알리지 않고서 혼자만의 결단으로 청구서를 숨긴 것으로 알겠다고 말했다. 그리고 그는 내가 비밀 공장을 설립한 것을 포함해 나의 잘못을 더 이상 문제 삼지 않겠다고 말했다. 그는 다만 이렇게 말했다. "야망보다 더 나쁜 것이 있습니다."

이제 한 가지 문제만 남았다. 그리고 그것은 매우 심각한 문제였다. 다른 모든 문제는 이에 비하면 아무것도 아니었다. 이제 곧 FBI가 출동할 것이다.

다음 날 오전 늦게 나는 헤이즈와 함께 시내로 갔다. 우리는 차 안에서 거의 아무 말도 하지 않았다. 닛쇼 사무실로 가기 위해 엘리베이터를 탈 때도 마찬가지였다. 우리는 이토를 그의 사무실 대기실에서 만났다. 그는 아무 말도 없이 고개 숙여 인사했다. 우리도 고개를 숙였다. 우리 세 사람은 아무 말 없이 엘리베이터를 타고 1층으로 내려와서 길을 건넜다. 나한테는 이토가 또다시 보검寶劍을 휘두르는 신화적인 사무라이처럼 보였다. 그러나 이번에 그는 나를 막아줄 준비가 되어 있었다.

내가 감옥에 갈 때 그의 보호를 받을 수만 있다면 얼마나 좋을까?

우리는 모두 함께 뱅크 오브 캘리포니아로 들어가서 홀랜드를 찾았다. 안내 데스크 직원이 우리에게 자리에 앉으라고 했다.

5분이 지났다.

10분이 지났다.

홀랜드의 모습이 보였다. 그는 이토와 악수를 나누고 나하고 헤이즈에게는 목례를 한 뒤 우리를 회의실로 안내했다. 며칠 전에 홀랜드가 우리와의 관계를 끊겠다는 말을 했던 곳이었다. 홀랜드는 조금 있으면 두 사람이 더 올 거라고 말했다. 우리는 말없이 앉아서 그들이 어떤 비밀을 털어놓을 것인지 생각했다. 마침내 그들이 와서 홀랜드를 가운데 두고 양쪽에 앉았다. 어느 누구도 누가 먼저 이야기를 시작해야 할지 확신이 서지 않은 듯했다. 이제 중대한 이해관계가 걸려 있는 게임이 벌어질 것이다. 그것은 최고의 에이스들이 벌이는 게임이었다.

이토가 자기 턱을 만지더니 이야기를 시작했다. 이런 분위기에 금방 지쳐버렸던 것이다. 그는 비록 홀랜드에게만 하는 이야기이지만, 이렇게 물었다. "신사 여러분, 저는 당신들이 블루 리본 계좌를 더 이상 취급하지 않기로 결정한 것으로 알고 있습니다. 맞습니까?"

홀랜드가 고개를 끄덕이며 대답했다. "네, 맞습니다."

"그렇다면 닛쇼가 블루 리본의 채무를 전부 청산해드리겠습니다."

홀랜드는 이토를 말똥말똥한 눈으로 쳐다보면서 물었다. "전부요?"

그러자 이토가 뭐라고 투덜거렸다. 나는 홀랜드를 노려보았다. 나는 이렇게 말해주고 싶었다. '일본 말입니다. '내가 말을 더듬었나?'라는 뜻입니다.'

이토는 다시 말했다. "네, 맞습니다. 얼마나 되지요?"

홀랜드는 종이에 금액을 적고는 이토에게 내밀었다. 이토는 금액을 대충 훑어봤다. "네, 알겠습니다. 전해들은 대로군요." 그는 서류가방에서 봉투를 꺼내더니 홀랜드에게 내밀었다. "여기 수표가 들어 있습니다."

"오전 중으로 입금해주셔야 합니다."

"오늘 중으로 입금하겠습니다!"

홀랜드는 더듬거리며 말했다. "좋습니다. 오늘 안에 입금해주세요."

홀랜드 옆에 앉은 사람들은 당황하면서도 두려운 표정을 지었다.

이토는 의자를 회전시키면서 그들 모두를 싸늘한 눈빛으로 바라보았다. 그는 물었다. "말씀드릴 게 한 가지 더 있습니다. 저는 이 은행이 샌프란시스코에서 닛쇼의 거래 은행이 되기 위한 협상을 진행 중인 것으로 알고 있습니다. 맞습니까?"

홀랜드가 의아한 눈빛으로 답했다. "네, 그렇습니다."

"아, 그러면 이번 협상을 계속 진행하는 것은 시간 낭비가 될 거라고 말씀드려야겠군요."

"정말입니까?"

"네, 확실합니다."

갑자기 아이스 맨이라는 표현이 떠올랐다.

나는 헤이즈에게 눈길을 돌리면서 웃지 않으려고 정말 많이 노력했지만 실패하고 말았다.

그다음에 홀랜드를 바라보았다. 그는 애써 태연한 표정을 짓고 있었다. 그는 자기 은행이 지나치게 행동했다는 것을 알고 있었다. 은행 간부들이 과잉 반응한 것이다. 이제 FBI 수사는 없을 것이다. 은행 측은 이 문제를 덮으려고 할 것이다. 그들은 우수한 고객을 부당하게 대우했다. 그들은 자신의 행동에 대해 설명해야 하는 상황이 빚어지는 것을 원치 않을 것이다.

우리는 다시는 이 은행이나 홀랜드와 연락할 일이 없을 것이다.

나는 자리에서 일어나면서 홀랜드 양쪽에 양복을 입고 앉아 있는 사람들을 보면서 말했다. "신사 여러분."

신사 여러분, 때로는 사업이란 것이 이렇습니다. 이제 당신들이 그렇게나 그리던 FBI와 함께 잘해보십시오.

은행을 나오면서, 이토에게 고개 숙여 인사했다. 이토의 입술에 키스라도 해주고 싶었지만, 그냥 인사만 했다. 헤이즈도 나처럼 이토에게 인사했다. 그 역시 지난 3일 동안 스트레스에 시달렸을 것이다. 나는 이토에게 다시 한 번 감사의 말을 건넸다. "우리를 도와주셔서 너무너무 고맙습니다. 잊지 않겠습니다."

이토는 넥타이를 바로잡고는 "어리석기는"이라고 말했다.

처음에는 나를 두고 하는 말인 줄 알았다. 그러다가 은행을 두고 하는 말이라는 것을 깨달았다. 이토는 나를 보며 말했다. "저는 그런 식으로 어리석은 짓을 하고 싶지 않습니다. 사람들은 지나칠 정도로 숫자에만 관심을 갖습니다."

2부

그는 덴마크계 사람에게 "뛰어난 아이디어는 결코 회의실에서 탄생하지는 않는다"라고 단언했다. 그러자 스타가 "그러나 멍청한 아이디어는 대부분 그곳에서 죽게 됩니다"라고 말했다.

– 스콧 피츠제럴드 《라스트 타이쿤》

1975년
당신은 규정을 깬 사람으로 기억되어야 한다

승리를 축하하는 파티도 없었고, 승리의 춤도 없었다. 복도에서 몸을 잠깐 흔드는 지그jig 춤조차도 없었다. 도저히 그럴 시간이 없었다. 우리에게는 아직 은행이 없었다. 은행 없이 일을 할 순 없지 않은가.

헤이즈는 오리건에서 고객 예탁금이 많은 은행의 리스트를 만들었다. 모두가 퍼스트 내셔널이나 뱅크 오브 캘리포니아에 비해 규모가 훨씬 작았다. 하지만 어쩔 수 없었다. 우리는 이것저것 가릴 처지가 아니었다.

여섯 개 은행은 중간에 전화를 끊어버렸다. 하지만 일곱 번째 은행인 퍼스트 스테이트 뱅크 오브 오리건은 그러지 않았다. 이 은행은 비버튼에서 자동차로 30분 정도 걸리는 작은 마을인 밀워키에 있었다. 드디어 지점장과 연결됐을 때, 그는 "한번 찾아오세요"라고 말했다. 그는 우리에게 100만 달러까지 대출해줄 수 있다며, 이 금액이 자기 은행의 한도라고 말했다.

우리는 그날 당장 계좌를 옮겼다.

그날 밤, 나는 2주 만에 처음으로 두 다리를 쭉 뻗고 잠을 잤다.

다음 날 아침에 페니와 함께 평소보다 천천히 아침 식사를 하면서 다가오는 전몰장병기념일Memorial Day, 5월 마지막 월요일로 공휴일이다—옮긴이 연휴를 어떻게 보낼 것인가를 두고 이야기를 나누었다. 나는 페니에게 내가 언제부터 휴일을 이토록 기다리게 됐는지 모르겠다고 말했다. 나는 휴식, 잠, 좋은 음식이 필요했다. 그리고 프리폰테인이 달리는 모습도 보고 싶었다. 페니가 쓴웃음을 지었다. 내 인생은 온통 사업과 스포츠뿐이었다.

갑자기 죄책감이 들었다.

프리폰테인은 그 주 주말에 유진에서 육상대회를 개최할 예정이었다. 그는 자신의 최대 라이벌인 핀란드의 비렌을 포함해 세계적인 선수들을 초청했다. 비록 비렌이 마지막 순간에 참석하지 못하겠다고 알려왔지만, 1972년 뮌헨 올림픽 마라톤 금메달리스트 프랭크 쇼터를 포함해 쟁쟁한 선수들이 대거 참가하기로 했다. 뮌헨에서 태어났고 지금은 콜로라도에서 변호사로 활동하고 있는 쇼터는 강인하고 머리가 좋은 선수로, 프리폰테인만큼이나 유명세를 타고 있었다. 그리고 당시 두 사람은 서로 좋은 친구 사이였다. 나는 쇼터를 우리 광고 모델로 영입할 계획을 꾸미고 있었다.

금요일 밤에 나는 페니와 함께 유진으로 달려가 7000명에 달하는 프리폰테인 팬들과 함께 소리를 지르며 법석을 떨었다. 이번 5000미터 경기는 격렬하게 전개됐다. 그날 프리폰테인은 컨디션이 좋지 않았다. 그의 몸 상태가 최상이 아니라는 것을 모두가 금방 알 수 있었다. 마지막 바퀴에 접어들 무렵까지 쇼터가 선두를 유지했다. 그러나 마지막 180여 미터를 남겨두고 프리폰테인이 막판 스퍼트를 가하자, 헤이워드 트랙은 흥분의 도가니가 됐다. 프리폰테인은 2위와의 간격을 점점 벌리면서 13분 23초 8로 우승을 차지했다. 이 기록은 그의 최고 기록보다 불과 1초 6 뒤진 것이었다.

언젠가 프리폰테인은 '누군가가 나를 이길 수도 있다. 하지만 그렇게 하려면 엄청나게 많은 피와 땀을 흘려야 할 것이다'라는 유명한 말을 한 적 있다. 1975년 5월 마지막 주말에 그가 달리는 모습을 보면서, 나는 그때만큼 그를 찬양했던 적이 없고, 나와 동일시했던 적도 없었다. 나는 나 자신에게 이렇게 말했다. '누군가가 나를 무너뜨릴 수도 있다. 은행, 채권자, 경쟁 기업이 나를 파산시킬 수도 있다. 하지만 맹세코 그들이 그렇게 하려면 엄청나게 많은 피와 땀을 흘려야 할 것이다.'

경기가 끝나고 홀리스터의 집에서 파티를 열었다. 페니와 나는 파티에 가고 싶었지만, 포틀랜드로 돌아오려면 두 시간 동안 운전을 해야 했다. 우리는 아이들 때문에 집으로 가야 한다고 말하고는 프리폰테인, 쇼터, 홀리스터에게 작별 인사를 했다.

다음 날 한밤중에 전화벨이 울렸다. 나는 어둠 속에서 수화기를 찾으려고 손으로 더듬었다. "여보세요?"

"벅?"

"누구시죠?"

"벅, 뱅크 오브 캘리포니아의…… 에드 캠벨입니다."

"뱅크 오브……?"

무엇 때문에 한밤중에 전화를 했을까? 나쁜 꿈을 꾸고 있는 걸까? "이제 우리는 더 이상 거래하지 않기로 하지 않았습니까? 당신 은행이 우리를 버렸잖아요?"

그는 그 일로 전화한 게 아니었다. 그는 프리폰테인의 사망 소식을 듣고 전화한 것이었다.

"프리폰테인이 죽었다고요? 그럴 리가요? 어젯밤에 그가 달리는 모습을 봤는데요."

캠벨은 그가 죽었다는 말을 계속 되풀이했다. 누군가가 내 머리를 몽둥이로 내려치는 것 같았다. 죽었다고? 정말 죽었다고? 캠벨은 그가 어떤 사고로 죽었다고 했다. "벽? 괜찮아요, 벽?"

나는 어둠 속을 더듬어 전등 스위치를 찾아 불을 켜고는 홀리스터에게 전화했다. 그도 나와 똑같이 반응했다. "아니, 그럴 리 없어. 프리폰테인은 방금 전까지 여기에 있었는데. 적당히 마셔서 술에 취하지도 않았어. 한번 알아보고 전화할게."

몇 분 뒤 홀리스터에게서 전화가 왔다. 그는 울먹이고 있었다.

나중에 알려진 바에 따르면, 프리폰테인은 쇼터를 집까지 바래다주고 불과 몇 분 뒤에 교통사고를 당했다. 블루 리본에서 받은 첫 월급으로 산 멋진 황갈색 MG가 도로 가의 바위를 들이받고 공중으로 솟구치면서 프리폰테인이 날아올랐다. 등이 바닥에 먼저 닿았는데, MG가 날아와 그의 가슴을 덮치고 말았다.

파티에서 프리폰테인은 맥주를 한두 잔 정도 마셨다. 그러나 프리폰테인이 떠나는 모습을 봤던 사람들은 모두 그가 취하지 않았다고 단언했다.

그는 이제 겨우 24살이었다. 내가 카터와 함께 하와이로 갔을 때 바로 그 나이였다. 내 인생이 시작된 때와 같은 나이였다. 24살 때 나는 아직 내가 누구인지 몰랐다. 하지만 프리폰테인은 자신이 누구인지 알았을 뿐 아니라 세상이 어떤 곳인지 알았다. 그는 2000미터에서부터 1만 미터까지, 3200미터에서부터 1만 미터까지 미국 신기록을 남겼다. 하지만 그가 우리에게 남긴 진정한 유산은 바로 그의 정신이었다.

바우어만 코치는 추도사에서 운동선수 프리폰테인의 업적을 소개했다. 그는 프리폰테인의 삶과 신화는 이보다 훨씬 더 원대하다고 했다. 그렇다. 프리폰테인은 세계 최고의 선수가 되기로 결심했지만, 그보다 훨씬 더 많은 것을 이루고 싶어 했다. 그는 옹졸한 관료들이 선수들의 발목에 걸어놓은 쇠사슬을 끊어버리고 싶어 했다. 그는 아마추어 선수들을 생활고에 시달리게 하고 그들의 잠재력을 억압하는 멍청한 규정을 없애버리고 싶어 했다. 추도사를 마치고 연단에서 내려오는 바우어만 코치를 보며, 그가 많이 늙었고 기력이 쇠했다는 생각이 들었다. 바우어만 코치가 비틀거리며 내려와 자리에 앉는 모습을 보며 추도사를 할 힘이 도대체 어디서 나왔을까 생각했다.

페니와 나는 장지까지 따라가지 않았다. 우리는 너무 지쳐 있었다. 바우어만 코치에게도 아무 말도 하지 않았다. 이후에도 바우어만 코치에게 프리폰테인의 죽음에 관해 무슨 말을 어떻게 해야 할지 알 수 없었다. 그것은 우리 둘 모두에게 참을 수 없는 고통이었다.

나중에 프리폰테인이 사망한 장소가 성지가 되어가고 있다는 소문을 들었다. 많은 사람이 그곳에 찾아와 꽃, 편지, 메모, 선물나이키을 두고 갔다. 누군가가 그 사람들이 남기고 간 것들을 수거해서 안전한 곳에 보관해야 한다는 생각이 들었다. 1962년에 방문했던 여러 성지들을 떠올려보았다. 누군가가 프리폰테인의 바위를 관리해야 했다. 그 누군가는 바로 우리가 되어야 했다. 하지만 우리에게는 지금 당장 이를 추진할 자금이 없었다. 그러나 나는 이런 이야기를 존슨과 우델에게 했다. 그들도 내 생각에 동의했다. 우리는 사업을 하면서 이를 추진하기 위한 자금을 마련하기로 했다.

버트페이스 : 나이키가 문제를 해결하는 법

이제 우리가 은행 위기에서 벗어났고 내가 감옥에 가지 않을 것이 확실해지자 나는 또다시 심도 있는 질문을 해보았다. 우리는 여기서 무엇을 건설하려고 하는가? 우리는 어떤 회사가 되려고 하는가?

다른 회사들과 마찬가지로, 우리에게도 예를 들어, 소니 같은 역할 모델이 필요했다. 당시 소니는 오늘날의 애플 같았다. 수익, 혁신, 효율 측면에서도 뛰어났고, 종업원에 대한 처우 면에서도 그랬다. 나는 남들이 대답을 재촉하면, 소니 같은 회사가 되고 싶다고 했다. 그러나 본질적으로는 그보다 더 원대한 무엇인가를 꿈꾸고 있었다.

나는 깊이 고민하다가 '승리winning'라는 단어를 떠올렸다. 대단한 것은 아니지만, 다른 것보다는 훨씬 나았다. 어떤 경우에도 나는 남에게 지고 싶지 않았다. 내게 패배는 죽음을 의미했다. 블루 리본은 나의 세 번째 자식이었다. 스메라기의 말처럼, 일과 관련해 블루 리본은 내게 자식과도 같은 존재였다. 그리고 나는 나의 자식, 블루 리본이 죽는다는 생각을 차마 할 수 없었다. 블루 리본은 죽어서는 안 된다. 블루 리본이 나보다 먼저 가서는 안 된다.

1976년 처음 몇 달 동안에 나는 헤이즈, 우델, 스트라세와 함께 모여 앉아 샌드위치를 먹으면서 우리의 궁극적인 목표에 관해 이야기를 나누었다. 이 문제는 승리와 패배에 관한 것이었다. 돈은 우리의 최종 목표가 아니었다. 우리의 목표가 무엇이 됐든 간에 돈은 우리가 그곳에 도달하기 위한 수단에 불과했다. 우리가 목표에 도달하기 위해서는 지금 우리 수중에 가진 것보다 많은 돈이 필요한 것도 사실이었다.

닛쇼는 우리에게 수백만 달러를 빌려주었다. 닛쇼와의 관계는 나쁘지 않았다. 오히려 최근 위기를 겪으면서 더욱 돈독해졌다. 척 로빈슨의 말대로 닛쇼는 우리에게 최고의 파트너가 되어주었다. 그러나 우리 제품의 수요를 충족시키고 성장세를 이어가려면 수백만 달러가 더 필요했다. 다행히 새로운 은행에서 자금을 빌려주려고 했지만, 은행 규모가 작아서 대출 금액이 금세 법적 한도에 도달했다. 1976년에 열린 우델-스트라세-헤이즈 회담에서는 산술적으로는 가장 타당하지만 심정적으로는 가장 받아들이기 어려운 방안에 관한 논의가 시작됐다.

바로 주식 공모를 추진하자는 것이었다.

이는 물론 이치에 맞는 생각이었다. 주식 공모를 하면 순식간에 많은 돈이 들어온다. 그러나 주식 공모는 때로 회사에 대한 통제력 상실을 의미하기 때문에 상당히 위험하기도 하다. 이는 또한 다른 사람을 위해 일하는 것을 의미한다. 우리는 수백 명 혹은 수천 명에 달하는 낯선 주주들의 질문에 즉각 대답할 수 있어야 한다. 그들 중 대다수는 대

규모 투자 회사일 수도 있다.

주식 공모는 하루아침에 우리가 싫어하는 일, 지금까지 피하려고 했던 일을 하게 만들 수도 있다.

특히 나에게는 주식 공모가 의미하는 것이 한 가지 더 있었다. 원래 사람들 앞에 나서는 것을 싫어하고 개인주의적 성향이 강한 나는 주식 '공모'의 '공'이라는 글자만으로도 반감을 느꼈다. 주식 공모라고요? 아뇨, 됐습니다.

그렇지만 밤마다 달리기를 하면서 나 자신에게 이런 질문을 해봤다. 내 삶 자체가 다른 사람들과의 관계를 추구하는 것 아닌가? 바우어만 코치를 위해 달리기를 했던 것이나, 배낭을 짊어지고 세계 여행을 떠난 것이나, 회사를 설립한 것이나, 페니와 결혼한 것이나, 블루 리본에서 뜻을 같이하는 동지들과 함께 일을 하는 것 모두 주식 공모와 별반 차이가 없는 것 아닌가?

그러나 결국 나, 그리고 우리는 주식 공모를 하지 않기로 결정했다. 우리는 주식 공모가 우리에게 맞지 않는다고 생각했다. 이에 대한 거부감이 상당히 컸다.

회의는 이것으로 끝났다.

우리는 현금을 동원하기 위한 다른 방법을 짜내기 시작했다.

한 가지 방법이 떠올랐다. 퍼스트 스테이트 뱅크는 우리에게 미국 중소기업청이 보증하면 100만 달러를 더 빌려줄 수 있다고 했다. 그러면 규모가 작은 퍼스트 스테이트 뱅크로서는 보증 대출한도가 직접 대출한도보다 더 커지기 때문에 신용한도를 살며시 늘리면서 빠져나갈 구멍이 생긴다. 우리는 그들의 마음을 편하게 해주려고 중소기업청에 보증을 신청하기로 했다.

이런 경우에는 항상 그렇듯, 과정이 처음 생각했던 것보다 더 복잡했다. 퍼스트 스테이트 뱅크와 중소기업청은 지배주주들인 나와 바우어만 코치에게 대출에 대한 연대보증을 설 것을 요구했다. 퍼스트 내셔널이나 뱅크 오브 캘리포니아와 거래할 때도 그렇게 했기 때문에 나는 연대보증을 서는 것은 문제가 되지 않을 것으로 생각했다. 이미 빚에 얽매여 있는데, 보증 서는 일을 한 번 더 한다고 해서 무슨 문제가 되겠는가?

그러나 바우어만 코치는 그렇게 생각하지 않았다. 그는 은퇴해서 연금으로만 생활하는 데다 지난 몇 년 동안 정신적 충격으로 크게 낙담한 상태에서 급기야 프리폰테인의 죽음으로 몸과 마음이 많이 쇠약해져 있었다. 그는 더 이상의 위험을 원하지 않았다. 그는 자신의 올림포스산을 잃고 싶지 않았다.

바우어만 코치는 개인적으로 보증을 서는 것보다는 자신이 소유한 블루 리본 지분의 3분의 2를 나에게 할인된 가격에 내놓겠다고 했다. 그는 블루 리본에서 손을 떼려고 했다.

이를 받아들일 순 없었다. 그의 지분을 살 돈이 없어서가 아니었다. 블루 리본의 주춧돌을 세운 나의 정신적 지주를 잃고 싶지 않았다. 하지만 바우어만 코치는 단호했다. 내가 바우어만 코치와 논쟁한다고 해서 해결될 일이 아니었다. 우리는 자쿠아 변호사에게 중재를 요청하기로 했다. 자쿠아 변호사는 여전히 바우어만 코치와 절친한 사이였다. 그러나 나 역시 그동안 자쿠아 변호사와 아주 친해졌다고 생각했다. 나는 그를 완전히 신뢰했다.

나는 자쿠아 변호사에게 "바우어만 코치와의 파트너십을 완전히 소멸시키고 싶지 않습니다"라고 말했다. 나는 비록 바우어만 코치의 지분을 할인된 금액을 5년에 걸쳐 지급한다는 조건으로 인수하는 데 어쩔 수 없이 동의했지만, 그가 지분의 1퍼센트를 보유하면서 블루 리본의 부회장이자 이사회 임원으로 계속 남아줄 것을 간청했다.

바우어만 코치는 이를 수락했고, 우리는 악수를 했다.

우리가 지분과 금액을 가지고 고민하면서 지내는 동안에, 달러화 자체가 가치를 잃어가고 있었다. 엔화 대비 달러화 가치가 갑자기 폭락하기 시작한 것이다. 일본 근로자들의 임금이 상승하면서 달러화 가치 하락은 우리의 생존에 커다란 위협이 됐다. 우리는 생산량을 늘리고 생산기지를 다변화해야 했다. 뉴잉글랜드와 푸에르토리코에 공장을 신설했지만, 대부분의 생산량을 이처럼 불안정한 상태에서 일본의 니폰 러버에 주로 의존하고 있었다. 우리는 공급이 갑자기 부족해질 가능성에 대비해야 했다. 특히 바우어만 코치의 와플형 트레이닝화에 대한 수요가 급증하는 상황에서는 더욱 그랬다.

독특한 바닥창, 부드럽고 푹신한 중창 쿠션에 가격까지도 저렴한 24.95달러 와플형 트레이닝화의 인기는 하늘을 찌를 듯했다. 단지 신을 때의 느낌만 다른 게 아니었다. 디자인 역시 이전의 신발과는 확실히 달랐다. 새빨간 갑피, 두툼하고 하얀 스우시는 미학에 있어서 혁신과도 같았다. 수많은 사람이 와플형 트레이닝화의 디자인에 끌려서 나이키 매장을 찾았다. 품질 또한 사람들이 계속 나이키를 찾게 만들었다. 이 제품의 견인력과 쿠션은 타의 추종을 불허했다.

1976년, 이 제품이 대중적인 액세서리에서 문화적인 공예품으로 진화하는 모습을 보면서 이런 생각을 해보았다. 사람들이 교실에서도 이 신발을 신을 수 있겠구나.

그리고 사무실에서도.

그리고 식료품점에서도.

그리고 일상생활 전반에 걸쳐서도.

이는 상당히 원대한 포부였다. 아디다스는 스탠 스미스 테니스화와 컨트리 러닝화를 통해 사람들이 일상생활을 할 때도 운동화를 신도록 하는 데 어느 정도 성공을 거두었다. 그러나 이 두 종류의 신발 중 어느 것도 와플형 트레이닝화만큼 특별한 인기를 끌지는 못했다. 나는 와플형 트레이닝화가 날개 돋친 듯 팔릴 때 청바지와 잘 어울리도록 공장에 파란색 와플형 트레이닝화를 주문했다.

우리는 수요를 따라갈 수 없었다. 소매점 대표와 영업사원들은 와플형 트레이닝화를 확보하려고 난리였다. 매출이 급증하면서 우리 회사의 입지도 변했다. 우리는 이런 현상을 지켜보면서 이것이 우리가 항상 부족함을 느꼈던 무엇인가정체성를 채워줄 것이라고 생각하고 장기목표를 수정했다. 이제 나이키는 누구나 아는 이름이 되어 브랜드 이상의 의미를 지니게 되었다. 회사 이름을 변경해야 하는 상황이 된 것이다. 우리는 블루 리본이 자연스럽게 사라져야 할 시점이 됐다는 결론을 내리고는 나이키사Nike, Inc.를 설립했다.

새로운 기업이 성장세를 이어가고 달러화의 가치가 떨어지는 여건 속에서도 살아남으려면 여느 때와 마찬가지로 생산량을 늘려야 했다. 영업사원들은 우리 제품을 확보하기 위해 혈안이 되어 있었다. 이런 상황을 오랫동안 그냥 둘 수는 없는 노릇이었다. 우리는 일본을 벗어나 다른 지역에서 생산기지를 찾아야 했다. 미국이나 푸에르토리코에 있는 기존 공장들도 도움이 됐지만, 그것으로는 충분하지 않았다. 공장 수가 얼마 되지 않을 뿐만 아니라 설비가 노후하고 생산비도 많이 들었다. 1976년 봄, 우리는 타이완을 방문하기로 했다.

나는 타이완 공략을 위한 척후병으로 짐 고먼을 내세웠다. 그는 나이키에 대한 충성심이 대단한 직원으로, 우리 회사의 소중한 자산이었다. 어린 시절에 이 집 저 집 옮겨 다니며 자란 그는 나이키에서 이전에는 느껴보지 못했던 소속감을 느낀 듯했다. 그는 의협심이 강한 사람으로 회사의 발전을 위해 어떤 사람과도 협력하려고 항상 노력했다. 예를 들어, 1972년 자쿠아 변호사의 사무실에서 최후의 대결을 펼친 후에 기타미를 공항에 데려다주는 유쾌하지 못한 일을 한 사람이 바로 고먼이었다. 그는 그 일을 아무런 불평 없이 기꺼이 했다. 우델을 대신해 유진 소매점을 기꺼이 맡아준 사람도 바로 고먼이다. 쉽게 흉내낼 수 없는 행동이었다. 1972년 올림픽 대표 선발전에서 품질이 수준 이하였던 나이키 스파이크를 신었던 사람도 고먼이다. 고먼은 이 모든 일을 싫은 소리 한 번 하지 않고 기꺼이 맡아서 했다. 그는 타이완 공략이라는 '미션 임파서블'을 맡아줄 완벽한 인물이었다. 그를 파견하기에 앞서 나는 고먼에게 아시아에 대한 특강을 해야 했다. 그래서 우리 두 사람만의 타이완 출장 계획을 세웠다.

고먼은 타이완으로 가는 비행기 안에서 열의가 대단한 학생이 되어 내가 하는 말을 스펀지처럼 흡수했다. 그는 나의 경험, 나의 의견, 내가 읽은 책에 관해 열심히 질문하고 내가 하는 말을 모두 받아 적었다.

예전으로 돌아가 포틀랜드주립대학교에서 학생을 가르치는 것 같은 느낌이었다. 나는 그 일을 좋아했다. 어떤 분야에 대한 지식을 다지는 가장 좋은 방법은 그것을 가르쳐보는 것이다. 내가 일본, 한국, 중국, 타이완에 대해 알고 있는 모든 것을 고먼에게 전달하는 과정에서 우리 두 사람은 많은 것을 얻었다.

나는 고먼에게 신발 제조업자들이 무리를 지어 일본을 탈출하고 있다고 했다. 그들은 한국과 타이완으로 갔다. 한국과 타이완은 저가 신발을 특화 생산했다. 한국에는 대규모 공장이 몇 곳 있었지만, 타이완에는 소규모 공장 100여 곳이 건설 중이었다. 바로 이런 이유 때문에 우리는 타이완을 선택했다. 규모가 큰 공장의 입장에서 보면, 우리는 요구하는 것은 아주 많지만 물량은 아주 적었다. 우리는 규모가 작은 공장을 상대로 우월적 지위를 점하고 우리 의지대로 끌어가야 했다.

이 경우, 물론 우리가 선택한 공장 제품의 품질을 향상시켜야 하는 힘든 과제가 남아 있었다.

게다가 당시 타이완의 정국은 불안정했다. 타이완을 25년간 통치한 장제스가 사망한 이후, 권력 공백이라는 좋지 않은 상황이 발생했다. 타이완과 중국의 전통적인 긴장 관계도 감안해야 했다.

나는 태평양을 건너가면서 고먼에게 이야기를 계속했다. 고먼은 내가 하는 말을 빠짐없이 적으면서도, 새롭고 신선한 아이디어를 내놓았다. 이런 아이디어는 나에게 새로운 통찰과 생각할 거리를 제공했다. 타이중 공항에 내릴 때, 나는 무척 즐거웠다. 이 친구는 타이완에서의 첫 출발에 대한 열정이 대단했다. 내가 그의 멘토라는 사실에 자부심을 느꼈다.

그가 바로 적임자라는 생각은 확신으로 바뀌었다.

그런데 호텔에서 고먼은 상당히 무기력한 모습을 보였다. 타이중이 은하계의 반대쪽처럼 느껴진 것 같았다. 연기를 내뿜는 공장과 좁은 지역에 모여사는 수많은 사람으로 가득 찬 거대 도시. 그곳은 내가 경험했던 세상과 전혀 달랐다. 나는 이런 아시아의 모습에 흠뻑 빠져버렸지만, 가엾은 고먼은 압도당하고 말았다. 고먼의 눈빛에서 아시아에 처음 온 사람의 전형적인 반응이 보였다. 낯설고 소외된 감정이 한꺼번에 몰려온 표정이었다. 고먼은 페니가 일본을 처음 방문했을 때의 모습을 그대로 보여주었다.

나는 고먼에게 말했다. "하루에 공장 한 군데씩 꾸준히 방문하는 거야. 내가 이끄는 대로 따라오기만 하면 돼."

그다음 주까지 우리는 20여 곳의 공장을 방문했다. 마음에 드는 곳이 없었다. 공장은 어두컴컴하고 지저분했고, 종업원들은 멍한 눈빛으로 고개를 숙이고 억지로 일하고 있었다. 우리는 타이중에서 얼마 떨어지지 않은 더우류 시의 작은 마을에서 괜찮은 공장을 하나 찾았다. 옹C. H. Wong이라는 젊은 사람이 '펭 테이'라고 불리는 공장을 경영하고 있었다. 공장 규모는 작았지만 깨끗했고, 일터에서 생활하는 옹처럼 좋은 인상을 주었다. 나는 작업 현장에서 조금 떨어진 곳의 작은 방이 출입금지구역인 것을 보고는 거기에 무엇이 있는지 궁금해서 물어봤다. 그는 "제가 사는 집입니다. 거기에서 저, 제 아내와 아이 셋이 살고 있어요"라고 대답했다.

존슨이 생각났다. 펭 테이가 나이키의 타이완 거점으로 적격이라는 확신이 들었다.

공장을 방문하지 않을 때면 나는 고먼과 함께 공장 소유자들이 준비한 회식에 참석했다. 그들은 우리에게 타이완의 별미를 대접했다. 그들이 직접 요리한 것도 더러 있었다. 그들은 마오타이를 권했는데, 럼주 대신에 구두 크림이 들어간 것 같았다. 시차에 적응되지 않은 상태라 고먼과 내 몸은 버텨내지 못했다. 우리는 마오타이를 두 잔 마신 뒤, 속도를 줄이려고 했으나, 그들은 쉬지 않고 술을 권했다.

나이키를 위하여!

아메리카를 위하여!

타이중에서의 마지막 저녁 회식 자리에서 고먼은 계속 미안하다고 하면서 화장실로 달려가 찬물로 얼굴을 축였다. 그럴 때마다 나는 내 술잔의 마오타이를 고먼의 물잔에 붓는 식으로 술잔을 비워 나갔다. 고먼이 화장실에서 돌아올 때마다 건배가 이어졌다. 고먼은 술잔보다는 물잔을 드는 것이 안전하다고 생각한 듯했다.

우리 미국 친구들을 위하여!

우리 타이완 친구들을 위하여!

고먼은 술이 듬뿍 들어간 물을 한 입에 삼키고는 공포에 질린 표정으로 나를 쳐다봤다. "이제 곧 기절할 것 같습니다."

나는 아무렇지 않은 얼굴로 말했다. "물을 더 마시면 괜찮을 거야."

"물 맛이 좀 이상합니다."

"그럴 리가 있나."

내가 마셔야 할 술을 고먼에게 떠넘겼는데도 방으로 돌아온 나는 정신을 차릴 수 없었다. 침대에 누울 준비를 하는 것조차 힘들었다. 아니, 침대조차 제대로 찾지 못했다. 나는 이를 닦다가 잠들고 말았다.

중간에 깨어나 콘택트렌즈를 찾았다. 결국 찾기는 했지만, 다시 바닥에 떨어뜨리고 말았다.

그때 문 두드리는 소리가 들렸다. 고먼이었다. 그는 내 방에 들어와 다음 날 일정에 관해 물었다. 고먼은 술에 떡이 돼 누워 있는 내 옆에서 콘택트렌즈를 찾기 위해 내 손과 무릎을 더듬었다.

"필, 괜찮아요?"

나는 잔뜩 취한 채 중얼거렸다. "내가 이끄는 대로 따라오면 돼."

그날 아침, 우리는 타이완의 수도 타이베이로 가서 공장 두 곳을 더 둘러보았다. 밤에는 성당, 절, 교회, 회교 사원이 모여 있는 신성 사우스 로드를 거닐었다. 타이완 사람들은 그곳을 천국으로 가는 길이라고 불렀다. 나는 고먼에게 신성新生이 "새로운 생명"을 의미한다고 말했다. 호텔로 돌아와서 나는 전혀 생각지도 않았던 전화를 받았다. 제리 셰이에게서 온 안부 전화였다.

1년 전 어느 신발 공장에서 셰이를 만났다. 당시 그는 미쓰비시에서 일하면서 신발업계의 거물, 조나스 센터의 일을 돕고 있었다. 그는 일에 대한 열정이 대단한 인물이었다. 그리고 내가 만난 슈독들과는 다르게 20대 젊은 친구였다. 그는 나이보다 훨씬 더 어려 보여서 체격이 아주 큰 아이처럼 보였다.

셰이는 우리가 타이완에 왔다는 소식을 들었다고 했다. 그는 CIA 요원이라도 된 것처럼 은밀하게 속삭였다. "저는 당신이 여기에 온 이유를 알고 있습니다."

셰이는 우리를 자기 사무실로 초대했다. 나는 그의 초대를 받으며 지금 셰이가 미쓰비시를 퇴직하고 개인 사업을 하고 있을 것으로 짐작했다.

셰이의 사무실 주소를 받아적고는 고먼에게 함께 가자고 했다. 호텔 직원이 우리한테 지도를 주었지만, 전혀 쓸모 없었다. 셰이의 사무실은 지도에 나오지 않는 곳에 있었다. 처음 가는 사람들은 찾아가기가 아주 힘든 곳이었다. 고먼과 나는 표지판도 없는 길, 번지 수도 없는 골목을 계속 걸었다. 고먼이 두리번거리며 말했다. "표지판이 있습니까? 저는 거의 본 적이 없습니다."

우리는 수십 번 정도는 길을 잃고 나서, 마침내 낡고 오래된 붉은 벽돌 건물을 찾았다. 건물의 계단은 아주 위태로워 보였다. 3층으로 올라갈 때는 난간을 붙잡아야 했다. 돌계단은 그동안 많은 사람이 디뎌서 그런지 움푹 파여 있었다.

문을 두드리자, 셰이가 "들어오세요"라고 큰 소리로 대답했다. 셰이는 거대한 쥐 둥지처럼 보이는 방 한가운데 앉아 있었다. 눈길이 닿는 곳마다 신발이 쌓여 있었다. 밑창, 신발 끈, 신발 혀가 여기저기 흩어져 있었다. 셰이는 벌떡 일어나더니 주변을 정리해 우리가 앉을 자리를 만들었다. 그러곤 차를 준비했다. 물이 끓는 동안 그는 우리에게 신발에 관한 강의를 시작했다. "지구 상의 국가들마다 신발에 관한 관습과 미신이 있다는 것을 아십니까?" 셰이는 선반에 놓여 있는 신발을 손에 쥐고는 우리 눈앞에 들이댔다. "중국에서는 남녀가 결혼할 때 첫날밤을 잘 보내라는 의미에서 빨간색 신발을 지붕 위로 던집니다." 그는 손에 쥔 신발을 창문에 낀 얼룩 사이로 희미하게 스며드는 햇빛에 비추고는 한 바퀴 돌려보았다. 그러고는 우리에게 그것이 어느 공장에서 만든 제품인지, 자기가 왜 잘 만들어진 제품이라고 생각하는지, 어떻게 하면 이보다 더 잘 만들 수 있을지 설명했다. "많은 나라에서 여행을 떠나는 사람의 행운을 빌어주기 위해 그 사람을 향해 신발을 던진다는 사실을 아십니까?" 셰이는 다른 신발을 쥐고는 요릭〈햄릿〉에 등장하는 궁정광대-옮긴이의 두개골을 손에 든 햄릿처럼 그것을 내밀었다. 그는 그 신발의 출처를 말하고는 왜 잘못 만들어졌는지, 왜 금방 떨어지는지 설명했다. 그러고는 그 신발을 경멸의 눈빛으로 쳐다보고는 한쪽으로 던져버렸다. "신발의 품질은 거의 틀림없이 공장에 달려 있습니다. 디자인, 색상을 포함해서 그 밖의 것들은 모두 잊어버리세요. 공장이 가장 중요합니다."

나는 그의 말을 유심히 들으며 비행기 안에서의 고먼처럼 메모를 했다. 그러면서도 시종일관 이런 생각을 했다. '이 친구가 공연까지 벌이고 있군. 우리한테 영업을 하려고 말이야. 이 친구는 자기가 우리를 원하는 것보다 우리가 자기를 더 많이 원한다는 사실을 깨닫지 못하고 있군.'

셰이는 본격적으로 선전에 돌입했다. 그는 약간의 수수료만 받고도 타이완에서 가장 좋은 공장을 소개해줄 수 있다고 했다.

이는 대단한 가치를 지닌 거래였다. 우리는 타이완에서 안내자가 되어주고 고먼이 새로운 환경에 적응하도록 도와줄 사람이 필요했다. 아시아의 지암피에트로 같은 사람이 필요했다. 나는 잠깐 동안 셰이와 함께 켤레당 수수료를 얼마로 책정할 것인가를 두고 흥정했다. 아주 우호적인 흥정이었다. 우리는 악수를 나누었다.

그럼, 그렇게 합시다.

우리는 다시 자리에 앉고는 타이완 자회사 설립을 위한 협약서를 작성했다. 자회사 이름을 무엇으로 할까? 나이키를 사용하고 싶지는 않았다. 언젠가 중국에서 사업을 하려면, 중국의 철천지원수를 연상시키는 이름을 사용해서는 안 된다. 물론 중국 사업은 실낱같은 희망에 불과했지만, 가능성이 전혀 없는 것도 아니었다. 그래서 나는 아테나로 결정했다. 아테나는 니케를 데려온 그리스 여신이다. 아테나 코퍼레이션. 나는 지도에는 나오지 않는, 번지수를 매기지 않은 천국으로 가는 길 혹은 천국을 향한 슈독의 아이디어를 이렇게 보존했다.

천국에는 발이 20억 개나 있었다.

나는 고먼을 먼저 미국으로 보냈다. 고먼에게는 미국에 가기 전에 개인적인 일로 마닐라를 잠깐 방문할 예정이라고 말했다.

나는 마닐라에 가서 신발 공장 한 곳을 더 둘러보았다. 그곳이 아주 마음에 들었다. 그다음에는 맥아더 장군이 머물렀던 방에서 밤을 보냈다.

"*당신은 규정을 깬 사람으로 기억되어야 한다.*"

어쩌면 그럴 수도 있다.

어쩌면 그렇지 않을 수도 있다.

1976년은 미국 독립 200주년이 되는 해였다. 그해에는 미국 역사에서 보기 드문 광경이 벌어졌다. 1년 내내 자성의 시간, 시민 의식에 대한 교육과 함께 불꽃놀이 같은 멋진 행사들이 펼쳐졌다. 텔레비전 채널을 돌리면 항상 조지 워싱턴, 벤저민 프랭클린, 렉싱턴과 콩코드 전투에 관한 영화나 다큐멘터리가 나왔다. 그리고 애국심을 고취하는 프로그램의 중간마다 "1분 200주년 소식Bicentennial Minute"을 계속 끼워 넣었는데, 주로 딕 반 다이크, 루실 볼, 게이브 캐플런 같은 배우가 나와서 독립전쟁 시대의 바로 그날에 일어난 각종 에피소드를 전해주었다. 하루는 제시카 탠디가 나와서 영국 군인들이 자유의 나무Liberty Tree, 미국 독립전쟁 이전에 보스턴에 있던 느릅나무. 식민지 주민들이 이 나무 아래에서 영국 통치에 대한 저항 운동을 벌인 뒤에, 이 나무가 저항과 독립의 상징이 되자 영국 군인들이 베어버렸다고 한다─옮긴이를 베어 넘어뜨린 이야기를 했다. 그 다음 날 밤에는 제럴드 포드 대통령이 모든 미국인에게 1776년의 독립 정신을 간직할 것을 촉구했다. 그의 연설은 조금은 진부하고 감상적인 면이 있었지만 커다란 감동을 주었다. 1년 내내 나라 사랑하는 마음을 고취하는 분위기 속에서, 이전부터 내 마음속에 있던 애국심은 더욱 굳건해져만 갔다. 뉴욕항으로 들어오는 대형 선박, 미국 헌법에 나오는 권리장전, 미국 독립선언서, 자유와 정의에 대한 열띤 토론. 이 모두가 내가 미국 시민이라는 사실에 감사하는 마음을 갖게 했다. 무엇보다 감옥에 가지 않고 여전히 자유의 몸이라는 사실이 감사했다.

1976년 6월 유진에서 다시 올림픽 대표 선발전이 열렸다. 나이키는 이 대회에서 좋은 실적을 낼 수 있는 환상적인 기회를 얻었다. 스파이크의 품질이 최고 수준에 미치지 못했던 타이거를 가지고는 이런 기회를 결코 얻을 수 없었다. 나이키 1세대 제품을 가지고서도 마찬가지였다. 우리는 드디어 우리 자신의 제품, 최고의 품질을 지닌 마라톤화와 스파이크를 갖게 됐다. 포틀랜드를 떠나면서 우리는 잔뜩 들떠 있었다. 이제 곧 우리는 나이키를 신은 선수들로 올림픽 팀이 꾸려지는 감격스러운 장면을 보게 될 것이다.

이제 곧 그렇게 될 것이다.

아니, 그렇게 되어야 한다.

페니와 나는 차를 몰고 유진으로 달려갔다. 존슨도 그곳에 오기로 되어 있었다. 존슨의 임무는 멋진 장면을 카메라에 담는 것이었다. 우리는 이번 예선전을 앞두고 몹시 흥분했다. 사람들로 가득 찬 관중석에 앉아서 우리는 프리폰테인에 대한 이야기를 나누었다. 프리폰테인은 다른 모든 사람의 마음속에도 있었다. 여기저기서 그의 이름을 부르는 소리가 들렸다. 그의 정신은 트랙 위에 낮게 드리운 구름처럼 떠돌고 있었다. 프리폰테인을 잠시 잊었다가도 선수들의 발을 보면 또다시 그가 떠올랐다. 많은 선수가 프리 몬트리올을 신고 있었다더 많은 선수가 트라이엄프Triumph와 벵쾨르Vainqueur처럼 엑서터에서 만든 제품을 신고 있었다. 그날 헤이워드는 나이키 전시장 같았다. 원래 이번 예선전은 프리폰테인의 영웅적인 컴백 자리가 될 예정이었다. 그는 뮌헨 올림픽에서 좌절감을 맛봤지만 다시 일어났다. 그리고 그는 틀림없이 바로 이곳에서 다시 살아났을 것이다. 모든 경기마다 똑같은 상념과 이미지가 떠올랐다. 프리폰테인이 선두 그룹에서 치고 나온다. 프리폰테인이 몸을 날려 결승 테이프를 끊는다. 우리 모두가 그 장면을 보았다. 우리 모두가 프리폰테인이 승리의 기쁨을 만끽하는 장면을 보았다.

말을 하려고 해도 목소리가 제대로 나오지 않았다.

해가 지면서 하늘은 붉게, 하얗게, 검푸르게 변해갔다. 그러나 1만 미터 선수들이 출발선에 모일 때 등번호를 확인할 수 있을 만큼은 밝았다. 페니와 나는 자리에서 일어나 기도하는 것처럼 두 손을 모으고 마음을 가다듬었다. 물론 우리는 쇼터를 응원하고 있었다. 그는 뛰어난 재능을 지닌 선수로, 프리폰테인의 생전 모습을 마지막으로 보았던 사람이다. 바로 그가 프리폰테인의 정신을 이어가야 했다. 일리노이대학교의 뛰어난 유망주 크레이그 버진, 미네소타대학교 출신의 매력적인 베테랑 게리 비요크룬드도 나이키를 신고 있었다. 게리는 최근 발에 있는 뼛조각 제거 수술을 마치고 복귀한 상태였다.

출발을 알리는 총성이 울리자 선수들이 총알처럼 튀어나왔다. 모두무리를 지어 달렸다. 페니와 나도 선수들이 무리를 지어 성큼성큼 발을 내디딜 때마다 와 하고 소리를 질렀다. 5000미터를 달릴 때까지 무리를 박차고 나오는 선수는 아무도 없었다. 쇼터와 버진이 맨 앞에서 선두 그룹을 이끌고 있었다. 버진이 앞으로 밀치고 나가다가 뜻하지 않게 비요크룬드의 발을 밟자, 비요크룬드의 나이키가 공중으로 날아올랐다. 수술에서 회복된 지 얼마 안 된 비요크룬드의 연약한 발은 신발이 벗겨진 채 한 걸음씩 달릴 때마다 딱딱한 트랙과 직접 부딪쳤다. 그렇지만 비요크룬드는 경기를 포기하지 않았다. 그는 머뭇거리지도 않았고, 속도를 늦추지도 않았다. 그가 속도를 계속 높여 나가자 관중은 그의 식을 줄 모르는 용기에 감동했다. 우리는 작년에 프리폰테인을 응원할 때처럼 아주 열광적으로 비요크룬드를 응원했다.

마지막 한 바퀴를 남겨두고는 쇼터, 버진이 우승을 다투었다. 페니와 나는 기뻐서 펄쩍펄쩍 뛰었다. "우리가 1등과 2등을 했어!"라고 외쳤다. 그리고 우리는 3등까지도 차지했다. 쇼터와 버진이 1등과 2등을 차지했고, 마지막 순간에 비요크룬드가 빌 로저스를 제치고 3등을 차지한 것이다. 온몸이 땀에 흠뻑 젖었다. 나이키를 신은 올림픽 선수가 세 명이라니!

다음 날 아침, 우리는 헤이워드에서 우승 기념으로 트랙을 한 바퀴 도는 대신에 나이키 소매점에 캠프를 설치했다. 존슨과 내가 고객들과 어울리는 동안에 페니는 실크스크린 기계 옆에 앉아 나이키 티셔츠를 찍어대고 있었다. 페니의 티셔츠를 제작하는 솜씨는 절정에 달했다. 하루 종일 사람들이 소매점으로 몰려와 나이키 티셔츠를 입은 사람들이 거리를 활보하는 모습을 봤다면서 자기도 그것을 갖고 싶다고 했다. 우리는 프리폰테인이 없어서 계속 울적했지만, 그 순간만큼은 즐거움을 만끽하려고 했다. 우리 나이키가 좋은 실적을 낸 것 이상으로 많은 일을 하고 있었기 때문이다. 나이키는 올림픽 예선전을 완전히 지배했다. 버진이 나이키를 신고 5000미터 결승에 진출했고, 쇼터가 나이키를 신고 마라톤에서 우승을 차지했다. 우리는 사람들이 여기저기에서 나이키를 속삭이는 소리를 들을 수 있었다. 프리폰테인을 제외하고는 선수 이름보다 나이키라는 이름을 더 많이 들었다.

토요일 오후에 나는 바우어만 코치를 만나기 위해 헤이워드 트랙을 걷고 있었다. 이때 뒤에서 누군가가 "이제 나이키가 아디다스를 완전히 제쳤어"라고 말하는 소리가 들렸다. 이 말은 그 주말, 아니 그해의 하이라이트였다. 그리고 얼마 지나지 않아서 퓨마 영업사원이 나무에 기댄 채 망연자실한 표정을 짓는 모습을 보았다.

그러나 바우어만 코치만은 완벽하게 관중이 되어 그곳에 있었다. 이는 바우어만 코치뿐만 아니라 우리 모두에게 익숙하지 않은 일이었다. 바우어만 코치는 초라한 스웨터에 싸구려 야구 모자라는 자신만의 유

니폼을 여전히 몸에 걸치고 있었다. 그는 동쪽 그랜드 스탠드야외 경기
장의 지붕이 씌워져 있는 관람석-옮긴이 아래 작은 사무실에서 회의를 열자
고 했다. 그곳은 사무실이라기보다는 벽장에 가까웠다. 운동장 청소부
들이 갈퀴, 빗자루, 접이식 의자를 보관해두는 장소 같았다. 바우어만
코치가 초청한 홀리스터, 데니스 빅시바우어만 코치의 신발 컨설턴트로 일해
온 족병 전문의다는 고사하고 바우어만 코치 자신과 존슨, 내가 앉아 있
을 자리조차 없었다. 바우어만 코치가 예전과는 많이 달라졌다는 생각
이 들었다. 프리폰테인의 장례식에서 바우어만 코치는 많이 늙어 보였
다. 그런데 지금은 이성을 잃은 것 같았다. 바우어만 코치는 몇 분 동
안 이런저런 이야기를 하더니 갑자기 큰 소리로 울기 시작했다. 그는
자신이 나이키에서 더 이상 존중받고 있지 않다고 말했다. 우리는 바
우어만 코치 집에 실험실을 설치하고 라스팅 머신lasting machine을 제공
했지만, 그는 엑서터 공장에서 원재료를 제대로 보내주지 않는다며 불
평했다.

존슨은 기가 막힌 표정을 지었다. "무슨 재료 말입니까?"

바우어만 코치는 계속 소리를 질렀다. "내가 갑피를 보내달라고 했
는데, 완전히 무시했잖아!"

존슨은 빅시에게 소리를 질렀다. "제가 갑피를 보내드렸지 않습니
까! 그거 어떻게 됐습니까?"

빅시는 몹시 당황해서 대답했다. "예, 받았습니다."

바우어만 코치는 야구 모자를 벗었다가 쓰기를 반복했다. "그래, 받
기는 받았어. 그런데 바닥창을 보내지 않았다고."

존슨은 얼굴이 붉으락푸르락해서 빅시를 다그쳤다. "빅시, 제가 그

것도 보내드렸습니다!"

빅시는 황급히 대답했다. "네, 그것도 받았습니다."

우리 모두 바우어만 코치에게로 얼굴을 돌렸다. 그는 자리를 박차고 나가려고 했지만, 그럴 만한 공간이 없었다. 사무실이 어두웠지만, 바우어만 코치의 얼굴이 붉어지는 것을 볼 수 있었다. 바우어만 코치는 "제때 받지 못했어!"라고 소리를 질렀다. 갈퀴의 갈래가 떨렸다. 이것은 갑피와 바닥창에 관한 문제가 아니었다. 이것은 은퇴에 관한 문제였고, 시간에 관한 문제였다. 프리폰테인과 마찬가지로 시간도 바우어만 코치를 기다려주지 않았다. 시간은 결코 천천히 흘러가주지 않는다. 바우어만 코치는 "이런 개 같은 상황을 더 이상 참을 수 없어"라고 화를 내고는 밖으로 나갔다. 사무실 문은 열린 채 계속 흔들렸다.

나는 존슨, 빅시, 홀리스터를 바라보았다. 모두가 나를 쳐다봤다. 바우어만 코치의 말이 맞는지 틀렸는지는 중요하지 않았다. 우리는 바우어만 코치가 존재감을 느낄 수 있는 방법을 찾아야 했다. 바우어만 코치가 행복하지 않다면, 나이키도 행복할 수 없었다.

몇 달 후, 후덥지근한 몬트리올에서 나이키의 위대한 올림픽 데뷔 무대가 펼쳐질 예정이었다. 1976년 올림픽에는 뛰어난 선수들이 우리 나이키를 신고 출전하기로 되어 있었다. 그러나 우리의 희망은 쇼터에게 집중되었다. 쇼터는 마라톤 종목에서 유력한 금메달 후보였다. 이는 나이키에 최초의 금메달, 즉 나이키가 다른 신발을 모두 제치고 결승선을 통과하는 것을 의미했다. 이는 러닝화 회사에 획기적인 사건이 될 것이다. 올림픽에서 금메달을 따지 않고는 진정한 러닝화 회사로

등극할 수 없다.

1976년 7월 31일 토요일, 나는 아침 일찍 일어나 모닝커피를 마시자마자 안락의자에 앉았다. 팔걸이에는 샌드위치와 소다수를 올려놓았다. 혹시 기타미도 이 장면을 보고 있지 않을까? 예전에 거래했던 은행들도 이 장면을 보고 있지 않을까? 부모님과 여동생들도 이 장면을 보고 있지 않을까? FBI도 이 장면을 보고 있지 않을까?

선수들이 출발선에 모이기 시작했다. 선수들과 함께 나도 몸을 앞으로 웅크렸다. 아마 나는 쇼터만큼이나 아드레날린이 많이 분출됐을 것이다. 출발을 알리는 총성이 울리기를 기다렸다. 그리고 쇼터의 발이 당연히 클로즈업되기를 기다렸다. 카메라가 선수들을 근접촬영하기 시작하자 나는 숨을 죽였다. 순간, 내 눈을 믿을 수 없었다. 나는 안락의자에서 일어나 텔레비전 화면 앞으로 엉금엉금 기어갔다. 나는 비통한 심정으로 외쳤다. "이럴 수가!"

쇼터는 타이거를 신고 있었다.

나이키의 원대한 희망이 벗겨지고 내 원수의 신발이 신겨진 장면을 두려움에 떨면서 지켜보았다. 나는 일어나서 안락의자로 성큼성큼 걸어가 레이스가 펼쳐지는 모습을 무슨 말인가를 계속 중얼거리며 보았다. 집 안이 점점 어두워졌다. 그렇다고 완전히 어둡지는 않았다. 어느 순간, 나는 커튼을 치고 전등을 껐다. 하지만 텔레비전은 끄지 않았다. 레이스가 끝나기까지 2시간 10분 동안 참담한 기분으로 화면을 지켜보았다. 아직도 정확히 무슨 일이 일어났는지 알 수 없었다. 쇼터는 나이키가 42킬로미터를 견뎌낼 만큼 질기지 않은 것으로 생각했던 것 같다하지만 그건 쓸데없는 걱정이라고밖에 할 수 없다. 나이키를 신고서 올림픽 마라톤 예선을 거뜬히 치러내지 않았는가. 어쩌면 새로운 것에 대한 용기가 없었을 수도 있고, 미신 때문일 수도 있었다. 그는 지금까지 사용하던 것을 사용하고 싶었던 건지도 모른다. 이런 점에서 보면, 육상 선수들에게는 기이한 면이 있다. 어쨌든 그는 마지막 순간에 1972년 올림픽에서 금메달을 땄을 때 신었던 신발로 바꾸기로 결심했다.

그리고 나는 소다수에서 보드카로 바꾸었다. 어둠 속에 앉아서 칵테일 잔을 손에 쥐고는 그리 대단한 일은 아니라고 혼잣말을 했다. 게다가 쇼터는 금메달을 따지 못했다. 동독 선수가 그를 누르고 금메달을 차지했다. 나는 나 자신에게 거짓말을 하고 있었다. 그것은 당연히 대단한 일이었다. 단지 실망감 혹은 판매 기회를 상실했다는 아쉬움 때문만이 아니었다. 쇼터가 나이키가 아닌 다른 신발을 신고 나타나 나를 크게 실망시킨 것은 분명한 사실이다. 나이키는 신발 이상의 것이었다. 이제 나만 나이키를 만드는 게 아니었다. 나이키도 나를 만들고 있었다. 어떤 선수가 다른 신발을 선택한다면, 누군가가 다른 신발을 신는다면, 이는 단지 나이키 브랜드만 거부한 게 아니라 나 역시 거부한 것이다. 물론 이성적으로 생각하면, 세상 모든 사람이 나이키를 신는 것은 아니다. 누군가가 나이키가 아닌 다른 운동화를 신고 거리를 활보하는 모습을 볼 때마다 화를 내서는 안 된다. 그러나 쇼터가 타이거를 신고 나타나 나를 실망시킨 것은 확실한 사실이었다. 하지만 나는 그 사실에 더 이상 신경 쓰지 않기로 했다.

그날 밤 나는 홀리스터에게 전화했다. 그도 화가 머리끝까지 나 있었다. 그는 원색적인 표현을 서슴지 않았다. 홀리스터가 그처럼 화를 내는 모습을 보면서 은근히 기뻤다. 나이키 직원이라면 당연히 나처럼 분노가 복받쳐 올랐을 것이다.

다행스러운 것은 이처럼 분노를 자아내게 하는 일이 점점 줄어들었다는 것이다. 1976회계연도가 끝날 무렵, 우리의 매출은 1400만 달러로 전년에 비해 두 배 증가했다. 기업 애널리스트들은 입을 모아 놀라운 수치라고 말했다. 그런데도 우리는 여전히 현금이 부족했다. 나는 현금을 최대한 많이 끌어들여서 성장의 밑거름이 되도록 했다. 물론 우리가 이렇게 성장하는 데는 내가 신뢰하는 우델, 스트라세, 헤이즈 같은 사람들의 도움이 컸다.

1976년 초 우리 네 사람은 주식 공모에 대해 잠시 논의하다가 결론을 보류했다. 1976년이 저물 무렵, 우리는 또다시 주식 공모 카드를 끄집어내고는 좀 더 진지하게 이야기를 나누었다. 우리는 주식 공모에 따르는 위험 요인을 포함해 여러 가지 장단점을 분석한 뒤 다시 한 번 주식 공모를 포기했다. 물론 주식 공모를 하면 자본을 신속하게 투입할 수 있다. 그 돈으로 우리가 할 수 있는 일들을 생각하면 당연히 그렇게 하고 싶었다. 공장을 임대할 수도 있고, 유능한 사람을 고용할 수도 있을 것이다. 그러나 주식 공모를 하면, 기업 문화가 바뀌게 되고, 우리가 다른 사람들에게 신세를 지게 되고, 지배구조가 변하게 된다. 이는 우리가 원하는 상황이 아니라는 데 모두가 뜻을 같이했다.

몇 주 뒤 은행 계좌가 다시 한 번 바닥을 드러내자, 우리는 주식 공모 카드를 또다시 만지작거렸다. 그러고는 또다시 주식 공모를 포기했다.

나는 이 문제를 최종적으로 결론짓기 위해 연 2회 모이는 회의에서 가장 중요한 의제로 상정했다. 우리는 이 문제를 다시 다루게 된 것을 버트페이스Buttface라고 불렀다.

이 표현을 만들어낸 것은 존슨으로 기억한다. 우리가 최초로 어떤 의제를 재상정하기로 하자 존슨은 "잘나가는 회사 중에서 '헤이, 버트페이스'라고 마음 놓고 소리칠 수 있고, 그러면 관리팀 전체가 돌아보는 곳이 과연 몇 곳이나 있을까?"라고 중얼거렸다. 버트페이스라는 말은 웃음을 자아내게 하면서도 기억에 오래 남았다. 이 말은 곧 우리 회사에서 일상적으로 쓰이는 말이 됐다. 우리 회사에서 버트페이스는 지나간 의제를 다시 거론하는 것과 이런 일을 하는 사람을 의미했다. 그리고 어떤 아이디어라도 혹은 어떤 사람이라도 때로는 해학과 풍자의 대상이 될 수 있는 곳에서 지나간 의제를 허물없이 다시 꺼낼 수 있는 분위기를 표현하는 말일 뿐 아니라 나이키의 정신, 미션, 기질을 한마디로 요약하는 말이었다.

처음에 버트페이스는 오터 크레스트, 살리샨 같은 오리건 주의 리조트에서 열렸다. 나중에 우리는 햇살 가득한 오리건 중부의, 전원적인 분위기를 자아내는 선리버를 선호하게 됐다. 동부에 있는 우델과 존슨은 비행기를 타고 왔고, 우리는 금요일 늦게 차를 타고 선리버로 달려갔다. 우리는 여러 개의 객실과 회의실을 빌려 이삼 일 동안 목이 터지도록 소리를 질렀다.

회의실 테이블 상석에 앉아 목이 쉬어라 소리를 지르고 웃던 모습이 지금도 눈에 선하다. 우리가 직면했던 문제들은 하나같이 심각하고 복잡하고 극복하기가 어려웠다. 약 4800킬로미터씩이나 서로 떨어져 있었기 때문에 커뮤니케이션 자체가 쉽지 않아서 더욱 그랬다. 그런데도 우리는 모이면 늘 웃었다. 때로 나는 박장대소하면서 스트레스를 털어버리고는 감정에 겨워 테이블 주변에 앉아 있는 사람들을 둘러보았다. 그것은 우정, 의리, 감사의 마음이었다. 아니, 그것은 사랑이었다. 그들은 내가 불러모은 남자들이었다. 그들은 운동화 매출이 수백만 달러에 달하는 기업의 설립자들이었다. 하반신이 마비된 친구, 병적으로 살이 찐 친구, 줄담배를 피우는 친구. 이들 중 나하고 가장 많이 닮은 사람이 존슨이라는 사실은 위안이 됐다. 이는 틀림없는 사실이었다. 다른 사람들은 웃고 소란을 피우지만, 존슨만은 정신이 멀쩡했다. 그는 테이블 가운데 조용히 앉아서 책을 읽고 있었다.

버트페이스가 열릴 때마다 목소리와 웃음소리가 가장 큰 사람은 항상 헤이즈였다. 그리고 가장 미쳐버린 사람도 그였다. 헤이즈의 인격은 새로운 공포증과 열정이 더해지면서 그의 허리둘레처럼 계속 팽창하고 있었다. 그는 버트페이스가 열리는 곳에서 중장비를 보고는 이상한 호기심이 발동했다. 그는 굴착기, 불도저, 이동식 크레인을 본 순간 그것에 완전히 매료됐다. 언젠가 우리가 근처 술집에 갔을 때의 일이다. 헤이즈는 숙소 건물 뒤 들판에 세워져 있는 불도저를 면밀히 관찰했다. 그는 놀랍게도 안에 열쇠가 있는 것을 발견하고, 거기에 올라타서는 들판과 주차장을 온통 뒤집어놓았다. 그는 자동차 몇 대를 으깨기 직전 불도저에서 내려왔다. 불도저에 올라탄 헤이즈! 나는 이 모습을 스우시만큼이나 많이 생각했다. 나이키 로고로는 어떨까?

우델은 기차가 항상 정시에 떠나도록 할 수 있는 사람이었다. 그러나 그 기차가 달릴 철로를 까는 사람은 바로 헤이즈였다. 헤이즈는 심오한 회계 시스템을 개발했는데, 우리 회사는 그것 없이 돌아갈 수 없었다. 우리가 수동 회계 시스템에서 자동 회계 시스템으로 넘어갈 때 헤이즈는 원시적인 기계를 가져와 여기저기를 고치고 커다란 주먹으로 어설프게 두들기더니 신비할 만큼 정확한 기계로 바꾸어놓았다. 우리가 미국 밖에서 사업을 처음 시작했을 때 환율이 심하게 요동쳤다. 이때 헤이즈는 독창적인 외환 헤징 시스템을 구축해 마진을 정확하게 예측할 수 있게 했다.

비록 우리가 야단법석을 떨고, 온갖 기행을 다 저지르고, 신체 장애도 가졌지만, 나는 우리를 막강한 팀이라고 생각했다몇 년 뒤 하버드대학교에서 경영학을 가르치는 어느 저명한 교수도 나이키를 연구하고는 나하고 똑같은 결론을 내렸다. "일반적으로 한 사람이 한 회사를 책임질 때 사업을 전략적, 전술적으로 생각할 수 있어야 회사에 유리하게 작용한다. 그러나 나이키는 운이 좋았다. 버트 페이스는 사업을 그런 식으로 생각할 수 있게 했다!".

사람들이 보기에 우리는 대책 없는 오합지졸 같았을 것이다. 우리는 차이점보다는 공통점이 더 많았고, 목표를 향해 한 마음, 한뜻이 되었다. 우리 중 대다수가 오리건 출신이었다. 이 사실은 매우 중요했다. 우리는 자기 자신이 시골뜨기 혹은 잡초 부스러기가 아니라는 것을 입증해야 하는 사명을 띠고 세상에 태어났다. 그리고 자기 자신을 심하게 혐오한 나머지, 자아를 억눌러야 했다. 우리는 가장 똑똑한 사람을 따로 두지 않았다. 헤이즈, 스트라세, 우델, 존슨은 어디를 가더라도 가장 똑똑한 사람이 될 수 있었지만, 어느 누구도 자신이 가장 똑똑하다거나 그다음으로 똑똑하다고 생각하지 않았다. 실제로 우리의 버트 페이스에서는 모욕과 학대가 난무했다.

정말이지 학대 그 자체였다. 우리는 서로에게 끔찍한 별명을 지어주었다. 그리고 말로 아주 작살을 냈다. 사업 아이디어 혹은 회사가 직면

한 위협에 관해 토론할 때, 우리는 상대방의 감정 따위는 전혀 생각하지 않았다. 특히 나한테는 더욱 그랬다. 그들은 나를 '버키 더 북키퍼Bucky the Bookkeeper'라고 불렀다. 나는 그들에게 그만두라는 말을 한 적이 없다. 그렇게 하면 안 된다는 것 정도는 알고 있었다. 약한 모습을 보이거나 감정적으로 나오면, 완전히 지는 것이다.

언젠가 스트라세가 우리가 일을 공격적으로 하지 않는다고 말한 적이 있다. 우리 회사에는 좀스럽게 이것저것 따지는 사람이 너무 많다는 것이었다. 그는 커다란 바인더를 흔들며 말했다. "이번 회의를 시작하기 전에 준비한 걸 보여드리겠어요. 예산을 공격적으로 짜봤어요. 여기에 우리가 예산을 가지고 해야 할 일들이 적혀 있습니다."

물론 모두 스트라세의 숫자를 보고 싶어 했다. 가장 보고 싶어 한 사람은 바로 숫자와 함께 사는 헤이즈였다. 그런데 숫자가 단 한 줄도 나오지 않는다는 것을 알고는 모두가 화를 내고 으르렁거렸다.

스트라세는 이를 자신에 대한 인신공격으로 받아들였다. 그는 이렇게 받아쳤다. "저는 핵심을 말한 겁니다. 이것저것 따져가면서 세부 사항을 말한 게 아니라 핵심을."

하지만 으르렁거리는 소리는 점점 더 커졌다. 스트라세는 바인더를 벽에다 던져버리고는 소리쳤다. "모두 엿 먹어라." 바인더가 펼쳐지더니 종이가 여기저기 날렸다. 웃음소리에 귀청이 터질 듯했다. 스트라세도 웃지 않을 수 없었다.

스트라세의 별명이 '구르는 천둥Rolling Thunder'이 된 것은 당연한 일이었다. 헤이즈의 별명은 '최후의 심판일Doomsday'이고, 우델의 별명은 '웨이트Weight'였다자력으로 움직일 수 없는 물체의 중량을 의미하는 데드 웨이트Dead Weight에서 비롯됐다. 존슨의 별명은 '4의 약수Four Factor'였다. 존슨은 말을 부풀려서 하는 습관이 있기 때문에 우리는 존슨의 말을 4로 나누어서 들어야 했다. 어느 누구도 자신의 별명을 기분 나쁘게 생각하지 않았다.

버트페이스에서 정말 참아주기 힘든 사람은 민감하게 행동하는 사람이었다. 근엄하게 행동하는 사람도 마찬가지였다. 하루 일과를 마칠 무렵, 우리는 모두 서로를 학대하고 웃고 문제를 해결하기 위해 토론하느라 목구멍이 따끔따끔했다. 우리의 황색 리갈 패드는 아이디어, 해결 방안, 메모, 목록으로 가득 찼다. 밤이 되면 근처 술집으로 가서 회의를 계속했는데, 정말이지 술을 많이 마셨다.

우리는 그 술집을 올빼미 둥지라고 불렀다. 우리 모두 술집으로 떼를 지어 들어가는 바람에 다른 고객들이 나가버리기도 했지만, 그들 중에는 우리와 친구가 된 이들도 있었다. 우리는 술을 주문하고 한쪽 구석을 점령한 채 이런저런 생각이나 사람, 말도 안 되는 계획을 안주 삼아 씹어댔다. 예를 들어, 신발 중창이 현재 수준에서 한 단계 더 도약하지 않는 것이 문제라고 하면 사람들이 순서대로 돌아가며 자기 생각을 한 번씩 발표했는데, 순서가 된 사람이 발표할 때가 되면 모두가 술에 잔뜩 취한 얼굴로 자리에서 일어나 그 사람을 손가락질하며 이름을 큰 소리로 합창했다. 올빼미 둥지에서 우리를 지켜보던 사람, 조직 사회에 몸담고 있는 사람이라면 이런 방식이 효율적이지도 적절하지도 않고, 심지어 서로 감정만 상하게 한다고 생각했을 것이다. 그러나 바텐더가 문 닫을 시간을 알리기 전에 우리는 중창이 개선되지 않은 이유를 제대로 알게 됐다. 그리고 담당자는 책임을 통감하고 개선을 다짐했다. 우리는 이런 식으로 창의적인 해결 방안을 찾았다.

한밤의 축제에 유일하게 참석하지 않는 사람은 바로 존슨이었다. 존슨은 주로 머리를 식히려고 달리기를 하고는 자기 방에 들어가 책을 읽었다. 나는 존슨이 올빼미 둥지에 한 번도 발을 들여놓지 않은 것으로 기억한다. 다음 날 아침이 되면 우리는 전날 밤에 결정된 내용을 존슨에게 빠짐없이 알려주었다.

독립 200주년에는 골치 아픈 문제가 많았다. 우리는 동부 지역에서 대형 창고를 구해야 했다. 판매와 유통의 거점을 매사추세츠 주 홀리스턴에서 뉴햄프셔 주 그린란드의 면적이 약 3700제곱미터인 공간으로 옮겨야 했다. 이는 물류 측면에서 악몽 같은 일이었다. 인쇄 광고가 많아지면서 이를 맡아줄 광고 에이전시도 찾아야 했다. 기대만큼 잘하지 못하는 공장은 작업 환경을 개선하거나 문을 닫아야 했다. 퓨처스 프로그램의 결함을 손질해야 했고, 홍보이사를 뽑아야 했다. NBA 스타들의 나이키에 대한 애정이 식지 않도록 보상 시스템의 일환으로 프로 클럽을 결성해야 했고, 가죽 갑피에 폴리비닐폼 혀를 댄 축구화인 아스날과 축구, 야구, 미식축구, 소프트볼, 필드하키를 위한 다목적 신발인 스트라이커 같은 신제품을 개발해야 했다. 또한 새로운 로고도 결정해야 했다. 스우시와 별도로 신발에 새겨넣은 소문자 나이키 nike가 문제를 일으켰다. 많은 사람들이 그것을 라이크like 혹은 마이크 mike라고 읽었다. 이제 와서 회사 이름을 바꾸기에는 너무 늦었고, 문자를 좀 더 읽기 쉽게 보이도록 하자는 쪽으로 의견이 좁혀졌다. 우리 광고 에이전시에서 창의력이 뛰어난 데니 스트릭랜드 이사가 블록체 나이키NIKE를 디자인하고는 그것을 스우시 위에 살며시 얹어놓은 작품을 가져왔다. 우리는 이것을 가지고 며칠 동안 고민했다.

무엇보다도 우리는 주식 공모 문제를 최종적으로 결정해야 했다. 결국 우리는 버트페이스에서 이를 논의했다. 성장이 계속되지 않으면, 우리는 생존할 수 없다. 우리가 주식 공모에 대해 갖는 두려움, 위험, 단점에도 불구하고, 주식 공모는 성장을 이어가기 위한 최선의 방안이었다.

나이키 역사상 가장 힘든 시기에 벌어진 격렬한 토론의 현장이었지만, 그래도 버트페이스는 즐거운 잔치였다. 선리버에서 보낸 수많은 시간 중 단 1분도 일처럼 여겨지지 않았다. 버트페이스는 우리가 세상과 맞서는 시간이었고, 세상에 불만을 토로하는 시간이었다. 다시 말하자면, 우리는 그때까지 세상을 향해 정당하게 분노감을 표출하지 못했다. 세상은 우리를 잘못 판단하고 꺼져버리라고 했다. 우리는 직장 상사에게 버림받았고, 운이 따르지 않았고, 사회로부터 거부당했다. 외모에서도 은총을 받지 못했다. 우리는 인생의 초기에 실패를 맛보았다. 우리는 자신의 의미와 가치를 입증할 만한 일을 찾아 나섰지만, 기대에 미치지 못했다.

헤이즈는 체중이 많이 나가서 파트너로 승진하지 못했다.

존슨은 오전 9시에 출근해 오후 5시에 퇴근하는 표준적인 삶에 적응하지 못했다.

보험과 변호사를 싫어하는 스트라세는 보험 변호사가 됐다.

우델은 뜻밖의 사고로 젊은 시절 꿈을 포기해야 했다.

나는 야구팀에서 내쳐져 깊은 좌절감을 맛보아야 했다.

버트페이스가 열릴 때마다 패배를 타고난 사람들과 나 자신을 동일시했다. 그들도 마찬가지였을 것이다. 하지만 나는 우리 모두가 승자가 될 수 있다고 생각했다. 나는 아직도 승리가 패배가 아니라는 것을 제외하고는 정확하게 무엇을 의미하는지 모르겠다. 하지만 이 문제가 해결되는 순간 혹은 적어도 좀 더 정확하게 정의되는 순간이 점점 다가오고 있다는 생각이 들었다. 어쩌면 이 순간이 주식 공모를 해야 할 시점인지도 모른다. 어쩌면 주식 공모가 나이키의 생존을 최종적으로 보장해줄지도 모른다.

1976년 내가 블루 리본 경영진에 대해 의문을 품었다면, 그것은 주로 나 자신에 대한 의문이었을 것이다. 나는 버트페이스에 지침을 거의 주지 않으면서도 이를 잘 이끌어가고 있는 걸까? 버트페이스가 잘 진행되면, 나는 어깨를 으쓱하고는 나 자신에게 가장 높은 평점나쁘지 않음을 주었다. 그들이 오류를 범하면, 나는 잠깐 동안 소리를 지르고는 고개를 가로저었다. 내가 버트페이스 분위기를 조금이라도 위축시키는 일은 없었다. 내가 과연 잘한 것일까? "사람들에게는 일을 어떻게 해야 하는지가 아니라 어떤 일을 해야 하는지를 가르쳐주라. 그리고 그들이 이루어낸 결과로 당신을 놀라게 하라." 이는 패튼 장군이 병사들을 지휘한 방식이다. 그러나 이것이 버트페이스에도 적용되는가? 나는 고민됐다. 어쩌면 내가 좀 더 나서야 했는지도 모른다. 좀 더 체계적으로 진행했어야 했는지도 모른다.

그러나 당시 내 생각은 이랬다. 내가 버트페이스를 어떤 식으로 이끌어가든, 그것은 효과가 있을 것이다. 왜냐하면 반란을 꾀하는 자가 없었기 때문이다. 사실 보크 이후 심하게 짜증을 부리는 사람은 아무도 없었다. 그들은 아무런 불만도 없었다. 심지어 임금에 대해서도 그랬다. 이는 대기업이든 중소기업이든 어떠한 기업에서도 찾아볼 수 없는 일이다. 그들은 내가 받아가는 임금이 많지 않다는 사실을 알고 있었다. 그리고 내가 그들에게 임금을 최대한 많이 주기 위해 노력한다는 사실도 알고 있었다.

확실히 그들은 내가 만든 기업 문화를 좋아했다. 나는 그들을 전적으로 믿고 어깨너머로 감시하지 않았다. 이를 통해 서로 신의를 다질 수 있었다. 나의 경영 스타일은 단계마다 지시를 요구하는 사람들에게는 적절하지 않다. 그러나 그들은 이런 경영 스타일 때문에 자기 능력을 유감없이 발휘할 수 있었다. 나는 그들을 붙잡지 않고 풀어주었다. 그들이 실수를 해도 내버려두었다. 왜냐하면 다른 사람들이 나를 이런 식으로 대해주기를 바랐기 때문이다.

버트페이스를 마치고 포틀랜드로 돌아오는 사이에 나는 이런저런 생각을 하느라 정신이 몽롱해졌다. 그러다가 갑자기 정신을 차리고 페니와 두 아들 녀석을 생각하기 시작했다. 버트페이스는 나에게 가정과도 같았지만, 나는 나의 진짜 가정을 희생하고 버트페이스에서 많은 시간을 보냈다. 죄책감이 들었다. 버트페이스를 마치고 집에 들어갈 때면, 매튜와 트래비스가 문 앞에서 나를 맞이하곤 했다. 아이들은 "아빠, 어디 갔다 왔어?"라고 물었다. 나는 아이들을 번쩍 들어 올리면서 "아빠는 친구들과 함께 있었어"라고 대답했다. 아이들은 나를 노려보며 혼란스러운 표정을 지었다. "엄마는 아빠가 일하고 있다고 했어."

이 무렵, 나이키는 유아용 신발, 월리 와플과 로비 로드 레이서를 처음으로 출시했다. 매튜는 자기는 평생 동안 나이키 신발을 신지 않을 것이라고 선언했다. 내가 집을 자주 비우는 것에 대한 불만을 이런 식으로 표현한 것이다. 페니는 아빠가 원해서 그러는 것이 아니라고 말하면서 매튜를 이해시키려고 했다. 페니는 아빠는 앞으로 매튜와 트래비스가 대학교를 다닐 수 있도록 일을 해서 돈을 벌어야 한다고 설명했다.

나는 굳이 설명하려고 하지 않았다. 내가 무슨 말을 하든 매튜는 이해하지 않았을 것이다. 반면 트래비스는 항상 이해했다. 두 아이들은 태어날 때부터 변하지 않는 태도를 지녔다. 매튜는 선천적으로 나를 향한 적대감이 있었다. 반면 트래비스는 나한테 헌신적이었다. 이런 태도는 말을 몇 마디 더 한다고 해서 변하지 않는다. 함께 있는 시간이 몇 시간 더 많아진다고 해서 변하지 않기는 마찬가지다.

나는 아버지로서의 역할과 기업가로서의 역할에 대해 끊임없이 고민했다. 나는 그냥 잘하고 있는가, 아주 잘하고 있는가?

나는 변해가기로 다짐했다. 나 자신에게 이렇게 약속했다. 나는 아이들과 좀 더 많은 시간을 보낼 것이다. 이 약속을 잠깐 동안은 지켰다. 그러다가 이내 예전 방식으로 되돌아갔다. 그것이 내가 알고 있는 유일한 방식이었다. 불간섭주의는 아니다. 그렇다고 일일이 간섭하지도 않는다.

이것은 내가 버트페이스에서 해결할 수 없는 문제였다. 중창이 현재 수준에서 한 단계 더 도약하지 않는 문제보다 훨씬 더 까다로운 문제가 바로 세 번째 아들 나이키를 살리면서 두 아들을 행복하게 해주는 방법을 찾는 것이었다.

1977년

에어 쿠션, 스포츠 스타, 미국판매가격

그 사람의 이름은 프랭크 루디였다. 그는 항공우주 공학자 출신으로 진짜 기인이었다. 그를 처음 본 사람은 한 가지 일에만 열중하는 교수라고 생각할 것이다. 그가 어느 정도로 그런지 제대로 알아내는 데 몇 년은 걸린 것 같다그는 자신의 성생활과 내장 운동에 관해 꼼꼼하게 일기를 쓰기도 했다. 그의 사업 파트너 밥 보거트도 연구에 몰두하는 인간이었다. 그들은 '미친 생각'을 하고 있었고, 나에게 그런 생각을 설명하고 싶어 했다. 이것이 1977년 3월 어느 날 아침, 우리가 회의실에 모여 앉았을 때 내가 그들에 대해 알고 있는 전부였다. 그들이 어떻게 우리를 찾게 됐는지, 어떻게 그날 회의 일정을 잡았는지는 기억나지 않는다.

나는 그들에게 가볍게 인사를 건넸다. "반갑습니다. 어떻게 오셨습니까?"

그날 날씨는 너무나도 화창했다. 사무실 바깥의 햇빛은 옅은 노란색이었고, 하늘은 몇 달 만에 처음으로 푸른색이었다. 루디가 회의실에 앉아 미소 지을 때 나는 마음이 뒤숭숭해지면서 봄날의 나른함을 느꼈다. 그는 다짜고짜 본론으로 들어갔다. "우리는 러닝화에 공기를 주입하는 방법을 고안해냈습니다."

나는 눈살을 찌푸리고 연필에서 손을 떼고는 물었다. "왜 공기를 주입하죠?"

"쿠션을 강화하기 위해서입니다. 발을 더 많이 지탱해주기 위한 것이죠. 인생의 여정을 위한 것이라고나 할까요?"

"지금 농담하시는 거죠?"

신발업계에는 온갖 종류의 멍청이가 있다는 이야기는 여러 번 들었다. 드디어 말로만 듣던 사람이 나타난 것이다.

루디는 22세기의 누군가가 염력으로 전해준 듯한 밑창을 건넸다. 그것은 쓸데없이 크고 투박하게 생긴 데다, 투명하고도 두꺼운 플라스틱 안에 거품처럼 보이는 것이 들어 있었다. 나는 그것을 돌려주면서 물었다. "이게 거품입니까?"

"압축 에어백입니다."

나는 밑창을 내려놓고는 루디를 머리끝부터 발끝까지 찬찬히 훑어보았다. 190센티미터에 피골이 상접한 몸매. 볼품없이 헝클어진 검은 머리. 두툼한 안경알. 웃을 때 입 한쪽이 처지는 모습을 보니, 비타민 D가 심각하게 결핍된 것 같았다. 햇볕을 충분히 쬐지 않았을 것이다. 아니면 애덤스 패밀리미국 만화가, 찰스 애덤스가 만들어낸 가공의 캐릭터─옮긴이의 오래전에 잃어버린 자손인지도 모른다.

그는 내가 회의적이라는 것을 눈치챘지만, 조금도 당황하지 않았다. 그는 칠판으로 걸어가 분필을 손에 들고는 숫자, 기호, 방정식을 적기 시작했다. 그는 왜 에어 슈즈가 효과가 있는지, 왜 공기가 절대로 빠지지 않는지, 왜 차세대 걸작이 될 것인지를 꽤 오랫동안 설명했다. 그가 설명을 마친 뒤에도 나는 칠판을 계속 응시했다. 나는 회계사 출신으로 꽤 오랜 세월 동안 칠판의 수식을 바라보고 살았지만, 루디가 마구 갈겨 쓴 것들은 아주 새로웠다. 아니, 도저히 이해할 수 없었다.

나는 사람들이 빙하기 이후부터 신발을 신었고, 기본적인 디자인은 지난 4만 년 동안에 크게 변하지 않았다고 말했다. 구두 장인들이 오른쪽 신발과 왼쪽 신발을 다르게 만들고 고무 회사에서 밑창을 만들기 시작한 19세기 후반 이후로는 획기적인 발전이 없었다. 앞으로 몇 세기 동안 또 다른 새롭고도 혁신적인 무엇인가가 등장할 것 같아 보이지도 않았다. 그런 나에게 에어 슈즈는 우주 유영에 쓰이는 제트팩이나 움직이는 보도步道처럼 들렸다. 혹시 만화책에 나올지도 모르겠다.

루디는 낙담하지 않았다. 그는 에어 슈즈에 관해 차분하고도 진지한 태도를 잃지 않았다. 결국 아무렇지 않은 듯 알았다고 말하면서 자리에서 일어났다. 그는 아디다스에 가서도 에어 슈즈를 설명했지만, 역시 회의적인 반응을 보였다고 했다. 아브라카다브라Abracadabra, 주문을 외울 때 쓰는 말로 '말하는 대로 될지어다'라는 뜻이다-옮긴이. 이것은 내가 새겨들어야 하는 말이었다.

나는 루디의 에어 밑창을 내 러닝화에 달고서 한번 신어보고 싶다고 했다. 그러자 루디는 조금 놀란 표정으로 말했다. "지금은 신발끈 조절기가 없어서 헐겁거나 불안하게 느껴질 수도 있습니다."

"괜찮습니다."

나는 에어 밑창을 러닝화에 압착시키고는 그것을 신고서 끈을 맸다. 나쁘지 않았다. 그 자리에서 한번 뛰어보았다. 10킬로미터 달리기를 해보았다. 루디의 말대로 확실히 불안했다. 그래도 달리는 데 크게 지장이 없었다.

나는 사무실까지 달려갔다. 얼굴은 땀에 젖어 있었지만, 스트라세에게 곧장 달려가서 "이거 아주 대박 날지도 몰라"라고 말했다.

그날 밤 스트라세와 나는 루디, 보거트를 만나 저녁을 함께했다. 루디는 에어 밑창에 담긴 과학에 관해 계속 설명했다. 두 번째로 들으니 조금씩 이해되기 시작했다. 나는 루디에게 사업화 가능성이 있다고 말했다. 그러고는 스트라세에게 이 일을 마무리 짓도록 했다.

애초에 나는 스트라세를 법률 자문을 위해 고용했다. 그러나 1977년 그의 진정한 재능을 발견했다. 그는 협상에 뛰어난 재능을 발휘했다. 나는 처음에 스트라세에게 세상에서 가장 다루기 힘든 협상자인 스포츠 에이전트와의 계약을 맡겼다. 그는 기대 이상으로 잘해냈다. 나도 놀랐지만, 에이전트도 마찬가지였다. 스트라세는 협상을 할 때마다 우리가 기대했던 것보다 더 많은 성과를 가지고 돌아왔다. 의견이 충돌할 때 어느 누구도 그를 압도하기는커녕 필적하지도 못했다. 1977년 나는 협상해야 할 때마다 미국의 정예 병력 82공수 사단을 출동시키듯 스트라세를 전적으로 믿고서 협상 장소로 보냈다.

스트라세의 비결은 자기가 무슨 말을 할 것인가, 그 말을 어떻게 할 것인가 고민하지 않는다는 데 있었다. 그는 아주 정직하게 나갔는데,

이는 협상에서 완전히 새로운 접근 방식이었다. 언젠가 스트라세가 우리가 광고 모델로 재계약하기를 간절히 원했던 워싱턴 불리츠의 농구 스타 엘빈 헤이즈와 줄다리기를 벌인 적이 있다. 엘빈의 에이전트는 스트라세에게 이렇게 말했다. "당신은 엘빈에게 회사 전체를 줘야 할 겁니다!"

그러자 스트라세는 하품을 하고는 "우리 회사를 원한다고요? 좋아요. 가져가세요. 우리는 방금 전 은행에서 1만 달러를 빌렸습니다. 마지막 제안입니다. 승낙 여부는 당신께 달려 있습니다."

결국 에이전트는 승낙하고 말았다.

스트라세는 에어 밑창의 가능성을 높이 평가하고는 루디에게 한 켤레를 판매할 때마다 10센트를 주겠다고 했다. 루디는 20센트를 요구했다. 두 사람은 몇 주에 걸쳐 실랑이를 벌이다가 중간 어느 지점에서 합의를 봤다. 우리는 루디와 그의 파트너를 나이키의 실질적인 연구개발부서가 될 엑서터 공장으로 보냈다.

존슨이 루디를 만났을 때 그는 내가 했던 행동을 그대로 재현했다. 그는 에어 밑창을 자기 러닝화에 끼우고는 10킬로미터를 힘차게 달렸다. 존슨은 내게 전화를 걸어 소리쳤다. "이거 엄청난 대박이겠는데!"

나는 "나도 그렇게 생각해"라고 맞장구를 쳤다.

그러나 존슨은 거품이 마찰을 일으킬지도 모른다고 걱정했다. 그는 발에서 열이 나는 느낌을 받았다. 사실 존슨의 발에 물집이 나기도 했다. 그는 달릴 때 발바닥에 고르게 힘이 가해지도록 중창에도 에어를 주입하는 방법을 제안했다. 나는 웃으며 말했다. "나한테 이야기하지 마. 너의 새로운 룸메이트 루디에게 말해."

우리는 루디와의 계약을 성공적으로 마친 스트라세에게 또 다른 중요한 과제를 맡겼다. 바로 대학 농구 코치들을 우리 편으로 만들라는 것이었다. 나이키는 NBA 선수들에게 호평을 받았고, 이에 따라 나이키 농구화 판매량도 크게 증가했다. 그러나 대학 농구팀은 사정이 완전히 달랐다. 심지어 오리건대학교 농구팀도 마찬가지였다. 있을 수 없는 일이었다.

1975년 오리건대학교 농구팀 코치 딕 하터는 모든 결정을 선수들에게 맡기겠다고 말했다. 그리고 표결은 6 대 6으로 나왔다. 그래서 이 팀은 컨버스를 고수하기로 했다.

그다음 해에 선수들은 9 대 3으로 나이키를 선호했다. 그러나 하터는 투표 결과에 큰 차이가 없다고 말하고는 컨버스를 계속 고수했다.

큰 차이가 없다고?

나는 홀리스터에게 선수들을 상대로 앞으로 1년 동안 계속 로비 활동을 벌이라고 말했다. 홀리스터는 나의 지시를 실천에 옮겼다. 그리고 1977년에는 12 대 0으로 모든 선수가 나이키를 선호했다.

그다음 날 나는 자쿠아 변호사 사무실에서 하터를 만났는데, 그는 아직 자기가 서명할 단계가 아니라고 말했다.

"왜 그렇죠?"

"말씀하신 2500달러는 언제 주실 겁니까?"

"아, 지금 드리겠습니다."

나는 하터에게 2500달러짜리 수표를 우편으로 보냈다. 드디어 나의 덕스가 나이키를 신고 농구 코트를 누비는 모습을 보게 된 것이다.

시간적으로 이처럼 독특한 시기에 루디만큼 기이한 제2의 신발 발명가가 나이키 사무실을 찾아왔다. 그의 이름은 소니 바카로다. 키는 작고, 몸은 통통하고, 눈은 끊임없이 기민하게 움직였다. 목소리는 걸쭉하고, 말을 할 때 미국식 이탈리아 억양 혹은 이탈리아식 미국 억양이 배어 있었다. 그는 확실한 슈독이지만, 영화 〈대부〉에 나올 법한 슈독이었다. 그가 처음 나이키 사무실에 등장했을 때, 그의 손에는 자기가 직접 개발한 신발 몇 켤레가 쥐어져 있었다. 그는 회의실 전체가 떠나가도록 큰소리로 웃었다. 그는 루디와 달랐다. 그는 대화 도중에 자기가 미국 대학 농구 코치들과 아주 친하다고 주장했다. 몇 해 전 자기가 대퍼 댄 클래식Dapper Dan Classic이라는 고등학교 올스타 경기 대회를 창설했는데, 그것이 크게 히트를 쳤고, 이를 통해 학교 농구 코치들의 세계를 접하게 됐다고 말했다.

나는 그에게 말했다. "좋습니다. 당신을 고용하겠습니다. 스트라세와 함께 길을 떠나세요. 밖에 나가서 대학 농구 시장을 공략하세요."

UCLA, 인디애나대학교, 노스캐롤라이나대학교를 비롯한 농구 명문들은 오랫동안 아디다스 혹은 컨버스와 거래를 해왔다. 그러면 남는 곳은 어디인가? 우리가 무엇을 제시할 수 있는가? 우리는 NBA 스타들에 대한 보상 시스템의 일환으로 예전에 결성했던 프로 클럽 같은 '자문위원회'를 급하게 생각해냈다. 그러나 그것은 그다지 뛰어난 생각이 아니었다. 나는 스트라세와 바카로가 실패할 것으로 예상했다. 그리고 적어도 1년이 지나면 그들 모두가 손을 뗄 것으로 생각했다.

그런데 한 달 뒤, 스트라세가 환하게 웃는 얼굴로 내 사무실에 들어왔다. 그는 큰소리로 코치들의 이름을 외쳤다. 아칸소의 에디 서턴, 텍

사스의 에이브 레먼스, UNLVUniversity of Nevada, Las Vegas의 제리 타케니언, 사우스캐롤라이나의 프랭크 맥과이어나는 자리에서 벌떡 일어났다. 맥과이어는 살아 있는 전설이었다. 그는 전국 대회에서 윌트 체임벌린이 이끄는 캔자스를 꺾고 노스캐롤라이나에 승리를 안겨주었다. 스트라세는 소리쳤다. "우리, 횡재했어요."

스트라세는 여기에 덧붙여 지금 작업 중인 젊은 코치 두 명도 알려주었다. 그들은 아이오나의 짐 발바노와 조지타운의 존 톰슨이었다 스트라세는 1년 혹은 2년 뒤에 대학 미식축구 코치를 상대로 똑같은 일을 해냈다. 그는 조지아 불도그를 우승으로 이끈 빈스 둘리를 포함해 유명한 코치들을 우리 편으로 끌어들였다. 나이키를 신은 조지아 불도그의 허셸 워커는 정말 대단했다.

우리는 급하게 보도자료를 배포하고는 나이키가 이런 학교들과 계약할 예정이라고 알렸다. 그런데 보도자료에 결정적인 오타가 있었다. 이오나Iona가 아이오와Iowa로 표기된 것이다. 당장 아이오와 팀 코치 루트 올슨에게서 전화가 왔다. 그는 화가 많이 나 있었다. 우리는 사과하고 다음 날 정정 보도자료를 다시 배포했다.

그는 잠잠해졌다. 그러다가 "잠깐만요. 그런데 여기 나오는 자문위원회가 뭐죠?"라고 물었다.

하터의 법칙은 대단한 효력이 있었다.

우리는 다른 종목 선수들도 광고 모델로 영입하려고 했다. 테니스 부문에서는 너스타세를 영입해 개가를 올렸지만, 코너스를 영입하는 데는 실패했다. 그런데 너스타세가 우리를 버리려고 했다. 아디다스가 그에게 1년에 10만 달러를 제시한 것이다. 여기에 신발, 옷, 라켓까지 제공한다는 조건이었다. 우리에게는 이에 맞서 더 나은 조건을 제시할 권한이 있었지만, 불가능한 일이었다. 나는 너스타세의 에이전트를 포함해 관심이 있는 사람들에게 "금전적으로 그래야 할 책임은 없습니다"라고 말했다. "앞으로는 운동선수를 광고 모델로 영입하면서 이보다 더 많은 부담을 지는 일은 없을 겁니다."

1977년 치러진 테니스 대회에선 나이키를 찾아볼 수 없었다. 우리는 즉시 오리건에서 활동하는 프로 선수를 컨설턴트로 영입했다. 그해 여름, 그와 함께 윔블던 대회가 열리는 런던으로 갔다. 우리는 런던에서 첫날에 미국 테니스 관계자를 여러 명 만났다. 그들은 "뛰어난 젊은 선수가 많이 나타났어요. 그중에서 엘리엇 텔셔가 가장 뛰어나지요. 고트프리트도 괜찮아요. 누구를 선택하든 14번 코트에서 경기하는 저 녀석만은 피해야 합니다"라고 말했다.

"왜죠?"

"성질이 급해요."

당장 14번 코트로 달려갔다. 나는 뉴욕에서 온 존 매켄로라는 곱슬머리 고등학생을 보고는 완전히 사랑에 빠져버렸다.

우리는 운동선수, 코치, 한 가지 일에만 열중하는 교수들과 계약하고, 비슷한 시기에 뒤꿈치 쪽으로 폭이 넓어지는 러닝화 'LD 1000'을 내놓았다. 이것은 뒤꿈치 폭이 너무 넓어서 특정한 각도에서 보면 수상 스키 같기도 했다. 뒤꿈치 폭을 넓게 하면 다리에 가해지는 회전력과 무릎에 가해지는 압박을 줄일 수 있다. 그러면 건염을 비롯해 달리기와 관련된 만성적인 질병에 걸릴 위험을 낮출 수 있다. 바우어만 코치가 족병 전문의 빅시에게 자문해 만든 이번 제품은 고객들로부터 많은 사랑을 받았다.

그러나 문제가 생겼다. 육상 선수가 정확하게 착지하지 못하면 LD 1000은 회내발이 몸의 안쪽을 향해 기울어져 있는 상태-옮긴이 현상과 함께 더욱 심하게는 무릎에 문제를 일으켰다. 우리는 즉각 리콜을 선언하고 고객들의 반발에 단단히 대비했다. 그러나 고객들은 반발하지 않았다. 우리는 오히려 고객들로부터 감사의 말을 들었다. 나이키처럼 항상 새로운 시도를 하는 기업은 없었다. 고객들은 우리의 노력이 성공하든 실패하든, 그 자체에 가치를 부여했다. 모든 혁신은 진취적인 사고에서 비롯된다. 우리는 실패를 두려워하지 않았다. 그리고 우리가 실패하더라도 고객들의 사랑은 변치 않았다.

그러나 바우어만 코치는 크게 낙담했다. 나는 바우어만 코치가 없으면 나이키도 없다며, 앞으로도 계속 새로운 제품을 만들어달라는 말로 그를 위로하려고 했다. LD 1000은 문학적인 재능이 뛰어난 천재의 주목받지 못한 소설 작품 같았다. 뛰어난 사람도 실패작을 쓸 때가 있다. 그렇다고 해서 작품 활동을 중단할 이유는 없다.

바우어만 코치에게 위로의 말을 했지만 효과가 없었다. 그리고 나는 우리가 개발 중인 에어 밑창에 관해 말해버리는 실수를 저질렀다. 내가 루디의 공기 주입 기술에 관해 설명하자, 바우어만 코치는 코웃음을 쳤다. "쳇, 에어 슈즈라고? 벅, 그거 안 될걸."

바우어만 코치가 질투하는 것은 아닌지?

나는 좋게 생각하려고 했다. 바우어만 코치의 마음속에서 또다시 경쟁심이 활활 타오르고 있었기 때문이다.

나는 스트라세와 함께 어떤 제품은 잘 팔리고 어떤 제품은 잘 팔리지 않는 이유를 가지고 여러 날에 걸쳐 이야기를 나누었다. 그러다가 우리는 사람들이 나이키에 대해 무엇을 생각하고 왜 그렇게 생각하는 가 하는 더욱 광범위한 주제를 논의하게 됐다. 우리에게는 포커스 그룹이나 시장 조사팀이 따로 없었다. 그런 그룹이나 팀을 둘 만한 형편이 안 됐다. 우리는 주로 직관이나 심지어 점괘에 의지했다. 사람들은 틀림없이 나이키의 디자인을 좋아한다. 이에 대해서는 모두가 동의했다. 사람들은 틀림없이 나이키의 스토리도 좋아한다. 나이키는 오리건의 육상 괴짜들이 만든 회사다. 사람들은 틀림없이 자신이 나이키를 신는다는 사실이 의미하는 바를 좋아한다. 나이키는 브랜드 이상의 의미를 지녔다. 나이키는 자신을 표현하는 방법이다.

나이키는 할리우드에서도 명성을 떨쳤다. 우리는 할리우드에서 활동하는 크고 작은 스타, 떠오르는 스타, 사라지는 스타 등 온갖 종류의 스타를 대상으로 판촉 활동을 펼치기 위해 영업사원을 보냈다. 텔레비전을 켤 때마다 〈스타스키와 허치〉, 〈600만 불의 사나이〉, 〈두 얼굴의 사나이〉 같은 인기 시리즈에 등장하는 인물들이 나이키를 신고 나왔다. 할리우드를 담당한 우리 영업사원들은 〈미녀 삼총사〉의 여주인공 파라 포셋이 세뇨리타 코르테즈를 신고 나오게 만들었다. 이는 세뇨리타 코르테즈의 인기에 결정적인 역할을 했다. 나이키를 신은 파라의 모습이 텔레비전에 잠깐 비치면, 미국 전역의 나이키 소매점에서는 세뇨리타 코르테즈가 다음 날 오전까지 완전히 매진되곤 했다. 당시 UCLA와 USC 치어리더들도 파라 슈즈를 신고 응원에 열중했다.

이 모든 현상이 수요의 증가, 이런 수요를 충족시키는 데 따르는 어려움의 가중을 의미했다. 나이키의 제조 기반은 점점 확대됐다. 이제 우리에게는 일본 공장, 푸에르토리코 공장, 엑서터 공장을 비롯해 타이완에도 공장이 대여섯 곳 있었고, 한국에도 소규모 공장이 두 곳 있었지만, 여전히 수요를 충족시키기가 어려웠다. 또한 공장이 많아지면 현금이 부족해질 수밖에 없었다.

우리는 때로 현금과 무관한 문제에 직면하기도 했다. 예를 들어, 한국에는 예전부터 5대 신발 공장이 있었는데, 이들 간의 경쟁이 너무나도 치열한 나머지 곧 공장 문을 닫아야만 할 것 같았다. 실제로 나는 나이키 브루인을 스우시 상표를 포함해 완벽하게 복제한 제품을 본 적도 있다. 모방은 선망의 표현이라는 말도 있지만, 모조품은 사악한 절도에 불과하다. 다만, 모조품을 제작하면서 우리 직원에게서 아무런 지시를 받지 않고도 뛰어난 솜씨를 발휘한 것이 아주 놀랍고도 인상적이었다. 나는 이 공장의 대표에게 편지로 모조품 제작을 당장 중단하라며, 그렇지 않으면 100년 동안 감옥에서 살게 해주겠다고 했다.

한편으로는 우리와 함께 일할 생각이 있는지도 물어봤다.

그리하여 1977년 여름, 우리는 그 공장과 계약을 체결해 모조품 문제를 마무리했다. 이렇게 필요한 경우 생산지를 변경할 수 있는 역량이 크게 향상됐다.

우리는 더 이상 일본에 의존하지 않았다.

이런저런 문제가 끊임없이 발생했지만, 우리 사업은 탄력을 받기 시작했다. 우리는 이런 탄력을 지속시키기 위해 "결승선은 없다There is no finish line"라는 멋진 슬로건을 내놓았다. 이 문구는 우리의 새로운 광고 에이전시의 CEO 존 브라운의 머리에서 나온 것이다. 그는 얼마 전 시애틀에서 광고 에이전시를 개업한, 젊고 유능한 친구였다. 물론 당시 우리가 주로 고용하던 운동선수들과는 정반대 인물이었다. 나이키에는 존슨과 나 이외에도 앉아서 일하기를 좋아하는 사람이 많았다. 브라운이 운동선수 출신이든 그렇지 않든, 이와 상관없이 그는 나이키의 철학을 완벽하게 전달하는 캠페인과 슬로건을 생각해냈다. 그가 만든 광고에는 미송Douglas fir, 미국 서부산 커다란 소나무─옮긴이으로 둘러싸인 시골길을 혼자서 외롭게 달리는 육상 선수가 등장한다. 확실히 오리건을 상징하는 것이다. 광고 카피에는 이런 말이 나온다. "*다른 사람을 이기는 것은 비교적 쉽다. 나 자신을 이기는 것은 끝없는 헌신을 요구한다.*"

사람들은 이 광고가 대담하고 신선하다고 했다. 이 광고는 제품 자체가 아니라 제품의 이면에 있는 정신에 집중했다. 이런 접근 방식은 1970년대에는 결코 볼 수 없는 것이었다. 사람들은 우리가 이 광고로 세상을 뒤흔들 만한 것을 얻기라도 한 것처럼 나에게 축하의 말을 전했다. 나는 고개를 갸우뚱했다. 내가 겸손해서 그런 게 아니었다. 나는 여전히 광고의 힘을 믿지 않았다. 사실 전혀 믿지 않았다. 나는 제품은 자기 자신을 스스로 설명한다고 생각했다. 결국 중요한 것은 품질이다. 나는 광고가 나의 선택이 잘못됐음을 입증하거나 나의 마음을 바꿀 것이라고 생각해본 적이 한 번도 없었다.

물론 우리 에이전시 사람들은 내 생각이 1000퍼센트 잘못됐다고 말했다. 그럴 때마다 나는 그들에게 이렇게 질문했다. "고객들이 당신이 만든 광고 때문에 나이키를 구매한다고 확실하게 말할 수 있습니까? 그것을 나한테 수치로 분명하게 보여줄 수 있습니까?"

아무런 대답이 없었다.

아니, 그들은 '우리는 확실하게 말할 수 없습니다'라고 대답한 셈이었다.

그렇다면 광고가 없으면 고객들이 열광하지 않는다는 말입니까?

역시 아무런 대답이 없었다.

우리가 편안한 마음으로 광고를 꼼꼼하게 살펴보고 이야기할 시간이 있었으면 좋겠다는 생각이 들었지만, 날마다 급하게 처리해야 할 중요한 일들이 많다 보니 나이키 신발 사진 아래 새겨넣을 슬로건을 가지고 깊이 고민할 시간이 없었다. 1977년 후반, 우리는 전환사채 보유자들 때문에 커다란 위기를 겪었다. 그들이 갑자기 회사로 몰려와서는 전환사채를 현금으로 교환해줄 것을 요구했던 것이다. 전환사채를 현금으로 교환해주기 위한 최선의 방법은 주식 공모다. 우리는 이에 대해 설명하고, 지금 당장은 실행에 옮길 수 없다고 말했다. 그러나 그들은 우리가 하는 말을 들으려고 하지 않았다.

나는 다시 척 로빈슨을 찾아갔다. 그는 2차 대전 당시 전함에서 소령으로 근무하면서 공훈을 세운 적이 있었다. 사우디아라비아로 진출해서는 그 나라의 첫 번째 제철소를 건설했다. 그는 미국이 소련과 곡물 협상을 할 때 조언하기도 했다. 척은 냉혹한 기업 세계를 내가 만난 어느 누구보다도 잘 알고 있었다. 나는 언젠가 적당한 때가 되면 그를 만나 의견을 들을 생각이었다. 그러나 자쿠아 변호사의 말에 따르면,

지난 수년 동안 척은 헨리 키신저 국무장관의 보좌관으로 일하면서 내가 접근할 수 없는 거물이 되어 있었다. 하지만 지미 카터 행정부가 들어서면서 척이 월스트리트로 오게 됐고, 나는 예전처럼 찾아가 그의 이야기를 들을 수 있었다. 나는 척을 오리건으로 초청했다.

척이 우리 사무실에 처음 방문한 날을 결코 잊을 수 없다. 나는 근황에 관한 이야기를 주고받고는 일본의 종합상사에 관해 귀중한 조언을 해준 것에 대해 감사의 말을 전했다. 그러고는 우리 회사의 재무제표를 보여주었다. 그는 서류를 휙휙 넘기더니 갑자기 웃기 시작했다. 도저히 웃음을 참을 수 없는 것처럼 보였다. "재무 구조를 보면, 당신 회사는 일본의 종합상사입니다. 전체 대출에서 이곳을 통한 대출이 90퍼센트를 차지합니다!"

"네, 알고 있습니다."

"이런 식으로 해서는 살아남을 수 없습니다."

"그래서 제가 뵙자고 한 것입니다."

나의 첫 번째 과제는 그를 나이키 이사회 임원으로 초빙하는 것이었다. 놀랍게도 그는 기꺼이 수락했다. 그다음 과제는 주식 공모에 관한 의견을 듣는 것이었다.

그는 주식 공모는 선택이 아닌 필수라고 했다. 그는 나이키는 현금 문제를 근본적으로 해결해야 하며, 그렇지 않으면 회사가 오래가지 못할 것이라고 했다. 그의 말을 듣는 것은 소름 끼치는 일이었지만, 필요한 일이었다.

나는 처음으로 주식 공모를 필연적인 것으로 바라보게 됐다. 주식 공모는 피해갈 수 없는 일이었다, 이런 현실은 나를 슬프게 했다. 물론 주식 공모를 하면 자금 사정이 한결 좋아질 것이다. 그러나 이런 장점은 지금까지 나의 결정에 중요한 영향을 미치지 못했다. 그것은 버트페이스에 참가한 사람들에게도 마찬가지였다. 나는 다음 날 회의에서 척이 말한 내용을 전하면서 논의에 부치지 않고 주식 공모에 대해 또다시 표결을 진행했다.

헤이즈는 찬성이었다.

존슨은 반대였다.

스트라세도 반대였다. 그는 "주식 공모를 하면 우리 문화가 사라질 겁니다"라는 말을 계속 했다.

우델은 결정을 유보했다.

의견 일치를 본 것이 한 가지 있다면, 그것은 주식 공모로 가는 길에 장애물이 없다는 것이었다. 아무것도 거리낄 게 없었다. 매출은 급증하고 있었고, 나이키의 평판은 좋았다. 법적 분쟁도 지나간 일이 됐다. 채무가 있었지만, 이는 관리 가능했다. 1977년 크리스마스 시즌이 시작될 무렵, 밝고 고운 달빛이 우리 집 주변을 환하게 비출 때, 나는 달리기를 하면서 이런 생각을 했다. 모든 것들이 지금 막 변하려고 한다. 이제는 시간문제다.

그리고 문제의 편지가 왔다.

눈에 띄지 않는 작은 봉투였다. 하얀색 일반 봉투. 발신인 주소는 도드라지게 새겨져 있었다. 워싱턴 DC, 미국 관세청 봉투를 뜯는데, 손이 떨렸다. 세금 청구서였다. 2500만 달러.

나는 읽고 또 읽었다. 도대체 무슨 소리인지 알 수 없었다. 겨우 정신을 차리고 이해한 바에 따르면, 나이키는 '미국판매가격American Selling Price'이라는 옛날 관세 부과 방식에 따라 지난 3년 동안의 관세를 납부해야 한다는 연방정부의 통지였다. 미국판매가격이라고? 나는 사무실로 스트라세를 불러 청구서를 읽어보라고 했다. 그는 그것을 보더니 턱수염을 만지고 웃으며 말했다. "이거 뭔가 잘못된 걸 겁니다."

"나도 그렇게 생각해."

우리는 세금 청구서를 보며 무슨 착오가 난 것이라고 생각했다. 연방정부의 주장대로라면, 즉 우리가 연방정부에 2500만 달러를 납부해야 한다면, 나이키는 망하고 만다. 그것도 하루아침에 말이다. 주식 공모에 관한 이야기는 시간만 낭비한 셈이 된다. 1962년 이후로 한 모든 일이 시간만 낭비한 것이 된다. "결승선은 없다"고 했던가? 바로 여기에 있다. 이것이 바로 결승선이었다.

스트라세는 몇 군데 전화를 하고는 그다음 날 사무실로 들어왔다. 이번에는 웃지 않았다. "이거 사실일 수도 있겠는데요."

우리는 세금 청구의 배후가 의심스러웠다. 우리의 경쟁 기업인 컨버스와 케즈를 포함해 일부 소규모 공장, 다시 말하자면 미국 신발 산업에 남아 있는 기업들이 도사리고 있는 게 분명했다. 바로 그들이 우리의 성장을 방해하기 위해 워싱턴에서 로비 활동을 벌였고, 기대 이상의 성과를 거둔 것이다. 그들은 세관원들을 설득해 미국판매가격을 적용하게 만들어서 우리의 발목을 잡으려고 했다. 이는 대공황 이전의 보호주의보호주의가 대공황을 촉발했다고 말하는 이도 있다 시절로 그 기원이 거슬러 올라가는 구닥다리 법에 따른 것이었다.

미국판매가격법에 의하면 나일론 신발의 수입 관세는 미국 내 경쟁 기업이 '비슷한 제품'을 판매하지 않을 경우 제조원가의 20퍼센트가 되어야 한다. '비슷한 제품'을 판매할 경우 수입 관세는 경쟁 기업 판매 가격의 20퍼센트가 된다. 우리의 경쟁 기업들은 그들이 미국에서 제조해 판매하는 일부 신발이 '비슷한 제품'이라고 주장하고 이에 대해 터무니없이 비싼 가격을 책정해 게다가 불까지도 일으켜서 수입 관세가 많이 부과되도록 하는 전략을 펼쳤다.

그들은 이런 지저분한 술책으로 우리에게 부과되는 수입 관세가 40퍼센트나 오르게 했을 뿐만 아니라 이를 소급 적용하도록 했다. 그 결과, 미국 관세청이 우리에게 무려 2500만 달러에 달하는 수입 관세를 부과한 것이다. 스트라세는 그것이 지저분한 술책이든 아니든 간에 관세청이 농담한 것은 아니라고 했다. 지금 우리는 관세청에 2500만 달러의 빚을 졌고, 그들은 그 빚을 당장 갚을 것을 요구했다.

나는 책상에 머리를 박고 말았다. 몇 년 전만 해도 나는 오니쓰카와 싸움을 벌였다. 그때 나는 오니쓰카와의 싸움은 문화적인 차이에서 비롯됐다고 생각했다. 마음 한구석에 2차 대전의 앙금이 남아 있어서 과거의 적과 싸우는 게 많이 힘들지는 않았다. 그런데 지금 나는 일본의 입장에 서서 미국 정부와 싸우고 있었다.

내가 전혀 생각지도 않았고 원하지도 않았던 싸움이지만, 나는 이 싸움을 피할 수 없었다. 패배는 전멸을 의미했다. 미국 정부가 요구하는 것은 2500만 달러였다. 이는 1977년 매출과 거의 맞먹는 금액이었다. 1년 매출에 해당하는 금액을 어떻게든 납부하더라도 40퍼센트나 인상된 수입 관세를 계속 부담할 순 없는 일이었다.

나는 한숨을 쉬고는 스트라세에게 말했다. "우리가 할 일은 하나밖에 없어. 우리가 가진 역량을 총동원해 이 싸움에서 승리하는 거야."

이번 위기가 다른 어떤 위기보다 나를 정신적으로 더 많이 괴롭히는 이유를 알 수 없었다. 나는 마음속으로 '지금까지 우리는 어려운 시절을 잘 헤쳐 나왔어. 이번에도 잘 헤쳐 나갈 거야'라고 다짐하고 또 다짐했다.

그러나 이번 위기는 예전과는 다르게 느껴졌다.

페니에게 이번 위기에 관해 이야기하려고 했다. 페니는 내가 실제로는 말을 하지 않고서 그냥 투덜거리다가 멍하니 허공만 쳐다보았다고 했다. 페니는 화가 나기도 하고 조금은 당황스럽기도 한 표정으로 "당신은 지금 벽을 쌓고 있어"라고 말했다. 그때 나는 남자들은 싸울 때 원래 이렇게 한다고 말했어야 했다. 남자들은 싸울 때 성벽을 쌓고, 외부 세계와 차단하고, 주변에 해자를 두른다.

그러나 나는 스스로 쌓아놓은 성벽에 갇혀서 어찌할 바를 몰랐다. 나는 대화 능력을 완전히 상실해버렸다. 나는 침묵하거나 화를 냈다. 밤늦게 스트라세, 헤이즈, 우델 혹은 아버지와 전화를 했지만, 도저히 해결 방안을 찾을 수 없었다. 그동안 열심히 해왔던 사업을 접어야만 할 것 같았다. 나는 전화기에 대고 화를 풀었다. 수화기를 가지런히 내려놓지 않고 집어던져버렸다. 수화기가 박살 날 때까지 점점 더 세게 던졌다. 전화기를 죽도록 두들겨 팬 적도 여러 번이다.

이 짓을 서너 번 했을 때쯤 전화를 수리하러 온 전화 회사의 수리공이 나를 살벌한 시선으로 노려봤다. 그는 전화기를 교체하고 다이얼 신호음이 들리는지 확인한 뒤 공구함을 챙기면서 아주 부드러운 목소리로 타일렀다. "정말 성숙하지 못한 행동입니다."

나는 고개를 끄덕였다.

"다 큰 어른이 왜 이러십니까?"

나는 또다시 고개를 끄덕였다.

나는 마음속으로 '전화 수리공이 당신을 꾸짖는다면, 당신의 행동은 분명히 잘못된 것이다'라고 생각했다. 나는 그날 나 자신과 약속했다. 이제부터 나는 생각을 많이 하고 숫자를 거꾸로 세고 밤에 19킬로미터를 달리는 등 마음을 진정시키기 위해 모든 수단을 동원할 것이라고 다짐했다.

마음을 진정시키는 것은 좋은 아버지가 되는 것과 다른 의미다. 나는 항상 나의 아버지보다 더 좋은 아버지가 되고 싶었다. 나는 아이들에게 관심과 사랑을 더 많이 주고 싶었다. 그러나 1977년이 저물 무렵, 나 자신을 솔직하게 평가하면, 내가 아이들과 함께 있는 시간이 얼마나 되는가를 생각하면, 심지어 내가 집에 있을 때 아이들을 얼마나 멀리했는가를 생각하면, 낮은 평점을 줘야 할 것 같았다. 엄격하게 점수로 평가하면, 나의 아버지보다 겨우 10퍼센트 정도 높은 점수를 주어야 할 것 같았다.

나는 '적어도 내가 나의 아버지보다는 더 나은 아버지다'라고 생각했다.

나는 적어도 아이들이 잠들기 전에 옛날이야기를 해주었다.

"1773년 4월 보스턴에서는 화가 난 식민지 주민들이 그들이 좋아하는 차에 대한 수입 관세 인상에 항의했어요. 매튜 히스토리와 트래비스 히스토리는 보스턴항에 정박한 세 척의 배에 몰래 올라타서는 차 상자를 모두 바다로 던져버렸죠."

아이들의 눈이 감기자, 나는 방에서 나와 안락의자에 앉아 아버지에게 전화를 했다. "아버지, 잘 지내고 계세요?"

"나 말이냐? 별로야."

지난 10년 동안, 나는 매일 밤 아버지에게 안부 전화를 드렸다. 이것은 나에게 잠들기 전에 마시는 한 잔의 술, 다시 말하자면 구원과도 같았다. 나는 이 시간을 기다리는 낙으로 살았다. 나는 아버지에게서 무엇인가를 얻고 싶었다. 비록 그것이 무엇인지 꼭 집어서 말할 순 없지만 말이다.

걱정 말라는 말?

긍정의 말?

위로의 말?

1977년 12월 9일, 나는 이 모든 것을 한꺼번에 얻었다. 물론 스포츠 덕분이었다.

그날 밤, 휴스턴 로키츠와 로스앤젤레스 레이커스의 경기가 있었다. 후반전이 시작되자, 레이커스의 가드 놈 닉슨이 점프 슛을 했으나 실패했다. 로키츠의 아이오와 출신 213센티미터짜리 장대 케빈 커너트와 레이커스의 커밋 워싱턴이 리바운드 쟁탈전을 벌였다. 서로 몸싸움을 하는 과정에서 워싱턴이 커너트의 바지를 끌어내리자, 커너트가 팔꿈치로 워싱턴을 밀어젖혔다. 이에 워싱턴이 커너트의 머리를 강타하면서 싸움이 본격적으로 일어났다. 로키츠의 루디 톰자노비치가 동료를 도우러 달려가자, 워싱턴은 방향을 돌리더니 무지막지한 펀치를 날렸다. 톰자노비치의 코와 턱이 박살났다. 두개골과 얼굴뼈가 드러날 지경이었다. 톰자노비치는 엽총에 맞은 것처럼 바닥에 쓰러졌다. 그의 거대한 몸이 주먹 한 방에 쿵 하고 바닥에 쓰러졌다. 이 소리는 LA 포럼 관중석 상단까지 울렸다. 톰자노비치는 피가 흥건하게 고여 있는 바닥에 꼼짝도 하지 않고 드러누워 있었다.

나는 그날 밤 아버지에게서 이 소식을 들을 때까지 이런 일이 일어난 줄 전혀 모르고 있었다. 아버지는 몹시 흥분하셨다. 나는 아버지가 그 경기를 봤다는 사실 자체가 놀라웠다. 그해에는 우리의 트레일 블레이저스가 전년도 NBA 우승팀이었기 때문에 포틀랜드 사람이라면 누구나 농구에 빠져 있었다. 그렇더라도 그 경기가 아버지를 흥분시킬 만한 게임은 아니었다. 아버지는 양 팀 선수들이 엉켜 싸우던 모습을 설명하면서 외쳤다. "그런데 말이야. 벅, 아주 대단한 일이 벌어졌어." 아버지는 오랫동안 말을 멈췄다가 잔뜩 들뜬 목소리로 말했다. "카메라가 톰자노비치가 신은 신발을 계속 비췄는데, 스우시가 텔레비전에 선명하게 나왔어."

아버지가 그처럼 자부심을 가지고 말씀하시는 것은 처음이었다. 그 순간 톰자노비치는 병원에서 사경을 헤매고 있었다. 그의 얼굴뼈는 머리 주변을 떠돌고 있었다. 하지만 벅 나이트의 로고는 전국적으로 스포트라이트를 받았다.

그날 밤, 스우시는 아버지의 눈앞에 생생하게 등장했다. 아들이 무척이나 자랑스러웠을 것이다. 아버지가 자랑스러웠다고 말씀하시지는 않지만 수화기를 내려놓으면서 그랬을 것 같은 느낌이 들었다.

아버지가 저러시는 걸 보니 어쩌면 내 사업이 보람 있는 일인지도 모르겠다는 생각이 들었다.

어쩌면 말이다.

창업 첫해 밸리언트 트렁크에 신발을 싣고 다니면서 몇백 켤레를 팔고 다닌 이후, 매출은 해마다 엄청나게 증가했다. 특히 1977년 한 해가 저물 무렵에는 그야말로 미친 듯이 증가해 거의 7000만 달러에 달했다. 페니와 나는 좀 더 큰 집을 사기로 했다.

미국 정부와 사활을 건 싸움을 앞둔 상황에서 그런 일을 추진했다는 것이 이상하게 보일 수도 있다. 그러나 나는 모든 일이 잘 해결될 거라는 기대를 가지고 살아가려고 했다.

행운은 용감한 사람에게 찾아오는 법이다.

또한 나는 기분 전환이 필요하다고 생각했다.

어쩌면 그렇게 하는 것이 운의 변화를 일으킬지도 모른다.

물론 정든 집을 떠나자니 섭섭하기도 했다. 아이들은 이 집에서 첫걸음마를 뗐다. 매튜는 여름이 오면 마당의 수영장에서 노는 것을 낙으로 삼았다. 매튜는 평소와 다르게 물속에서 장난칠 때는 지극히 편해 보였다. 페니가 고개를 가로저으면서 "매튜는 절대로 물에 빠져 죽지는 않을 거야"라고 말하던 모습이 생생하다.

하지만 두 아이들이 점점 커가면서 좀 더 넓은 집이 절실하게 필요했다. 그리고 우리가 새로 살 집은 상당히 넓었다. 힐즈버러의 고지대에 있으며, 마당이 2만여 제곱미터에 달했고, 방은 하나같이 넓었으며 바람도 잘 통했다. 우리는 새 집에서 머문 첫날부터 이곳이 바로 우리가 찾던 집이라는 생각이 들었다. 뿐만 아니라 내가 안락의자에 앉아

쉬기에 안성맞춤인 공간도 있었다.

　새로운 집에서 새로운 출발을 위한 새로운 계획을 수립했다. 힐즈버러에 있는 동안에 나는 청소년 농구 경기장, 축구 경기장, 리틀 야구 경기장을 찾아가기 바빴다. 주말에는 매튜에게 배팅 훈련을 시켰다. 그런데 우리 두 사람은 그것을 왜 하는지 도무지 알 수 없었다. 매튜는 뒷발을 고정시키라는 지시를 따르지 않았다. 매튜는 내 말을 듣지 않고 항상 고집을 부렸다.

　"공이 움직이는데 왜 뒷발을 움직이면 안 돼?"

　"뒷발을 움직이면 공을 맞히기 어렵잖아."

　이는 매튜에게 만족스러운 설명이 되지 않았다.

　매튜는 반항적인 기질이 넘쳤다. 반골 기질이 아주 심해서 어떠한 권위에도 복종하지 않으려고 했다. 매튜는 모든 곳에 권위가 잠재되어 있다고 생각했다. 매튜는 누군가가 자기 의지에 반대하면 이를 자신에 대한 억압으로 간주하고는 무력을 행사했다. 예를 들어, 축구 경기를 할 때 매튜는 무정부주의자처럼 뛰어다녔다. 그는 상대 팀 선수와 겨루지 않고 규정 체계를 말한다과 겨루려고 했다. 상대 팀의 뛰어난 선수가 자기를 향해 달려오면, 공과는 무관하게 그 아이의 정강이를 걷어차버렸다. 그 아이가 쓰러지면 아이의 부모님이 달려나가고, 경기장은 완전히 아수라장이 됐다. 축구 경기는 매튜 때문에 난장판이 되기 일쑤였다. 매튜의 표정을 보면서 나는 매튜가 나만큼이나 그 자리를 떠나고 싶어 한다는 사실을 깨달았다. 매튜는 축구를 좋아하지 않았다. 아니, 매튜는 스포츠 자체를 좋아하지 않았다. 운동 경기를 할 때면 매튜는 거의 일종의 의무감 때문에 뛰는 것처럼 보였다.

시간이 지나면서 매튜의 행동은 동생을 억압하는 결과를 가져왔다. 트래비스는 운동신경이 뛰어나고 스포츠를 좋아했지만, 형 때문에 점점 흥미를 잃었다. 언제부터인지 트래비스는 운동 경기에 관심을 끊었다. 그는 어떤 팀에도 속하지 않았다. 나는 트래비스에게 다시 한 번 생각해보라고 했지만, 말을 듣지 않았다. 트래비스와 매튜의 유일한 공통점은 바로 이처럼 고집스러운 성격이었다. 어쩌면 나를 닮은 것인지도 모른다. 내 인생에서 가장 힘들고 어려운 협상은 바로 두 아들과의 협상이었다.

1977년의 마지막 날 밤, 나는 새로 이사 간 집 주변을 산책한 뒤 불을 끄고 잠자리에 들 준비를 했다. 그날따라 나의 존재 밑바닥에서 심한 균열이 일어나고 있음을 느꼈다. 나의 삶, 나의 사업은 스포츠와 깊은 관련이 있었다. 나와 나의 아버지의 유대도 스포츠와 깊은 관련이 있었다.

그런데 두 아들 녀석은 모두 스포츠와 무관한 삶을 살려고 했다. '미국판매가격'처럼 이런 운명도 아주 부당하게 여겨졌다.

급격한 성장, 그리고 좌충우돌

스트라세는 우리의 오성 장군이었다. 전쟁이 벌어지면 나는 항상 그를 따를 준비가 되어 있었다. 오니쓰카와의 전쟁에서 그의 분노는 나에게 위안이 됐고 나를 지탱하는 힘이 됐다. 그의 정신은 엄청난 무기가 됐다. 연방정부와의 새로운 전쟁에서 그는 지난번보다 두 배는 더 많이 화를 냈다. 나는 그런 스트라세가 믿음직스러웠다. 그는 분노한 바이킹 전사처럼 사무실을 쿵쿵거리며 걸었는데, 그의 발걸음 소리가 나에게는 듣기 좋은 음악처럼 느껴졌다.

그러나 우리는 분노만으로는 충분하지 않다는 것을 알고 있었다. 스트라세만으로도 충분하지 않았다. 우리는 미국 정부를 상대로 싸워야 했다. 유능한 사람이 몇 명 더 필요했다. 스트라세는 포틀랜드의 젊은 변호사이자 자기 친구인 리처드 워시컬을 찾아갔다.

나는 내가 워시컬을 소개받은 적이 있는지는 기억나지 않는다. 누가 나한테 그를 만나보라고 혹은 고용하라고 제안했는지도 기억나지 않는다. 다만 내가 갑자기 그의 존재를 지나칠 정도로 의식하게 됐다는 사실만 기억난다. 집 앞마당에 혹은 내 머리 위에 커다란 딱따구리 한 마리가 앉아 있는 것 같았다.

워시컬의 등장은 대체로 기쁜 일이었다. 그는 힘차게 돌아가는 모터 같았다. 스탠퍼드에서 학부를 졸업하고, 오리건대학교 로스쿨을 마친 그는 강렬한 개성을 지닌 사람으로 존재감이 넘쳐났다. 검은 피부에 안경을 낀 강인하고도 냉소적인 그는 스타워즈에 나오는 다스 베이더처럼 냉철한 두뇌에 깊고도 그윽한 바리톤 음색의 목소리를 지녔다. 그는 무슨 일에든 항상 계획을 갖고 있는 사람 같았다. 그 계획에는 항복이나 잠자는 시간은 포함되어 있지 않았다.

워시컬에게는 별난 데도 있었다. 우리 나이키 사람 모두가 그랬지만, 워시컬은 우리보다 훨씬 더 심했다. 그는 항상 뜻밖의 행동을 해서 우리들을 당혹스럽게 했다. 예를 들어, 그는 오리건에서 태어나고 자랐지만, 의외로 동부 사람의 성향을 지녔다. 푸른색 코트, 분홍색 셔츠, 나비넥타이. 그의 억양은 뉴포트Newport, 미국 로드아일랜드 주 남동부의 항구 도시-옮긴이의 여름, 예일대학교와 하버드대학교의 조정 경기, 귀족 스포츠인 폴로 경기를 연상시켰다. 우리는 오리건의 윌래밋 밸리 주변을 훤히 꿰고 있는 사람의 기이한 행동을 받아들여야 했다. 워시컬은 재치 있고 심지어 어처구니없는 짓도 했지만, 금방 분위기를 바꾸고는 자기 일에 진지하게 빠져들었다.

특히 나이키와 미국 정부 간의 전쟁에는 그 어떤 사건보다 더 진지하게 몰입했다.

나이키 사람 중에는 워시컬의 진지함이 강박관념에 가깝다고 생각해서 이를 걱정하는 사람도 있었다. 나는 괜찮았다. 그의 강박관념이 오직 일을 위한 것, 즉 나를 위한 것이라면, 이를 마다할 이유가 없었다. 그가 안정감이 없다고 말하는 이도 있었다. 그러나 안정감에 관한 한, 우리 중 누가 그를 손가락질할 수 있겠는가?

무엇보다 스트라세가 그를 좋아했다. 나는 스트라세를 신뢰했다. 스트라세가 워시컬을 데려와 우리 편이 되어줄 정치인들에게 접근하도록 그를 워싱턴 DC로 보내자고 했을 때, 나는 전혀 주저하지 않았다. 물론 워시컬도 마찬가지였다.

워시컬을 워싱턴으로 파견하면서 거의 동시에 헤이즈를 엑서터로 보내 공장이 잘 돌아가고 있는지, 우델과 존슨이 사이좋게 지내고 있는지 확인하도록 했다. 그리고 그 지역의 고무 공장을 구매하는 안건을 검토해보라고 했다. 누군가 그 공장이 우리 제품의 바닥창과 중창의 품질을 개선하는 데 도움이 될 거라고 했다. 게다가 바우어만 코치도 실험을 위해 그 공장을 원했다. 나는 바우어만 코치가 원하면 무엇이든지 한다는 원칙을 고수하고 있었다. 나는 우델에게 바우어만 코치가 셔먼 탱크를 요청해도 군소리 없이 구입하라고 했다. 국방부에 전화만 하라.

그런데 헤이즈가 우델에게 고무 공장에 관해 묻자, 우델은 고개를 갸우뚱하면서 자기는 전혀 들어본 적이 없다고 했다. 우델은 헤이즈에게 고무 공장에 관해 잘 알고 있는 지암피에트로에게 가보자고 했다. 며칠이 지나서 헤이즈는 지암피에트로와 함께 메인 주의 오지라 할 만한 사코라는 작은 마을의 산업 시설 경매장으로 갔다.

헤이즈는 경매장에서 고무 공장을 찾을 수 없었다. 하지만 경매장 자체, 즉 사코강의 작은 섬에 있는 오래된 붉은 벽돌 공장이 마음에 들었다. 그 공장은 스티븐 킹의 공포 소설에나 나올 것 같은 모습이었지만, 헤이즈는 전혀 섬뜩해하지 않았다. 그 공장은 오히려 그의 마음을 사로잡았다. 불도저에 집착하는 헤이즈는 녹이 슬어 못쓰게 된 그 공장에 홀딱 반했다. 더욱 놀라운 사실은 이 공장이 50만 달러에 매물로 나왔다는 것이다. 헤이즈는 공장 주인에게 10만 달러를 제시했고, 그들은 20만 달러에 합의를 보았다.

그날 오후, 헤이즈와 우델이 전화했다. "축하합니다."

"무슨 축하?"

"고무 공장 가격에 돈을 조금 더 보태 아주 멋진 공장을 갖게 되어서 말이야."

"도대체 무슨 말을 하는 거야?"

그들은 새로운 사실을 차근차근 설명했다. 하지만 가격에 대해서는 어머니에게 마법의 콩에 관해 설명하는 잭처럼 웅얼거렸다. 게다가 그 공장은 수리하려면 수만 달러가 더 필요했다.

그들은 술에 취한 것 같았다. 우델은 뉴햄프셔 주의 주류 할인 매장에서 사온 술을 마신 것을 시인했지만, 헤이즈는 "이런 가격이라면 술을 안 마실 수 없지!"라고 함성을 질렀다.

나는 자리에서 일어나 전화기에 대고는 "멍청하기는! 메인 주 사코의 멈춰버린 공장을 어디에 쓰란 말이야?"라고 소리쳤다.

그들은 "지금 당장은 창고로 쓰면 어떨까? 이 공장은 앞으로 엑서터 공장을 보완하게 될 거야"라고 말했다.

나는 내가 좋아하는 존 매켄로처럼 "설마, 진담으로 하는 말은 아니겠지! 그러기만 했단 봐!"라고 소리를 질렀다.

"너무 늦었어. 이미 계약했는걸."

전화 끊어지는 소리가 들렸다.

나는 자리에 털썩 주저앉았다. 화가 나지도 않았다. 화를 내기에는 너무나도 어이가 없었다. 연방정부는 나한테 없는 2500만 달러를 내놓으라고 끈덕지게 독촉했다. 그리고 나를 위해 일한다는 사람들은 바쁘게 돌아다니다가 나한테 물어보지도 않고 몇십만 달러짜리 수표를 끊었다. 나는 갑자기 조용해졌다. 금방이라도 기절할 것 같았다. 알게 뭐야? 나중에 연방정부가 찾아와서 사무실에 있는 집기, 창고에 있는 제품을 다 걷어갈 때, 사코의 멈춰버린 공장을 어디에 쓸 것인지 고민하겠지.

나중에 헤이즈와 우델이 다시 전화해서는 그 공장을 매입했다는 말은 농담이라고 했다. 그들은 "그냥 장난한 거야. 하지만 그 공장을 살 필요는 있어. 아니, 꼭 사야 돼"라고 말했다.

나는 "알았어요. 멍청이들이 알아서 하세요"라고 피곤하게 말했다.

이후로도 매출은 빠른 속도로 증가해 1979년에는 1억 4000만 달러에 달했다. 품질도 덩달아 좋아졌다. 무역과 산업 부문에 종사하는 사람들은 나이키를 높이 평가하면서 이제는 나이키의 품질이 아디다스보다 더 낫다고 했다. 개인적으로 나는 그들이 잔치에 너무 늦게 왔다는 생각이 들었다. 품질 면에서 보면, 나이키 제품은 처음에 몇 차례

시행착오가 있었지만, 최고가 된 지 이미 여러 해가 지났다. 우리는 혁신에서 결코 뒤처지는 법이 없었다. 게다가 루디의 에어 슈즈가 이미 구체화 단계에 접어든 상태였다.

우리는 정부와의 전쟁을 제외하고는 아주 잘나가는 기업이었다.

다시 말해, 우리는 사형 집행을 기다리는 것을 제외하고는 화려한 시절을 누리고 있었다.

또 한 가지 좋은 일은 우리 본사가 계속 커지고 있다는 것이었다. 그해 우리 회사는 다시 이사를 갔다. 비버튼에 위치한 연면적 3700여 제곱미터에 달하는 건물을 우리 혼자서 쓰게 됐다. 내가 혼자서 쓰는 사무실은 깔끔할 뿐 아니라 첫 번째 본사인 핑크 버킷 옆 사무실보다 더 넓었다.

그리고 완전히 비어 있었다. 인테리어 디자이너가 일본식 미니멀리스트minimalist, 소수의 단순한 요소를 통해 최대 효과를 이루려는 사고방식을 지닌 예술가—옮긴이를 지향했는데, 그녀는 어디 한 군데를 재미나게 건드려서 모든 사람에게 웃음을 주려고 했다. 그녀는 내 책상 옆에 야구 미트 모양의 가죽 의자를 두면 나를 찾아오는 사람들이 폭소를 터뜨릴 것이라고 생각했다. 그녀는 "이제 사장님께서는 매일 거기에 앉아서 스포츠 용품만 생각하게 될 겁니다"라고 말했다.

나는 야구 미트에 파울 볼처럼 앉아서 창밖을 보았다. 그 순간의 유머와 아이러니를 맛보며 즐겼어야 했다. 나는 고등학교 시절에 야구팀에서 버림받고는 커다란 상처를 받았다. 그러나 지금은 멋진 사무실에서 거대한 야구 미트에 앉아 프로야구 선수들에게 야구용품을 판매하는 회사를 경영하고 있다. 그런데 나는 내가 걸어온 길을 소중하게 되돌아보지 않고, 앞으로 가야 할 길만 걱정하고 있었다. 창밖에는 아름다운 소나무들이 숲을 이루고 있었지만, 그 아름다움을 느낄 만큼 마음이 편하지 않았다.

당시에는 이유를 알 수 없었지만, 지금은 알고 있다. 당시 나는 스트레스에 절어 있었다. 문제에 빠져들면, 그것이 뚜렷하게 보이지 않는다. 극도로 예민해지면 아무것도 보이지 않는다.

나는 영차영차 하면서 직원들에게 기를 불어넣기 위해 1978년의 마지막 버트페이스를 개최했다. 하지만 정작 기를 불어넣고 싶었던 것은 나 자신이었다. 나는 직원들 앞에서 버트페이스의 시작을 알렸다.

"여러분, 우리 신발 산업은 백설 공주와 일곱 난쟁이로 이루어져 있습니다! 그리고 내년에는 드디어 일곱 난쟁이 중 한 사람이 백설 공주의 치맛자락을 잡으러 갈 겁니다!"라고 말했다.

이런 비유는 설명이 필요할 것 같아서, 나는 아디다스가 백설 공주라고 했다. 그리고 우렁차게 "이제 우리 나이키의 시대가 오고 있습니다!"라고 외쳤다.

우리는 오래전 스포츠 의류 생산을 시작했어야 했다. 아디다스가 신발보다 옷을 더 많이 판매하고 있다는 단순한 사실은 차치하더라도, 옷은 그들에게 심리적 우위를 갖게 했다. 옷을 생산하면 스타급 운동선수들을 광고 모델로 끌어들이는 데 도움이 된다. 아디다스는 미래의 광고 모델을 찾아가 셔츠, 팬츠 등을 가리키면서 "우리가 당신에게 줄 수 있는 것들을 보십시오"라고 말할 수 있었다. 스포츠용품 매장 사진을 펼치면서도 같은 말을 할 수 있었다.

또한 주식 공모를 추진할 때, 월스트리트는 신발만 생산한다면 우리를 제대로 평가해주지 않을 것이다. 연방정부와 전쟁을 벌일 때도 마찬가지였다. 우리는 제품을 다변화해야 했다. 이는 우리가 의류 사업으로 진출해야 한다는 것을 의미했다. 그렇게 하려면 이를 맡아줄 뛰어난 사람이 필요했다. 나는 버트페이스에서 그 사람이 바로 론 넬슨이라고 말했다.

헤이즈가 물었다. "왜 넬슨이지?"

"우선 그는 CPA 출신입니다."

헤이즈는 손사래를 쳤다. "결국 CPA를 한 사람 더 뽑자는 거야?"

헤이즈가 말한 대로였다. 나는 CPA와 변호사만 뽑아댔다. 내가 CPA와 변호사를 특별히 좋아하는 건 아니다. 다만 다른 곳에서 유능한 사람을 찾을 여건이 안 됐다. 나는 헤이즈에게 신발학과를 설치한 대학교가 없다는 이야기를 여러 번 했다. 만약 그런 데가 있다면 인재를 얻기 위해 그곳을 찾아갔을 것이다. 우리는 똑똑한 사람을 뽑아야 했다. 이는 아주 중요한 일이었다. 그리고 적어도 회계사와 변호사는 어려운 과제를 처리할 수 있는 사람이라는 믿음이 갔다. 그들은 큰 시험을 통과했다.

그들 중 대다수가 기본적인 능력을 보여줬다. 회계사를 뽑으면 계산하는 능력을 보여줬다. 변호사를 뽑으면 말하는 능력을 보여줬다. 시장 전문가 혹은 제품 개발자를 뽑으면 그들은 무엇을 보여줄까? 우리는 그들이 무엇을 할 수 있는지 전혀 알지 못했다. 경영학과를 갓 졸업한 사람은 어떤가? 그들은 신발을 팔러 다니는 일로 직장 생활을 시작하고 싶어 하지 않았다. 게다가 그들은 경력이 전혀 없었다. 따라서 면접 결과만 가지고 도박을 해야 됐다. 우리는 도박에서 돈을 잃어도 될 만큼 여유가 있지 않았다.

넬슨은 다른 회계사와 마찬가지로 능력이 뛰어났다. 그는 겨우 5년 만에 매니저가 됐다. 엄청나게 빨리 승진한 셈이다. 고등학교 시절에는 졸업생 대표로 고별 연설을 했다 나중에 알게 된 일인데, 그는 몬태나 동부에서 고등학교를 다녔고, 자기 반 학생 수가 다섯 명이라고 했다.

이 친구의 단점은, 너무 일찍 회계사가 되어서 나이가 어리다는 것이었다. 어쩌면 의류 사업 출범이라는 중책을 맡기에는 너무 어린지도 몰랐다. 그러나 나는 의류 사업을 시작하는 것은 비교적 쉬운 일이기 때문에 그가 어리다는 사실은 그다지 중요하지 않다고 생각했다. 의류 사업에는 기술이나 물리법칙이 필요하지 않다. 언젠가 스트라세가 빈정댔듯, "의류 사업에는 에어 셔츠 같은 것이 없다."

그런데 넬슨을 뽑고 그를 처음 만났을 때 우리는 엄청 당황했다. 그에겐 스타일 감각이 전혀 없었다. 넬슨을 보면 볼수록, 내가 본 사람 중에 옷을 가장 못 입는 사람이라는 생각이 들었다. 스트라세보다 더 심했다. 그가 타고 다니는 차도 마찬가지였다. 어느 날 주차장에서 끔찍한 갈색 차를 보았다. 넬슨에게 그 이야기를 했더니 그는 웃으면서 자기는 지금까지 계속 갈색 자동차만 탔다고 자랑할 정도로 대단한 용기를 과시했다.

나는 헤이즈에게 "아무래도 내가 넬슨을 잘못 뽑은 것 같아"라고 털어놓았다.

나도 패션 감각이 없지만, 상황에 맞게 옷을 입을 줄은 안다. 그리고 의류 사업에 뛰어들 생각을 하기 시작하면서 내가 입는 옷, 내 주변 사람들의 옷에 관심을 기울이기 시작했다. 의류 사업 출범식 날, 나는 아주 오싹한 장면을 보았다. 은행 직원, 투자자, 닛쇼의 영업사원 들처럼 우리가 좋은 인상을 주어야 할 사람들이 복도를 지나면서 하와이안 셔츠를 입은 스트라세, 불도저를 몰다 온 듯한 헤이즈에게 지대한 관심을 보였던 것이다. 때로 우리의 기행은 웃음을 자아내기도 했다풋로커 Foot Locker 대표는 "우리는 당신들의 자동차를 보기 전까지 당신들을 신으로 생각했습니다"라고 말했다. 그러나 주로 당혹스러울 때가 많았다. 이런 반응은 우리 회사에 해롭게 작용할 것 같았다. 그래서 1978년 추수감사절 무렵, 엄격한 복장 규정을 마련했다.

물론 반응은 좋지 않았다. 많은 이가 엉터리 회사, 엉터리 규정이라고 투덜거렸다. 나는 한순간에 조롱거리가 됐지만, 무시하려고 했다. 그런데 누가 봐도 스트라세는 옷을 일부러 더 형편없게 입으려는 것 같았다. 어느 날 스트라세가 방사능을 측정하기 위해 가이거 계수기를 들고 해변을 걷는 사람처럼 헐렁한 버뮤다 반바지를 입고 나타났다. 더 이상 봐줄 수 없었다. 이것은 위계질서를 완전히 허무는 짓이었다.

나는 복도에서 스트라세를 가로막고는 소리를 질렀다. "넥타이에 정장을 입으라고 했잖아!"

"우리는 넥타이에 정장을 입는 회사가 아닙니다!"

"지금은 그런 회사야."

스트라세는 대꾸도 하지 않고 자기 사무실로 가버렸다.

그다음 날에도 스트라세는 반항이라도 하듯 옷을 아무렇게나 입고 출근했다. 나는 벌금을 부과하기로 결심하고는 경리직원에게 스트라세의 다음 달 봉급에서 75달러를 감봉하라고 지시했다.

물론 스트라세는 몹시 흥분해서 은밀한 계략을 꾸몄다. 며칠 뒤 스트라세와 헤이즈는 양복에 넥타이를 매고 출근했다. 그런데 그 양복과 넥타이가 뭐라 말할 수 없을 정도로 우스꽝스러웠다. 그들은 줄무늬, 격자무늬, 물방울무늬, 바둑판무늬가 들어간 레이온과 폴리에스테르 원단그리고 삼베 같기도 했다 양복을 입고 나타났다. 그들이 연출한 익살극에는 저항과 불복종의 정신이 숨어 있었다. 복장 규정에 맞서 간디의 길을 가겠다는 이 두 사람들에게 죄수복을 입힐 순 없었다. 대신에 다음 버트페이스에 이들을 초청하지 않았다. 그리고 집으로 보내며 어른스럽게 행동하고 옷을 입을 수 있을 때까지는 회사에 나오지 말라고 했다.

나는 스트라세에게 "그리고 또 벌금을 부과할 거야!"라고 소리 질렀다.

스트라세는 "엿이나 먹어!"라고 받아쳤다.

정확하게 바로 그 순간, 넬슨이 내게 다가왔다. 넬슨의 복장은 스트라세보다 훨씬 더 불량했다. 폴리에스테르 나팔바지에 배꼽이 보일 정도로 열려 있는 분홍빛 실크 셔츠. 스트라세와 헤이즈는 원래 그렇다 치더라도, 나의 복장 규정에 저항하는 이 친구는 도대체 뭐지? 도대체 들어온 지 얼마나 됐다고 저렇게 행동하는 거지? 나는 문을 가리키면서 넬슨에게도 당장 집으로 가라고 했다. 나는 혼란과 공포에 휩싸인 넬슨의 표정을 보고는 그가 저항하려는 것이 아니라는 사실을 깨달았다. 그는 그냥 옷을 그렇게 입는 사람일 뿐이었다.

내가 새로 뽑은 의류 사업 담당자, 넬슨.

그날 나는 야구 미트에 앉아 아주 오랫동안 창밖을 바라보았다. 스포츠 의류 사업은 어찌될 것인가? 앞으로 어떤 일이 닥칠 것인지 알 것 같았다.

아니, 그 일은 이미 닥치고 있었다.

몇 주 뒤, 넬슨은 최초의 나이키 스포츠 의류 제품군을 가지고 공식 발표를 했다. 그는 만면에 웃음을 띠고 회의실 테이블에 신제품들을 자신 있게 펼쳐놓았다. 때 묻은 반바지, 누더기가 된 셔츠, 구겨진 후디. 그 너저분한 옷들은 누군가에게 기증받았거나 쓰레기통을 뒤져서 가져온 것처럼 보였다. 더욱 가관인 것은 넬슨은 그것들을 더러운 갈색 종이봉투에서 끄집어냈다는 것이다. 거기에는 넬슨의 점심도 들어 있는 것 같았다.

우리 모두는 커다란 충격을 받았다. 무슨 말을 해야 할지 알 수 없었다. 마침내 누군가가 낄낄거리며 웃었는데, 아마 스트라세였던 것 같다. 누군가가 또 깔깔대며 웃었다. 아마 우델이었던 것 같다. 그러곤 댐이 터지고 말았다. 모두 몸을 가누지 못할 정도로 웃다가 의자 밖으로 튕겨 나가고 말았다. 넬슨은 자기가 발표를 망쳤다는 사실을 깨닫고는 종이봉투에 옷들을 허둥지둥 집어넣기 시작했다. 종이봉투가 갈기갈기 찢어지자 사람들은 더 큰 소리로 웃었다. 나도 어느 누구보다 크게 웃었다. 너무 심하게 웃다 보니 눈물이 날 것만 같았다.

그날 이후 나는 넬슨을 신설부서인 생산팀으로 발령했다. 그곳이라면 넬슨이 자신의 회계적인 재능을 충분히 발휘할 수 있을 것으로 생각했다. 그런 뒤 우델에게 조용히 의류 사업을 맡겼다. 우델은 역시 일을 흠잡을 데 없이 추진했다. 그는 스포츠 의류업계의 관심을 끌고 찬사를 받을 만한 제품군을 구축했다. 내가 왜 이 일을 처음부터 우델에게 맡기지 않았는지 알 수 없었다.

내가 하는 일도 마찬가지였다. 아마 우델은 동부로 돌아가 내 등에 올라탄 연방정부를 떼어낼 수 있을지도 모른다.

이 모든 혼란과 불확실한 미래를 생각할 때, 우리에게는 사기 진작을 위한 이벤트가 필요했다. 1978년이 저물 무렵 테일윈드를 출시하면서 단합 대회를 갖기로 했다. 테일윈드는 프랭크 루디의 독창적인 생각에서 출발해 엑서터에서 제품 개발을 하고 일본에서 생산한 것으로, 신발 이상의 포스트모더니즘적 작품이었다. 그것은 사이즈가 컸고 윤이 났고 선명한 은빛이었다. 또한 루디의 에어 밑창 특허 기술을 포함해 열두 가지의 혁신적인 기술을 구현한 그야말로 작품이었다. 우리는 눈에 확 띄는 광고물을 제작하고 대대적인 판촉에 나섰다. 호놀룰루에 열리는 마라톤 대회에서 이 제품을 출시하기로 했는데, 이대회에 많은 선수들이 테일윈드를 신고 출전할 예정이었다.

출시일을 앞두고 우리는 모두 하와이로 날아갔다. 그날은 모두가 술에 취해 정신없이 놀았다. 스트라세를 위한 모의 대관식도 열었다. 얼마 전에 나는 스트라세를 자기만의 전문 영역인 법무 부서에서 벗어나 마케팅 부서로 옮기도록 했다. 나는 직원들이 생기를 잃어버리지 않도록 가끔씩 새로운 업무를 맡겼다. 테일윈드는 스트라세가 맡은 첫 번째 대형 프로젝트였다. 스트라세는 미다스Midas, 손에 닿는 것을 금으로 바꾸는 그리스 신화의 왕-옮긴이가 된 기분이었다. 스트라세는 "해낼 수 있어"라고 계속 지껄이고 다녔다. 아마도 그를 시기하는 사람이 봤다면 스트라세가 허세를 부린다고 했을 것이다. 테일윈드는 매우 성공적으로 데뷔하고, 미친 듯이 팔려 나갔다. 열흘 뒤, 우리는 테일윈드가 와플형 트레이닝화를 능가할지도 모른다고 생각했다.

그런데 안 좋은 소식들이 드문드문 들어왔다. 고객들이 신발을 가지고 떼를 지어 매장으로 찾아와 제품에 문제가 많다고 항의했다. 반품된 신발을 자세히 살펴보니 설계상의 치명적인 결함이 드러났다. 실버 페인트 조각이 갑피 부분을 뚫고 나와 작은 면도날처럼 직물을 갈가리 찢기 시작했다. 우리는 리콜을 선언하고 전액 환불해주었다. 그렇게 1세대 테일윈드의 절반은 재활용 쓰레기통에서 생을 마감했다.

사기 진작을 위한 단합 대회는 결국 직원들의 자신감에 커다란 상처만 남겼다. 모두 자기만의 독특한 방식으로 반응했다. 헤이즈는 미친 듯이 빙글빙글 돌리면서 불도저를 몰았다. 우델은 매일 밤늦게까지 사무실에 앉아 있었다. 나는 야구 미트와 안락의자 사이를 멍하니 오락가락했다.

시간이 지나면서, 우리는 별일 아니라는 공감대를 형성하려고 했다. 우리는 귀중한 교훈을 얻었다. 신발 한 켤레에 열두 가지 혁신을 한꺼번에 시도해서는 안 된다. 이런 시도는 설계팀은 말할 것도 없고 신발 자체에 너무나도 많은 것을 요구한다. 우리는 처음부터 다시 시작하라는 말의 의미를 되새겼다. 우리는 바우어만 코치가 망가뜨린 수많은 와플 틀을 떠올려보았다.

우리 모두는 "내년에는 성공할 거야"라고 말했다. 내년에는 난쟁이가 백설 공주를 잡을 것이다.

그러나 스트라세는 충격에서 헤어나지 못했다. 그는 계속 술을 퍼

마셨고, 회사에도 늦게 나왔다. 이제 그의 복장은 나한테 전혀 문제가되지 않았다. 이번 일은 스트라세가 처음 겪는 실패였다. 스트라세가음산한 겨울날 아침에 어기적거리며 내 사무실에 들어와 테일윈드에대한 안 좋은 소식을 전했을 때의 그 서글픈 표정을 잊지 못할 것이다.스트라세가 의욕을 심하게 상실할까 봐 걱정됐다.

테일윈드의 실패에도 전혀 낙담하지 않은 사람은 바우어만 코치가유일했다. 사실, 테일윈드의 비참한 데뷔전은 은퇴 이후 슬럼프에 빠져 있던 바우어만 코치에게 커다란 힘이 됐다. 그는 우리 모두에게 "그것 봐! 내가 뭐라고 했어!"라고 말할 수 있어서 기분이 좋은 듯했다.

타이완과 한국의 공장은 나날이 번창했다. 그해 우리는 영국의 헤크몬드와이크와 아일랜드에 새로운 공장을 열었다. 제조업체 애널리스트들은 우리의 새로운 공장, 우리의 매출에 주목하며 나이키가 거침없이 질주하고 있다고 했다. 우리가 파산할 것으로 내다보는 사람은 거의 없었다. 우리의 마케팅 수장이 침체에 빠져 있을 것으로, 설립자이자 대표가 시무룩한 얼굴로 야구 미트에 앉아 있을 것으로 생각하는사람도 거의 없었다.

그러나 사무실 전체가 하나가 된 것처럼 의욕을 상실해버렸다. 우리모두 이처럼 의욕을 잃어버렸을 때, 워싱턴에 있는 워시컬만 의욕이활활 타오르고 있었다.

워시컬은 그에게 주어진 일들을 빠짐없이 추진했다. 그는 정치인들을 붙들고 긴 이야기를 했다. 그는 정신 나간 사람처럼 우리의 명분과주장을 호소하기에 여념 없었다. 그는 날마다 의사당을 들락날락하면서 나이키 운동화를 공짜로 나누어주었다. 스우시가 박혀 있는 뇌물이었다의회 의원들은 35달러가 넘는 선물은 보고해야 할 의무가 있었다. 그래서 워시컬은 항상 34.99달러짜리 청구서와 함께 넣었다. 정치인들은 모두 한목소리로 워시컬에게 그들이 사건의 내막을 자세히 검토할 수 있도록 관련 문서를 가져오라고 했다.

워시컬은 그들이 요구하는 문서를 작성하느라 몇 달을 보냈다. 이런 과정에서 신경쇠약에 걸리다시피 했다. 워시컬은 사건을 간단하게 요약해도 될 것을 나이키 제국의 쇠퇴와 몰락에 관한 역사를 모두 담으려고 했다. 그러다 보니 문서는 수백 페이지에 달하는 보고서가 되어버렸다. 이 보고서는 프루스트의 작품, 톨스토이의 작품보다 길었고, 쉽게 읽히지도 않았다. 제목도 아주 진지했다. 워시컬은 보고서 제목을 '미국판매가격에 관한 고찰, 워시컬, 제1권Werschkul on American Selling Price, Volume I'이라고 달았다.

이 보고서를 받아 든 사람은 누구나 '제1권'이라는 표현을 보고 식겁했을 것이다.

나는 스트라세를 동부로 보내 워시컬의 고삐를 바짝 죄도록 하고 필요하다면 정신 감정을 받게 하도록 지시했다. 나는 "우선, 워시컬을 진정시켜놓으라고"라고 말했다. 두 사람은 오랜만에 만나 조지타운에 있는 술집에서 칵테일을 몇 잔 마셨다. 그날 밤에도 워시컬은 전혀 진정될 기미가 보이지 않았다. 오히려 그는 자리에서 벌떡 일어나 술집 손님들에게 연설하기 시작했다. 그는 "나이키가 아니면 죽음을 달라!"라고 외쳤다. 손님들은 나이키가 아니라 죽음에 기꺼이 표를 주려고 했다. 스트라세가 워시컬을 달래서 자리에 앉히려고 했지만, 워시컬은 계속 달아올랐다. 워시컬은 "너희들은 지금 자유를 시험하고 있는 걸 알아? 자유를 말이야! 히틀러의 아버지가 세관원이었다는 사실을 알아?"라고 외쳤다.

긍정적인 면이 있다면, 워시컬이 스트라세를 일깨워주었다는 것이다. 오리건으로 돌아와 워시컬의 정신 상태를 보고할 때, 스트라세는 과거의 스트라세가 되어 있었다.

우리는 크게 웃었다. 치유의 웃음이었다. 스트라세가 내게 〈미국판 매가격에 관한 고찰, 워시컬, 제1권〉을 한 부 내밀었다. 워시컬은 제본까지 했다. 그것도 가죽으로.

제목이 눈에 들어왔다. 너무너무 완벽했다. 대단한 워시컬.

스트라세가 물었다. "그런데 읽어볼 거야?"

나는 그것을 책상에 던졌다. "영화 볼 시간이야."

그때 나는 당장 워싱턴 DC로 가서 이번 싸움을 다른 사람이 아닌 내가 직접 해야겠다고 생각했다. 다른 방법이 없었다.

그렇게 하면 나의 의욕 상실증이 치유될지도 모른다. 어쩌면 의욕 상실증을 치유하기 위한 가장 좋은 방법은 일을 더 열심히 하는 것인지도 모른다.

1979년

내부의 적과 중국이라는 기회

그는 재무부 건물의 자그마한 사무실을 쓰고 있었다. 우리 어머니의 작은 옷장 크기만 했다. 가끔 찾아오는 방문객이 앉을 의자와 미국 정부가 공무원에게 지급하는 암회색 책상이 겨우 들어갈 정도였다.

그는 의자를 가리키면서 "앉으세요"라고 말했다.

나는 자리에 앉아서 불안한 표정으로 주변을 둘러보았다. 그곳은 나한테 2500만 달러를 납부하라는 세금 청구서를 보낸 사람이 일하고 있는 본부였다. 그의 눈은 구슬처럼 반짝반짝 빛났다. 도대체 이 사람은 어떤 생명체를 닮은 걸까? 벌레는 아니다. 그는 벌레보다 훨씬 컸다. 뱀도 아니다. 그는 뱀처럼 단순하지 않았다. 갑자기 존슨의 애완동물, 문어가 떠올랐다. 가여운 게를 끌고 자기만의 동굴로 들어가던 스트레치의 모습이 떠올랐다. 그렇다, 이 사람은 크라켄이다. 작은 크라켄. 공무원 크라켄.

나는 이런 생각을 억누르고 적대감과 두려움을 감춘 뒤 억지웃음을 지으면서 사근사근한 목소리로 이번 일은 커다란 오해에서 비롯됐다고 설명했다. 크라켄의 동료 직원들도 내 편을 들었다. 나는 그에게 준비한 자료를 건네면서 말했다. "바로 여기에 미국판매가격이 나이키에는 적용될 수 없는 이유가 나와 있습니다. 재무부가 발행한 자료입니다."

크라켄은 자료를 보더니 나한테 다시 돌려주고는 "이것은 관세에는 적용되지 않습니다"라고 말했다.

나는 이를 악물고 꾹 참았다. "적용되지 않는다고요? 하지만 이 일은 나이키의 경쟁 기업들이 비열한 술수를 꾸민 것에 불과합니다. 우리는 성공을 이유로 처벌받은 것입니다."

"우리는 그렇게 생각하지 않습니다."

"우리라고요? 우리가 누구죠?"

"미국 정부를 말합니다."

나는 그의 말을 이해할 수 없었다. 자기가 미국 정부를 대변한다고? 그러나 나는 이에 대해서는 아무 이의도 달지 않았다. "저는 미국 정부가 자유기업의 숨통을 조이기를 원한다고는 생각하지 않습니다. 미국 정부는 이런 비열한 짓에 연루되고 싶지 않을 겁니다. 미국 정부, 나의 정부는 오리건의 작은 기업을 못살게 굴고 싶지 않을 겁니다. 존경하는 선생님, 저는 전 세계를 돌아다니면서 미개발 국가의 부패한 정부가 이런 식으로 행동하는 것을 봤습니다. 기업하는 사람을 못살게 구는 자도 많이 봤습니다. 이런 자들이 아직도 벌을 받지 않고 뻔뻔스럽게 행동하고 있습니다. 저는 미국 정부가 그런 식으로 행동할 것으로 생각하지 않습니다."

크라켄은 아무 말도 없었다. 그의 얇은 입술 주변에 희미한 미소가 감돌았다. 모든 공무원이 그렇듯, 그도 이 상황을 몹시 불쾌하게 받아들이고 있다는 생각이 들었다. 부연하려고 하자, 그는 불쾌한 감정을 미친 듯이 뿜어내기 시작했다. 그는 벌떡 일어나더니 이리저리 걷기 시작했다. 책상 뒤에서 춤이라도 추듯 몸을 앞뒤로 비틀었다. 그러고는 자리에 앉았다가 지금까지 했던 행동을 처음부터 다시 했다. 사려 깊은 사람의 행동이 아니라 새장 속의 새가 파다닥거리는 것 같은 모습이었다. 왼쪽으로 종종걸음으로 세 걸음, 오른쪽으로 느린 걸음으로 세 걸음.

그는 다시 자리에 앉더니 말을 중간에 잘랐다. 자기는 내가 무슨 말을 하든, 무슨 생각을 하든 관심이 없다고 했다. 내 말이 타당한지, 미국의 가치에 맞는지에 대해서도 마찬가지였다. 그는 앙상한 손가락으로 자기 말을 액면 그대로 받아들이지는 말라는 듯 손짓을 했다. 다만 그는 자기 돈을 받기를 원했다. 자기 돈이라고?

나는 두 팔로 내 몸을 꼭 감쌌다. 의욕 상실증이 시작된 뒤 이런 습관은 점점 더 심해졌다. 1979년 나는 자제력을 잃지 않으려고 부단히도 애를 썼다. 나는 크라켄이 방금 전에 했던 말에 반박하려고 했지만, 입을 뗄 자신이 없었다. 팔다리가 심하게 떨렸다. 내가 소리를 지를지도 모른다는 생각이 들었다. 어쩌면 그의 전화기를 두들겨 팰지도 모른다. 이제 우리는 명콤비를 이루었다. 그는 미친 듯이 왔다 갔다 하고, 나는 격앙된 자아를 꼭 감쌌다.

우리는 교착 상태에 빠져들었다. 무엇이라도 해야 했다. 그래서 나는 애교를 부리기 시작했다. 나는 크라켄에게 당신의 입장을 존중한다고 말했다. 그에게는 해야 할 일이 있다. 그것은 아주 중요한 일이다. 항상 고객의 불만을 들으면서 고객에게 부담이 가는 세금을 부과하는 것은 결코 쉬운 일이 아니다. 나는 공감이라도 하듯 그의 좁디좁은 사무실을 둘러보았다. 그러나 나이키가 이처럼 터무니없는 금액을 내야 한다면, 솔직히 말해서 우리는 파산할 것이라고 말했다.

그는 무뚝뚝한 얼굴로 물었다. "그래서요?"

"그래서라뇨?"

"그래서 어쨌다는 겁니까? 내가 하는 일은 미국 정부를 위해 수입 관세를 징수하는 것입니다. 내 일은 거기까지입니다. 그밖에 어떤 일이 일어나는지는 내가 알 바 아닙니다."

나는 다시 나 자신을 꼭 껴안았다. 눈에 보이지 않는 구속복을 입고 있는 것 같았다. 나는 내 몸을 풀어주고는 자리에서 일어나 조심스럽게 서류가방을 손에 쥐었다. 나는 크라켄에게 이번 결정을 받아들이지 않을 것이고, 포기하지도 않을 것이라고 말했다. 필요하다면 의회 의원을 전부 만나 개인적으로 억울함을 호소할 것이라고도 했다. 나는 갑자기 워시컬에게 아주 많이 공감이 갔다. 그가 미쳐 날뛰는 게 결코 이상한 일이 아니었다. "히틀러의 아버지가 세관원이었다는 사실을 아세요?"

크라켄은 "그래도 할 일은 해야죠. 안녕히 가세요"라고 말했다.

그는 내가 오기 전에 하던 일을 계속하려는 듯했다. 그러다가 시계를 보았다. 5시에 가까워지고 있었다. 다른 사람의 인생을 망치기 위한 근무 시간이 끝나가고 퇴근 시간이 다가오고 있었다.

그때부터 나는 워싱턴과 오리건을 자주 왔다 갔다 했다. 거의 매달 정치인, 로비스트, 컨설턴트, 공무원 등 나한테 도움이 될 만한 사람은 누구든지 만났다. 나는 미지의 정치 암흑가에 발을 담그고 관세에 관한 자료는 모두 읽었다.

심지어 〈미국판매가격에 관한 고찰, 워시컬, 제1권〉까지 뒤적였다.

그러나 아무런 소용도 없었다.

1979년 늦은 여름, 워시컬과 나는 오리건 주 상원 의원, 마크 햇필드와 약속을 잡았다. 햇필드는 많은 사람에게 존경받고 인맥도 넓은 사람으로 상원 세출위원회 위원장을 맡고 있었다. 햇필드 상원 의원이라면, 전화 한 통화로 크라켄의 상사에게 2500만 달러를 깨끗이 지워버리라고 할 수도 있을 것 같았다. 나는 햇필드 의원과의 만남을 위해 며칠에 걸쳐 자료를 조사했고 우델, 헤이즈와도 여러 번 만나서 대책을 숙의했다.

헤이즈가 말했다. "햇필드는 얼마 전에 우리 일을 알게 됐어. 그는 양쪽에서 존경받는 인물이지. 그를 성 마르코라고 부르는 사람도 있어. 그는 권력을 남용하는 인간을 아주 싫어해. 워터게이트 사건 때는 닉슨 대통령과 정면으로 맞섰지. 컬럼비아강에 댐을 건설하기 위한 재원을 확보하려고 맹수처럼 싸운 적도 있어."

우델이 말했다. "최적의 인물 같군."

나는 은근한 기대감을 표시했다. "어쩌면 우리가 기댈 수 있는 마지막 인물인지도 몰라."

워싱턴에 도착한 날 밤, 워시컬과 함께 저녁 식사를 하면서 예행연습을 했다. 우리는 대본을 맞춰보는 배우들처럼, 햇필드의 입에서 나올 만한 대사들을 철저하게 검토했다. 워시컬은 〈미국판매가격에 관한 고찰, 워시컬, 제1권〉을 계속 언급했다. 때로는 '제2권'에 나올 내용까지도 언급했다. 나는 그런 것은 잊어버리고, 이야기를 간단하게 풀어가자고 했다.

다음 날 아침, 나는 워시컬과 함께 상원 의원 회관 계단을 천천히 올라갔다. 건물은 매우 웅장했다. 화려한 기둥, 빛나는 대리석, 커다란 국기가 눈에 들어왔다. 나는 잠시 멈추지 않을 수 없었다. 파르테논 신전, 니케의 신전이 떠올랐다. 물론 지금 이 순간이 내 인생의 획을 긋는 아주 중요한 순간이라는 것은 잘 알았다. 결과가 어찌되든, 이 운명을 가만히 앉아서 그냥 받아들이고 싶지는 않았다. 기둥을 응시했다. 대리석 바닥에 반사된 햇빛을 예찬했다. 나는 그 자리에 아주 오랫동안 서 있었다.

"안 와요?" 워시컬이 말했다.

무더운 여름 날씨였다. 서류가방을 쥔 손이 땀으로 흥건하게 젖었다. 입고 있는 양복도 마찬가지였다. 나는 여름 소나기를 맞은 사람처럼 보였다. 이런 몰골로 어떻게 미국 상원 의원을 만날 것인가? 어떻게 그와 악수를 나눌 것인가?

어떻게 내 생각과 말을 제대로 전할 수나 있을까?

우리는 햇필드 상원 의원의 사무실로 들어갔다. 비서 중 한 사람이 대기실로 안내했다. 두 아들의 탄생을 기다리던 대기실이 떠올랐다. 페니도 떠올랐다. 부모님도 떠올랐고, 바우어만 코치도 떠올랐다. 그렐리도 떠올랐고, 프리폰테인도 떠올랐다. 기타미도 떠올랐고, '공정한 제임스'도 떠올랐다.

비서가 말했다. "상원 의원님께서 기다리고 계십니다."

그녀는 우리를 넓고 시원한 집무실로 안내했다. 햇필드는 오리건에서 온 우리를 따뜻하게 맞아주었다. 그러고는 소파가 있는 창가로 안내했다. 우리는 모두 자리에 앉았다. 햇필드가 미소를 짓자 워시컬이 미소로 화답했다. 나는 햇필드에게 우리가 먼 친척이라고 말했다. 어머니가 그의 8촌이었다. 우리는 로즈버그에 관해 몇 마디 이야기를 나누었다.

나는 목청을 가다듬었다. 에어컨에서 바람이 쌩쌩 나왔다. "의원님, 제가 오늘 의원님을 찾아온 것은……."

그는 양손을 치켜들더니 내 말을 가로막았다. "당신이 처한 상황에 대해선 소상히 알고 있습니다. 제 보좌관이 워시컬 변호사가 작성한 〈미국판매가격에 관한 고찰〉을 읽고는 저한테 보고했습니다. 제가 무엇을 도와드리면 될까요?"

나는 어이가 없어서 말문이 막혔다. 워시컬의 얼굴은 그의 분홍빛 나비넥타이처럼 밝게 빛났다. 우리는 이번 협상을 위한 예행연습을 하느라 많은 시간을 보냈다. 햇필드에게 우리의 대의가 옳다는 것을 설득하기 위해 연구도 많이 했다. 하지만 이런 경우, 즉 성공할 경우에 대한 준비는 되어 있지 않았다. 우리는 서로 상대방에게 떠넘기려고 했다. 우리는 햇필드가 어떤 식으로 도움을 줄 수 있을지에 관해 속삭이듯 이야기했다. 워시컬은 햇필드가 미국 대통령 혹은 관세청장에게 편지를 써줄 수도 있다고 했다. 나는 햇필드가 전화해주기를 원했다. 우리는 결론을 내지 못하고 논쟁을 시작했다. 에어컨이 우리 두 사람을 보고 비웃는 것 같았다. 마침내 나는 워시컬과 에어컨에 조용히 하라고 하면서 햇필드에게 이야기하기 시작했다. "의원님, 오늘 당장 의원님께 구체적으로 무엇을 도와달라고 말씀드리지는 않겠습니다. 사실 우리가 무엇을 부탁하려고 하는지 우리도 잘 모르겠습니다. 나중에 다시 말씀드려야 할 것 같습니다."

나는 의원 사무실을 나오면서 워시컬이 뒤에 따라오고 있는지 확인하지 않았다.

오리건으로 돌아와 두 가지 중요한 일을 처리했다. 우리는 포틀랜드 다운타운에서 325제곱미터 규모의 대형 나이키 매장을 열었다. 금방 사람들이 넘쳐나면서 매장 카운터에 늘어선 줄은 끝이 보이지 않을 정도가 됐다. 사람들은 시끄럽게 떠들면서 신발을 모두 한 번씩 신어보려고 했다. 나는 그 틈에 끼어들어 고객들의 선택에 도움을 주려고 했다. 부모님 집에서 고객의 발 치수를 재고 알맞은 신발을 골라주던 시절로 되돌아간 것 같았다. 큰 잔치가 열린 것 같았다. 그 잔치는 내가 왜 이 일을 하고 있는지 일깨워주었다.

또한 우리는 사무실을 다시 이전했다. 우리에게는 여전히 더 많은 공간이 필요했다. 우리는 연면적 약 4200제곱미터 건물에 증기 욕실, 도서관, 체육관, 회의실 등 편의시설을 갖추었다. 임대 계약을 하고 그날 밤 우델과 함께 차를 몰며 주변을 돌아보았다. 나는 고개를 가로저었다. 아무런 성취감도 느껴지지 않았다. 나는 "내일이면 모두 사라질지도 몰라"라고 속삭였다.

나이키는 규모가 커졌다. 어느 누구도 이를 부정할 수 없을 것이다.

하지만 우리는 햇필드 할머니의 말씀처럼 자기 분수를 모르고 설친다는 소리를 듣지 않으려고 항상 했던 방식대로 이사를 갔다. 300명에 달하는 직원들이 주말에 나와서 자기 짐을 자기 차에 실었다. 창고 관리 업무를 맡은 사람들은 밴에 무거운 짐을 실었다. 우리는 피자와 맥주를 제공했다. 그러고는 우리 모두 도로에서 긴 행렬을 이루면서 길을 떠났다.

나는 창고 담당 직원들에게 야구 미트 의자를 그 자리에 그냥 두라고 말했다.

1979년 가을, 워싱턴으로 날아가 크라켄과 두 번째 면담을 했다. 그는 예전처럼 거침없이 행동하지 않았다. 햇필드 의원에게 연락을 받았기 때문이었다. 오리건 주의 또 다른 상원 의원이자 재무부에 대한 심사권을 가진 상원 재정위원회의 위원장 밥 팩우드에게서도 연락을 받았다. 크라켄은 나를 향해 촉수를 세우고 투덜거렸다. "당신이 알고 계시는 높은 양반들에게 연락이 와서 아주 짜증이 나고 피곤합니다."

"죄송합니다. 분명히 즐거운 일은 아니지요. 하지만 상황이 해결될 때까지는 그분들의 말씀을 계속 듣게 될 것입니다."

"나는 이런 일을 안 해도 먹고살 수 있어요. 아내가 돈이 많거든요! 이런 일을 안 해도 된다고요."

"그것 참 잘됐네요. 당신 부인께도."

나는 그가 빨리 퇴직할수록 좋은 일이라고 생각했다. 하지만 크라켄은 결코 퇴직하지 않을 것이다. 앞으로 공화당 행정부가 들어서고 민주당 행정부가 들어서도 그는 계속 그 자리에 남아 있을 것이다. 죽음과 세금처럼 말이다. 먼 훗날 그는 높은 자리에 앉아서 웨이코Waco 집단 거주지에 연방 수사관들을 대거 투입해 처참한 결과를 부르는 작전을 승인할 것이다연방정부는 텍사스 주 웨이코의 어느 건물에 집단 거주하는 다윗파 신도와 교주 데이비드 코레시가 기관총 등 무기를 비축하고 마약 복용, 미성년자 간음을 일삼고 있다며, 이들을 위험한 사교 집단으로 규정하고는 건물을 포위한 채 협상을 벌이다가, 나중에는 FBI 요원들을 대거 투입해 대규모 소탕 작전을 전개했다. 사건 발생 후 미국 내에서는 FBI 과잉 진압 여부가 논란이 됐다-옮긴이.

크라켄이 투덜거리는 동안에 나는 우리의 또 다른 현실적 위협, 생산 문제에 관해 잠시 생각했다. 우리가 공장을 일본에서 다른 국가로 옮기게 된 원인들급변하는 환율, 임금 상승, 정부 정책의 불안정이 타이완과 한국에서도 나타나기 시작했다. 새로운 공장, 새로운 국가를 물색해야 할 시기가 또 다가오고 있었다. 이제 중국으로 진출해야 할 때가 온 것이다.

문제는 어떻게 하면 중국으로 진출하는가에 있지 않았다. 신발 회사 한두 개가 먼저 중국으로 들어갈 것이고, 그다음에 다른 모든 신발 회사가 뒤따를 것이다. 문제는 어떻게 하면 '제일 먼저' 중국으로 진출하는가였다. 맨 먼저 중국으로 진출한 회사가 생산과 마케팅뿐만 아니라 중국 정치 지도자와의 관계에서 수십 년에 걸쳐 경쟁적 우위를 누릴 수 있다. 이 어찌 대단한 성공이 아니겠는가? 나이키는 중국에 관한 첫 번째 미팅에서 이런 말을 하곤 했다. 10억 명. 20억 개의 발.

게다가 우리에게는 제대로 된 중국 전문가가 있었다. 바로 척 로빈슨이었다. 그는 헨리 키신저의 보좌관으로 일한 적도 있고, 중국 시장에 진출하려는 자동차 부품 회사 앨런 그룹의 이사회 임원으로 활동한 적도 있었다. 앨런 그룹의 CEO는 헨리 키신저의 동생 월터였다. 척은 우리에게 앨런 그룹은 중국에 대한 광범위한 연구를 하는 과정에서 데이비드 창이라는 아주 인상적인 중국통을 알게 됐다고 했다. 척은 중국을 잘 알고 있고, 중국을 잘 아는 사람들도 잘 알고 있었다. 그러나 데이비드 창만큼 중국을 잘 아는 사람은 없었다.

척은 말했다. "이렇게만 말하지. 키신저가 중국에 가고 싶을 때는 헨리에게 전화할 수도 없고 전화하지도 않아. 월터는 창에게 전화해."

나는 전화기로 돌진했다.

나이키에서 창 다이너스티는 순조롭게 출발하지는 않았다. 우선 그는 프레피preppy, 고급 옷을 소탈하고 편하게 마구 입는 것이 특징-옮긴이 스타일을 추구했다. 나는 창을 만나기 전까지는 워시컬이 프레피 스타일이라고 생각했다. 푸른색 상의에 황금 단추, 빳빳하게 풀을 먹인 킹엄 셔츠, 청자색 넥타이. 창은 이런 옷을 마구 입었다. 게다가 창피한 줄도 몰랐다. 그는 랄프 로렌과 로라 애슐리 사이에 태어난 페이즐리paisley, 화려한 색상과 추상적인 곡선 도안을 특징으로 하는 직물의 종류-옮긴이 취향을 지닌 사생아였다.

나는 그를 데리고 사무실을 돌아다니면서 우리 직원들에게 인사시켰다. 그는 분위기를 썰렁하게 만드는 말을 하는 데 천부적인 재능을 지닌 것 같았다. 150킬로그램이 나가는 헤이즈와 145킬로그램이 나가는 스트라세와 우리가 CFO로 새로 영입한 158킬로그램이 나가는 마운즈 바, 짐 맨스를 보고는 우리의 '총 0.5톤에 달하는 경영진'에 대해 농담을 건넸다.

"체중이 엄청나네요. 운동선수들을 위한 회사에서 말입니다."

아무도 웃지 않았다. 나는 "아마 당신 말투 때문에 그럴 겁니다"라고 말하고는 그를 데리고 급히 걸음을 옮겼다.

우리는 복도를 지나가다가 우델을 만났다. 최근에 우델을 동부에서 본사로 발령했다. 창은 몸을 앞으로 숙여 우델과 악수하며 물었다. "스키 사고입니까?"

"뭐라고요?"

"언제쯤 이 휠체어에서 벗어납니까?"

"그래, 영원히 벗어날 수 없다. 이 멍청한 놈아."

한숨이 나왔다. 나는 창에게 "이제는 여기서 올라가는 일만 남았습니다"라고 말했다.

1980년
결승선은 없다

우리 모두 회의실에 모여 창의 자기소개를 들었다. 그는 상하이의 어느 부유한 집안에서 태어났다. 그의 할아버지는 중국 북부 지역에서 세 번째로 큰 간장 회사를 경영했고, 아버지는 중국 외교부 서열 3위였다. 그런데 창이 고등학교에 다닐 때 공산 혁명이 일어났다. 창의 집안은 미국 로스앤젤레스로 탈출했다. 창은 그곳에서 할리우드 고등학교를 졸업했다. 그는 중국으로 돌아가고 싶어 했고, 부모님도 마찬가지였다. 창의 가족은 지금도 중국에 사는 친구, 친척들과 계속 연락을 하고 지냈다. 특히 창의 어머니는 중국 혁명의 대모인 쑹칭링宋慶齡과 아주 가까운 관계를 유지하고 있었다.

그동안 창은 프린스턴대학교에서 건축학을 공부하고 뉴욕으로 건너가 건축 회사에서 일하면서 레비타운 프로젝트를 맡았다. 그러다 자기가 직접 회사를 차렸다. 그는 돈도 많이 벌었고 좋은 일도 많이 했지만, 지금은 몹시 따분하다고 했다. 지금까지 재미있게 살아보지도 못했고, 성취감을 느껴보지도 못했다고 말했다.

어느 날 프린스턴에서 만난 친구가 창을 찾아와 상하이로 가는 비자를 신청했는데 거절당했다고 하소연했다. 창은 그 친구가 비자를 받는 것뿐 아니라, 사업 관련 약속을 잡는 일을 도왔다. 창은 그 일이 즐거웠다. 중개자 역할을 하는 것이 자기 재능을 더 잘 활용할 수 있는 방법이라는 생각이 들었다.

창은 자기가 도움을 주더라도 중국에 진출하는 데는 어려움이 많을 거라고 했다. 그 과정이 아주 지루하고 힘들 거라고도 했다. 또한 창은 "단지 중국 방문을 허가해줄 것을 신청해서는 안 됩니다. 중국 정부가 당신을 초청해줄 것을 정식으로 요청해야 합니다. 중국 관료들은 이런 말을 해주지 않습니다"라고 말했다.

나는 눈을 감고 지구 반대편의 중국판 크라켄을 떠올려보았다. 스물네 살 때 일본인들의 사업 관행을 설명해주던 미군 출신 월간지 발행인들을 떠올려보았다. 나는 그들의 조언을 철저하게 따랐고, 이를 결코 후회해본 적이 없다. 우리는 창의 지시에 따라 중국 진출을 위한 프레젠테이션 자료를 작성했다. 그 자료는 상당히 길었다. 그것은 〈미국 판매가격에 관한 고찰, 워시컬, 제1권〉만큼이나 길었다. 우리는 그것도 제본했다.

우리는 가끔 이런 질문을 했다. "실제로 이런 것을 읽는 사람이 있을까?"

"어쩔 수 없지. 창이 중국에서는 이 방법이 통한다고 했잖아."

우리는 아무런 기대도 하지 않고 그 자료를 베이징에 보냈다.

1980년 첫 번째 버트페이스에서 나는 우리가 관세청 공무원과의 싸움에서 주도권을 쥐기는 했지만, 앞으로 대담하고도 혁신적인 조치를 취하지 않으면 영원한 대치 상태에 빠져들 가능성이 있다고 말했다. "이 문제를 놓고 많은 생각을 했습니다. 지금 우리는 우리 스스로 미국판매가격을 설정해야 합니다."

그 자리에 모인 사람들이 모두 웃었다.

곧 모두 웃음을 멈추고 서로를 쳐다봤다.

우리는 주말 내내 이 문제에 대해 논의했다. 그게 가능한 일일까? 그렇지 않다. 가능할 리 없다. 어떻게 우리가? 결코 가능하지 않다. 그러나 어쩌면?

한번 해보기로 했다. 갑피를 나일론으로 제작한 러닝화를 출시하고 '원라인One Line'이라고 이름 붙였다. 원라인은 로고가 들어간 일종의 복제품으로, 가격이 아주 저렴했다. 우리는 원라인을 헤이즈가 홀딱 반해버린 사코의 공장에서 생산했다. 그러곤 생산 비용을 살짝 넘도록 가격을 책정했다. 이제 세관 공무원들은 우리의 수입 관세를 책정할 때 이 가격을 새로운 기준점으로 삼아야 한다.

이것은 잽에 불과했다. 이것은 그들의 시선을 유도하기 위한 술책이었다. 그다음에 우리는 강력한 레프트 훅을 날렸다. 우리는 크고 나쁜 정부를 상대로 싸우는 오리건의 작은 회사에 관한 스토리로 텔레비전 광고를 제작했다. 광고에는 홀로 외로이 길을 달리는 육상 선수가 등장한다. 누군가가 굵은 목소리로 애국심, 자유, 미국의 가치를 예찬한다. 그다음에는 압제에 맞서 싸우는 장면이 나온다. 이 광고는 많은 사람들을 분노하게 만들었다.

그리고 우리는 케이오 펀치를 날렸다. 1980년 2월 29일, 연방지방법원 남부뉴욕지청에 우리의 경쟁 기업과 고무 회사들이 부당한 상행위를 통해 나이키를 퇴출시키기로 공모한 사실이 있으며, 이에 대해 2500만 달러의 배상을 요구한다는 내용의 독점 금지 소송을 제기한 것이다.

그리고 나서 우리는 가만히 앉아서 기다렸다. 머지않아 반응이 나타날 것으로 예상했다. 실제로 반응은 금방 나타났다. 크라켄은 엄청난 압박을 받기 시작했다. 그는 핵무장을 하겠다고 위협했다. 그가 핵무장을 하든 말든 중요하지 않았다. 그의 상사, 그의 상사의 상사가 이 전쟁을 더 이상 원치 않았기 때문이다. 우리의 경쟁 기업들과 정부에서 그들과 공모한 사람들은 우리의 의지를 과소평가했다.

그들은 당장 합의를 보자고 했다.

변호사들은 허구한 날 전화를 했다. 그들은 관세청과 우량 로펌의 사무실, 동부 지역의 어느 회의실에서 상대방의 변호사들을 만나고는 합의안이 나왔다고 알려왔다. 나는 거절했다.

변호사들은 우리가 법정으로 가지 않고 조용히 해결할 수도 있다면서 2000만 달러면 된다고 했다.

나는 어림도 없다고 했다.

며칠 지나서 그들은 1500만 달러면 해결할 수 있다고 했다.

나는 웃기지 말라고 했다.

숫자가 점점 작아지면서 헤이즈, 스트라세, 아버지와 함께 열띤 논쟁을 벌였다. 그들은 내가 적당한 선에서 합의하기를 원하면서 얼마 정도면 합의할 거냐고 물었다. 나는 "제로Zero"라고 대답했다.

나는 한 푼도 주기 싫었다. 1센트라도 공정하지 않았다.

그러나 이번 일에 조언해준 자쿠아 변호사, 하우저, 척은 정부에는 체면을 세울 만한 근거가 필요하다고 차분하게 설명했다. 정부는 이번 싸움에서 빈손으로 물러날 수 없었다. 협상이 갑자기 중단되면서, 나는 척과 1 대 1 면담을 했다. 그는 이번 싸움이 끝나기 전에는 우리가 주식 공모를 할 수 없고, 주식 공모를 할 수 없으면 우리가 모든 것을 잃을 위험이 계속 도사리고 있을 거라고 했다.

화가 났다. 나는 공정하지 못하다고 하면서 계속 버티겠다고 했다. 게다가 나는 주식 공모를 진짜로 원하는지도 모르겠다고 했다. 주식 공모 이후 나이키의 지배구조가 변하면 나이키 문화가 변하고 결국 나이키를 망치게 될까 봐 싫었다. 나이키의 미래가 주주들의 표결 혹은 기업 매수자의 요구에 따라 좌우되면, 오리건 육상 문화는 어떻게 될 것인가? 우리는 전환사채를 발행하면서 이런 시나리오가 어떤 결과를 낳는지 조금은 알게 되었다. 이보다 훨씬 더 많은 수천 명의 주주들이 한꺼번에 몰려오면, 그 결과는 수천 배나 더 나빠질 것이다. 특히 주식을 엄청나게 많이 매입한 사람이 우리 이사회의 거물이 되어 앉아 있는 모습은 생각만 해도 끔찍했다. 나는 척에게 말했다. "나는 경영권을 잃고 싶지 않아요. 내가 가장 두려워하는 것은 바로 주주들에게 경영권을 넘기는 겁니다."

"그래, 하지만 경영권을 잃지 않고 주식 공모를 하는 방법도 있다네."

"그게 뭡니까?"

"주식을 두 종류로 발행하는 거야. 이를테면, A등급 주식이랑 B등급 주식을 발행하는 거지. 일반인들에게는 1주당 1표를 가진 B등급 주식을 발행하는 거야. 그리고 설립자와 그 주변 인물들, 전환사채 보유자들은 A등급을 갖는 거지. 이들에게는 이사회 이사의 4분의3을 지명할 권한을 부여하고 말이야. 그렇게 하면 자네는 엄청나게 많은 자금을 끌어들일 수 있어. 회사는 성장을 위한 날개를 달게 되겠지. 경영권은 계속 유지하면서 말이야."

나는 넋을 잃고 그를 쳐다보았다. "정말 그렇게 할 수 있습니까?"

"쉽지는 않네. 그러나 뉴욕 타임스와 워싱턴 포스트를 비롯해서 몇몇 회사가 그렇게 하는 데 성공했다네. 나는 나이키도 가능하다고 봐."

아마도 이는 사토리 혹은 겐쇼까지는 아니더라도 눈 깜짝할 사이에 다가온 깨달음이 분명했다. 내가 오랫동안 찾으려고 했던 돌파구였다. 나는 척에게 말했다. "그게 정답인 것 같습니다."

다음 버트페이스에서 A등급 주식과 B등급 주식의 개념을 설명했다. 모두가 똑같은 반응을 보였다. 드디어 답을 찾았다. 그 자리에 모인 사람들에게 몇 가지 주의 사항을 말했다. "이것이 정답이든 아니든 간에 우리는 지금 당장 현금흐름 문제를 해결하기 위해 무엇인가를 해야 합니다. 우리의 은행 창구가 점점 닫히고 있습니다. 게다가 이제 곧 불황이 닥칠 겁니다. 6개월, 길어 봐야 1년이면 말입니다. 가만히 있다가 그때 가서 주식 공모를 하면, 시장은 우리 회사의 가치를 훨씬 더 낮게 평가할 겁니다."

나는 거수로 표결하자고 했다. "주식 공모에 찬성하는 사람, 손들어보세요."

한 사람도 빠짐없이 손을 들었다.

경쟁 기업, 정부 공무원과의 오랜 냉전이 끝나면 우리는 곧바로 주식 공모를 할 것이다.

봄꽃이 만개할 무렵, 우리 변호사들과 정부 공무원들은 900만 달러에 합의를 보았다. 여전히 엄청나게 많은 금액이었지만, 주변 사람들은 모두 그냥 받아들이라고 말했다. 모두들 한결같이 "그렇게 하세요"라고 조언했다. 나는 창밖을 내다보면서 한 시간 동안 곰곰이 생각했다. 꽃들과 달력이 봄을 알렸다. 그러나 그날은 칙칙한 회색빛 구름이 바로 눈높이에 있었고, 바람은 차가웠다.

몹시 괴로웠지만, 정부와의 협상 창구를 맡은 워시컬에게 전화했다. "그렇게 합의를 봅시다."

나는 캐럴 필즈에게 수표를 끊으라고 말했다. 그녀는 서명을 받기 위해 수표를 가져왔다. 우리 두 사람은 서로 마주 보며 내가 감당할 수 없는 100만 달러짜리 수표를 끊었던 때를 회상했다. 그런데 지금 나는 900만 달러짜리 수표를 끊고 있었다. 이것이 부도가 나서 되돌아오는 일은 결코 없을 것이다. 서명란을 보면서, "900만 달러"라고 혼잣말을 했다. 레이싱 타이어와 트윈캠 엔진이 장착된 1960MG를 1100달러에 팔았던 때가 떠올랐다. 엊그제처럼 느껴졌다. "암흑에서 광명으로 나를 인도하소서."

여름이 시작되면서 기다리던 편지가 왔다. 중국 정부에서 초청장이

온 것이다.

누가 갈 것인가를 두고 한 달 동안 고민했다. 정예 부대를 꾸려야 했다. 황색 리갈 패드를 무릎에 올려놓고 명단을 작성했다가 지우기를 여러 번 반복했다.

창은 물론 가야 한다.

스트라세도 당연히 가야 한다.

헤이즈는 반드시 가야 한다.

중국에 갈 사람들에게 필요한 서류와 여권을 준비하고, 신변의 잡일을 정리하라고 지시했다. 출발하기 며칠 전부터 우리는 중국 역사를 공부했다. 의화단 사건. 만리장성. 아편전쟁. 명나라 왕조. 공자. 마오쩌둥.

나 혼자만 학생인 것은 아니었다. 나는 노트를 만들어서 중국에 갈 사람들에게 나누어주었다.

1980년 7월 우리는 베이징으로 가기 위해 비행기를 탔다. 그러나 먼저 도쿄에 내렸다. 베이징으로 가는 도중, 도쿄에 들러 며칠 보내는 것도 괜찮을 것이라고 생각했기 때문이다. 일본에서는 나이키 매출이 또다시 증가하고 있었다. 미지의 세계인 중국에 대한 긴장을 풀기에 일본은 괜찮은 곳이었다. 일본에서 걸음마를 떼는 것이다. 이는 페니와 고먼에게서 얻은 교훈이었다.

열두 시간 뒤, 나는 도쿄 거리를 혼자 걸으며 1962년 '미친 생각'을 했던 때를 회상했다. 이제 나는 거대한 중국 시장을 상대로 '미친 생각'을 펼치려고 한다. 마르코 폴로를 생각하고 공자를 생각했다. 지금까지 내가 봤던 축구, 야구, 농구 경기도 떠올려보았다. 마지막 몇 초

혹은 마지막 회를 남기고 크게 리드해서 느긋하던 팀도 있었고, 막상막하의 접전을 펼치고 있던 팀, 크게 뒤지고 있던 팀도 있었다.

나는 이제 더 이상 과거를 바라보지 않고 미래를 내다보기로 했다.

우리는 멋진 일식으로 저녁 식사를 하고 오랜 친구들을 만났다. 이삼 일 동안 원기를 회복하고 마음을 다진 후 베이징으로 떠날 준비를 마쳤다. 다음 날 아침에 베이징으로 가는 비행기를 탈 예정이었다.

우리는 긴자 거리에서 도쿄에서의 마지막 식사를 했다. 칵테일을 몇 잔 하고는 일찍 잠자리에 들기 위해 각자 호텔 방에 들어갔다. 뜨거운 물로 샤워하고 집에 전화를 한 뒤 침대로 뛰어들었다. 몇 시간이 지났을까, 누군가가 미친 듯이 문을 두드리는 소리에 잠이 깼다. 탁자에 있는 시계를 보았다. 새벽 2시였다. "누구세요?"

"데이비드 창입니다! 문 좀 열어주세요!"

문을 여는데, 창은 평소의 모습이 아니었다. 어찌할 바를 모르는 표정인 데다 레지멘탈 타이는 비뚤어져 있었다. "헤이즈가 못 갈 것 같습니다!"

"지금 뭐라고 하셨습니까?"

"헤이즈는 지금 아래층 술집에 있는데요. 내일 못 간다고 합니다. 비행기를 탈 수 없다고 합니다."

"왜죠?"

"공황 발작이 왔답니다."

"그분은 공포증이 있어요."

"어떤 공포증입니까?"

"온갖 종류의 공포증을 다 가지고 있습니다."

나는 옷을 입고 술집으로 내려갔다. 바로 그때 나는 우리가 관심을 가져야 할 사람이 누구인지 생각났다. "이제 그만 주무시러 가세요. 헤이즈는 내일 아침에 같이 갈 겁니다."

"그렇지만……."

"헤이즈는 함께 갈 겁니다."

아침에 헤이즈는 사색이 된 얼굴에 흐릿한 눈빛으로 누구보다 먼저 로비에 서 있었다. 물론 그는 다음 발작이 올 경우를 대비해 "약"을 충분히 챙겼는지 확인했다. 몇 시간 뒤, 베이징 공항 세관을 통과하다가 뒤에서 큰 소란이 벌어지는 소리를 들었다. 그 방은 합판으로 된 칸막이로 분리되어 있어서 노출된 것이나 다름없었다. 칸막이 건너편에서 중국 세관원 여러 명이 소리를 지르고 있었다. 칸막이를 돌아갔더니, 중국 관리 두 사람이 잔뜩 흥분한 표정으로 헤이즈와 그의 열려 있는 여행 가방을 노려보고 있었다.

나는 그곳으로 다가갔다. 스트라세와 창도 그곳으로 다가갔다. 헤이즈의 거대한 속옷 사이에 11리터에 달하는 보드카가 숨겨져 있었다.

오랫동안 어느 누구도 말을 하지 않았다. 잠시 뒤 헤이즈가 한숨을 쉬며 말했다. "이건 내가 마실 거야. 아무도 눈독 들이지 마."

그다음 12일 동안, 우리는 안내원들과 함께 중국 전역을 돌아다녔다. 그들은 우리를 톈안먼 광장으로 데리고 가서는 우리가 4년 전에 사망한 마오쩌둥 주석의 대형 초상화 앞에 오랫동안 서 있는지 확인했다. 또한 자금성과 명나라 황제들이 잠들어 있는 곳으로도 안내했다. 물론 우리는 매료됐을 뿐 아니라 알고 싶은 것이 너무나도 많아서 안내원들에게 온갖 질문을 해대 그들을 아주 피곤하게 만들었다.

그러다 어느 곳에선가 인민복을 입고 조잡한 검정색 신발을 신은 중국인 수백 명이 눈에 들어왔다. 그 신발은 마치 판지로 만든 것처럼 보였다. 캔버스 운동화를 신은 아이들도 몇 명 있었다. 그 모습은 나에게 희망을 주었다.

물론 내가 보고 싶은 것은 공장이었다. 안내원들은 마지못해 동의했다. 그들은 기차를 타고 베이징에서 멀리 떨어진 마을로 우리를 안내했다. 그곳에서 우리는 대규모 공업 단지, 소규모 공장 도시를 둘러보았다. 이곳의 공장들은 신식보다는 구식이 더 많았다. 공장들은 대단히 노후해서 헤이즈의 마음을 사로잡은 사코 유적지 정도는 최신식이라는 생각이 들 정도였다.

공장들은 불결했다. 얼룩지고 때가 낀 조립 라인에서 신발이 굴러 떨어지고 있었는데, 소매점에 내놓을 만한 것이 하나도 없었다. 공장 관리들은 청결을 중요하게 생각하지 않았고, 품질 관리에도 관심이 없었다. 우리가 결함이 있는 신발을 지적하자 그들은 고개를 갸우뚱하면서 "전혀 문제 없습니다"라고 말했다.

미적 감각도 전혀 없었다. 중국인들은 나일론 혹은 캔버스 운동화의 왼쪽 신발과 오른쪽 신발의 색상이 같아야 할 필요성을 느끼지 않았다. 중국에서는 이를테면 왼쪽에는 밝은 청색 신발을 신고 오른쪽에는 어두운 청색 신발을 신은 사람들을 흔히 볼 수 있었다.

우리는 공장 관리, 지역 정치인, 고위 인사를 여럿 만났다. 그들은 술을 많이 권했고 질문도 많이 했고 감시도 많이 했지만, 대부분 따뜻하게 대접해주었다. 우리는 성게, 오리 구이를 실컷 먹었고, 여러 곳에서 피단도 대접받았다. 나는 온갖 종류의 피단을 모조리 맛봤다.

물론 마오타이도 빼놓을 수 없었다. 타이완에 가본 적 있는 나는 이에 대한 준비가 되어 있었다. 내 간은 한 차례 경험을 쌓은 상태였다. 내가 미처 준비하지 못한 것은 헤이즈가 마오타이를 얼마나 좋아하는 가였다. 헤이즈는 한 모금을 마실 때마다 입맛을 다시며 더 달라고 졸라댔다.

방문 일정이 끝날 무렵, 우리는 19시간 동안 기차를 타고 상하이로 갔다. 비행기를 타고 갈 수도 있었지만, 내가 기차를 타고 가자고 우겼다. 나는 중국 시골 풍경을 보고 싶었다. 한 시간도 안 되어 모두가 나를 저주하기 시작했다. 그날은 습도가 높고 아주 더웠는데, 기차에는 에어컨이 없었다.

구석에서 낡은 선풍기 한 대가 돌아가고 있었지만, 날개에서는 뜨거운 바람만 나왔다. 중국 여행객들은 더위를 식히기 위해 아무런 거리낌 없이 속옷을 빼고는 전부 벗어 던졌다. 헤이즈와 스트라세도 그들이 하는 대로 따라 했다. 내가 200년을 살더라도 이 전체주의 국가의 국민들이 티셔츠와 남성용 속옷만 입고 열차 안을 오락가락하던 광경을 잊을 수 없을 것이다.

중국을 떠나기 전에 상하이를 방문한 목적은 중국 육상경기연맹과 거래를 트기 위해서였다. 이는 중국 체육부와의 거래를 의미했다. 서구 국가에서는 운동선수들이 직접 광고 모델 계약을 협상하지만, 중국에서는 정부가 이를 맡아서 했다. 스트라세와 나는 교실마다 75년은 된 듯한 책걸상과 마오쩌둥의 대형 초상화가 있는 상하이의 오래된 학교 건물에서 체육부 소속 공무원을 만났다. 그는 처음 몇 분 동안 공산

주의 체제의 우월성에 대해 강의하더니 중국인은 동지들과 사업하기를 원한다고 했다. 스트라세와 나는 서로 쳐다보기만 했다. 동지들이라고? 무슨 말이지? 그런데 강의가 갑자기 중단됐다. 그는 몸을 앞으로 구부리더니 작은 목소리로 "얼마를 주실 겁니까?"라고 물었다. 중국에도 최고의 스포츠 에이전트 레이 스타인버그 같은 사람이 있었다.

우리는 두 시간 만에 거래를 매듭지었다. 4년 뒤에 거의 50년 만에 다시 열리는 로스앤젤레스 올림픽에서 중국 육상팀은 미국 신발과 운동복을 입고 올림픽 경기장에 입장하기로 했다.

그것은 나이키 신발과 운동복을 의미했다.

우리의 마지막 방문지는 외교통상부 건물이었다. 앞선 미팅과 마찬가지로 우리는 중국 관리들에게서 긴 연설을 들어야 했다. 헤이즈는 첫 번째 연설부터 지루해하기 시작했다. 세 번째 연설이 시작되자 미칠 것만 같은 얼굴이 되었다. 그는 폴리에스터 와이셔츠 앞면의 느슨하게 풀어진 실을 가지고 딴짓을 하기 시작했다. 그러다 실이 엉키자 라이터를 꺼냈다. 우리를 훌륭한 파트너라고 치켜세우던 외교통상부 고위 관리는 헤이즈가 불을 지르는 모습을 멍하니 쳐다보았다. 헤이즈는 재빨리 두 손을 두들겨서 불길을 잡는 데 성공했지만, 분위기는 썰렁해지고 연설자의 부적은 재가 된 뒤였다.

다행스럽게도 이 일은 문제가 되지 않았다. 미국행 비행기를 타기 직전에 우리는 중국 공장 두 곳과 계약을 체결해 공식적으로 중국에서 사업 허가를 받은 첫 번째 미국 신발 회사가 됐다.

이 모든 과정을 '사업'이라고 부르기에는 부족한 점이 많다. 몹시 바빴던 나날들, 불면의 밤들, 위대한 승리, 필사적인 투쟁을 사업이라는 단조롭고 포괄적인 단어만으로 표현하기에는 허전한 마음을 지울 수 없었다. 우리는 그보다 훨씬 더 대단한 일을 했다. 매일 새로운 문제가 수십 가지 발생했고, 수십 가지 어려운 결정을 해야 했다. 단 한 번만이라도 성급하게 움직이거나 잘못된 결정을 했다가는 파멸을 맞이할 거라는 사실을 우리는 정확하게 알고 있었다. 우리는 점점 더 많은 것을 걸어야 했고, 잘못을 만회할 수 있는 여지는 점점 더 적어졌다. 우리가 건 것이 돈만이 아니라는 믿음에는 전혀 주저함이 없다. 어떤 이는 사업의 목적은 이윤 추구에 있다고 생각한다. 그러나 우리는 인간이 살아가는 목적이 피를 만드는 데만 있지 않듯, 사업의 목적이 돈을 버는 데만 있지 않다고 생각한다. 그렇다. 인간의 몸은 피를 요구한다. 인간의 몸은 적혈구, 백혈구, 혈소판을 만들고, 이들을 제때 적절한 곳으로 순조롭게 재분배하기를 요구한다. 그렇지 않으면 살아갈 수 없다. 그러나 인간의 몸이 매일 하는 일이라고 해서 이를 인간이 지닌 사명이라고 볼 순 없다. 이는 보다 높은 목표를 달성하게 해주는 기본적인 과정이다. 그리고 인간은 항상 생명체의 기본적인 과정을 초월하려고 한다나도 1970년대 후반 언젠가부터 이처럼 초월하기 위해 노력했다. 나는 승리의 의미를 다시 정의해 단지 패배하지 않는다 혹은 생존한다는 원래의 정의를 뛰어넘어 그 의미를 확장하려고 했다. 원래의 정의는 나자신과 나이키를 유지하는 데 충분하지 않았다. 모든 위대한 기업들이 그랬듯, 우리도 창의성을 발휘해 세상에 기여하고 싶고, 이런 포부를 크게 외치고 싶었다. 당신이 무엇인가를 만들고 개선하고, 고객들이 좀 더 행복하고 건강하고 안전하고 나은 삶을 살아갈 수 있도록 그들에게 새로운 제품과 서비스를 전달하고, 이 일을 열정을 가지고 효율적이고도 민첩하게 전개할 때모든 일을 이런 식으로 추진해야 하지만, 그런 경우는 좀처럼 찾아보기 어렵다. 당신은 원대한 인간 드라마를 완성하게 된다. 이때 당신은 그냥 단순히 살아간다기보다는 다른 사람이 더욱 알차게 살아갈 수 있도록 돕는 것이다. 그리고 이런 것이 사업이라면, 나를 사업가라고 불러주기 바란다.

아마도 이런 사업은 내 마음을 사로잡을 것이다.

짐을 풀 시간도 없었다. 중국 출장 이후 시차로 인한 극심한 피로를 풀 시간도 없었다. 오리건으로 돌아오자마자 당장 주식 공모를 추진해야 했다. 우리는 중요한 결정을 앞두고 있었다. 주식 공모 업무를 누구에게 맡겨야 하는가?

주식 공모가 항상 성공하는 것은 아니다. 이를 잘못 관리하면, 대형 사고로 이어진다. 처음 시작하는 순간부터 결정을 잘해야 했다. 쿤 로브에서 일한 적 있는 척은 여전히 그곳 사람들과 긴밀한 관계를 유지하고 있었고, 그들이 적임자라고 생각했다. 우리는 다른 회사 사람들도 만나봤지만, 결국 척의 직감을 따르기로 했다. 지금까지 척이 우리를 잘못된 길로 이끈 적은 한 번도 없었다.

이제 우리는 주식 공모 계획서를 작성해야 했다. 나이키의 주식 공모 방식이 효과적으로 전달되도록 적어도 50번은 고쳐 쓴 것 같다.

여름이 끝나갈 무렵, 마침내 주식 공모를 위한 모든 서류를 증권거래위원회에 제출하고, 9월 초 공식 발표를 했다. 나이키는 A등급 주식 2000만 주, B등급 주식 3000만 주를 발행할 예정이며, 주식 가격은 아직 미정이지만 1주당 18~22달러 사이에서 결정될 것임을 온 세상에 알렸다.

총 5000만 주 중에서 3000만 주를 나이키가 비축할 것이며, 일반인에게는 B등급 주식 200만 주를 판매할 것이다. 나머지 A등급 주식 약 1700만 주는 설립자인 나와 바우어만 코치, 전환사채 보유자, 버트페이스 참가자가 56퍼센트를 소유할 것이다.

내가 전체 주식의 46퍼센트를 소유하기로 했다. 우리 모두가 어떤 일이 있더라도 나이키는 한 사람이 이끌어가면서 꾸준한 목소리를 내야 하기 때문에 내가 그 정도는 보유해야 한다고 일치된 의견을 내놓았다. 사내에서 사람들이 연합이나 파벌을 형성하거나 경영권을 얻기 위한 투쟁을 벌일 가능성은 전혀 없었다. 외부 사람들이 생각하기에는 주식이 공정하지 않게 분배됐다고 할 수도 있었다. 하지만 버트페이스 참가자들은 이런 분배를 당연하게 여겼다. 반대하거나 불평하는 말은 한마디도 나오지 않았다.

이제 우리는 길을 나섰다. 주식 공모를 하기 며칠 전, 우리는 미래의 투자자들에게 우리 제품, 우리 회사, 우리 브랜드, 우리 자신의 가치를 알리기 위해 사무실 밖으로 나섰다. 얼마 전 중국에 다녀온 터라 출장을 떠나고 싶지 않았지만, 달리 방법이 없었다. 우리는 월스트리트 사람들이 '겉만 요란한 쇼A Dog And Pony Show'라고 하는 것을 7일 동안 12개 도시에서 해야만 했다.

첫 번째 쇼는 맨해튼에서 열렸다. 미래의 투자자들을 대표해 참석한 무자비하고 고집 센 은행 사람들과 함께 아침 식사를 했다. 먼저 헤이즈가 일어나서 소개의 말을 몇 마디 했다. 그는 숫자들을 간략하게 요약했는데, 발표를 상당히 잘했다. 설득력이 있었고, 차분하게 들렸다. 그다음에 존슨이 일어나 제품 자체에 대해 설명했다. 나이키 제품은 무엇이 다르고 무엇이 특별한지, 우리가 어떻게 혁신을 이루어냈는지에 대한 설명이었다. 최고의 발표였다.

마지막으로 내가 회사의 설립 과정, 정신에 대해 설명했다. 발표하다가 더듬을까 봐 키워드를 갈겨쓴 카드를 준비했지만, 한 번도 보지 않았다. 나는 내가 말하고 싶은 것에 대한 확신이 있었다. 처음에는 그 자리에 모인 낯선 사람들을 상대로 발표를 잘할 수 있을지 확신이 서지 않았지만, 막상 발표를 하다 보니 나이키를 설명하는 데 아무런 어려움도 없었다.

나는 바우어만 코치에 관한 이야기로 발표를 시작했다. 오리건대학교 시절 바우어만 코치의 지도를 받았고, 20대 중반의 나이에 그와 동업자가 되어 회사를 설립한 이야기를 했다. 바우어만 코치의 뛰어난 두뇌, 용감한 정신에 관해서도 이야기했다. 마법의 와플 틀에 관한 일화도 소개했다. 우편함에 폭발물을 설치한 일화도 소개했다. 이것은 많은 사람에게 웃음을 주는 재미난 이야기였지만, 바우어만 코치의 진면목을 보여주는 이야기이기도 했다. 그 자리에 모인 뉴욕 사람들에게 우리가 오리건에서 왔지만, 절대로 만만한 상대가 아니라는 것을 보여주고 싶었다.

"겁쟁이들은 올 생각조차 못했어. 약한 사람들은 도중에 죽었지. 이렇게 해서 살아남은 자들이 바로 우리 오리건 사람들이야." 신사숙녀 여러분, 바로 우리들입니다.

그날 밤 우리는 맨해튼 미드타운에서 공식 만찬을 갖고, 아침 시간보다 두 배는 더 많이 모인 은행 사람들을 앞에 두고 같은 내용을 발표했다. 먼저 칵테일이 제공됐는데, 헤이즈는 참지 못하고 이를 너무 많이 마셔버렸다. 자리에서 일어나면서 헤이즈는 이번에는 자료를 보지 않고 즉흥적으로 발표하기로 마음먹었다. 그는 웃으면서 이렇게 말했다. "저는 이 사람들을 오랫동안 잘 알고 지냈습니다. 회사의 핵심이…… 아마 여러분들 생각은……. 저는 여러분에게 이 사람들에 대해 말씀드리기 위해 이 자리에 섰습니다. 하하, 이들은 모두 아주 고질적인 고용 부적격자들입니다."

마른기침을 했다.

목청을 가다듬었다.

외로운 귀뚜라미 한 마리가 찍찍거리다가 어디론가 사라졌다.

어디선가 멀리 떨어진 곳에서 미치광이처럼 웃는 이가 있었다. 나는 그가 존슨이었다고 기억한다.

그 자리에 모인 사람들에게 돈은 아주 진지하게 고민해야 하는 대상이었다. 이 정도 규모의 주식 공모가 열리는 자리는 절대 장난을 칠 만한 장소가 아니다. 나는 한숨을 쉬고는 내가 준비한 카드를 내려다보았다. 차라리 헤이즈가 불도저로 이 방을 밀어버렸더라면 이처럼 엉망이 되지는 않았을 것이다. 그날 밤, 나는 헤이즈에게 존슨과 나 둘이서 공식 발표를 할 테니, 당신은 말을 하지 않는 것이 나을 것 같다고 말했다. 그러나 질의응답 시간에는 여전히 헤이즈가 필요했다.

헤이즈는 나를 바라보면서 눈을 한 번 깜박였다. 그제야 그는 상황을 이해한 것 같았다. 그는 "나더러 집으로 가라고 하는 줄 알았어"라고 말했다. 나는 "아닙니다. 질의응답 시간에 있어야 합니다"라고 말했다.

우리는 시카고에도 갔고 댈러스, 휴스턴, 샌프란시스코에도 갔다. 로스앤젤레스, 시애틀에도 갔다. 점점 더 피로가 쌓였다. 정말이지 눈물이 날 정도로 힘들었다. 특히, 존슨과 내가 그랬다. 이상야릇한 감상벽이 우리 두 사람을 엄습했다. 우리는 비행기 안에서나 호텔 술집에서 풋내기 시절을 이야기했다. 끝없이 밀려오던 존슨의 편지. *"격려의 말을 좀 해주세요."* 침묵으로 일관하던 나. 존슨의 꿈속에서 나이키라는 이름이 떠올랐던 이야기를 했고, 스트레치, 지암피에트로, 말보로 맨 이야기도 했고, 내가 존슨을 이리저리 보내 정신없게 만들었던 이야기도 했다. 또한 엑서터 종업원들에게 임금으로 지급된 수표가 부도처리되어 존슨이 극도로 긴장했던 이야기도 했다. 언젠가 존슨은 다음 쇼가 열리는 곳으로 가는 타운카 뒷좌석에서 "그런 일들을 모두 겪고 나서 지금 우리는 월스트리트에서 찬사를 받는 사람이 됐어"라고 말했다.

나는 존슨을 바라보았다. 그동안 많은 것이 변했지만, 존슨은 변하지 않았다. 존슨은 가방에서 책을 꺼내 읽기 시작했다.

쇼는 추수감사절 전날 끝났다. 가족들과 함께 칠면조 요리와 크랜베리를 먹었던 게 어렴풋이 기억난다. 그날이 여러 종류의 기념일 중 하나라는 사실을 깨달은 것도 어렴풋이 기억난다. 내가 처음 일본으로 날아간 날도 바로 1962년 추수감사절이었다.

아버지는 저녁 식사를 하면서 주식 공모에 대해 이것저것 물어보셨다. 어머니는 아무것도 묻지 않았다. 다만 나한테서 7달러짜리 림버업 한 켤레를 사던 날부터 언젠가는 주식 공모를 하게 될 것으로 생각했다고만 말씀하셨다. 부모님은 지난 시절을 회상하면서 축하의 말을 건넸다. 나는 아직은 축배를 들 때가 아니라고만 말했다. 경기는 계속 진행되고 있었다.

우리는 주식 공모일을 1980년 12월 2일로 잡았다. 이제 주식 가격을 정하는 일만 남았다.

공모일 전날 밤, 헤이즈가 사무실로 와서 이렇게 말했다. "쿤 로브 친구들이 1주당 20달러가 좋겠대."

나는 말도 안 되는 가격이라고 생각했다. "너무 낮아요. 우리를 모욕하는 건가요?"

"너무 높게 잡아서는 안 돼. 주식을 모두 팔아야 하잖아."

모든 과정이 사람을 미치게 만들었다. 모든 것이 모호했다. 얼마가 적당한지 도대체 알 수 없었다. 주식 가격은 의견, 느낌, 판매의 문제였다. 여기서 판매라는 단어가 또 나왔다. 나는 지난 18년 동안 이 단어를 신물이 나도록 썼다. 더 이상 판매라는 단어를 쓰고 싶지 않았다. 우리 주식 가격은 주당 22달러는 되어야 했다. 그 정도는 받아야 했다. 우리는 가격 범위에서 가장 높은 금액을 받을 만했다. 그 주에 애플도 주식 공모를 했는데, 주당 22달러를 받았다. 나는 헤이즈에게 우리도 그만큼 받을 자격이 된다고 말했다. 월스트리트 사람들이 이에 동의하지 않는다면, 나는 주식을 팔 생각이 없었다.

나는 헤이즈를 노려봤다. 헤이즈가 무슨 생각을 하는지 알고 있었다. 우리는 '닛쇼에 먼저 지급하라'를 두고 대립하던 시절로 돌아갔다.

다음 날 아침, 헤이즈와 나는 우리가 거래하는 로펌으로 달려갔다. 안내 데스크 직원이 대표 변호사 사무실로 안내해주었다. 사무 보조원이 뉴욕의 쿤 로브로 전화 다이얼을 돌리고는 커다란 호두나무 책상 가운데 있는 스피커 버튼을 눌렀다. 헤이즈와 나는 스피커를 쳐다보았다. 방 안에 몸뚱이 없는 사람들의 목소리가 울려 퍼졌다. 이들 중 한 사람의 목소리가 점점 커지면서 분명하게 들려왔다. "여러분, 안녕하세요."

우리도 "안녕하세요"라고 응답했다.

커다란 목소리가 이야기를 진행했다. 그는 주식 가격에 대한 쿤 로브의 입장을 신중하고도 장황하게 설명했다. 도무지 종잡을 수 없는 이야기였다. 그는 우리가 21달러 이상은 받을 수 없다고 말했다.

나는 반발했다. "그렇게는 안 됩니다. 우리는 22달러를 받아야 합니다."

사람들이 웅성거리는 소리가 들렸다. 그들은 21달러 50센트를 제안했다. 커다란 목소리가 "죄송하지만, 마지막 제안입니다"라고 말했다.

"여보세요, 22달러라고 그러지 않았습니까?"

헤이즈는 나를 노려봤지만, 나는 스피커를 노려봤다.

침묵을 깨는 소리가 들렸다. 거친 숨소리, 누군가가 들락거리는 소리, 무언가 긁히는 소리, 종이 넘어가는 소리가 들렸다. 나는 눈을 감고 이 모든 잡음이 나한테 밀려오도록 내버려뒀다. 지금까지 살아오면서 했던 모든 협상을 떠올려보았다.

"아버지, 스탠퍼드 시절에 제가 '미친 생각'을 했던 걸 아세요?"

"여러분, 저는 오리건 주 포틀랜드의 블루 리본 스포츠를 대표합니다."

"어머님, 저는 페니를 사랑합니다. 페니도 저를 사랑합니다. 저는 페니와 결혼까지도 생각하고 있습니다."

커다란 목소리가 "죄송합니다. 조금 뒤에 다시 전화하겠습니다"라고 짜증스러운 듯이 말했다.

찰칵 하는 소리가 들렸다.

우리는 아무 말 없이 자리에 앉아 있었다. 나는 길게 한숨을 쉬었다. 옆에 있던 직원이 서서히 찡그린 표정을 지었다.

5분이 지났다.

15분이 지났다.

헤이즈의 이마와 목에서 땀이 흘러내렸다.

전화벨이 울렸다. 옆에 있던 직원이 준비되어 있는지 확인하듯 우리를 바라보았다. 우리는 고개를 끄덕였다. 그는 스피커 버튼을 눌렀다.

커다란 목소리가 "여러분, 이제 거래가 성사됐습니다. 이번 주 금요일에 주당 22달러로 주식시장에 보내겠습니다"라고 말했다.

나는 차를 몰고 집으로 왔다. 두 아들 녀석은 밖에서 놀고 있었다. 페니는 부엌에 있었다. 페니가 물었다. "오늘 어땠어?"

"응, 좋았어."

"잘됐네."

"우리가 말한 대로 주식 가격이 정해졌어."

페니는 크게 웃었다. "당연히 그래야지."

나는 달리기를 하러 밖으로 나갔다.

그다음에 뜨거운 물로 샤워를 했다.

그다음에 저녁을 간단하게 먹었다.

그다음에 두 아들 녀석에게 이불을 덮어주고는 옛날이야기를 했다.

"1773년이었어요. 매튜 일병과 트래비스 일병은 워싱턴 장군의 지휘하에 전투를 하고 있었죠. 춥고 힘들고 배가 고팠어요. 그들은 누더기가 된 군복을 입고 겨울 동안 펜실베이니아 주 포지 계곡에서 야영을 했어요. 기쁨산Mount Joy과 절망산Mount Misery 사이에 맞물려 있는 통나무집에서 잠을 잤지요. 하루 종일 차디찬 바람이 산을 휘젓고 통나무집 틈을 뚫고 들어왔어요. 음식도 없었고, 병사 중 3분의1만 신발을 신고 있었어요. 집 밖으로 나갈 때마다 그들은 눈 속에 피 묻은 발자국을 남겼죠. 수천 명이 죽었어요. 하지만 매튜와 트래비스는 끝까지 살아남았어요. 드디어 봄이 왔어요. 영국군이 물러나고 프랑스가 식민지 주민들을 도우러 왔다는 소식이 들려왔어요. 매튜 일병과 트래비스 일병은 기쁨산과 절망산 사이에서 살아남을 수 있다는 확신이 들었어요."

이것으로 이야기가 끝났다.

잘 자라, 내 아들들아.

아빠, 안녕히 주무세요.

나는 불을 끄고 거실로 나와 페니와 함께 텔레비전 앞에 앉았다. 우리는 둘 다 텔레비전 프로그램에는 크게 관심이 없었다. 페니는 책을 읽었고, 나는 머릿속으로 계산을 했다.

다음 주 바우어만 코치에게 900만 달러가 돌아간다.

케일에게 660만 달러가 돌아간다.

우델, 존슨, 헤이즈, 스트라세는 각각 600만 달러를 갖는다.

전혀 와닿지 않는 숫자였다. 나는 이 숫자가 얼마나 큰지 혹은 얼마나 작은지 알 수 없었다.

페니가 물었다. "잘래?"

나는 고개를 끄덕였다.

나는 집 안을 돌아다니면서 불을 끄고 문단속을 했다. 그런 뒤 페니 옆에 누웠다. 우리는 오랫동안 어둠 속에서 누워 있었다. 게임은 끝나지 않았다. 이제 겨우 전반전이 끝났을 뿐이다.

나는 나 자신에게 '지금 기분이 어때?'라고 물어봤다.

즐겁지도 않고, 안심되지도 않았다. 혹시 느끼는 게 있다면, 지난 세월에 대한 아쉬움이랄까?

맙소사, 맞다. 그것은 아쉬움이었다.

솔직하게 말하면, 처음부터 모든 것을 다시 할 수 있기를 바랐다.

서너 시간 정도 잔 것 같았다. 잠이 깼을 때는 추운 날씨에 비가 오고 있었다. 나는 일어나서 창가로 갔다. 나무에서 물방울이 뚝뚝 떨어지고 있었다. 온 세상이 안개로 가득했다. 옛날이나 지금이나 세상은 변함없이 그대로였다. 아무것도 변하지 않았다. 특히, 나 자신이 가장 변하지 않았다. 그런데도 내 수중에 1억 7800만 달러가 들어올 것이다.

샤워를 하고 아침을 먹고 차를 몰고 일터로 갔다. 나는 어느 누구보다 일찍 출근했다.

해 질 녘

    우리는 영화 보는 것을 좋아했다. 항상 그랬다. 그러나 이날 밤에는 딜레마에 빠졌다. 우리는 주로 페니가 좋아하는 액션 영화를 봤다. 그런데 이날 밤에는 뭔가 새로운 장르의 영화를 보고 싶었다. 코미디 영화가 괜찮을 것 같았다.

    나는 신문을 뒤적였다. "센추리 극장에서 하는 〈버킷리스트〉 어때? 잭 니콜슨하고 모건 프리먼이 나오네."

    나는 페니가 얼굴을 잔뜩 찌푸렸던 것으로 기억한다.

    이날은 2007년 크리스마스였다.

    〈버킷리스트〉는 결코 코미디 영화가 아니었다. 죽음에 관한 영화였다. 니콜슨과 프리먼은 말기암 환자인데, 지금까지 살아오면서 몹시 하고 싶었지만 하지 못했던 일들을 하면서 남은 시간을 알차게 보내기로 결심했다. 영화가 상영되고 한 시간이 지나는 동안 낄낄대고 웃을 만한 장면은 나오지 않았다.

    영화 속 장면과 내 삶은 이상할 만큼 닮은 점이 많았다. 그런 사실은 나를 불편하게 했다. 첫째, 니콜슨은 소설 《뻐꾸기 둥지 위로 날아간 새》를 떠올리게 만들었다. 이 소설은 나에게 키지를 연상시키면서 오리건대학교 시절을 회상하게 만들었다. 둘째, 니콜슨이 연기한 영화 속 인물의 버킷리스트에는 내가 젊은 시절에 찾아갔던 히말라야를 등반하는 것이 상당히 높은 순위에 나온다.

특히 니콜슨은 일종의 대리 아들 역할을 해줄 사람을 개인비서로 고용하는데, 그 사람의 이름이 매튜였다. 그 사람은 칠칠치 못한 염소수염으로 보아 내 아들 매튜와도 조금 닮은 데가 있었다.

영화가 끝나고 불이 환하게 켜졌다. 페니와 나는 자리에서 일어나 햇살 가득한 현실로 돌아왔다.

팜스프링스와 가까운 커시드럴 시티 중심부에 위치한 이 극장에는 스크린이 열여섯 개나 있었다. 우리는 비가 으스스하게 내리는 오리건의 겨울 날씨를 피해 이곳에서 자주 겨울을 보냈다. 두 눈이 햇빛에 적응하기를 기다리면서 로비를 걷는데, 아는 얼굴들이 눈에 띄었다. 니콜슨과 프리먼을 생각하느라, 처음에는 그들이 눈에 들어오지 않았다. 그런데 정말 익숙한 얼굴이었다. 빌 게이츠와 워런 버핏이었다.

우리는 함께 걸었다.

두 사람 모두 가까운 친구는 아니었지만, 사교 모임이나 컨퍼런스에서 몇 번 만나 공동의 대의, 공동의 이해관계를 바탕으로 친목을 다진 적이 있었다. 나는 "이런 데서 만나다니 정말 반가워요!"라고 말하면서 살짝 몸을 움츠렸다. 내가 방금 정말 그렇게 말했나? 아직도 나는 저명인사를 보면 어색하고 불편해하는 것 아닌가?

그들 중 한 사람이 "저도 조금 전에 당신을 봤습니다"라고 말했다.

우리는 악수를 하고, 팜스프링스에 관해 이야기를 나누었다. 여기가 살기 좋습니까? 추위를 피해 살기에 어떻습니까? 우리는 가족, 사업, 스포츠에 관해서도 이야기를 주고받았다. 우리 뒤에서 누군가가 "이 봐, 버핏과 게이츠는 알겠는데, 저 남자는 누구지?"라고 속삭이는 소리를 들었다.

나는 웃었다. 마치 그래야 하는 것처럼.

나는 머릿속으로 계산하지 않을 수 없었다. 당시 나는 100억 달러의 자산가였다. 버핏과 게이츠는 나보다 대여섯 배 정도 재산이 많았다. "암흑에서 광명으로 나를 인도하소서."

페니는 영화가 재미있었는지 물었다. 두 사람 모두 그렇다고 대답하면서, 각자 자기 신발을 흘깃거리며 미안해하는 얼굴을 했다. 나는 "두 분의 버킷리스트에는 어떤 것들이 나옵니까?"라고 물어볼 뻔했지만, 그러지 못했다. 게이츠와 버핏은 자신이 하고 싶은 것을 거의 다 해봤을 것으로 생각됐다. 그들에게는 버킷리스트가 없을 것이다.

그러면 나의 버킷리스트에는 무엇이 있을까?

집에 와서 페니는 자수를 놓았고, 나는 와인을 마셨다. 황색 리갈 패드를 꺼내고는 다음 날 해야 할 일을 살펴보았다. 처음으로 텅 비어 있었다.

11시 뉴스를 봤지만, 내 마음은 먼 곳에 가 있었다. 나는 먼 과거로 시간 여행을 떠났다. 오래전 일들이 엊그제 일처럼 느껴졌다.

이제 나는 하루 종일 어린 시절을 떠올리면서 시간을 보낼 때가 많았다. 할아버지, 범프 나이트 생각도 많이 났다. 할아버지는 그야말로 무일푼이셨다. 그런데도 돈을 아끼고 또 아껴서 신형 모델 T를 사셨다. 그 차에 할머니와 다섯 아이들을 태우고는 미네소타 주 위너베이고에서 콜로라도를 거쳐 오리건까지 오셨다. 할아버지는 굳이 운전면허증을 따려고 하지 않았다. 그냥 차에 올라타서 몰고 다녔다. 그 양철 조각이 로키산맥을 내려오면서 마구 흔들거리자, "이 녀석, 워워"라고 하면서 야단치셨다. 나는 이 이야기를 할아버지, 고모, 삼촌, 사촌에게 지겹도록 들었다. 그러다 보니 나도 그 자리에 있었던 것처럼 느껴졌다. 어떤 면에서는 나도 거기에 있었다고 볼 수 있다.

할아버지는 나중에 픽업트럭을 사셨다. 시내에 볼일이 있을 때마다 손자들을 뒤에 태우고 다니는 걸 좋아하셨다. 오는 길에 항상 서더린 베이커리에 들러 글레이즈 도넛을 사주셨다. 그때마다 나는 푸른 하늘이나 하얀 구름을 멍하니 바라보았다. 그렇게 아무것도 없는 텅 빈 공간을 바라보는 것만으로도 만족스러웠다. 나는 트럭 베드 위에서 맨발을 대롱거리며 시원한 바람 속에서 따뜻한 글레이즈 도넛을 핥았다. 어린 시절에 이처럼 안전과 만족을 동시에 느끼는 희열의 순간을 경험하지 않았더라면, 내가 감히 안전과 파멸 사이를 위태롭게 걸어가는 기업가가 될 수 있었을까? 아마 그러지 못했을 것이다.

나는 40년 만에 나이키 CEO에서 물러나 이 회사를 유능하고 좋은 사람에게 맡겼다. 2006년 나이키의 매출은 160억 달러였다아디다스는 100억 달러라고 한다. 뭐 이게 중요한 건 아니다. 나이키 신발과 의류는 전 세계 5000개 매장에서 판매되고 있다. 나이키 종업원 수는 1만 명에 이른다. 상하이에서만 700명이 근무하고 있다우리에게 두 번째로 큰 시장인 중국은 현재 나이키 신발을 가장 많이 생산하는 국가다. 나는 1980년 출장의 효과를 톡톡히 봤다고 생각한다.

비버튼 나이키 본사에선 5000명에 달하는 직원들이 숲이 우거지고 강물이 흐르고 천연 잔디 운동장이 곳곳에 산재해 있는 80만 제곱미터의 에덴동산 캠퍼스에서 근무하고 있다. 본사 건물명은 나이키를 후원한 사람들의 이름을 따서 지었다. 조운 벤와 새뮤얼슨, 켄 그리피, 미아 햄, 타이거 우즈, 댄 파우츠, 제리 라이스, 스티브 프리폰테인. 이들 모두가 나이키의 정체성에 기여했다.

나는 여전히 이사회 의장 신분으로 거의 매일 사무실에 출근한다. 본사 건물을 둘러볼 때면 회사 건물이 아니라 사원寺院 같다는 생각이 든다. 어떤 건물도 당신이 사원이라고 여기면 사원이 된다. 나는 내가 24살 때 떠났던, 내 일생에서 중요한 전환점이 된 여행을 회상하곤 한다. 아테네의 고지대에서 파르테논 신전을 바라보고 있다고 생각해보았다. 먼 과거의 일이 바로 이 순간의 일처럼 느껴졌다.

캠퍼스를 걷다 보면, 대형 걸개 사진들이 많이 보인다. 바로 나이키를 브랜드 이상의 것으로 격상시켜준 슈퍼스타들이 활약하는 모습을 담은 사진들이다.

조던Jordan.

코비Kobe.

타이거Tiger.

나는 또다시 세계 일주를 떠올리지 않을 수 없었다.

요르단Jordan 강.

신비의 도시, 고베Kobe.

오니쓰카와의 첫 번째 미팅에서 중역진에게 타이거Tiger 판매권을 달라고 애원하던 모습.

이 모든 일이 우연의 일치일 수 있는가?

나는 세계 도처에 있는 나이키 사무소를 생각해봤다. 어느 나라에 위치하든, 전화번호는 6453으로 끝난다. 그러면 키패드로 Nike를 입력하게 된다. 그리고 정말 우연하게도 6453을 뒤집어 놓으면 프리폰테인의 1500미터 최고 기록인 3분 54초 6이 나온다.

우연이라고 말했지만, 과연 그럴까? 어떤 우연은 우연 이상의 것이라고 생각해도 되지 않을까? 우주 혹은 다이몬daemon, 고대 그리스 신화 속에 나오는 반신반인의 존재-옮긴이이 나에게 접근해 속삭인 것일 수도 있지 않을까? 아니면 우주 혹은 다이몬이 그냥 나를 가지고 논 것에 불과한 것일까? 오리건 주의 어느 동굴에서 발견된 9000년 전의 샌들 한 켤레가 지금까지 발견된 신발 중 가장 오래된 것이라는 사실이 단지 지리적인 우연에 불과할까?

이 샌들이 내가 태어난 1938년에 발견됐다는 사실도 단지 우연에 불과할까?

차를 몰고 캠퍼스의 두 주요 거리가 만나는 지점을 지나갈 때마다 나는 몹시 흥분한다. 두 거리의 이름은 나이키 설립자의 이름에서 따왔다. 정문으로 들어오면, 경비원들은 방문객들에게 항상 같은 방향을 알려준다. "바우어만 드라이브를 타고 델 헤이즈 웨이가 나올 때까지 계속 가시면 됩니다." 캠퍼스 중심부의 오아시스를 지나가는 즐거움도 빼놓을 수 없다. 이곳의 이름은 닛쇼 이와이 정원이다. 어떤 면에서 우리 캠퍼스는 나이키의 역사와 성장을 보여주는 지형도라고도 볼 수 있다. 내 삶을 보여주는 입체 모형일 수도 있고, 인간이 지닌 중요

한 감정, 아마도 사랑 다음으로 가장 중요한 감정인 감사의 마음에 대한 살아 숨 쉬는 표현일 수도 있다

나이키의 젊은 직원들은 이런 감정을 아주 강하게 갖는다. 그들은 건물과 거리 이름, 나이키의 역사에 많은 관심을 갖는다. 옛날이야기를 해달라고 졸라대던 매튜처럼, 그들도 나이키의 지난날에 대한 이야기를 듣고 싶어 한다. 그들은 우델이나 존슨이 방문할 때마다 회의실로 몰려온다. 심지어 혁신이 지닌 원래의 의미를 보존하기 위해 토의 그룹, 비공식적인 싱크탱크를 결성하기도 했다. 그들은 스스로 "72년의 정신The Spirit of 72"이라고 불렀다. 나는 이런 젊은 친구들을 무척이나 고맙고 기특하게 생각한다.

나이키의 역사에 경의를 표하는 사람들은 사내의 젊은 직원들 말고도 또 있었다. 2005년 7월로 기억한다. 행사 이름은 정확하게 기억나지 않지만, 어떤 행사가 열리던 도중에 르브론 제임스가 나하고 개인적으로 이야기를 나누고 싶어 했다.

"필, 잠깐 시간 좀 내주겠습니까?"

"물론이지."

"제가 처음 나이키와 계약했을 때는 나이키의 역사에 대해 잘 몰랐습니다. 그래서 그동안 공부를 좀 했습니다."

"아, 그래?"

"당신이 설립자이시더군요."

"공동설립자야. 맞아. 이 부분에서 많은 사람들이 놀라지."

"그리고 나이키는 1972년에 태어났고요."

"태어났다고? 맞아. 그렇다고 볼 수 있지."

"그래서 제가 보석상에 가서 1972년산 롤렉스시계를 찾아달라고 했어요."

그는 나에게 시계를 보여주었다. 거기에는 이렇게 새겨져 있었다. "나에게 모험을 건 것에 감사하며."

나는 여느 때와 마찬가지로 아무 말도 하지 않았다. 무슨 말을 해야 할지 알 수 없었다.

모험이 아니었다. 그는 미래가 확실한 선수였다. 그러나 사람에게 모험을 건다는 의미 자체로 보면, 그의 말이 옳았다. 나는 그에게 모험을 걸었다.

나는 부엌에 가서 와인을 한 잔 더 따랐다. 그러고는 안락의자에 앉아 페니가 바늘로 자수를 놓는 모습을 잠시 바라보았다. 과거의 추억들이 빠른 속도로 내 앞에 다가왔다. 마치 내가 추억을 수놓는 것 같았다.

윔블던 대회에서 피트 샘프라스가 승승장구하던 모습이 떠올랐다. 결승전에서 우승이 확정되자, 그는 손에 쥐고 있던 라켓을 관중석을 향해 던졌다. 나를 향해!그런데 이 라켓이 나를 지나 내 뒤에 앉아 있던 사람을 맞혔다. 물론 그 사람이 피트를 상대로 소송을 걸었다.

피트의 라이벌, 안드레 애거시는 US 오픈에 시드 배정을 받지 않은 상태로 출전해 우승이 확정되자 눈물을 흘리며 나에게 다가와 "필, 우리가 해냈어요"라고 말했다.

우리라고?

타이거 우즈가 오거스타에서 세인트 앤드루스였던가 마지막 퍼팅을 한 뒤 나를 꼭 껴안던 모습을 떠올리면서 빙그레 웃었다. 그는 내가 생각했던 것보다 아주 오랫동안 나한테 안겨 있었다.

타이거 우즈뿐 아니라 보 잭슨, 마이클 조던과도 친하게 지냈던 순간들이 떠올랐다. 시카고의 조던 집에서 내가 손님방 침대 옆의 전화기를 들자 어떤 목소리가 들려왔다. "무엇을 도와드릴까요?" 룸 서비스였다. 거짓말 하나 보태지 않고 24시간 내내 원하는 것은 무엇이든 도움을 받을 수 있었다. 나는 입을 쩍 벌리면서 전화기를 내려놓았다.

모두가 아들 같기도 하고, 형제 같기도 했다. 식구나 다름없었다. 캔자스에 있는 교회에서 타이거의 아버지 얼의 장례식이 열렸는데, 자리가 좁아서 100명까지밖에 들어갈 수 없었다. 그런데 나한테 장례식장에 들어갈 수 있는 영예가 주어졌다. 조던의 아버지가 살해됐을 때 나는 장례식이 열리는 노스캐롤라이나로 날아갔는데, 놀랍게도 나한테 앞줄에 자리를 배정해주었다.

물론 가장 많이 생각나는 사람은 바로 아들, 매튜다.

매튜는 삶의 의미, 자신의 정체성을 찾고, 나와의 관계를 바로잡기 위해 오랫동안 힘겨운 나날을 보냈다. 이런 탐색 과정은 내게 익숙한 것이기도 했다. 비록 매튜가 나의 운명, 나의 관심, 나의 소심한 성격을 물려받지 않았더라도 말이다. 내 아들 매튜가 조금만 더 소심했더라면…….

매튜는 자신의 정체성을 찾기 위해 대학교를 중퇴했다. 매튜는 이것저것 건드리며 반항도 하고 가출도 했다. 하지만 제대로 되는 일이 아무것도 없었다. 그러다가 드디어 2000년 가정을 갖고 아이를 낳은 뒤 자선사업가로 자리를 잡아갔다. 매튜는 엘살바도르에서 고아들을 지원하는 자선단체, 미 카사 수 카사Mi Casa Su Casa, 스페인어로 나의 집 당신의 집이라는 뜻이다—옮긴이에 깊이 관여하기 시작했다. 매튜는 엘살바도르에서 며칠 동안 힘은 들었지만 보람찬 일을 하고 나서 휴가를 떠났다. 매튜는 친구 두 명과 함께 차를 몰고 스쿠버 다이빙을 하려고 수심이 깊은 일로팡고호로 떠났다.

어떤 이유에서인지 매튜는 자기가 얼마나 깊이 들어갈 수 있는지 알아보고 싶어 했다. 그래서 매튜는 위험에 중독된 나조차도 하지 않을 일을 하기로 마음먹었다.

일은 크게 잘못되고 말았다. 내 아들은 46미터까지 내려가서는 의식을 잃고 말았다.

매튜가 마지막 순간에 공기를 마시기 위해 죽을 힘을 다했을 모습을 상상해보면, 그 순간에 내 아들이 어떤 기분을 느꼈을지 짐작이 간다. 나 역시 달리기 선수로 수천 킬로미터를 달렸던 사람이라서 숨이 몹시 가쁠 때의 기분을 잘 안다. 하지만 나는 그 모습을 상상해보고 싶지 않다.

이런 모든 감정을 억누르고 나는 매튜와 함께 휴가를 떠났던 친구들과 이야기를 나누어보았다. 또한 다이빙 사고에 관한 자료를 모두 찾아 읽었다. 사고가 일어나는 순간, 다이버는 마티니 효과martini effect를 느낀다고 한다. 그 순간, 다이버는 모든 일이 괜찮을 것으로 생각한다. 아니, 괜찮은 것 이상으로 행복감에 도취된다. 마지막 순간에 매튜가 마우스피스를 입에서 뗀 것으로 보아, 아마 내 아들에게도 이런 현상이 일어났을 것이다. 나는 마티니 효과를 믿기로 했다. 내 아들은 이승에서의 마지막 순간을 고통스럽게 보내지 않았을 것이다. 내 아들은 행복하게 갔을 것이다. 나는 그렇게 믿고 싶다.

페니와 나는 영화를 보다가 매튜 소식을 들었다. 우리는 5시에 시작하는 〈슈렉 2〉를 보고 있었다. 한창 영화를 보고 있는데, 트래비스처럼 보이는 사람이 통로에 서 있었다. 트래비스? 트래비스 맞아?

트래비스는 어둠 속에서 "지금 저와 함께 밖으로 나가셔야 해요"라고 말했다.

우리는 통로를 지나 상영관에서 나왔다. 어두운 곳에서 밝은 곳으로 갑자기 나온 것이다. 트래비스는 우리가 나오자마자 "방금 전 엘살바도르에서 전화가 왔어요"라고 말했다.

페니는 바닥에 쓰러졌다. 트래비스는 어머니를 부축하면서, 나는 비틀거리면서 현관까지 걸었다. 눈물이 비 오듯 쏟아졌다. 슬픈 시의 한 구절처럼 '그래, 이렇게 가고야 마는가'라는 원치 않는 표현이 계속 내 머릿속을 맴돌았다.

아들 소식은 다음 날 아침에도 계속됐다. 인터넷에서도, 라디오에서도, 신문에서도, 텔레비전에서도 그 뉴스를 요란하게 떠들어댔다. 페니와 나는 차일을 내리고 문을 잠그고는 세상과 단절되려고 했다. 그러나 조카딸 브리트니가 찾아오고 나서는 마음을 바꿨다. 나는 지금까지도 브리트니가 우리 목숨을 구했다고 생각한다.

나이키와 인연을 맺었던 체육인들이 편지를 쓰고, 이메일을 보내고, 전화를 했다. 한 사람도 빠짐없이 모두 그랬다. 맨 먼저 연락을 준 사람은 타이거였다. 타이거는 오전 7시 30분에 전화했다. 나는 타이거의 이런 마음을 결코 잊을 수 없을 것이다. 누군가가 내 앞에서 타이거를 험담한다면, 나는 결코 좌시하지 않을 것이다.

그다음에 전화를 한 사람은 알베르토 살라자르였다. 그는 나이키를 신고 뉴욕 마라톤을 3연패한 뛰어난 장거리 주자다. 나는 항상 그를 좋아했지만, 무엇보다도 그가 나한테 이런 관심을 보여준 것이 너무나도 고마웠다.

알베르토는 지금 육상 코치가 됐다. 그는 얼마 전 자기가 가르치는 선수들과 함께 비버튼 나이키 본사를 방문한 적이 있다. 그들은 호날두 필드에서 가볍게 몸을 풀었다. 그때 누군가가 운동장에서 숨을 거칠게 쉬고 있는 알베르토를 보았다. 심장마비였다. 그는 구급대원들이 그의 생명을 구하고 세인트 빈센트 병원으로 싣고 갈 때까지 14분 동안 법적으로 사망한 상태였다.

나는 그 병원을 잘 안다. 내 아들, 트래비스가 거기서 태어났고, 어머니가 거기서 돌아가셨다. 어머니는 아버지가 돌아가신 지 27년 뒤 돌아가셨다. 나는 아버지가 돌아가시기 6개월 전에 아버지와 함께 긴 여행을 떠났다. 그 여행은 아버지가 과연 나를 자랑스럽게 생각하는가, 라는 영원한 의문을 해결하고 내가 아버지를 자랑스럽게 생각한다는 사실을 보여드리기 위한 것이었다. 우리는 전 세계를 돌아다니면서 나이키를 보았다. 아버지는 스우시를 볼 때마다 두 눈을 반짝이셨다. 이제 아버지는 나의 '미친 생각'에 대해 조바심이나 적대감을 갖지 않으셨다. 그런 생각은 사라진 지 오래다. 그러나 이에 대한 기억은 내 머릿속에 아직도 남아 있다.

인류가 등장했을 때부터 아버지와 아들의 관계는 항상 그랬다. 아널드 파머는 마스터스 대회에서 나한테 "아버지는 제가 프로 골프선수가 되겠다고 하니까 결사반대하셨어요"라고 말한 적이 있다. 나는 웃으면서 "그래요?"라고만 말했다.

알베르토를 병문안하려고 세인트 빈센트 병원 로비를 걷는데 부모님 생각이 간절해졌다. 부모님의 살아생전 모습이 온몸에 느껴졌다. 내가 생각하기에 우리 부모님은 긴장된 관계였다. 그러나 마치 빙산처럼, 모든 것이 표면 아래 있었다. 이런 긴장이 숨겨진 채 클레이본 스트리트의 집은 거의 항상 평온과 이성이 지배하고 있었다. 이는 부모님이 우리를 사랑하기 때문이었다. 겉으로 드러나지 않지만, 사랑은 항상 그곳에 있었다. 쌍둥이 여동생들과 자라면서 나는 부모님이 서로 많이 다르지만 상대방을 배려하고 있다는 것을 깨달았다. 이것은 부모님들이 물려주신 유산이고, 부모님들의 영원한 승리였다.

심장환자 중환자실로 가는데, '출입 금지'라는 익숙한 표지판이 눈에 들어왔다. 표지판을 뒤로 하고 문을 통과해 복도를 지나가니 알베르토의 병실이 보였다. 그는 자리에서 몸을 일으키더니 애써 웃어 보였다. 나는 알베르토의 등을 쓸어주며 즐겁게 대화를 나누었다. 그러다가 알베르토가 힘들어하는 것 같아서 "곧 또 보자고"라고 인사를 건넸다. 알베르토는 내 손을 꼭 잡으며 이렇게 말했다. "혹시 내게 무슨 일이 생기면, 게일런을 부탁합니다."

게일런은 알베르토가 가르치는 장거리 선수였다. 알베르토에게는 아들 같은 존재였다.

나는 무슨 말인지 금방 이해했다.

"물론이지. 게일런, 맡겨만 줘."

병실을 나오면서도 삐삑거리는 기계음을 거의 듣지 못했다. 살짝 미소 짓는 간호사, 복도에서 신음하는 환자들만 눈에 띄었다. 나는 "이것은 단지 사업일 뿐이다"라는 표현이 생각났다. 이것이 단지 사업일 뿐이어서는 안 된다. 결코 그래서는 안 된다. 이것이 단지 사업일 뿐이라면, 이 말은 사업은 아주 나쁜 것이라는 의미가 된다.

페니가 자수 도구를 챙기면서 말했다. "이제 잠자리에 들 시간이야."

"그래, 조금 뒤에 갈게."

나는 〈버킷리스트〉의 대사를 계속 생각했다. "당신에게 영향을 받고 당신을 기억하는 이들이 당신의 삶을 말해준다." 이 말이 니콜슨의 입에서 나온 것인지, 프리먼의 입에서 나온 것인지는 기억나지 않지만, 나는 이 말이 정말 옳다고 생각한다. 이 대사에 따라 나는 도쿄의 닛쇼 사무실을 찾아가기로 마음먹었다. 얼마 전에도 그곳을 방문한 적이 있었다. 전화벨이 울렸다. 일본인 안내 직원이 수화기를 내밀면서 나에게 "전화가 왔습니다"라고 말했다. 마이클 존슨이었다. 그는 올림픽에서 세 번씩이나 금메달을 땄으며, 200미터와 400미터 세계 신기록 보유자였다. 그는 이 모든 일을 나이키 신발을 신고 해냈다. 그는 도쿄에 왔다며, 내가 도쿄에 있다는 소문을 들었는데 저녁 식사를 함께할 수 있는지 물었다.

그 말을 듣고 나는 기분이 우쭐해졌다. 하지만 내게는 다른 약속이 있었다. 닛쇼가 나를 위해 축하연을 준비하고 있었다. 나는 마이클을 그곳으로 초대했다. 몇 시간이 뒤 우리는 축하연 장소에서 만났다. 우리는 자리에 앉아서 샤브샤브 요리가 나오기도 전에 사케를 주고받았다. 우리는 잔을 부딪치면서 웃고 떠들었다. 우리 두 사람 사이에 각별한 감정이 스쳐지나갔다. 나이키와 함께했던 운동선수들과 나 사이는 항상 이랬다. 이심전심, 동지애, 연대의 감정이었다. 비록 순간적으로 느끼는 감정이지만, 내가 그들을 만날 때마다 늘 찾아오는 감정이었다. 이것이 바로 내가 1962년 세계 여행을 떠났을 때 찾고자 했던 것이다.

자아를 연구하는 것은 자아를 잊어버리는 것이다. 미 카사 수 카사.

어떤 식으로든 하나가 되는 것은 내가 만났던 모든 사람이 원하는 것이었다.

이제는 돌아가신 분들이 생각난다. 바우어만 코치는 파슬에서 지내다가 1999년 크리스마스이브에 운명했다. 그는 우리가 예상했던 대로 어린 시절에 살던 곳으로 돌아갔다. 그는 캠퍼스가 내려다보이는 산꼭대기의 집을 계속 소유했지만, 그곳을 떠나 바우어만 여사와 함께 파슬의 퇴직자 마을로 가기로 결심했다. 그는 자기가 태어난 곳으로 가고 싶어 했다. 바우어만 코치가 이런 생각을 누구에게 말한 적이 있을까? 아니면 내가 바우어만 코치가 혼자서 중얼거리는 모습을 상상하고 있는 건가?

대학교 2학년 때, 풀먼에서 워싱턴주립대학교와 육상 시합을 한 적이 있다. 그때 바우어만 코치는 운전기사에게 파슬을 지나서 가자고 하시면서, 우리에게 그곳을 보여주셨다. 바우어만 코치가 돌아가셨다는 소식을 듣자마자, 그가 어린 시절을 생각하며 길을 돌아 파슬을 지나서 가자고 했던 모습이 떠올랐다.

자쿠아 변호사가 전화로 소식을 전했을 때, 나는 신문을 보고 읽었다. 옆에서는 크리스마스트리가 깜박이고 있었다. 그런 순간은 이상하리만큼 세세하게 기억이 난다. 전화를 받고는 목이 메어 말을 못 잇다가 "조금 뒤 제가 전화하겠습니다"라고 말하고는 서재로 올라갔다. 전등을 모두 끄고는 눈을 감았다. 오래전 코즈모폴리턴 호텔에서 점심 식사를 했던 것을 포함해 온갖 장면들이 떠올랐다.

그럼, 우리가 동업자가 되는 거다.

네, 알겠습니다.

한 시간 정도 뒤, 나는 다시 거실로 내려왔다. 그날 밤 어느 순간부터 나는 클리넥스를 포기하고 어깨에 수건을 걸치고 있었다. 이는 내가 바우어만 코치 말고도 좋아했던 존 톰슨 코치에게 배운 방법이었다.

스트라세는 1993년 심장마비로 갑자기 세상을 떠났다. 너무 젊은 나이에 세상을 떠나게 되어 마음이 아팠다. 우리 사이가 틀어지고 난 뒤 생긴 일이라 아픔이 훨씬 더 했다. 스트라세는 조던을 영입해 조던 브랜드를 만들어내고 이를 루디의 에어 밑창 기술과 결합하는 데 혁혁한 공을 세웠다. 에어 조던은 나이키를 변화시켜 다음 단계로 도약하게 만들었다. 그런데 스트라세를 변화시키기도 했다. 그는 자신이 나를 포함해 다른 사람의 지시에 더 이상 따를 필요가 없다고 생각했다. 특히 나의 지시를 거부했다. 우리는 너무나도 자주 충돌했고, 결국 스트라세는 회사를 떠나고 말았다.

그가 그냥 회사를 떠나기만 했으면 내 마음이 그처럼 상하지는 않았을 것이다. 그런데 그는 아디다스로 떠났다. 참기 힘든 배신이었다. 나는 결코 그를 용서하지 않았다 비록 내가 최근에 스트라세의 딸 에이버리를 즐거운 마음으로 당당하게 고용하기는 했지만 말이다. 22살인 에이버리는 스페셜 이벤

트팀에서 일하는데, 평판이 아주 좋다. 사원 명부에서 그녀의 이름을 보는 것은 나에게 큰 축복이고 즐거움이다. 나는 스트라세가 세상을 떠나기 전에 우리 두 사람의 관계를 수습하고 싶었지만, 쉽지 않을 것으로 생각했다. 우리는 둘 다 남에게 지기 싫어하고, 용서하는 마음이 부족했기 때문이다. 우리 두 사람에게 배신은 강력한 크립토나이트kryptonite, 슈퍼맨 시리즈에 나오는 가상의 광물로 슈퍼맨을 약화시킨다-옮긴이 였다.

나는 사람들이 나이키 해외 공장의 실태에 대해 공격할 때도 똑같은 배신감을 느꼈다. 그들은 그곳이 노동력 착취의 현장이라고 주장했다. 기자들은 그곳의 작업 여건이 열악하다는 말만 할 뿐, 우리가 처음 그곳에 들어갔을 때보다 얼마나 더 좋아졌는지, 우리가 작업 여건을 개선해 안전하고 청결한 공장으로 만들기 위해 얼마나 노력했는지에 대해서는 아무 말도 하지 않았다. 또한 나이키 해외 공장은 나이키가 소유한 것이 아니며, 나이키는 세입자에 불과하다는 말도 하지 않았다. 기자들은 작업 여건에 불만이 있는 종업원들을 열심히 찾아내 그들이 나이키를 비방하도록 했다. 나이키를 비방해야 훨씬 더 많은 사람에게서 관심을 끌 수 있기 때문이었다.

물론 내가 위기에 대처하는 방식이 상황을 더욱 악화시킨 것도 사실이다. 나는 몹시 화가 난 나머지, 독선과 아집에 가득 찬 반응을 보였다. 이런 반응이 문제 해결을 어렵게 하고 비생산적이라는 것은 알고 있었다. 그러나 나 자신을 억누를 수 없었다. 그동안 나는 나이키가 가난한 나라에서 고용을 창출해 경제를 성장시키고 운동선수들이 자신의 재능을 충분히 발휘할 수 있도록 도왔다고 생각했는데, 어느 날 갑자기 내 초상을 가지고 와 본사가 있는 도시의 대형 매장 앞에서 화형식을 치르는 모습을 보면서 평정심을 유지하기란 쉽지 않은 일이었다.

나이키 직원들도 나처럼 감정적으로 반응했다. 우리는 모두 실의에 빠졌다. 우리는 비버튼 본사에 밤늦도록 남아서 불을 환하게 켜고는 자기성찰의 대화를 가졌다. 비록 나이키에 가해지는 비난의 상당 부분이 부당하고, 나이키가 주범이라기보다는 전체 기업을 대표하는 기업으로서 속죄양이 됐다고 생각했지만, 이는 논점에서 한참 벗어난 것이었다. 우리는 우리가 지금보다 더 나아질 수 있다는 사실을 인정해야했다.

우리는 자신에게 "우리는 더 나아질 수 있다"고 말했다.

그다음에는 세상을 향해 "우리 공장을 모범 공장으로 만들겠습니다. 지켜봐주십시오"라고 외쳤다.

그리고 우리는 이를 실천했다. 나이키 해외 공장을 원색적으로 비방하는 기사가 나온 이후 10년에 걸쳐 우리는 이 같은 위기를 회사를 처음부터 다시 만드는 기회로 활용했다.

예를 들어, 신발 공장에서 가장 비난의 대상이 됐던 곳은 갑피와 밑창을 결합하는 러버룸rubber room이었다. 이곳은 발암 물질이 함유된 유독 가스 때문에 숨이 막힐 지경이었다. 우리는 유독 가스를 배출하지 않는 수성 접착제를 발명해 공기 중 발암 물질의 97퍼센트를 제거했다. 그리고 이 발명품을 경쟁 기업이라도 원하기만 하면 제공했다.

당연히 경쟁 기업들은 모두가 원했다. 지금은 대다수가 이 수성 접착제를 사용하고 있다.

이는 수많은 사례 중 하나일 뿐이다.

공장 개혁 운동에서 우리는 개혁의 대상에서 개혁을 주도하는 기업이 됐다. 오늘날 우리 제품을 생산하는 공장들은 이 부문에서 세계 최고 수준을 유지하고 있다. 최근 UN 관리들은 이렇게 말했다. "나이키는 우리가 조사한 의류 공장 중 가장 훌륭한 모델이라는 평가를 받았다."

나이키는 노동력 착취의 현장이라는 비난과 이로 인한 위기에서 벗어난 뒤 '걸 이펙트Girl Effect'를 설립했다. 이는 가난한 국가에서 빈곤의 대물림을 끊고자 하는 나이키의 노력의 산물이다. 걸 이펙트는 UN, 이에 동참하는 기업, 정부 기관과 함께 어린 소녀들에게 교육 기회를 제공해 이들이 훌륭한 시민으로 성장하도록 돕는 사업에 수천만 달러를 지출했다. 우리 자신은 두말할 것도 없고 경제학자, 사회학자들이 많은 사회에서 어린 소녀들이 경제적으로 가장 취약하면서도 가장 중요한 역할을 한다고 말한다. 따라서 그들을 돕는 것은 모두를 돕는 것이 된다. 걸 이펙트는 지금 에티오피아에서 조혼을 근절하기 위한 운동을 펼치고 있고, 나이지리아에서 10대 소녀들이 안전하게 지낼 수 있는 건물을 짓고 있다. 또한 르완다에서 어린 소녀들에게 강렬하고 감동적인 메시지를 전달하기 위한 잡지를 발간하고 있으며, 라디오 프로그램을 제작해 수백만 명의 삶을 바꾸고 있다. 걸 이펙트의 최전선에서 무슨 일이 진행되고 있는지 사업 보고를 받는 것은 지금 가장 큰 기쁨이다.

내가 과거로 되돌아갈 수만 있다면, 예전과 다른 결정을 할 수만 있다면, 이런 결정들이 노동력 착취의 현장이라는 비난을 피하게 할 수도 있고, 그렇지 않을 수도 있을 것이다. 어찌 됐든 이런 비난이 나이키 내부와 외부에서 기적 같은 변화를 일으킨 것은 부정할 수 없는 사실이다. 나는 이에 대해 감사한다.

물론 임금은 항상 문제가 될 것이다. 제3세계 공장 종업원들의 임금은 미국 종업원보다 엄청나게 낮다. 나도 이런 사실을 잘 알고 있다. 그렇지만 우리는 그 나라의 경제 구조와 한계 속에서 공장을 경영해야 한다. 우리는 우리가 원하는 만큼 임금을 줄 수 없었다. 이름을 밝히기 곤란한 어떤 나라에서 우리는 임금을 인상하려다가 정부 고위 공직자들에게 불려가 이런 계획을 철회하라는 지시를 받기도 했다. 그들은 우리가 그 나라의 경제 시스템을 혼란에 빠뜨렸다고 했다. 그들은 신발 공장 종업원이 의사보다 돈을 더 많이 벌면 안 된다고 주장했다.

변화는 결코 우리가 원하는 만큼 빠르게 나타나지 않는다.

나는 1960년대에 세계를 여행하면서 보았던 빈곤 문제를 항상 마음에 담고 살았다. 당시 나는 빈곤 문제의 해법은 비숙련 일자리에서 찾아야 한다고 생각했다. 세상에는 비숙련 일자리가 너무나도 많다. 그렇다고 나 자신이 이에 대한 이론을 제기한 것은 아니다. 나는 오리건대학교와 스탠퍼드대학교 경제학 교수들에게서 이런 이론을 듣고, 이후 이를 뒷받침하는 주장을 듣거나 읽었다. 국제무역이론에서는 무역을 하는 국가는 모두 항상 혜택을 본다고 말한다.

나는 내가 다녔던 학교의 경제학 교수들에게서 오랫동안 전해져 내려오는 격언도 들었다. "상품이 국경을 넘어가지 않으면, 군인들이 넘어갈 것이다." 사업을 총탄 없는 전쟁이라고도 하는데, 실제로 사업은 전쟁을 막는 훌륭한 방어벽이기도 하다. 무역은 공존과 협력으로 가는 길이다. 평화는 번영을 먹고 자란다. 바로 이것이 내가 비록 베트남전쟁의 망령에서 벗어나지 못했지만, 언젠가 사이공 혹은 사이공 근처에 나이키 공장을 설립하겠다고 다짐했던 이유다.

1997년 현재 베트남에서 가동 중인 나이키 공장은 네 곳이다.

나는 이런 사실이 아주 자랑스럽다. 베트남 정부가 나이키에 대해 외환을 벌어다주는 5대 기업 중 하나라는 사실에 경의를 표한다고 했다는 말을 듣고는 베트남을 방문해야겠다는 의무감이 생겼다.

베트남 여행은 나에게 강렬한 감동을 주었다. 종전 이후 25년이 지나 과거의 적성 국가와 제휴하고 나서야 베트남전쟁에 대한 내 혐오감이 어느 정도인지 제대로 알게 됐다. 나를 초청한 사람들은 나를 위해, 즉 이번 여행이 나에게 의미가 있고 기억에 남도록 하기 위해 그들이 무엇을 해주었으면 좋겠는지 정중하게 물어봤다. 나는 벅찬 감정을 억누르며 그들에게 폐를 끼치고 싶지 않다고 말했다.

하지만 그들은 계속 무엇을 원하는지 물어봤다.

나는 베트남의 맥아더 장군이라고 할 수 있는 86세의 보응우옌잡 장군을 만나고 싶다고 했다. 이분은 다른 나라의 도움을 받지 않고 일본, 프랑스, 미국, 중국을 물리친 위대한 장군이다.

그들은 놀라운 표정으로 조용히 나를 바라보았다. 그러고는 나에게 양해를 구하고는 조용히 일어나서 구석으로 가더니 베트남어로 그들끼리 시끄럽게 이야기를 주고받았다.

5분 뒤 나에게 돌아와서는 다음 날 한 시간 동안 그를 만날 수 있다고 했다.

나는 고개를 깊이 숙여 인사했다. 그러곤 중요한 만남의 순간을 손꼽아 기다렸다.

보응우옌잡 장군을 만나 그의 체격을 보고 깜짝 놀랐다. 위대한 전사이자 구정공세舊正攻勢를 기획하고 대규모 땅굴을 건설한 천재적인 전략가이자 역사에 길이 남을 인물의 키가 겨우 내 어깨에 와 닿을 정도였다. 163센티미터 정도 됐을까?

그리고 그는 상당히 소박했다. 맥아더 장군처럼 옥수수 속대로 만든 파이프를 입에 물고 있지도 않았다.

그는 나처럼 어두운 색상 신사복을 입고 있었다. 그는 나처럼 조금 애매하고 수줍은 표정으로 웃었다. 하지만 그에게선 강인함이 느껴졌다. 나는 그에게서 위대한 코치, 위대한 기업가, 엘리트 중의 엘리트에게서 느꼈던 번쩍이는 자신감을 엿볼 수 있었다. 나는 거울에 비친 내 모습에서 그런 자신감을 한 번도 본 적이 없다.

그는 내가 입을 열 때까지 차분하게 기다려주었다.

나는 그냥 "잘 지내시고 계십니까?"라고 물었다.

그의 입가에 묘한 웃음이 서렸다. 그는 한참 생각하더니 "저는 정글의 교수입니다"라고 말했다.

아시아를 생각하면 닛쇼를 떠올리지 않을 수 없다. 닛쇼 없이 어떻게 오늘날의 나이키가 있었겠는가? 나는 특히 닛쇼의 CEO 하야미 마스로에게 많은 도움을 받았다. 나이키가 주식 공모를 하고 난 뒤 그를 알게 됐는데, 우리는 서로 연대하지 않을 수 없었다. 나는 수익성이 가장 좋은 고객이고, 그의 가장 열심히 노력하는 제자였다. 그리고 그는 내가 아는 가장 현명한 사람이었다.

그는 다른 현명한 사람들과 달리 자신의 지혜를 발휘해 평화를 이끌어냈다. 나는 이런 평화를 먹고 성장했다.

1980년대에 도쿄를 갈 때마다 하야미는 주말이 되면 자신의 해변 별장으로 나를 초대했다. 이 별장은 일본의 리비에라라 할 만한 아타미 근처에 있었다. 우리는 항상 금요일 늦은 시간에 기차를 타고 도쿄를 떠났는데, 도중에 코냑을 마셨다. 한 시간쯤 지나 이즈 반도에 도착해 그곳의 멋진 레스토랑에서 저녁 식사를 했다. 다음 날 아침에는 골프를 치고 밤이 되면 별장 뒤뜰에서 일본식 바비큐 파티를 열었다. 우리는 그 자리에서 다양한 문제를 터놓고 이야기했다. 주로 내가 고민하는 문제를 말하면 하야미가 해결해주는 식이었다.

한번은 하야미와 함께 별장의 욕조에서 밤을 보낸 적도 있다. 거품이 가득한 수면. 멀리 해안에 부딪히는 파도 소리. 해안에 서 있는 수많은 나무를 스치고 불어오는 시원한 바람의 내음. 그곳의 나무들은 오리건의 삼림 지대에서는 볼 수 없는 것들이었다. 우리가 무한한 것에 관해 이야기를 주고받을 때 멀리서 큰부리까마귀가 까옥까옥하고 울던 소리. 그러다 우리는 유한한 것으로 화제를 바꾸었다. 나는 사업에 대한 불만을 토로하기도 했다. 주식 공모를 하고 나서도 우리에게는 해결해야 할 문제가 많았다. "우리에게는 기회가 많습니다. 하지만 이런 기회를 활용할 만한 관리자를 구하는 데 어려움이 많습니다. 우리는 외부에서 관리자를 영입하려고 하지만, 뜻대로 되지 않습니다. 우리 문화가 많이 다르기 때문입니다."

하야미는 고개를 끄덕이며 말했다. "저기 대나무 보이세요?"

"네, 보입니다."

"당신이 내년에 오면, 저 대나무는 키가 30센티미터 정도 더 커졌을 겁니다."

하야미를 물끄러미 바라보았다. 무슨 말인지 알 것 같았다.

나는 오리건으로 돌아와 인내심을 가지고 우리가 보유한 관리팀의 역량을 장기 계획에 따라 서서히 강화하려고 했다. 좀 더 넓고 길게 바라보려고 한 것이다. 나중에 하야미를 만나서 우리의 계획이 효과가 있었다고 말했다. 그는 고개를 한 번 끄덕이면서 "하이(はい"라고만 하고는 더 이상 아무 말도 하지 않았다.

지금부터 30년 전 하버드와 스탠퍼드에서 나이키를 연구하기 시작했다. 이들이 자신의 연구 결과를 다른 학교와 공유하면서, 나는 여러 학교에서 초대를 받아 학문적인 토론에 참여하고, 이를 통해 많은 것을 배울 기회를 얻었다. 대학 캠퍼스를 걷는 것은 항상 행복한 경험이지만, 바짝 긴장해야 하는 일이기도 하다. 요즘 대학생들은 옛날 대학생보다 훨씬 더 똑똑하지만 세상을 훨씬 더 비관적으로 바라본다. 때로 그들은 낙담한 표정으로 "미국은 어디로 가고 있습니까? 세상은 어디로 가고 있습니까? 새로운 기업가들은 어디에 있습니까? 우리 아이 세대에는 지금보다 더 나쁜 미래가 기다리고 있는 것 아닙니까?"라는 질문을 던지기도 했다.

그럴 때마다 나는 1962년 내가 봤던 일본에 관해 이야기했다. 전쟁으로 폐허가 된 국가에서 하야미, 이토, 스메라기처럼 똑똑하고 현명한 사람들이 나왔다. 또한 아직까지도 미개발 상태이지만 앞으로 세계가 마음껏 사용할 수 있는 자연 자원과 인적 자원이 많이 있으며, 수많은 위기를 극복할 방법이나 수단도 다양하게 존재한다는 이야기도 했다. 나는 학생들에게 우리가 해야 할 일은 열심히 일하고 공부하고, 공부하고 일하는 것이라고 했다.

다시 말하자면, 우리 모두는 정글의 교수가 되어야 한다.

나는 불을 끄고 침실로 올라갔다. 책을 든 채 페니 곁에 몸을 웅크리고 앉는데, 그녀는 어느덧 잠들어 있었다. 회계원리 시간에 그녀와 처음 만났던 때가 생생하게 기억났다. 우리는 일이냐 가정이냐 하는 문제를 가지고 다투기도 했지만, 결국에는 균형을 찾았다. 아니, '균형'이라는 단어를 정의했다. 가장 참기 힘들었던 순간에 나는 내가 가장 존경하는 체육인들의 가르침을 따르려고 했다. 우리는 지금까지 잘 참고 헤쳐나왔다.

나는 페니가 깨지 않도록 아주 조심스럽게 이불 속으로 들어갔다. 그리고 지금까지도 계속 소식을 주고받는 사람들을 떠올렸다. 헤이즈는 투알라틴 밸리의, 43만 7060제곱미터에 달하는 완만하게 경사진 농장에서 살고 있다. 그곳에는 헤이즈가 공들여 수집한 불도저와 그 밖의 중장비들이 있다.그는 특히 밝은 노란색 존 디어 JD-450C 불도저를 애지중지한다. 이것은 웬만한 집채만큼이나 크다. 그는 건강에 문제가 있지만, 그래도 열심히 불도저를 몰고 다닌다.

우델은 부인과 함께 오리건 중부에서 살고 있다. 그는 자신을 동정하는 사람들에게 가운뎃손가락을 치켜세우면서 여봐란듯이 자가용 비행기를 타고 다닌다.자가용 비행기를 타면 공항에서 휠체어를 잃어버릴 염려를 하지 않아도 된다.

우델은 나이키 역사상 가장 뛰어난 이야기꾼이다. 우리가 주식 공모를 하던 날이었다. 그는 부모님에게 앉아보라고 하면서 그 소식을 전했다. 당연히 그의 부모님은 "그게 무슨 소리야?"라고 물으셨다. "필에게 빌려준 8000달러가 지금 160만 달러가 됐다는 뜻입니다." 그의 부모님은 서로 쳐다보다가, 우델을 쳐다보았다. 그의 어머니는 "난 무슨 말인지 하나도 모르겠다"라고 말씀하셨다.

당신이 당신 아들이 일하는 회사를 믿지 않으면, 누구를 믿을 수 있겠습니까?

우델은 나이키에서 퇴직한 뒤 강과 공항을 관리하는 포트 오브 포틀랜드 이사장이 됐다. 다리를 움직이지 못하는 사람이 강과 공항의 움직임을 안내한다. 대단한 일이 아닐 수 없다. 그는 소형 양조장의 대주주이자 이사회 임원이기도 하다. 그는 이곳에서 만든 맥주만 마신다.

우델은 나하고 저녁을 함께할 때마다 자신의 가장 큰 기쁨이자 자랑은 대학 진학을 앞둔 아들 댄이라고 말한다.

우델과 오랜 앙숙이던 존슨은 갑자기 로버트 프로스트의 시에 나오는 뉴햄프셔의 황야로 떠났다. 그는 텅 빈 건물을 개조해 5층 저택으로 꾸미고는 건물 이름을 '고독의 요새The Fortress of Solitude'라고 지었다. 두 번씩이나 이혼한 존슨은 건물 안 곳곳에 평생 모은 책들을 꽂아놓고는 수십 개의 의자를 가져다 두었다. 그는 도서 카드 목록을 만들어 모든 책을 금방 찾을 수 있도록 했다. 각각의 책마다 고유 번호, 색인 카드, 저자명, 출간일, 개요, 요새 내에서의 정확한 위치 정보가 부여되어 있다.

물론이다. 존슨이라면 당연히 그렇게 할 수 있다.

존슨의 대농장에선 야생 칠면조와 다람쥐가 뛰어논다. 존슨은 이들에게 이름을 지어주었다. 그는 이들 모두와 누가 잠을 늦게 잤는지 알 정도로 친하게 지낸다. 존슨은 멀리 단풍나무와 키가 큰 풀이 가득한 들판에 아늑하고 신성한 별채를 짓고 여기에 페인트와 래커 칠을 한 뒤 가구와 함께 넘쳐나는 책들을 채워 넣었다. 이 책들 중에는 존슨이 대량 구입한 중고책도 포함되어 있다. 존슨은 이 '북 유토피아'를 '호더스Hoarders'라고 부르며, 읽고 생각할 공간이 필요한 사람들을 위해 24시간 동안 무료로 개방하고 있다.

나의 첫 번째 정규직원은 이렇게 살고 있다.

나는 에인 랜드의 유명한 첫 문장, "존 골트가 누구인가Who is John Galt?"처럼 '제프 존슨은 어디에 있는가Where is Jeff Johnson?'라고 적힌 티셔츠를 입는 사람이 유럽에 있다고 들었다. 그 답은 그가 있어야 하는 바로 그곳이다.

돈이 굴러 들어오면서, 돈은 우리 모두에게 영향을 미쳤다. 하지만 우리 중 어느 누구도 돈만 추구하는 삶을 살지는 않았기 때문에 돈이 크게 영향을 미치지는 않았고, 오랫동안 영향을 미치지도 않았다. 그러나 돈에는 다음과 같은 본질이 있었다. 많든 적든, 좋아하든 그렇지 않든 돈은 당신의 일상을 정의한다. 우리의 과제는 돈이 우리의 일상을 지배하지 않도록 하는 것이다.

나는 포르셰를 샀다. 로스앤젤레스 클리퍼스 구단을 인수하려다가 도널드 스털링과의 소송에 휘말려 들기도 했다. 나는 실내든 실외든 항상 선글라스를 끼고 다녔다. 회색 카우보이모자를 쓴 사진도 있는데, 내가 언제 어디서 왜 그런 모자를 썼는지는 기억나지 않는다. 나는 이런 식의 생활에서 벗어나야 했다. 페니조차도 돈의 영향을 받았다. 페니는 어린 시절의 불안정한 생활에 대해 보상을 받고 싶었는지 지갑

속에 수천 달러를 넣고 다녔다. 생활필수품을 살 때도 엄청나게 많이 샀다. 특히 화장실 휴지를 살 때는 한꺼번에 엄청나게 많이 구매했다.

하지만 우리가 예전으로 돌아가는 데는 그리 오래 걸리지 않았다. 지금 페니와 나는 보다 큰 뜻을 생각하면서 돈을 쓴다. 우리는 매년 1억 달러를 기부한다. 그리고 우리가 이 세상을 떠날 때 남은 돈의 대부분을 사회에 환원할 예정이다.

바로 지금 오리건대학교는 우리가 낸 기부금으로 농구장 건립을 추진하고 있다. 이 농구장은 매튜 나이트 경기장으로 불릴 예정이다. 하프코트의 로고에 도리이 모양의 문을 새기고 그 안에 매튜의 이름을 넣을 것이다. 세속에서 신성한 곳으로 건너갈 때……. 또한 우리는 우리를 낳아준 돗과 로타에게 헌정하는 체육 시설의 완공을 눈앞에 두고 있다. 입구 명판에는 "어머니는 우리의 첫 번째 스승이다"라는 문구를 새겨넣을 예정이다.

내가 족병 전문의의 권유에 따라 사마귀 제거 수술을 받고 한 시즌 내내 절뚝거리며 다니도록 어머니께서 그냥 내버려두었더라면, 아마 내 인생은 크게 달라졌을 것이다. 어머니께서 내가 달리기를 잘할 수 있다는 말씀을 해주지 않았더라면? 어머니께서 아버지의 귀에 들릴 만큼 큰 소리로 림버 업 한 켤레를 사겠다고 하지 않았더라면?

나는 유진에 갈 때마다, 그리고 오리건 캠퍼스를 걸을 때마다 간절히 어머니를 생각한다. 헤이워드 필드 주변에 서 있을 때마다 어머니가 차분하게 달리던 모습이 생각난다. 내 머릿속에 어머니가 달리던 모습, 내가 달리던 모습이 한꺼번에 몰려왔다. 나는 스트링 타이를 바람에 나부끼던 바우어만 코치를 생각하면서, 펜스에 기대어 트랙을 바라보며 바람 소리를 들었다. 프리폰테인을 생각하면서 신의 가호를 빌었다. 뒤돌아서자 어깨너머로 보이는 건물이 심장을 뛰게 했다. 길 건너 저편에 윌리엄 나이트 로스쿨이 보였다. 건물 자체가 아주 엄숙하게 보여서 그런지 근처에서 멍청한 짓을 하는 사람은 아무도 없다고 한다.

나는 잠을 이룰 수 없었다. 저 빌어먹을 영화 〈버킷리스트〉 때문이다. 나는 어둠 속에 누워서 나 자신에게 계속 물었다. 너의 버킷리스트는 무엇이냐?

피라미드? 가봤다.

히말라야? 가봤다.

갠지스 강? 가봤다.

그래서 아무것도 없나?

내가 하고 싶은 것 몇 가지가 떠올랐다. 대학이 세상을 변화시킬 수 있도록 도움을 주고 싶다. 암 치료법을 찾는 데 도움을 주고 싶다. 그밖에는 행동이 아니라 말로 하고 싶은 것들이다. 그리고 어쩌면 말을 하고 싶지 않은 것일 수도 있다.

이제 나이키에 관한 이야기를 하는 것이 좋을 것 같다. 많은 사람이 나이키에 관해 이야기하지만, 실제로는 기껏해야 사실의 일부만 전할 뿐이다. 나이키의 정신에 관해서는 아무런 말도 하지 않는다. 나는 주로 유감스러운 심정으로 나이키에 관한 이야기를 시작하거나 끝맺곤 했다. 나는 잘못된 판단을 수백 아니 수천 번 했다. 매직 존슨이 포지션이 따로 없는 선수라서 NBA에서 결코 성공하지 못할 것이라고 말했던 사람이 바로 나다. 라이언 리프가 페이튼 매닝보다 더 뛰어난 NFL 쿼터백이 될 것이라고 말했던 사람도 바로 나다.

이런 이야기는 유감스럽기는 하지만 그냥 웃어넘기면 그만이다. 하지만 심각하게 유감스러운 것도 많다. 나는 히라쿠 이와노가 직장을 그만두고 난 뒤 전화하지 않았다. 1996년에 보 잭슨과의 계약을 갱신하지 않았다. 조 패터노 감독펜실베이니아대학교 미식축구의 전설적인 명감독이다. 그러나 부하 코치였던 제리 샌더스키가 소년들을 성추행한 혐의로 구속됐을 때, 대학 측과 패터노 감독이 샌더스키의 성추행 사실을 알고도 눈감아준 사실이 밝혀지자 불명예 퇴진했다. 이후 필 나이트는 자신이 설립한 보육원에서 패터노 감독의 이름을 빼버렸다-옮긴이에게도 미안한 마음이 있다.

나는 직원들을 정리 해고할 수밖에 없었던 나쁜 경영자였다. 10년 동안 세 번이나 정리 해고를 실시해 총 1500명을 내보냈다. 이 일은 지금도 내 머릿속에서 떠나지 않는다.

물론 나의 두 아들과 더 많은 시간을 보내지 않은 것도 후회한다. 내가 두 아들과 함께 있는 시간이 많았더라면 매튜 나이트의 암호 코드를 풀 수 있었을 것이다.

그렇지만 나는 이 모든 것을 처음부터 다시 시작할 수 없기 때문에 후회해도 소용없다는 사실을 잘 안다.

신이시여, 어찌 감히 처음부터 다시 살겠다고 말할 수 있겠습니까? 그렇게 하지 못하는 대신, 나의 경험과 인생 역정을 많은 젊은이와 나누고 싶다. 그리하여 그들이 시련을 극복할 수 있도록 격려와 위로가 되고 싶고, 때로는 충고가 되고 싶다. 젊은 기업가뿐 아니라 운동선수, 화가, 소설가에게도 마찬가지다.

모두가 꿈과 목표를 향해 나아가고 있기 때문이다.

젊은이들이 용기를 잃지 않도록 돕는 것은 보람찬 일이다. 나는 그들에게 하던 일을 잠시 멈추고 앞으로 40년 동안 시간을 어떻게 쓰고 싶은지, 누구하고 함께 쓰고 싶은지 깊이 고민해보라는 말을 하고 싶다. 20대 중반의 젊은이들에게는 직업에 안주하지 말 것을 권하고 싶다. 천직을 찾아라. 그것이 무엇인지 잘 모르더라도, 계속 찾도록 노력하라. 천직을 찾으면 힘든 일도 참을 수 있고, 낙심하더라도 금방 떨쳐버릴 수 있다. 그렇게 해서 성공에 이르면 지금까지 느꼈던 것과는 전혀 다른 기분을 느낄 수 있을 것이다.

인습을 타파하려는 사람, 혁신을 추구하는 사람, 반란을 꾀하는 사람에게 충고하고 싶은 말이 있다. 이런 이들은 항상 자기 등에 과녁을 달고 다닌다. 승리할수록 이 과녁은 점점 더 커진다. 이는 나 한 사람만의 의견이 아니라 자연의 법칙이다.

나는 이들에게 미국은 사람들이 흔히 생각하는 대로 기업가의 샹그릴라가 아니라는 사실을 말해주고 싶다. 자유기업은 항상 남을 훼방하고 부정적으로만 생각하는 트롤troll, 인터넷 토론방에서 남들의 화를 부추기기 위해 메시지를 보내는 사람-옮긴이 같은 사람들을 자극한다. 항상 그랬다. 기업가들은 항상 그들에게 밀렸고 수적으로도 압도당했다. 기업가들은 그들에게 맞서 지금까지 계속 힘겨운 싸움을 해왔다. 지금은 예전보다 훨씬 더 힘겨운 싸움을 하고 있다. 이제 미국은 기업가 정신이 부족한 나라가 되어가고 있다. 하버드 경영대학원에서 최근 기업가 정신에 관해 국가별 순위를 매긴 적이 있는데, 미국은 페루에도 뒤처졌다.

기업가는 결코 포기해서는 안 된다고 말하는 사람들이 있다. 그들은 한마디로 사기꾼이다. 기업가는 때로 포기할 줄 알아야 한다. 때로는 포기해야 할 때를 알고, 다른 것을 추구해야 할 때를 아는 지혜가 필요하다. 포기는 중단을 의미하지 않는다. 기업가는 결코 중단해서는 안 된다.

성공에는 행운도 큰 역할을 한다. 그렇다. 나는 행운의 위력을 공개적으로 인정한다. 운동선수, 시인, 기업가에게는 행운이 따라야 한다. 열심히 노력하는 것도 중요하고, 좋은 사람을 만나서 훌륭한 팀을 이루는 것도 중요하고, 머리도 좋아야 하고, 결단력도 있어야 한다. 그러나 행운이 결과를 결정할 수도 있다. 어떤 사람은 이를 두고 행운이라고 부르지 않고 도道, 로고스Logos, 즈냐나Jñāna, 다르마Dharma, 성령Spirit, 신이라고 부른다.

다시 말하자면, 당신이 열심히 노력할수록, 당신의 도는 더욱 좋아진다. 어느 누구도 이런 도를 정확하게 정의하지 않았기 때문에, 지금 나는 정기적으로 도를 쌓으려고 노력한다. 나는 사람들에게 이렇게 말하고 싶다. 당신 자신에게 믿음을 가지라. 이런 믿음에 대해서도 믿음을 가지라. 믿음은 다른 사람이 아닌 당신이 정의하는 믿음이어야 한다. 믿음 그 자체는 당신의 마음속에서 정의된다.

이 모든 것을 어떤 형태로 말해야 할까? 회고록? 아니다. 회고록은 아니다. 나는 이 모든 것을 하나의 통일된 이야기로 만드는 방법을 잘 모른다. 어쩌면 소설일 수도 있고, 어쩌면 강연일 수도 있다. 아니면 나의 손자들에게 주는 편지일 수도 있다.

나는 어둠 속을 뚫어지게 바라보았다. 나의 버킷리스트에 넣을 만한 것들이 떠오르지 않을까?

또 다른 '미친 생각'이었다.

갑자기 마음이 바빠지기 시작했다. 전화해야 할 사람, 읽어야 할 것들이 떠올랐다. 우델을 만나야 한다. 그래서 존슨이 보낸 편지가 있는지 확인해야 한다. 엄청나게 많이 있을 것이다! 아마 부모님 집에도 있을 것이다. 거기에는 내 여동생 조앤이 지금도 살고 있는데, 내가 세계여행을 다니면서 찍은 슬라이드 박스도 틀림없이 있을 것이다.

해야 할 일, 배워야 할 일이 너무 많다. 나 자신의 삶에 대해서도 내가 모르는 것이 너무 많다.

이제는 정말이지 잠을 이루지 못할 것 같았다. 나는 자리에서 일어나 책상 위의 황색 리갈 패드를 움켜쥐었다. 그러곤 거실로 가서 안락의자에 앉았다.

고요하고도 평온한 느낌이 몰려왔다.

창밖에 은은하게 빛나는 달을 흘끗 보았다. 옛날 선종 승려들에게 아무것도 걱정하지 말라고 가르쳤던 바로 그 달이었다. 영원히 맑게 빛나는 달빛 속에서, 나는 버킷리스트를 작성하기 시작했다.

감사의 글

나는 인생의 상당 부분을 빚을 지면서 살았다. 젊은 기업가 시절에, 많은 사람에게 내가 갚을 수 있는 돈보다 훨씬 더 많은 돈을 빌린 채 밤에 잠을 자고 아침에 일어나는 생활에 괴로울 정도로 익숙해져 있었다. 그러나 내가 여러 사람에게 신세를 지고 있다는 생각을 지금 이 책을 쓸 때만큼 많이 해본 적이 없다.

너무나도 커다란 은혜를 입었기 때문에 이 자리에서 감사의 마음을 표현하는 것이 적절하지 않다는 생각까지도 든다. 나이키에서 모든 일을 즐거운 마음으로 항상 매력적인 웃음을 띠면서 완벽하게 처리해준 것에 대해 비서 리사 매킬립스에게 감사의 마음을 전한다. 오랜 친구 제프 존슨과 밥 우델에게도 내 기억을 돕고 혹시라도 내가 다르게 기억할지라도 잘 참아준 것에 대해 감사의 뜻을 표한다. 역사가인 스콧 리메스는 신화에서 사실을 능숙하게 가려냈다. 마리아 아이텔은 중요한 문제에서 자신의 전문성을 충분히 발휘했다.

물론 전 세계 6만 8천 명에 달하는 나이키 임직원들이 쉬지 않고 헌신해준 것에 대해서도 깊은 감사의 말을 전하고 싶다. 그들이 없었더라면 이 책도 없고, 저자도 없고, 아무것도 없었을 것이다.

스탠퍼드 시절, 작가가 되는 것과 친구가 되는 것의 의미를 몸소 보여준 천재적인 교사 애덤 존슨에게도 감사의 마음을 전한다. 에이브러햄 버기스는 조용하고도 편안하게 글을 쓰는 법을 가르쳐주었다. 작문 시간에 뒷줄에서 이야기를 나누었던 여러 대학원생에게도 감사의 뜻을 표한다. 그들 모두는 언어와 기교에 대한 열정을 지닌 사람들로, 나에게 많은 영감을 주었다.

스크라이브너 출판사에서 꾸준한 지원을 아끼지 않은, 전설에 남을 만한 낸 그레이엄에게 감사의 마음을 전한다. 로즈 리펠, 수전 몰도, 캐럴라인 라이디의 대단한 열정은 많은 도움이 됐다. 캐슬린 리조는 차분함을 잃지 않고서 나의 글쓰기가 순조롭게 진행되도록 해주었다. 특히 유능하고 예리한 편집자, 섀넌 웰치에게 감사의 마음을 전한다. 그녀는 나에게 수시로 긍정의 힘을 불어넣었다. 그녀의 칭찬, 분석, 원숙한 지혜는 이 책이 나오기까지 결정적인 역할을 했다.

슈퍼 에이전트 밥 버넷, 탁월한 시인이자 행정가인 이반 볼랜드, 회고록 작가로 크게 성공한 안드레 애거시, 숫자 아티스트 델 헤이즈를 비롯해 수많은 친구, 동료에게도 시간과 재능을 아낌없이 기부해준 것에 대해 감사의 마음을 전하고 싶다. 회고록 작가, 소설가, 스포츠 저널 작가, 명상가이자 친구인 J. R. 뫼링거에게도 깊은 감사의 말을 전한다. 이 책을 쓰는 동안 내내 그의 후덕한 마음씨, 유머감각, 이야기를 풀어내는 능력에 의지했다.

마지막으로 가족들에게 고마운 마음을 전한다. 특히 아들, 트래비스의 지원은 큰 힘이 됐다. 물론 묵묵히 기다려준 아내, 페넬로피에게 온 마음을 다해 목청껏 감사의 말을 전한다. 페니는 내가 길을 떠날 때도,

내가 길을 잃을 때도 나를 믿고 기다려주었다. 내가 매일 밤 집에 늦게 와서 저녁밥이 식어버려도 아무런 불평 없이 기다렸다. 지난 몇 년 동안 내가 이 책을 쓰느라고 예전 버릇이 또다시 되살아났는데도, 때로는 관심이 없는 부분도 있었겠지만, 어쨌든 또다시 기다려주었다. 페니는 처음 시작부터 반세기 동안 기다리기만 했다. 그리고 지금 드디어 내가 악전고투 끝에 만들어낸 책을 페니에게 건네고는 모든 이야기를 할 수 있게 됐다. "페니, 당신 없이는 나는 아무 일도 할 수 없었을 겁니다."

옮긴이의 글

승리의 여신 니케가 가져다준 엄청난 성공

세계적인 스포츠용품 브랜드 나이키의 창업자, 필 나이트가 자신의 개인사와 나이키 설립 초창기를 집중적으로 다룬 자서전을 내놓았다. 이 책에서 나이트는 나무가 우거진 오리건의 작고 조용한 도시, 포틀랜드에서 태어나고 자란 것이 자랑스럽다고 했다.

"옛날부터 오리건은 아주 오래된 오솔길로 유명했지. 오리건으로 오려면 사람들은 새로운 길을 열어야 했지. 겁쟁이들은 올 생각조차 못 했어. 약한 사람들은 도중에 죽었지. 이렇게 해서 살아남은 자들이 바로 우리 오리건 사람들이야."

나이트는 이 오솔길에서 개척자 정신을 발견한다. 그리고 이런 개척자 정신이 살아 숨 쉬도록 하는 것이 자신이 해야 할 일이라고 생각한다.

나이트는 이런 생각을 품고서 오리건대학교에서 저널리즘을 전공하고, 스탠퍼드대학교 경영대학원에서 자신의 운명을 결정할 수업을 듣는다. 그것은 기업가 정신에 관한 세미나였다. 나이트는 이 세미나의 과제로 신발 산업에 관한 보고서를 썼다. 보고서는 평범한 주제에서 출발했지만, 나이트는 이것을 작성하기 위해 혼신의 힘을 쏟아부었다. 나이트는 일본 카메라가 독일이 지배하던 시장을 뒤흔든 사실을 근거로, 일본 러닝화가 시장을 장악할 것이라고 주장했다. 이 전망은 단순하지만 분명해 보였고, 실현 가능성이 엄청나게 높아 보였다. 나이트는 당시를 회상하면서 "교수님이 기업가의 자질을 이야기하는데 마치 내 얘기를 하는 것 같았다. 진정 내가 원하는 일을 찾은 순간이었다"라고 말했다.

육상 선수 출신인 나이트는 소비자들이 편안하고 가벼운 운동화를 좋아할 것이라고 생각하고는 1962년부터 일본 신발 회사 오니쓰카 타이거(현 아식스)의 운동화를 수입 판매하기 시작한다. 말이 창업이지 직원 한 명 없이 자신의 집 지하실에서 사무실을 차렸고, 가게를 따로 두지도 않았다. 그러나 그는 "고객이 찾아올 가게가 없다면 내가 직접 고객을 만나러 가면 된다. 사람들이 지나다니는 거리가 바로 내 가게다"라고 생각했다.

이후 나이트 곁에는 직장 상사에게 버림받았고, 운이 따르지 않았고, 사회로부터 거부당한 사람들이 모여든다. 그들은 인생의 초기에 실패를 맛본 사람들로, 자신의 의미와 가치를 입증할 만한 일을 찾아 나섰지만, 기대에 미치지 못했다. 헤이즈는 체중이 많이 나가서 파트너로 승진하지 못했다. 존슨은 오전 9시에 출근해 오후 5시에 퇴근하는 표준적인 삶에 적응하지 못했고, 보험과 변호사를 싫어하는 스트라세는 보험 변호사가 됐다. 우델은 뜻밖의 사고로 젊은 시절 꿈을 접어야 했다. 나이트 자신도 야구팀에서 내쳐져 깊은 좌절감을 맛보아야 했다.

이 책은 바로 이런 사람들이 모여서 지금의 나이키를 일구어낸 과정을 잔잔한 감동과 함께 마치 영화처럼, 소설처럼 들려준다. 여기에는 창의적인 해결 방안을 찾는 과정, 꿈을 실현하기 위해 노력하는 삶, 그리고 신발의 제조, 판매, 구매, 디자인에 전념하는 슈독들의 이야기들이 잘 녹아 있다. 주저하는 은행을 상대로 애원하다시피 대출을 받은 이야기, 사회로부터 버림받았지만 뛰어난 재능을 지닌 괴짜들을 하나씩 불러 모은 이야기, 그들과 함께 인습을 타파하는 독특한 기업을 만들어가는 이야기를 읽다 보면, 엄청난 감동이 느껴진다.

최고경영자 자리에서 물러난 뒤 나이트는 스탠퍼드대학교에서 소설 창작 수업을 들었다고 한다. 칠순의 나이에 소설가를 꿈꾸는 이 기업가의 다음 작품이 무척 궁금해진다.

2016년 9월
안세민

옮긴이 **안세민**

고려대학교 경제학과를 졸업하고 동 대학원에서 석사 학위를 받았으며, 미국 캔자스 주립대학에서 경제학 박사 과정을 수학했다. 대외경제정책연구원, 에너지관리공단, 현대자동차 등을 거쳐 현재는 전문 번역가로 활동하고 있다.
옮긴 책으로는 《패권경쟁》, 《카툰 길라잡이 경제학》, 《자본주의 사용설명서》, 《잭 웰치 성공의 진실을 말하다》, 《왜 내 월급은 항상 평균보다 적은 걸까?》, 《혼돈을 넘어 위대한 기업으로》, 《회색 쇼크》, 《중국이 세계를 지배하면》, 《그들이 말하지 않는 23가지》, 《경쟁의 종말》, 《인스턴트 경제학》, 《새로운 경제 사회의 경영》 등 다수가 있다.

SHOE DOG
슈독
나이키 창업자 필 나이트 자서전

2016년 10월 7일 초판 1쇄 발행
2023년 9월 19일 2판 12쇄 발행

지은이 | 필 나이트
단행본 총괄 | 권현준
편집 | 석현혜 윤다혜 이희원
제작 | 나연희 주광근
마케팅 | 정하연 김현주 안은지
디자인 | 디자인봄

펴낸이 | 윤철호
펴낸곳 | ㈜사회평론
등록번호 | 제10-876호(1993년 10월 6일)
전화 | 02-326-1182
팩스 | 02-326-1626
주소 | 서울시 마포구 월드컵북로6길 56 사평빌딩
이메일 | editor@sapyoung.com

ISBN 978-89-6435-902-0 03320